本书由国际关系学院中央高校基本科研业务费专项资金（项目编号：3262022T03）资助出版

中国监察制度的改革与完善

ZHONGGUO JIANCHA ZHIDU DE
GAIGE YU WANSHAN

郭世杰 ◎ 著

知识产权出版社
全国百佳图书出版单位
—北 京—

图书在版编目（CIP）数据

中国监察制度的改革与完善 / 郭世杰著 . —北京：知识产权出版社，2022.11
ISBN 978-7-5130-8417-8

Ⅰ . ①中…　Ⅱ . ①郭…　Ⅲ . ①监察—政治制度史—研究—中国　Ⅳ . ① D691.49

中国版本图书馆 CIP 数据核字（2022）第 197499 号

内容提要

本书在简要考察中国古代、近现代和当下监察制度历史沿革及启示的基础上，致力于理顺监察法与宪法、刑事诉讼法和党内法规之间的互动关系，理清监察权、留置权与检察权、侦查权之间的实质内涵，理明域外监察制度的优劣得失，并提出健全中国监察法律制度体系的建议。对监察制度改革与完善问题的系统研究，有助于推进国家治理体系、治理能力的现代化和民主社会、法治社会、和谐社会的建成。

本书适合宪法、司法制度、法理、法制史、刑事诉讼法等法学领域和纪检监察、政治学领域的教、学、研人员，以及监察机关、公安机关、司法机关、立法机关和党的纪律检查机关等的实务人员阅读。

责任编辑：龚　卫　　**责任印制：**孙婷婷
执行编辑：吴　烁　　**封面设计：**北京乾达文化艺术有限公司

中国监察制度的改革与完善

郭世杰　著

出版发行：知识产权出版社有限责任公司	网　　址：http：//www.ipph.cn
电　　话：010-82004826	http：//www.laichushu.com
社　　址：北京市海淀区气象路50号院	邮　　编：100081
责编电话：010-82000860转8768	责编邮箱：laichushu@cnipr.com
发行电话：010-82000860转8101	发行传真：010-82000893
印　　刷：北京建宏印刷有限公司	经　　销：新华书店、各大网上书店及相关专业书店
开　　本：710mm × 1000mm　1/16	印　　张：24.75
版　　次：2022年11月第1版	印　　次：2022年11月第1次印刷
字　　数：390千字	定　　价：128.00元

ISBN 978-7-5130-8417-8

目 录

绪 论 // 1

第一章 中国古代监察制度的沿革 // 15

第一节 中国古代监察制度的萌芽与形成 // 17
一、中国古代监察制度的萌芽 // 18
二、中国古代监察制度的形成 // 25
第二节 中国古代监察制度的发展与完备 // 31
一、三国两晋南北朝：监察制度的继续发展 // 31
二、隋唐与五代：监察制度的大体完备 // 34
第三节 中国古代监察制度的融合与成熟 // 38
一、宋、辽、金、元：监察制度的变革融合 // 38
二、明、清：监察制度的健全成熟 // 44
第四节 中国古代监察制度的特点与启发 // 50
一、监察制度要追求法制化 // 50
二、监察机构需强调独立性 // 52
三、监察对象须关乎公权力 // 55
四、监察官员应注重专业性 // 57

第二章 中国近现代监察制度的演变 // 63

第一节 中国近代监察制度的转型 // 64
一、中华民国时期：中国近代监察制度的转型 // 65
二、“五权宪法”及其监察权设计 // 69

第二节　中国现代监察制度的新生　// 75
一、新民主主义革命时期：中国现代监察制度的形成　// 75
二、社会主义建设时期：中国现代监察制度的健全　// 81

第三章　新时期中国监察制度的改革与启示　// 91

第一节　新时期中国监察制度改革的制度逻辑　// 92
一、规划兼容的监察制度体系　// 93
二、形成统一的国家监察立法　// 97
三、建立高效的国家监察机构　// 100
四、架构科学的权力制约机制　// 103
第二节　新时期中国监察制度改革的内容框架　// 106
一、新时期监察制度改革的历史进程　// 107
二、新时期监察制度改革的主体内容　// 111
三、新时期监察制度改革的基本思路　// 118
第三节　新时期中国监察制度改革的经验启示　// 124
一、监察制度改革要坚持党的领导　// 124
二、监察制度改革需实现国家监察和党内监督的衔接协调　// 127
三、监察制度改革须立足国情与党情　// 130
四、监察制度改革应追求独立与专业　// 131

第四章　中国法律制度体系中的监察法　// 135

第一节　宪法对监察法的确认与制约　// 137
一、宪法对监察法的确认　// 138
二、宪法对监察法的制约　// 142
第二节　刑事诉讼法对监察法的制约与衔接　// 152
一、刑事诉讼法对监察法的制约　// 152

二、刑事诉讼法与监察法的衔接 // 159

第五章 监察权的性质界定与检察权的规范解读 // 171

第一节 监察权的性质界定 // 173
一、监察权的国家权力体系定位 // 173
二、监察权的权能划分 // 177
三、监察权的性质界定 // 183
第二节 监察权和检察权的衔接与协调 // 189
一、检察机关职务犯罪侦查权的剥离 // 190
二、监察权的管辖探索与检察权的侦查界定 // 193
三、检察权监督监察权的制度安排与实践操作 // 204
第三节 监察制度改革背景下检察权的规范解读 // 215
一、有实无名的法律监督机关 // 216
二、法律监督机关的有名无实 // 217
三、检察权性质的规范解读 // 218

第六章 留置权的实质分析与制度完善 // 233

第一节 留置权的"前世"与"今生" // 235
一、"两指"与"两规"：留置权的"前世" // 235
二、塑造与内容：留置权的"今生" // 240
第二节 留置权的性质界定与留置对象的权利保护 // 247
一、留置权的性质界定 // 247
二、留置对象的权利保护 // 258
第三节 律师介入留置程序的正当性及其制度设计 // 274
一、律师介入留置程序的正当性 // 275
二、律师介入留置程序的制度设计 // 286

第七章 比较法视野下的域外监察模式及其镜鉴 // 293

第一节 国际性与区域性的监察组织 // 295
一、国际监察专员协会 // 295
二、亚洲监察专员协会 // 302
第二节 国别与地区的监察制度 // 306
一、瑞典的议会监察专员制度 // 307
二、芬兰的议会监察专员制度 // 311
三、中国香港地区的廉政公署制度 // 315
四、新加坡的监察制度 // 321
第三节 域外监察模式的镜鉴与启迪 // 324
一、增强监察机构的独立性 // 325
二、保障监察人员的专业性 // 330
三、确立监察权力的有限性 // 335
四、提高社会公众的参与性 // 342

代结语 建立健全中国监察法律制度体系 // 349

一、制定举报人保护法 // 351
二、出台信息公开法 // 353
三、颁布财产申报法 // 355
四、订立公职人员行为守则 // 359
五、建立私营部门反腐机制 // 361

参考文献 // 364

后　记 // 384

绪论

党的十八大以来，党中央高度重视党风廉政建设，以鲜明的政治立场表明了中国共产党绝对不容许腐败的存在，并于2014年由中共中央政治局审议通过《党的纪律检查体制改革实施方案》，直接推动党内纪律检查体制进入新的改革阶段。

为建立全面覆盖国家机关及其公务员的国家监察体系，完善对所有公权力的监督和制约机制，形成党内监督和国家监察合力，2016年11月7日，中共中央办公厅印发《关于在北京市、山西省、浙江省开展国家监察体制改革试点方案》，直接从体制、机制层面先行先试，探索反腐败的制度性改革举措；同年12月25日，第十二届全国人民代表大会常务委员会第二十五次会议表决通过《关于在北京市、山西省、浙江省开展国家监察体制改革试点工作的决定》，开始在北京市、山西省和浙江省部署各级监察委员会，寻找相应的问题，完善具体的细节，探索监察体制改革的制度路径。2017年11月4日，第十二届全国人民代表大会常务委员会第三十次会议表决通过《关于在全国各地推开国家监察体制改革试点工作的决定》，进一步明确各级监察委员会的职责权限，兼顾与《中华人民共和国地方各级人民代表大会和地方各级人民政府组织法》《中华人民共和国刑事诉讼法》（以下简称《刑事诉讼法》）和《中华人民共和国行政监察法》（现已失效，以下简称《行政监察法》）等具体部门法的衔接和协调，正式在国家范围内全面铺开国家监察体制改革的试点工作。2018年3月20日，第十三届全国人民代表大会第一次会议表决通过了《中华人民共和国监察法》（以下简称《监察法》），标志着监察体制改革取得了重大进展和实质性突破。

一、研究现状

从时间上来说，中国监察制度的改革与完善是一个崭新的理论课题；从学术语境上来说，对该主题的研究又基于中国共产党的执政实践和中国政治体制的不同而颇具地域性。[1]对此，实行三权分立政治体制的国家显然尚未开展过有针对性和系统性的研究，但这些国家为规制腐败而采取的制定专门的反腐败法律、建立专门的反腐败机构等一系列举措，不乏可资借鉴之处；它们秉持的权力应当相互制衡、应当得到有效监督的观点，也值得我们认真思考。

国内学术界对中国监察制度的关注和探讨刚刚起步，现阶段主要有两类研究人员在关注中国监察制度的改革与完善问题：一类是法学界专注于司法制度、司法改革、宪制等领域的研究人员；另一类是从事纪检监察领域实务工作的公务人员和学者。主要研究成果有：马怀德《国家监察体制改革的重要意义和主要任务》、童之伟《将监察体制改革全程纳入法治轨道之方略》、童之伟《对监察委员会自身的监督制约何以强化》、魏昌东《国家监察委员会改革方案之辨正：属性、职能与职责定位》和《中国党政干部论坛》《中国法律评论》《武汉大学学报（哲学社会科学版）》等期刊登载的系列文章。

毋庸置疑，国内学术界对监察制度改革与完善的研究具有重要参考价值，但同时也存在着以下三个方面的不足。

---

[1] 对"中国监察制度的改革与完善"为主题的研究现状的整体评价，是2017年笔者在制作国际关系学院中央高校基本科研业务费专项资金资助申请书时作出的。《监察法》表决通过前后，对该主题的研究开始蓬勃发展，尤其是法学界，许多著名的学者、专家、教授开始涌入这个新的研究领域，相应的学术专著、学术论文和研究报告等各种形式的成果也开始大量涌现。需要说明的是，基于保持原申请书的基本面貌的考虑，笔者只对本书"绪论"部分进行了相对精练的修改和补充，并且修改之处也主要集中于语言表述，补充之处主要集中于较新的、重要的科研成果和资料，该领域相对全面的研究情况，请关注本书"参考文献"部分。

第一，在研究视角上，现有的研究成果大多囿于法学或者纪检监察主题下的某一个领域，而在很大程度上忽视了法学与纪检监察领域之间的对话和互动，研究视角流于片面。例如，国家监察制度与“党委统一领导”和“纪检监察合署办公”之间的关系如何界定；新组建的国家监察机关是否应当在工作体制上与党的纪律检查机构工作体制相适应，中央和地方各级监察机关在查办案件工作和主要领导任命中是否应当遵守“两为主”要求，即查办腐败案件以上级监察机关领导为主，各级监察委员会主任、副主任的提名和考察以上级监察委员会会同组织人事部门为主；等等。

第二，在研究范围上，现有的研究成果大多密切关注中国监察制度的现状及党内法规和国家法律层面的相关文件、政策、法律中表露出的改革动向，忽略了从学术史的角度去梳理中国监察制度的历史变迁及其对当下的启示，也忽略了从三权分立国家的腐败规制体制中借鉴对中国有益的制度性或者工具性因素，研究范围流于狭隘。

第三，在研究内容上，现有的研究成果大多局限于监察制度改革应当遵循的原则、注意的问题、与《中华人民共和国宪法》（以下简称《宪法》）的关系等宏观论题，对监察制度改革与完善如何具体展开，如何融入现有政治体制和权力架构，如何与刑事司法体制、党内法规运行机制等相互衔接和协调等问题，则很少论及，研究内容流于宏观。例如，国家监察机关的职责是否应当像党的纪律检查机关那样包含监督、执纪、问责三个维度，具体而言：监督职责，是指对监察对象执行法律、执行职务和廉洁从政、从业的情况等进行监督，监督手段本质上属于监察措施，既与党的纪律检查机关违纪违法案件的调查措施相区分，又不乏对党内监督、专项巡视等制度措施的借鉴，以及是否能够整合审计机关的专项审计等手段；执纪职责，是指调查处理监察对象的一般违法违纪行为及“侦查”并移送起诉监察对象的涉嫌贪污贿赂、失职渎职、滥用职权、巨额财产来源不明等职务犯罪行为，执纪手段本质上涵盖案件调查措施和案件侦查措施，既要借鉴1994年《中国共产党纪律检查机关案件检查工作条例》（中纪发〔1994〕4号，以下简称《纪律检查机关案件检查工作条例》）及其实施细则在初查、立案、调查、审理、决定或建议等环节中的纪律审查手段，又要参照《刑事诉讼法》及其司法解释在立案、侦查等环节中的证据收集、技术侦查、提请鉴定、限制出境措施等司法性手段，但要保证于事有理、于法有据；问责职责，是指对监察对象不履行或不正当履行职责导致严重后果情形下的领导干部的责任追究，问责手段实质上包括行政问责、行政处理、行政处分和移送起诉等手段，既要借鉴和参照2009年《关于实行党政领导干部问责的暂行规定》等党内问责制度中规定的问责情形、标准和责任追究方式，也要赋予未来监察机关对有关领导干部的处理、监察决定或监察建议权。再如，在处分方式的完善方面，未来的国家监察机关应当仿照《中国共产党章程》（以下简称《党章》）和《中国共产党纪律处分条例》（以下简称《党纪处分条例》）等党内法规与《中华人民共和国刑法》（以下简称《刑法》）和《刑事诉讼法》等国家法律将处分对象划分为个人和组织的操作惯例[1]，并在对个人的处分方式上增加与党纪处分中诫勉谈话和国法惩处中当庭训诫相类似的方式，增加基于领导干部责任终身制和公务员职业年金制而构建的削减或取消职业年金的处分方式；在对单位的处分方式上增加监察机关责令整改、改组等处分方式，以避免原《行政监察法》中仅规定主管机关或监察机关撤销或纠正不当的决定、命令、指示等措施而无法体现出领导集体相应责任的弊端。

---

[1] 《刑法》在第一编“总则”部分第二章“犯罪”的第四节“单位犯罪”中确立了单位犯罪同样应当受到惩罚的原则，并在第二编“分则”部分规定的具体罪名中进行明确规定。其中，第30条规定：“公司、企业、事业单位、机关、团体实施的危害社会的行为，法律规定为单位犯罪的，应当负刑事责任。”第31条规定：“单位犯罪的，对单位判处罚金，并对其直接负责的主管人员和其他直接责任人员判处刑罚。本法分则和其他法律另有规定的，依照规定。”

《党章》第44条规定：“党组织如果在维护党的纪律方面失职，必须问责。对于严重违犯党的纪律、本身又不能纠正的党组织，上一级党的委员会在查明核实后，应根据情节严重的程度，作出进行改组或予以解散的决定，并报再上一级党的委员会审查批准，正式宣布执行。”

二、研究背景与意义

中华人民共和国成立以来，中国监察制度先后经历了设立、降格、撤销、恢复组建、与纪委合署办公、独立建制等阶段。对该问题深入透彻和系统全面的研究，是从调节生产关系的角度入手，对中国推进国家治理体系和治理能力现代化提供着重要的理论动力，对中国建设民主社会、法治社会和最终建成和谐社会也起着重要的助推作用。

同时，对中国监察制度改革与完善的研究，不仅与当前中国社会发展、政治改革、机构调整的大形势相契合，而且在法学、政治学和纪检监察等具体学术领域里，也起着促进建立新的、稳定的子研究领域和研究方向的推进作用。因而，研究过程中形成的报告、论文、研究方案、模型分析等阶段性成果，不仅可以供法学界、政治学界、纪检监察领域的相关研究人员参考，还可以供相关国家立法机关、党的纪律检查机关的具体工作人员使用。结合《监察法》出台后国内高校纷纷新设纪检监察专业、监察法学院、监察理论研究中心等动向，如中国政法大学于 2017 年 11 月成立国家监察与反腐败研究中心、西南政法大学于 2018 年 4 月揭牌成立了监察法学院、南京审计大学于 2018 年 7 月成立监察学院等，上述研究成果还可以为从业者提供相应的教学、研究资料和论文写作方向。

此外，笔者一方面接受了十多载的法学科班训练，另一方面实际工作经历又涵盖了纪律检查、行政监察等实践领域和法学理论、法制史、司法制度、刑事诉讼、刑法等理论领域；同时，在研究过程中还开展了多种形式的研究活动，如针对性的访谈和目标明确的小型研讨会等，这在客观上使得研究过程能够有效地克服现有研究过于宏观和抽象的弊病，能够有意地避免理论视角狭隘、知识储备不足和实践经验匮乏等问题，从而使研究成果能够为国家监察制度的改革与完善提供智力支持和理论支撑。

三、研究目标与内容

中华人民共和国成立以来，监察制度的探索和实践艰辛而曲折，监察机关先后经历了设立、降格、撤销、恢复组建、与纪委合署办公等阶段，始终未能摆脱“小监察”的局限。中共中央纪律检查委员会、中华人民共和国监察部[1]曾经在山西、上海、深圳进行了监察体制试点工作，将山西、上海监察厅（局）更名为监察委员会，与纪委合署办公，实行“一个领导班子、一套工作机构、两个机关名称”体制，但在运行15年之后，又逐步调整回与全国其他多数省份相同的模式，只留下深圳市继续保留和实行纪检、监察分设体制。2016年中共中央办公厅印发《关于在北京市、山西省、浙江省开展国家监察体制改革试点方案》，标志着纪检、监察重新走向合二为一的“大监察”格局；2018年《监察法》的出台，标志着统一、集中、高效、权威的大监察体制改革成果在国家层面通过基本法律的形式予以正式确立。

本书以中国监察制度的改革与完善为研究内容，目标在于解决新的监察制度确立和运行过程中可能存在的问题，厘清监察制度改革的理论与实践障碍，理顺监察制度与《宪法》《刑事诉讼法》《党纪处分条例》等国家法律和党内法规之间的关系，在合乎法治的框架范围内建立行之有效的国家监察制度，为社会主义法治国家的建成贡献绵薄之力。

《宪法》的“序言”部分确立了中国共产党的领导地位，中国共产党是中国政治生活中的唯一执政党并且长期执政。这一制度架构和政治实践现状决定了在监察制度改革之前，以党政分开的思路将党的纪律检查与国家行政监察分设的道路是行不通的。结果只能是纪委只管党内事务，越做越窄；行政监察紧贴政府工作，越做越宽，难以聚焦主责主业。简单层面上的纪检、

[1] 即“中央纪委监察部”，《监察法》出台后，中央纪委监察部随之更名为中共中央纪律检查委员会、中华人民共和国监察委员会，即“中央纪委国家监委”。

监察机关合署办公，也不能做到对国家机关及其公务人员的监督全覆盖，无法适应全面从严治党的时代要求。因此，必须从“小监察”的束缚中挣脱出来，将行政监察上升为国家监察，实行监督无死角、全覆盖的“大监察”格局，从而构建中国特色的国家监察制度。

本书的研究重点在于，基于中国的现实政治体制和权力架构，监察制度大刀阔斧的改革应当遵循宪法和法律所设定的框架范围，这就必然涉及《宪法》《刑事诉讼法》、原《行政监察法》《中华人民共和国人民检察院组织法》（以下简称《检察院组织法》）、《中华人民共和国检察官法》（以下简称《检察官法》）、《中华人民共和国地方各级人民代表大会和地方各级人民政府组织法》以及原《人民检察院监察工作条例》《人民检察院检务督察工作条例》、原《检察人员纪律处分条例（试行）》《行政机关公务员处分条例》《人民法院监察工作条例》等国家层面的法律法规和规范性文件。如何在保证不脱离民主和法治运转轨道的前提下，实现它们相互之间的有机衔接和综合协调，始终是本书关注的重点问题。

本书的研究难点在于，一方面，妥善处理国家监察和党内监督的衔接。根据中共中央办公厅在北京市、山西省和浙江省试点监察体制改革的做法，监察委员会既是国家监察的主体，也是党内监督的主体，履行国家监察和党内监督的双重职责。但是，党内监督以党的政治纪律、组织纪律、廉洁纪律、群众纪律、工作纪律、生活纪律六大纪律为重点，突出“把纪律和规矩挺在前面”；而国家监察则更侧重于对遵守宪法、法律和政纪情况的监察，如何整合反腐败的各方面力量，做好国家监察与党内监督的有机衔接就成为当务之急。另一方面，圆满实现国家法律体系和党内法规体系的协调，与监察制度改革直接相关。监察制度全面改革之前，国家法律和党内法规两个层面关于监察事项的规定过于分散，甚至有所冲突，如何实现《监察法》与《宪法》《人民检察院检务督察工作条例》《行政机关公务员处分条例》《人民法院监察工作条例》《人民法院工作人员处分条例》《统计违法违纪行为处分规定》《海关工作人员处分办法》等国家法律法规、部门规章，以及中共中央办公厅、国务院办公厅《关于实行党政领导干部问责的暂行规定》(中办发〔2009〕25号),中共中央、国务院《关于实行党风廉政建设责任制的规定》(中发〔2010〕19号),中共中央办公厅《推进领导干部能上能下若干规定(试行)》(中办发〔2015〕42号)和中共中央2015年修订的《中国共产党廉洁自律准则》、2018年修订的《党纪处分条例》、2019年修订的《中国共产党问责条例》等党内法规之间的相互协调与科学整合,颇具挑战。

四、研究思路与框架

本书的整体研究思路[1]:收集、整理和分析中国共产党纪律检查委员会和原行政监察机关之间的相互关系,梳理出两机关分合演变的历史脉络,并以此为分析样本,归纳和总结原行政监察机关在运行过程中遭遇的实践问题;确认原行政监察制度在中国的制度框架和权力架构范畴内无法有效地制约腐败的前提下,遵循宪法和法律所设定的权力运转逻辑,论证合理的中国监察制度改革方案,并重点解决改革过程中可能存在的制度、权力和法律层面上的疑难问题,最终实现监察制度的完善。其中,原行政监察制度面临的主要问题,重要性已经显著降低,在本书中一笔带过;国家监察和党内监督的衔接协调仍然是值得关注的问题,但论述角度应有所调整;监察机关在国家机构体系中的定位及新形成的"一府一委两院"架构,监察机关在刑事司法运作过程中与公安机关、检察机关之间的权力划分、职能分工等事项,则成为本书的探讨重点。

本书尝试在以下问题上作出相应的努力:第一,在宪法和法治的框架范围内推动中国监察制度的改革与完善。中国目前正处于和平发展与平稳建设时期,而非革命战争或者社会动乱时期,重大的政治架构、权力分配调整和执政党的重大决策,都应当在法治的框架范围内推进,拒绝形式或实质上的

[1] 《监察法》通过后,本书的研究思路和讨论重点也进行了相应调整:从中国监察制度宏观层面的制度建构、权力调整等改革问题,转向微观层面的制度完善和修补事项。

"良性违宪""良性违法"等与宪法和法治精神不符的做法。因此，监察制度的改革要遵循宪法，以基本法律规定的监督制度、原则和行为规范为基础，以基本法律的形式确立和实施国家监察，保证公权力在宪法和法律的范围内运行。

第二，突出国家监察制度改革与完善程序的正当性，在制度设计上照顾到现行政治权力架构。出于中国共产党是唯一执政党且长期执政的政治现实考量，根据党政分开的思路，将党的纪律检查与国家的行政监察并轨分设，在实践中已经被证明是行不通的；将行政监察提升为国家监察，确立和推行监督全覆盖的新型监察制度，或许能够推动形成具有中国特色的国家监察体制。

第三，国家监察制度的改革要注重宪法、法律法规、部门规章和党内法规的衔接、互补和协调，要注重国家政治改革与人大立法、政府立法的互联互通，及时展开修改、整合、废止、制定等立法活动，增强国家法律法规的系统性、科学性及其与党内法规之间的衔接协调。因此，有必要在全面厘清原行政监察制度及人大、国务院、政协、审判、检察等国家机关和各民主党派内部监察制度的基础上，从国情和实际出发，以问题为导向，注重可行性，重点解决监察对象不全面、监察法规不严密、监察程序不规范等具体问题。

第四，围绕国家监察和党内监督在领导体制、职责等机构定位，执法执纪、问责等监督手段，处分措施、程序和时限等方面可能存在的交叉重合和矛盾之处，在整合相应国家法律和党内法规的基础上，提出可能的解决路径。基于此，要注意加强党对党风廉政建设、反腐败工作的统一领导，注重总结和运用党的十八大以来监察工作的理论研究成果和实践经验，把"转职能、转方式、转作风""聚焦主责主业"等成功经验和有效做法吸收进来，实现国家监察法律与党内监督法规的有机结合。例如，监察制度的改革与完善，在程序的规定方面，可以仿照《纪律检查机关案件检查工作条例》的程序性框架，在"监督检查"方面注重设计审批、检查方式、结果报告和反馈等；在“调查与侦查”方面注重设计受理、初查、处置、立案标准、调查措施适用等；在“案件审理”方面注重设计移交、审理依据和标准、审理报告的审批、监察建议或决定等；在“问责”方面注重设计调查、陈述、申辩、问责建议和决定等；在“决定、建议的执行”方面注重设计行政处理和处分的权限划分、审批、执行等，并注意与党内法规的衔接配合，避免“带着党籍、带着公职蹲监狱”“公职人员坐牢领工资”等现象；在“复核与复查”方面注重设计申诉、复核、复查、监察建议和决定的异议裁决及撤销等。再如，监察制度的改革与完善，在时限的规定方面，要注重设计监察机关的立案调查时限。原《行政监察法》第 33 条规定：“监察机关立案调查的案件，应当自立案之日起六个月内结案；因特殊原因需要延长办案期限的，可以适当延长，但是最长不得超过一年，并应当报上一级监察机关备案。”《纪律检查机关案件检查工作条例》规定有立案、调查、审理等环节的时限，但并没有规定最长时限，因为该条例第 39 条规定，“……在延长期内仍不能查结的，可报经立案机关批准后延长调查时间”，若在案情复杂的情形下就有可能造成违反国家法律但却不违反党的纪律的尴尬现象。因此，鉴于原《行政监察法》规定有复审、复核时限，但党内法规只规定了党员有权提出申诉并没有规定复议、复查时限，我们要注重在监察制度改革与完善过程中对监察机关复审、复核或复议、复查时限的相应设计。

五、研究方法

本书主要采用了以下三种具体研究方法。

第一，文本分析与比较研究的方法。本书以论著、期刊、报纸文章、政策文件、相关决议等文献资料为基础，比较、借鉴国内外的相关研究成果，并进行全面梳理和系统分析，针对性地深入探讨监察制度改革与完善的具体问题。研究所依托的主要文献资料包括但不限于：笔者在中央纪委监察部借调期间参与“国家监察体制研究”项目的相关非涉密科研材料；收集、筛选的马怀德《国家监察体制改革的重要意义和主要任务》、童之伟《将监察体制改革全程纳入法治轨道之方略》《对监察委员会自身的监督制约何以强化》、吴建雄《论国家监察体制改革的价值基础与制度构建》、魏昌东《国家监察委员会改革方案之辨正：属性、职能与职责定位》等期刊文章；《监察委员会的职能定位与实现路径》《制度监督与设立监察委员会》《从人民代表大会制看国家监察体制改革》等发表在《中国党政干部论坛》的系列文章，《设立监察委员会的三个宪法问题》和《国家监察委员会的侦查权及其限制》等发表在《中国法律评论》的系列文章，《国家监察体制之宪法史观察——兼论监察委员会制度的时代特征》《国家监察体制改革的宪法约束》《从机关思维到程序思维：国家监察体制改革的方法论探索》等发表在《武汉大学学报（哲学社会科学版）》期刊的系列文章；教育部哲学社会科学研究重大课题攻关项目、中国法学会“研究阐释党的十八届六中全会精神”重点专项课题“国家监察立法研究”等研究项目。

第二，历史沿革与文献梳理的方法。“知史可以明兴替”，梳理中国监察制度从古至今的历史演变及其沿革过程，对获得的历史材料进行理论加工、概括和提升，在理论层面归纳内容相关和主题相近的研究成果，厘清监察制度改革的来龙去脉。在此基础上，勾勒出中国古代监察制度的权力架构、运作模式、实践特征和实际效果，“查古以至今”，规划和设计中国现代监察制度的框架与运作，并结合现行国家法律和党内法规的语境，力求在实践层面探索具体的解决路径。

第三，理论与实践相结合的方法。本书的研究主题并不仅仅注重理论层面的抽象分析，还特别关注理论与实践的紧密结合。笔者自 2014 年进入基层纪检监察领域，全面接触了党的纪律检查和国家行政监察工作；于 2015 年借调至中央纪委监察部，期间作为重要成员全程参与了“国家监察体制研究”课题，相应的研究成果有力地支持了北京市、山西省、浙江省开展的国家监察体制改革试点工作；于 2016 年被抽调至中央纪委驻工业和信息化部纪检组，参与违反党的纪律案件的审理工作。在此过程中，笔者不仅收集了丰富的研究资源，还获得了较为丰富的实践经验，基本掌握了纪检监察的主要业务和实践运作。此外，笔者还具有强烈的探索欲和求知欲，具有国家级、省部级和中央高校科研项目的实际主持与合作经验，具有刑法学、刑事诉讼法学等领域的丰富教学实践经验。上述经历，都是本书能够顺利贯彻理论与实践相结合方法的强大保障和重要基础。

第一章 中国古代监察制度的沿革

“监察”，并非舶来品，中国古代典籍中载有诸多关于“监察”的记载，实是由来已久。《诗经》有“皇矣上帝，临下有赫。监观四方，求民之莫”的记载；郑玄笺注云：“大矣，天之视天下，赫然甚明。以殷纣之暴乱，乃监察天下之众国，求民之所归就”。孔颖达疏云：“此在上之天，能照临於下，无幽不烛，有赫然而善恶分明也。见在下之事，知殷纣之虐，以民不得定，务欲安之，乃监视而观察天下四方之众国，欲择善而从，以求民之所安定也。”❶“监”是自上而下监视，“察”是考核和调查。❷因此，“监察”自诞生之日起就天然地具有“监视”“观察”“督促”等含义，是指对权力部门及其工作人员的监督、督促、考察和检举，本质意义上属于权力的自我监督；监察体系则被誉为官僚体系“自净化”的重要装置。❸监察作为一项制度，成为历朝历代政治制度的重要组成部分，也渊源久远。监察在沿革和演变过程中所孕育而出的检举权力部门及其工作人员失职、违法、犯罪的职能，使得监察权在长达数千年的历史发展过程中持续作为一项相对独立的国家权力，发挥着维系封建纲纪、巩固宗法制度和完善政治制度等一系列独特功能，是国家权力体系“自我管理”和“自我净化”的重要机制。

---

❶ 《毛诗正义》卷十六。孔颖达（574—648），字仲达，冀州衡水人，于唐贞观十六年奉唐太宗诏命修官书《五经正义》，《毛诗正义》即为其中之一。《毛诗正义》是对《毛传》和《郑笺》的疏解，“传”“笺”被称为“注”，“正义”被称为“疏”，合称《毛诗注疏》。《四库全书总目》对该书给予了极高的评价：“其书以刘焯《毛诗义疏》、刘炫《毛诗述义》为稿本，故能融贯群言，包罗古义，终唐之世，人无异词。”

❷ 皮纯协，潘祐周，王英昌，等．中外监察制度简史［M］．郑州：中州古籍出版社，1991：1.

❸ 李松锋．监察体系运作机制的中国经验［N］．中国纪检监察报，2015-02-27（7）.

知史以明鉴，查古以至今。历史往往是一个国家、一个民族、一项制度产生、发展及盛衰兴亡的真实记录，是具体经验、知识和智慧的集中展现。研究中国监察制度的历史沿革和发展演变，意味着对中国自国家出现的原始社会末期，到奴隶社会、封建社会、半殖民地半封建社会，再到民国时期、新民主主义社会和社会主义社会等各个历史时代中曾经存在以及正在存在的监察制度的产生、发展、运行、演变等过程及其规律做全面、系统的观察、梳理和综述，主要内容包括但不限于中国监察制度的产生原因、演变过程、机构设置、职权范围、运转机制、制衡效果、发展趋势等。中国监察制度几千年的发展历程，沉淀、积累下来大量值得关注和研究的历史经验和深刻教训，在全面、系统地观察和梳理基础上，科学总结其制度发展脉络，深刻揭示其内在发展规律，对立足中国国情并结合中国特色社会主义要求所进行的国家监察制度改革与完善，以及对加强中国监察制度理论研究的深度和广度来说，都具有极为重要的意义。

以监察制度在不同发展阶段所体现出来的特点作为划分标准，我们可以清楚地观察到，1912 年之前的监察制度具有相对明显的历史局限性——在以专制、集权和人治为特征的社会里，监察制度往往作为权力的耳目与工具，倾向于采取单线的垂直结构体系；无论是狭义上的历代御史纠察制度，还是广义上的御史纠察制度和谏官、谏诤制度，在本质上都典型地表现为维护统治阶级利益的手段。1912 年之后的监察制度，在性质上则有着根本的不同，监察制度开始作为一种国家治理机制和治理体系的有机组成部分，代表和反映着国家的整体意志和利益。

第一节　中国古代监察制度的萌芽与形成

监察制度的源头，最早可以追溯至 4000 多年前原始社会末期出现的民主监督机制。国家层面意义上的监察制度，在奴隶社会阶段的夏、商、周时代才初步显露雏形。但此时的监察机构仍然处于尚未完全独立的状态，监察官吏也几乎均为兼任，独立的监察体制和制度远未形成。因此，这两个阶段里的监察制度，还处于萌芽状态。到了秦汉时期，中国开始步入封建社会，监察机构逐步扩大并渐趋相对独立，监察官吏初步实现专职化，以谏议大夫、给事中为主体的言谏制度和以御史大夫、御史府为主体的御史制度也正式建立。言谏负责匡正、谏诤君主过失；御史负责纠举、弹劾百官。二者职责、分工明确。中国封建社会前后绵延数千年的监察制度格局至此初步形成。可以观察到的是，监察制度尽管在绝大多数时间里作为维护阶级统治的政治工具，但自其出现以来，在客观上不仅发挥着约束、监督和制约国家机关及其工作人员的作用，而且还能够产生牵制和约束最高统治阶层的功效。

一、中国古代监察制度的萌芽

原始社会末期出现的民主监督机制，天然地蕴含着监察制度的基因，是监察制度可以追溯的最早源头。

（一）原始社会末期的民主监督机制

在原始社会末期，社会生产力有了明显提高，以追求个人财产增殖为特征的私有制开始出现，父系氏族公社代替“知母不知父，无亲戚兄弟夫妻男女之别，无上下长幼之道，无进退揖让之礼”的母系氏族公社[1]，“人类所经历过的最深刻的革命”以“并不需要侵害到任何一个活着的氏族成员”的形式完成了顺利过渡[2]。从母系氏族公社到父系氏族公社的转变，表现出迥异于以往的社会特征：以血缘关系为特征的氏族联合开始转向以地域联合为特征的部落联盟，如以黄帝、唐尧、虞舜、夏禹作为首领的部落联盟开始出现；

---

[1] 《吕氏春秋·恃君览第八·恃君》。

[2] 弗里德里希·恩格斯．家庭、私有制和国家的起源［M］// 马克思，恩格斯．马克思恩格斯全集：第 21 卷．北京：人民出版社，1965：67-68.

不断爆发的大小规模的战争和层出不穷的自然灾害，如严重的水患使得具有突出治理水患才能的夏禹成长为部落联盟首领，成为关系氏族和部落联盟生死存亡的头等大事；新出现的部落联盟建立起具有类似人民大会、议事会性质的权力机构，代替了全体氏族成员直接参与决策的直接、全面民主机制，并负责选举部落联盟首领以处理战争、灾害等重大事宜。

正是由于以地理位置远近而形成的部落联盟取代以血缘亲疏有别的氏族联合，才使得具有一定民主性质的议事机制正式建立，并与部落联盟首领的推选及其后的主持工作形成合力，逐步形成了最原始意义上的社会管理机构。也正是在此基础之上，人类社会最原始的民主监督机制开始孕育，监督的权力由氏族部落全体成员共同行使，以“谏言”这种舆论监督作为主要形式。

谏言，实际上是原始社会末期氏族成员参与组织、社会管理和行使民主权利的主要途径。在这一社会发展阶段中，“当部落中的每个成年男子都是战士的时候，那脱离了人民的、可以用来和人民对抗的公共权力还不存在。自然长成的民主制还处于全盛时期，所以无论在判断议事会或者在判断巴赛勒斯（军事首长）的权力与地位时，都应当以此为出发点”[1]。也就是说，此时的巴赛勒斯（军事首长）或者部落首领所掌握的权力并不像我们想象的那么大，反倒是在全盛时期的民主制环境下，全体氏族成员的公共权力才是最为至关重要的；部落首领们不仅没有过多的特权，反而更多地体现为大公无私的氏族公仆角色，要尽心尽力地履行职责以维护整个氏族或部落联盟的利益，并且还要对自身严重的过失行为甚至是无能行为承担相应的责任。例如，尧担任部落联盟首领时水患严重，在挑选治水能人时，群臣四岳（相当于部落联盟的议事会）均推荐鲧，尧基于鲧“负命毁族”而反对，但最终“尧听四岳”任命鲧来领导治水工作；鲧在长达9年的时间里治理水患，但

[1] 弗里德里希·恩格斯．家庭、私有制和国家的起源［M］// 马克思，恩格斯．马克思恩格斯全集：第21卷．北京：人民出版社，1965：114–124.

"功用不成"，最终因"治水无状"而被舜处死，并且"天下皆以舜之诛为是"；夏禹随后接替其父亲鲧而承担起治理水患的任务，"伤先人父鲧功之不成受诛，乃劳身焦思，居外十三年，过家门不敢入"❶。

谏言，往往表现为部落联盟首领通过设置各种各样的形式以接受和采纳部落成员的建议、批评等舆论监督。《管子》载有："黄帝立明台之议者，上观于贤也；尧有衢室之问者，下听于人也；舜有告善之旌，而主不蔽也；禹立谏鼓于朝，而备讯唉；汤有总街之庭，以观人诽也；武王有灵台之复，而贤者进也。此古圣帝明王所以有而勿失，得而勿忘者也。"❷其中，"明台"和"衢室"即部落联盟首领倾听民声、知悉民意的地方；至于"告善之旌""谏鼓""总街之庭""灵台之复"，则更多地表现为一种采纳谏言的正式途径和稳定机制。据古籍记载，夏禹善于接纳谏言："禹之治天下也，以五声听。门悬钟鼓铎磬，而置鞀，以得四海之士。为铭于簨簴，曰：'教寡人以道者击鼓，教寡人以义者击钟，教寡人以事者振铎，语寡人以忧者击磬，语寡人以狱讼者挥鞀。'此之谓五声。是以禹尝据一馈而七十起，日中而不暇饱食，曰：'吾犹恐四海之士留于道路。'是以四海之士皆至。是以禹当朝，廷间也可以罗爵。"❸由此可见，在原始社会末期，部落联盟首领特别重视部落成员的诉求和建议，愿意敞开门庭、建立制度来接纳谏言，反映了最朴素的"民为贵，社稷次之，君为轻"理念及严格的自律、自省和自觉意识。

现代监察制度虽然同样包含有广开言路、接纳批评建议、处理举报信

---

❶《史记·夏本纪第二》载："当帝尧之时，鸿水滔天，浩浩怀山襄陵，下民其忧。尧求能治水者，群臣四岳皆曰鲧可。尧曰：'鲧为人负命毁族，不可。'四岳曰：'等之未有贤於鲧者，原帝试之。'於是尧听四岳，用鲧治水。九年而水不息，功用不成。於是帝尧乃求人，更得舜。舜登用，摄行天子之政，巡狩。行视鲧之治水无状，乃殛鲧於羽山以死。天下皆以舜之诛为是。於是舜举鲧子禹，而使续鲧之业……禹乃遂与益、后稷奉帝命，命诸侯百姓兴人徒以傅土，行山表木，定高山大川。禹伤先人父鲧功之不成受诛，乃劳身焦思，居外十三年，过家门不敢入。薄衣食，致孝于鬼神。卑宫室，致费於沟淢。陆行乘车，水行乘船，泥行乘橇，山行乘暐。左准绳，右规矩，载四时，以开九州，通九道，陂九泽，度九山。"

❷《管子·桓公问第五十六》。

❸《鬻子·上禹政第六》。

访等功能，但更为重要的功能实际是纠察违法、监督改正，这就涉及权力架构和人员安排两个方面。在权力架构方面，最重要的是对权力的监督和制约。按照恩格斯在《家庭、私有制和国家的起源》中的相关论述，原始社会末期的民主监督机制已经开始在相对简单的意义上践行权力制约理念，大体而言，掌握权力的军事首长或部落首领、议事会和人民大会之间形成了互相约束和制约的初步关系。议事会和人民大会往往是最高权力机关，不仅享有对部落首领的最高选举权，而且还可以监督、通过或否决部落首领的重大决策。随着私有制的进一步发展，这种权力制约关系有了新的发展和变化，典型地表现为部落首领通常由最有权、最富有的父系家族长老担任，部落首领的权力和地位逐渐扩大、增强，开始居于主导地位，以权谋私的现象也开始出现。这突出地表现为，禅让制渐渐被世袭制所取代，实际上，在尧和舜的部落首领更替过程中，就有“舜囚尧，复偃塞丹朱，使不与父相见”❶的记载。

在人员安排方面，基于血缘氏族关系的减弱和地域联合因素的增强，部落联盟首领在执行议事会、人民大会的决定时，通常会设置谏官、监官对各个部落进行监督。史书记载，在黄帝时已经“置左右大监，监于万国”❷，即黄帝设置了专门的监察官员以监察其所属各国。《尚书》载：“帝曰：‘龙，朕堲谗说殄行，震惊朕师。命汝作纳言，夙夜出纳朕命。’”❸“龙”是帝舜任命的专门监督人员，职责在于“纳言”和“出纳朕命”，即杜绝递交的谗言、审核帝舜的不当言论。此外，氏族管理机构还会采取“巡狩”的形式，对下

❶ 出自《竹书纪年》，该书据传为春秋时期晋国史官和战国时期魏国史官所作，是叙述夏、商、西周、春秋和战国的一部编年体通史，系在盗掘战国时期魏襄王墓葬被发现，亦称《汲冢纪年》。该书还载有“昔尧德衰，为舜所囚也”“舜囚尧于平阳，取之帝位”“舜放尧于平阳”等表述。《韩非子·说疑第四十四》记载：“舜逼尧，禹逼舜，汤放桀，武王伐纣。此四王者，人臣弑其君者也，而天下誉之。察四王之情，贪得人之意也；度其行，暴乱之兵也。然四王自广措也，而天下称大焉；自显名也，而天下称明焉。则威足以临天下，利足以盖世，天下从之。”

❷《史记·五帝本纪第一》。古时，疆域大的称“邦”，小的称“国”。

❸《尚书·尧典》。

级机构及其工作人员进行纠察性监督。例如，舜曾代表部落联盟议事会“五载一巡守，群后四朝。敷奏以言，明试以功，车服以庸”[1]。巡狩形式，为后世监察和监督制度所效仿；此外，君王、皇帝亲自出巡或者授权御史巡行郡县，也成为监督地方政权及官员的常规性、制度性设置。

（二）奴隶社会时期的监察制度萌芽

禹基于治水等功绩而被部落联盟议事会推选为首领，在其年老时，皋陶被推选为继位人，但皋陶早逝；益随后成为继位人选，禹的儿子启将益杀死，以暴力开创了世袭制取代禅让制的历史先河。至此，部落联盟首领的个人意志彻底超越了议事会的集体意志，部落联盟首领从社会公仆变成奴隶主和帝王，被征服的部落成员则难以逃脱被杀或者被奴役的命运，阶级和国家开始形成，正式宣告中国进入奴隶社会时期。

进入奴隶社会的夏、商、周三代，君主都假借“天命”“天子”作为最高权力的权威和正统来源，带有浓重的君权神授色彩。例如，商朝宣称“天命玄鸟，降而生商”，成为维护奴隶主政权和阶级利益的利器。但此时，即便在世界范围内，人类社会和国家机器都处于初生阶段，非常粗糙和不成熟，因此，夏、商、周三代的社会治理机制和国家权力架构在内容、形式和运作等方面仍然极为原始和落后。作为国家组成部分的监察制度同样处于萌芽状态，往往与其他权力的行使和制度的建立缠杂在一起，监察官员也往往由行政官员兼任。值得注意的是，这一阶段的监察制度已经明显表现出强烈的阶级性：只有成为统治阶级的少部分奴隶主，才能享有相应的监督权力，并要求作为被统治阶级的奴隶对其负责；奴隶主阶层之外的普通士和自由民，虽然具有一定财产和相对独立的社会地位，但往往与监督权力无涉或者其有效监督以统治者的认同为前提；至于奴隶，则没有任何权利可言，是

---

[1] 《尚书·舜典》。对此，有美国学者认为，起源于尧舜时期的巡狩制蕴含着中国最早的监察制度的影子，参见路易斯·亨利·摩尔根．古代社会［M］．杨东莼，等译．南京：江苏教育出版社，2005：78-81.

依附于奴隶主的私人财产，可以被买卖或被杀戮以充当祭祀神明的“人畜”，被完全排除在监督权力范围之外。

在原始社会末期谏言监督的基础上，奴隶社会开始设置专门的官吏来收集言论加以筛选后再报送最高统治者。例如，西周设置有采诗官、遒人，以掌握国情、民情，了解执政得失；设置有小司寇、乡大夫等官职，以询问民意，为国家大政方针的制定准备民意基础。诗，是采诗官用以了解国情民意的一种载体，自周朝时兴盛，主要是表达民众对国家各种治理事项的观点和看法，其中不乏针砭时弊的政治性评论和冷嘲热讽，实质上已经成为舆论监督的重要媒介。《礼记·王制》中就有“命太师陈诗以观民风”的记载。与原始社会末期的谏言制度相比，这两种舆论监督的机制存在着显著的差异：前者更多的是自下而上、自主自愿地提出建议、批评，权力掌握在几乎全体社会成员手中；奴隶社会的言论收集制度，则明显地属于自上而下、被动式地收集民间舆论以掌握舆情，权力掌握在少数统治阶级手中。奴隶社会建立的采诗官、遒人和小司寇、乡大夫等官职，使得奴隶主阶级对舆论的掌握遵循一种制度化操作，方便收集民间舆情的同时，也由于其官僚色彩浓重，主观偏好导致立场偏颇，甚至是钳制言论以维护奴隶主利益等众多弊端，而几乎堵塞了言路。典型的如周厉王“怒，得卫巫，使监谤者，以告则杀之。其谤鲜矣，诸侯不朝。三十四年，王益严，国人莫敢言，道路以目”[1]。

在原始社会末期部落联盟议事会权力监督机制的基础上，夏、商、周三代也设置了相应的辅佐监督措施，以寻求对权力的约束和制约。例如，夏、商、周在其国家官僚机构架构中设置有太师、太史、太傅、太保的“四辅制度”，目的在于吸纳深谋远虑、位高辈长的有识之士来辅佐和监督“天子”。例如，在西周的制度架构下，位列三公、主管辅佐的周武王之弟周公旦可以代年幼的周成王管理国政，待其成人理政后再退回辅佐位置。此外，夏、商、周三代都假托神祇治国理政，在借此取得政权合法性的同时，也要受到

[1]《史记·周本记第四》。

相应的约束和制约。例如，夏朝设有“秩宗”，商朝建有卜、巫、史、作册，周朝设有太宰、太史、太宗、太祝、太卜和太士，掌握着祭祀、卜筮等与上天、神打交道的仪式，要求贵为天子的国王也须“敬天”，甚至在一定程度上还可以左右国王的意志。与原始社会末期监察机构的状况相似，夏、商、周三代的监察机构仍然没有独立出来，其设立的监察官员也大多为兼任，由天子授命而成。例如，在中央机构层面，夏代设立“政务官遒人”，商朝建有“小臣”，周朝设有“掌谏王恶”的“保氏”和纠举违失的“小宰”；在地方机构层面，夏、商、周三代设置有“方伯”，受命于王，监察一方。值得注意的是，这个阶段的统治阶级也已经注意到了法律在监察等国家治理事项中的重要作用。例如，《夏书》载有：“昏、墨、贼，杀，皋陶之刑也”，墨即是公职人员的贪污犯罪；[1]《尚书·皋陶篇》则记载了皋陶将“简而廉”纳入“九德”作为人才考察标准的做法。商朝则“制官刑，儆于有位。曰：敢有恒舞于宫，酣歌于室，时谓巫风。敢有殉于货色，恒于游畋，时谓淫风。敢有侮圣言，逆忠直，远耆德，比顽童，时谓乱风。惟兹三风十衍，卿士有一于身，家必丧；邦君有一于身，国必亡；臣下不匡，其刑墨。具训于蒙士”[2]。早在公元前927年，西周司寇吕侯奉命制定了我国历史上最早的与腐败规制有关的法律——《吕刑》，将官吏贪污的行为视作“五过之疵”，即惟官、惟反、惟内、惟货、惟来，犯之者与罪犯同罪；明代王文禄在《廉矩·试廉精别章》中讨论《周官》的“小宰六计”时认为：“弊群吏之治，而贯以一廉。廉也者，吏之本也，故曰廉善、廉正、廉能、廉敬、廉辨、廉法。甚矣，成周重廉也！”[3]

---

[1] “己恶而掠美为昏，贪以败官为墨，杀人不忌为贼。”

[2] 《尚书·商书·伊训第四》。

[3] 郭世杰. 论廉政文化建设的路径选择［J］. 创新，2018（4）：69.

二、中国古代监察制度的形成

自周平王迁都洛邑和建立东周，进入以动乱、分裂和分化为特征的春秋战国时期，一直到秦国统一天下，这个阶段前后延续500多年，在思想上呈现出百花齐放、百家争鸣的态势，在制度上也异彩纷呈。春秋战国时期最显著的社会特征表现为以血缘、氏族、守法为纽带的束缚越来越弱，土地成为重要资本，兼并大量土地的新兴地主阶级和“士”阶层迅速崛起，受到严重冲击和挑战的奴隶制专制制度开始向封建专制制度过渡，推动新的政治局面形成。

（一）春秋战国：监察制度的过渡阶段

随着奴隶制贵族政体和以血缘为纽带的宗法制度的解体，历史的车轮进入春秋时期，先后由势力强大的诸侯和以宗亲贵族为主的卿大夫实际掌权，君权衰落；及至战国时期，各新兴的封建制国家在发展过程中逐渐形成相互兼吞和争霸的政治格局，并纷纷变法图强，强化君主权力，建立中央集权。整体而言，这个时期的监察制度也有了许多不同于以往的制度性突破，无论是对百官的纠察监督还是对君王的谏议监督，均呈现发展完善的趋势。自下而上、自主自愿的舆论监督重新受到时刻处于竞争状态的各国统治阶级的高度重视，对治国方略的追求一度使得各国的国君真正做到了礼贤下士、广开言路。例如，在齐桓公表达出要效仿“古圣帝明王”的想法时，管仲提出了“啧室之议”：“法简而易行，刑审而不犯，事约而易从，求寡而易足。人有非上之所过，谓之正士，内于啧室之议。有司执事者咸以厥事奉职，而不忘为。”[1] 为纠正自己的执政过失，齐威王颁布命令奖励进谏：“群臣吏民，能面刺寡人之过者，受上赏；上书谏寡人者，受中赏；能谤议于市朝，闻寡人之

[1] 《管子·桓公问第五十六》。

耳者受下赏”，甚至达到了“令初下，群臣进谏，门庭若市；数月之后，时时而间进；期年之后，虽欲言无可进者。燕、赵、韩、魏闻之，皆朝于齐”[1]的境地，齐国也因此迅速富强起来。

监察机构在战国时期开始趋于独立，各诸侯国从中央到地方均设立了专门的监察机构，并配备专门监察人员，基本摆脱了以往监察机构依附于其他国家机构或者监察人员均为兼任的局面。例如，在中央国家机构层面，齐国在相之下设置大田、大行、大谏、大司马、大理的“五官制度”，其中，大谏就是专门负责谏监国君不当行为的职位；晋国设执秩一职，专门掌管百官的爵禄等级；韩、赵、魏等国在丞相之下设置司徒、司空、司马、司寇、御史、郎官等机构，其中，御史和郎官就是专职负责监察的部门，可以监察中央和地方官吏。在地方政府机构层面，各诸侯国多依托郡县、乡等行政建制来实施地方监察。例如，齐国设有乡、州、里交织而成的监察体系；秦国依托郡县而设置“什伍法”，以五家、十家为单位，实行连坐。此时各诸侯国设置的御史制度，在权力方面呈现出明显扩大的趋势，从最初的掌管典籍，到后来的掌管文书奏章，再到纠举、监察都城和地方官吏，实质上发挥着言谏和纠举功能，已经初步具备中国古代御史纠察制度的内核。另外，君主亲自纠察也是对各级官员的一种重要的监督形式。例如，“赵襄子之时，以任登为中牟令，上计言于襄子”[2]，上计就是指各级官员将辖区内的民政、经济和刑狱等情况，逐级上报至君主审查，以便“符契之所合，赏罚之所生”[3]。

值得注意的是，法律的作用在春秋战国时期得到进一步强化，甚至一度成为新政权合法性和强国富民的重要保障。作为改革的一项重要内容，在公元前536年，郑国的子产在中国历史上第一次公布成文法典，以谋求改革的法律化、制度化，摒弃凭借个人好恶而任意决狱定罪的做法，史称“铸刑

[1] 《战国策·齐策一》。
[2] 《吕氏春秋·知度》。
[3] 《韩非子·主道》。

书”；[1]随后，晋国也公布其法典，史称“铸刑鼎”，“被庐之法”和“常法”则是有关官吏选举、等级秩序、办事章程等官僚制度；[2]魏国的李悝则主持制定了包括盗法、贼法、囚法、捕法、杂法、具法等内容的《法经》，开创了编纂法典的先例，其中，杂法包括有对官吏收受贿赂的贪污贿赂犯罪行为的惩处，是淫禁、狡禁、城禁、嬉禁、徒禁、金禁等“六禁”之一。[3]

（二）秦汉时期：监察制度的形成阶段

公元前221年，秦始皇建立秦帝国，正式宣告割据、争霸为特征的春秋战国时期的终结和以中央集权为特征的封建专制主义时代开启。在国家权力架构和治理模式上，汉承秦制，自西汉建立至汉武帝推行政治改革并划分内朝、外朝之前，汉朝的行政体制基本上没有突破秦朝的设置，甚至可以说，秦朝确立的制度框架一直延续到清朝灭亡。秦汉时期的君主集权封建专制主义，具有以下几个鲜明的特征：首先，确立皇帝至高无上的地位。皇帝是最高的统治者，是国家权力的中心，国家机构设置、变革、更替的标准始终都在于是否能够巩固、扩大皇帝权力的集中和专一。因此，造成“丞相诸大臣皆受成事，倚辨於上……天下之事无小大皆决於上，上至以衡石量书，日夜有呈，不中呈不得休息”的局势。[4]其次，确立郡县制的自上而下的国家治理结构，彻底改变了诸侯分封、割据的状态。西汉初年曾短时间内推行过分封制，但自“七国之乱”[5]之后，郡县制这种中央集权制的国家组织形式实际上贯穿了中国整个封建社会的历程。最后，秦朝在全国范围内推行统一的法令、文字和度量衡，进一步强化了封建专制的君主权力。其中，形成于秦汉

---

[1]《左传·昭公六年》载：“三月，郑人铸《刑书》。”

[2] 张晋藩．中华法制文明的演进［M］．北京：中国政法大学出版社，1999：80-81.

[3]“金禁”是指“丞相受金，左右伏诛，犀首受金则诛，金自镒以下则罚，不诛也，曰禁”。

[4]《史记·秦始皇本纪第六》。

[5] 刘邦建立西汉后，杀异姓王，分封了楚、代、齐、梁、淮阳、淮南、吴、燕、赵等诸多同姓王，其后同姓王对西汉王朝构成威胁。汉景帝即位后，采用御史大夫晁错的《削藩策》，引起诸侯王的不满。公元前154年，吴王刘濞联合楚王刘戊、赵王刘遂等6国，以“诛晁错、清君侧”为名起兵叛乱。参见熊武一，周家法．军事大辞海：上［M］．北京：长城出版社，2000：762.

时期的监察制度，不仅为历代封建统治者模仿和借鉴，而且对民国乃至中华人民共和国的监察制度都有着深远的影响。[1]

在言谏制度方面，秦朝以谏诤为诽谤，予以轻视甚至蔑视，但也建立了讨论军国要务等事宜的议事制度，设置了包括谏议大夫、给事中等言谏官吏。其中，谏议大夫“属中令，无常员，多至数十人，掌议”[2]，给事中则属于兼职谏官。汉朝相对重视谏诤，言谏制度在规模上比秦朝有所扩大，包括廷议、朝议、中朝官议等形式。对言官规谏的采纳也相对开明和宽松，以适应汉朝的察举制度，最大限度地为统治者笼络人才，但尚未形成正式的谏官制度，谏官也多为兼任。言谏制度的最初目的在于避免皇帝专断和集思广益实现“兼听则明”。但是，触犯皇帝尊严、危害封建君主专制利益的谏言则会引来杀身之祸。在实际运作过程中，秦汉的言谏制度往往沦落为牵制官僚阶层、内朝外朝从而实现集权于皇帝的工具。权力的高度集中必然要求思想的统一，无论是秦朝的“焚书坑儒”，还是汉朝的“罢黜百家，独尊儒术”，实质上都是在钳制思想、言论，挑选有助于维护、巩固集中专制的政权合法性的理论体系。这种政治体制下的监察制度，带有浓重的专制独裁意味，而实际上，秦汉时期的普通民众舆论监督曾一度几近绝迹，言谏监督制度也遭到践踏。

秦汉时期，监察制度得到了长足的发展，虽名称有所变动，但职能性质基本如一。秦朝创立了御史制度，在中央设立御史府，也称御史大夫府、御史大夫寺。作为中央监察机关，以御史大夫为首长，官职仅次于丞相。“御史大夫，秦官，位上卿，银印青绶，掌副丞相”[3]，主要职责在于辅佐丞相，共同商议立君、立嗣、祭祀等重大事项；牵制丞相，“典正法度”和“举劾非法”；掌管制诏和公卿奏章。在御史大夫之下还设有御史中丞、侍御史或

❶ 例如，有学者认为，监察理念自秦之后在中国的官僚政治中一直都有明确体现。参见李松锋．监察体系运作机制的中国经验［N］．中国纪检监察报，2015-02-27（7）．

❷《唐六典·门下省·谏议大夫》。

❸《汉书·百官公卿表》。

柱下御史，以辅佐御史大夫监察百官公卿、主管公卿奏章等事宜。在监察法律制度方面，后世出土的秦墓竹简中载有效律、牛羊课律、仓律等关于官吏考察等监察活动的规定。在秦朝监察制度的基础上，汉代的监察制度又有进一步发展，御史府机构更加庞大，与丞相府、太尉府并驾齐驱。甚至在汉武帝时，太尉府被撤销，代之以大司马；御史府和丞相府则一度地位显赫，可以互相纠弹。其中，御史大夫是全国的最高监察官，“位次丞相，典正法度，以职相参，总领百官，上下相监临”[1]，御史中丞则负责纠察百官，随后，监察权逐渐被御史中丞垄断并最终取代御史大夫掌管监察机关；丞相府设置有丞相司直监察系统，辅佐丞相纠举上至副丞相、下至百官；汉武帝又特别设置司隶校尉监察系统，起初专治“巫蛊之狱”，后转而纠察皇太子、三公以下及旁州郡国，监察范围包括京兆、右扶风、左冯翊等三辅和河南、河内、河东等三河以及弘农七郡、京畿地区的百官违失。它们共同组成了东汉监察制度的“三驾马车”，互相之间的权力牵制关系极为复杂。整体而言，秦汉时期的中央御史机关，主要有典正法度、制订修正律令，监察百官、举劾不法，考核百官、察举人才，掌管司法、鞠谳疑案，讨捕“盗贼”、督军征战5项职责，在范围上远远大于近现代的监察制度。

秦汉时期实行郡县制，为加强对地方政权的监督，秦朝在郡一级普遍设置地方监察官员，称监御史或监郡御史，隶属于御史大夫，代表中央皇权监察地方官吏。起初秦朝分出36郡，后增至41郡，每郡派遣一位监御史。西汉初年曾基于宗族信任而废除对地方的监察：“秦有监御史，监诸郡，汉兴省之”[2]，实行郡县和封国并存，导致了严重的地方吏治腐败，弱化了中央权力，随后复设监御史；监御史并未扭转地方吏治腐败的现状，至汉武帝时再次被废除，而将全国划分为13部（州）并分设13位“部刺史”，作为专门的监察区域划分，“掌奉诏条察州”[3]，隶属于御史府，由御史中丞具体督

[1] 《汉书》卷83《朱博传》。

[2] 《后汉书·百官志》。

[3] 《汉书·百官公卿表》。

管。其间，汉惠帝时颁行《监御史九条》，专门授权监御史监察地方，适用于三辅郡，是中国历史上第一部成文性质的地方监察法规："相国奏监御史监三辅、郡，察以九条，察有司讼者，盗贼者，伪铸钱者，恣为奸诈论狱不直者，擅兴徭役不平者，吏不廉者，吏以苛政故劾无罪者敢为逾侈及弩力十石以上者，非所当服者，凡九条。"[1]公元前156年，汉景帝命令廷尉和丞相制定的《反受贿令》，是中国古代第一部专门性的反腐败法令。汉武帝也制定并颁布了通行全国的专门性单行监察法规——《六条问事》，也称《刺史六条》，赋予刺史等监察官员定期监察各郡国的权力，防止郡守与地方强宗豪右相勾结以危及中央集权："刺史班宣，周行郡国，省察治状，黜陟能否，断治冤狱，以六条问事，非条所问，即不省。一条，强宗豪右田宅逾制，以强凌弱，以众暴寡。二条，二千石不奉诏书遵承典制，倍公向私，旁诏守利，侵渔百姓，聚敛为奸。三条，二千石不恤疑狱，风厉杀人，怒则任刑，喜则淫赏，烦扰刻暴，剥截黎元，为百姓所疾，山崩石裂，袄祥讹言。四条，二千石选署不平，苟阿所爱，蔽贤宠顽。五条，二千石子弟恃怙荣势，请托所监。六条，二千石违公下比，阿附豪强。通行货赂，割损正令也。"《六条问事》随后成为唐代《巡察六条》、元朝《宪台格例》、清朝《钦定台规》等监察法规的参照样本。至东汉末年，刺史在机构和权力上都肆意扩张，甚至代行行政权、军事权，客观上促成了三国、两晋、南北朝长达数百年的分裂与混乱。此外，汉朝于郡一级设置督邮作为专门的监察机关，定期监察下属诸县并报告郡守，于县一级设置廷掾作为专门的监察官，监察下属诸乡官吏并报告县令，较好地弥补了刺史无法监察县、乡官吏的制度缺陷，大体形成了遍及中央和地方的严密监察网络；汉朝初期还制定有"考功课吏法"，设置官员任职回避制度，禁止在本地为官，禁止姻亲关系在同一地区或系统为官，禁止相互监临，在当时也有利于保持吏治的清廉。

由此可见，在秦汉时期，政权进一步分化，政治进一步成熟，从中央

[1] 《唐六典·御史台侍御史》。

到地方都普遍设置了监察制度，并区分出中央监察机构和地方监察机构；并且，无论是监察机构，还是监察权力，都逐渐与其他国家机构和国家权力区别开来，尤其在汉朝时期，已经开始走上相对独立化的道路，甚至监察机关内部的分工也日益强化，这标志着监察制度的基本形成，也意味着中国古代的监察开始走上从权力监督转向法制监察的道路。

第二节　中国古代监察制度的发展与完备

东汉末年，皇室式微、地方割据，先是形成魏、蜀、吴三国鼎立的政治格局，继而司马氏先后建立西晋、东晋，在春秋战国之后再次进入分裂、割据的大动乱时代。与这种时代背景密不可分，三国两晋南北朝时期的监察制度也表现出变动频仍和权宜性、功利性、工具性等特征，但监察制度的承袭、交流、模仿和整合，也推动了其进一步发展。

一、三国两晋南北朝：监察制度的继续发展

综观整个三国两晋南北朝的监察制度，我们可以发现：一方面，社会的动乱伴随着思想的开放，出于维护政权、笼络人才等目的，当政者均相对重视广开言路，言谏制度进一步健全和完善，甚至在前述各个朝代的基础上逐渐拥有相对独立的机构和相对固定的人员编制。其中，职责在于“尽规献纳，纠正违失”的门下省在很多割据政权中都有设置，并且地位较高，受到了皇帝的高度重视；从门下省分化出来的集书省，也专掌讽谏左右。例如，北齐的集书省掌管 14 部门且官员数量众多，一时风头无二。另一方面，在秦汉时期大放异彩的御史制度，由于政局动荡和政治派别的分离而呈现出衰落的趋势，虽然在许多政体中有所设置，但极不稳定，大多随事而制，任意性明显，

并且明显受政治派别、贵族特权等因素的影响。例如，晋泰始九年（公元273年）“省并兰台”，置符节御史；南朝为遏制门阀势力推崇“寒门掌机要”，将出身寒门作为任职监察官的一项制度予以确立；北朝初期则限制只有鲜卑贵族才能担任监察官员。

魏、蜀、吴三国时期，群雄逐鹿、战乱频仍，各国并没有将主要精力放在包括监察制度在内的国家制度建设上来，而是采取了“多依汉制”[1]的做法。在言谏方面，魏国设置有侍中寺以掌规谏，属于专门的言谏机关，并配备侍中4人和散骑常侍、给事中、给事黄门侍郎、员外骑常侍、谏议大夫等属官，在中国监察制度历史上第一次建立了相对独立的言谏机构和散骑常侍、给事黄门侍郎等专职言谏官吏。在御史机构方面，魏国先设校事、刺奸令史以掌管监察众官、司掌狱讼，后被废弃；接着承袭汉制设御史台和司隶，御史台以御史中丞为统领，纠举百官违失，以治书侍御史、治书御史、侍御史等属官执掌律令、辅佐御史中丞，以司隶负责纠举“京辅州郡百官之犯法者”；制定有《魏律》18篇和令、科，以惩治官吏“请赇”“偿赃”等违法犯罪情形。蜀国的监察制度与魏朝基本相同，在言谏制度方面设专职的谏议大夫和属官议曹从事；在监察制度方面设御史台，由御史中丞统领以监察百官，设司隶校尉以纠举京师、益州百官不法；由诸葛亮主持制定《蜀科》和检、令等，督促官吏廉洁奉公、恪守职责。吴国在言谏制度方面设置司徒、司空等兼任职位和中丞等专职职位，行使监察权；在监察制度方面也设置御史台，以侍中执法、左执法、侍御史、监农御史、督军御史、节度、符节郎等作为属官。

两晋时期的监察制度，同样以汉制为蓝本，同时吸纳了三国时期的相关制度创新。在言谏制度方面，两晋在三国时魏国专门言谏机关侍中寺的基础上创设门下省，以侍中4人为长官，以给事黄门侍郎、给事中、散骑常侍和奉朝请为属官，共同行使言谏权责。整体而言，两晋年代的言谏制度较之三

---

[1] 《晋书·职官志》。

国时期，在机构建制上更为完备。自此，门下省的制度架构，成为隋唐时期设置监察机构的重要参照。在御史制度方面，两晋年代也基本实现了机构和人员独立，设御史台，以御史中丞为统领，以治书御史、侍御史、黄沙狱治书侍御史、检校御史等为属官，职掌监察；另设司隶校尉，与御史台平分监察权力：晋“以中丞为台主，与司隶分督百僚，自皇太子以下，无所不纠。初，不得纠尚书，后亦纠之。中丞专纠行马内，司隶专纠行马外。虽制如是，然亦更奏从官，实无其限”[1]。御史台和司隶校尉并设分别行使监察权的制度架构，在晋代引起了较为激烈和极为明显的权力争斗。晋朝制定有《晋律》，严厉惩处官吏的贪腐行为；注释法律盛行，推动了法律的理解与适用，对后世影响极大。

南北朝，上承东晋十六国下接隋朝，是中国历史上国家大分裂和民族大融合的时期。一方面，南朝时期皇权的频繁更迭时刻警示着宋齐梁陈四朝加强中央集权，作为巩固皇权的有力支撑，监察制度在南朝也得到相当程度的重视；另一方面，由于朝代更替频繁，监察制度也不可避免地带着明显的功利性、任意性和变动不居等特征。宋以晋为师，在言谏制度方面设置有门下省，由侍中和给事黄门侍郎执掌权责；其后，门下省分离出集书省，负责谏议，驳正违失。在御史制度方面，宋设立御史台，御史中丞为首，弹劾不法，兼执金吾权责，督巡三辅治安，权力得到扩充；在御史台之外，另设典签官，以监察州郡藩将。齐代监察模式大致与宋相同，言谏机构由侍中掌管，以给事黄门侍郎、主管知诏令、辅佐门下等为属官，置集书省以纳谏言；设置御史台，又称南司，御史中丞为统领，监察范围广泛，地位崇高，以治书侍御史、侍御史为属官。梁代师法宋、齐的监察制度，设置门下省、集书省负责纳谏；但御史中丞的权限有明显扩大，不仅包括最重要的监察权，还囊括了立法权，御史还可以风闻奏事；但是，梁代废除了监督地方的典签官制度，导致对地方皇室诸王的监察出现漏洞，直接影响了政权的稳

[1] 《通典·职官六》。

固。作为南朝最后的小朝代，“陈承梁制，皆循其旧官”❶，在监察制度方面并无太大建树，在言谏方面提高了给事黄门侍郎的品第，使其与侍中平起平坐；在御史制度方面无甚变动，选拔了一批不畏强权的监察人才；增加“不枉法受财”的规定，科同“正盗”。

北朝的统治集团由鲜卑族等少数民族构成，因此，其政治制度、文化制度、经济制度等方面特别注意吸收汉族元素，以更好地与南朝对峙和统治汉人。北朝在言谏制度方面，基于语言文字的多元、分化，并无太多可圈可点之处，但基本架构均已健全。在御史制度方面，也基本仿照南朝，御史台机构纲举目张，以求迅速稳固政权，争取汉人支持。其中，北魏汉化色彩浓厚，将御史中丞改称御史中尉，有“出入千步清道”之权；北齐言谏机构更为庞大，废除“清道”制度，御史中尉的权力被大幅削减；北周在监察制度方面的变动极大，主要是改官制，设三公、三孤、六卿，御史台和门下省均划归六卿。在法制方面，刑罚的设定严酷异常，如北魏孝文帝太和八年定律：“义赃（徇私贿赂）一匹，枉法无多少，皆死”；但在证据认定的科学性方面有所进步，如认为贪污的定罪“若必须三人对见受财，然后成证，则于理太宽。若传闻即为证，则于理太急。令请以行赇后三人俱见，物及证状显著，准以为验”❷。

二、隋唐与五代：监察制度的大体完备

公元581年，隋朝建立，结束了中国近四百年的分裂割据局面；接着，唐朝建立，这两个大一统的地主阶级政权都特别强调皇帝对于军权、政权、财权的控制，把封建君主专制制度推向了新的高度。隋唐重新确立了皇帝中央集权，在中央分设中书省、门下省、尚书省相互制约，中书省主出命、门

❶ 《文献通考·职官七》。

❷ 《魏书·列传第六十五·宋翻 辛雄 羊深 杨机 高崇》。

下省主封驳、尚书省主奉行，并设置政事堂由三方共同行使丞相之权[1]，以避免宰相或丞相权力过大；直到唐朝中晚期，节度使和藩镇势力的形成与坐大，从根本上破坏了中央集权体系，造成了又一个分裂动荡的五代十国时期。在隋唐阶段里，与长期稳定的政治、经济、文化环境有关，监察制度也有了长足的发展，建立了自秦汉以来最为完备的组织机构，并屡有创新。例如，隋唐在中央层面设三公、五省、三台、九寺、五监，其中，由门下省、御史台构成的监察机构是维护皇权的重要部门，献纳谏诤、纠弹百官之权也是权力制衡的重要力量。此外，这个时期的监察制度还特别重视对地方的监察，在地方设置司隶台监察畿外诸郡，建立察院配备监察御史，以监察州县各级政府，尤其是唐朝在州之上分道设置监察区制度，并且建立了官员不得在本地为官的规则，影响较为深远。

在言谏方面，隋唐不仅建立了较为完备的制度，门下省往往是最高权力机关的重要组成部分，能够同时发挥立法监督和司法监督的作用，而且其运作和实施也成效显著。隋朝以北周为样本建立门下省，其长官为纳言、侍内[2]，地位与中书省的行政长官中书令相当，负责审核驳正政令；唐朝承袭隋朝建制，同样设置门下省，不过在机构名称上先后经历了门下省、东台、鸾台、黄门省等变化，其长官也相应产生了纳言、侍中、东台左相、黄门监等称呼，但在职责权力上并无大的变动。门下省的属官构成，在隋唐两朝基本趋于稳定，多由专职官吏充任，且职位普遍较高。门下省的主要工作职责在于谏议纳言和纠举违失。其中，谏议纳言在政治开明的朝代里被演绎得淋漓尽致，从纳谏的种类上区分为讽谏、顺谏、规谏、致谏和直谏；从纳谏的方法上，唐朝创制出“置匦四区”的方法，鼓励谏议大夫按照谏言的主题分门

---

[1] 对此，《新唐书·百官志》记载：“以三省之长中书令、侍中、尚书令共议国政，此宰相之职也。”

[2] 隋文帝杨坚之父名为杨忠，为避讳“忠”及其同音字，门下省的长官在前朝均称为侍中，但在隋朝则改称为纳言、侍内。

别类地投递谏言，“每日所有投书，至暮即进”皇帝；[1]设置补阙、拾遗等官职，负责讽谏。基于核心地位和至高权力，门下省的纠举违失职责可以体现为封驳诏书，即皇帝诏令、敕令、谕令等军国政要均需由门下省审核、签章才能生效，认为不妥的可以予以驳回；也可以体现为裁判狱讼，即可以发回重审三司会审过的重大狱讼、冤假错案、官吏迫害案件等。门下省还负责监督朝会、祭祀等皇家重要规章制度的执行是否符合礼法，记录皇帝的日常起居、言行法度以备修史，记载朝廷的制度变革得失等职责。此外，门下省长官“出纳帝命，缉熙皇极，总典史职，赞相礼仪，以和万邦，以弼庶务，所谓佐天子而统大政者也”[2]，其行使职权辅佐皇帝，也可以在一定程度上通过封驳诏令、谏诤等方式来制约皇权的滥用，纠正皇帝过失，促进政治开明。在历史上为人津津乐道的“贞观之治”，与唐太宗李世民吸取前朝教训而广开言路，善于求谏、纳谏、规谏是分不开的。

在御史制度方面，隋唐建立了组织机构十分完备的御史制度，从中央到地方构建起了一整套严密的监察体系。隋朝设置的御史台，取得了独立于丞相府的地位，以御史大夫为行政首长，以治书御史、侍御史、殿内侍御史、监察御史等为属官，在架构上与汉朝的设计相仿；不同的一点在于，改由吏部选拔御史。唐初的御史台制度承袭隋朝，在制度设计上基本如一，但自贞观末年始，御史台开始受理词讼，设狱自系，参与大理寺审判和推鞫皇帝交付案件，以弹劾不法；在具体机构上，唐代设台院、殿院、察院，分别配备侍御史、殿中侍御史、监察御史，并设主簿、录事等职。御史台的主要工作职责在于纠举违失和受理狱讼。其中，纠举违失是御史台的核心职责，“凡中外百僚之事，应弹劾者，御史言于大夫。大事则方幅奏弹之，小事则署名而已”；[3]方式有连名弹劾或独自弹劾两种。前者针对位高权重的监察对象或案情重大；后者是主要方式。御史弹劾的自主权和权限很大，并且其本身也

[1]《文献通考·职官四》。

[2]《旧唐书·职官二》。

[3]《旧唐书·职官三》。

会受到弹劾。至于受理狱讼，隋唐有御史台侍御史、中书省中书舍人、门下省给事中组成的“三司受事”和御史台御史中丞、刑部侍郎、大理寺卿组成的“三司推事”两种形式，在案情审问终结后交由大理寺判决。此外，御史台还具有言谏和维护朝会、祭祀等皇家礼仪等职责，但并非其法定职责，而且并不多见。唐朝的监察法律多散见于《唐律疏议》《唐六典》等典籍和令、格、式等法律形式中，其中，《唐律疏议·职制律》涉及国家机关编制和官吏选拔、考核、职责等事项，《唐六典》中详细记载了御史台的演变、编制、品秩、职责等内容。为强化中央集权，隋唐的地方监察制度得以复苏。隋朝沿袭汉制，设置司隶台以监察地方郡县，与御史台、谒者台并列，与汉代的刺史制度、司隶校尉颇有相似之处；司隶台依据“司隶六条”行使监察权[1]，后在朝臣朋党之争中被废除。唐朝初设察院分派监察官巡视地方诸州，因事任人并无定员，后设监察御史、十七道巡查、巡察使、按察史、察访处置使，历经名称更迭，但职权并无变动；他们依据地方监察法规“监察六条”履行监察职责[2]，监察对象广泛包括官、民；监察权限包括监察权、行政权、司法权、军事权、人事权等权力；监察事项包括官员政绩和品行作风。其后，由于地方节度使在军、政、财等事项上的权力过度膨胀，使地方监察制度遭到严重破坏，促成了藩镇拥兵自重、割据称霸的局面。

五代十国是唐末藩镇割据的延续和发展，此阶段的政治制度多模仿唐制。战乱的政治局势使得作为军事机关的枢密院成为国家机器的轴心，枢密院的擅权，不仅彻底破坏了宰相、三省分权制度，而且连皇帝也被玩弄于股掌，导致监察制度形同虚设，甚至御史大夫被撤销，由御史中丞主持御史

[1] 《隋书·百官志》记载有“司隶六条”：“一察品官以上理正能不；二察官人贪残害政；三察豪强奸猾侵害下人及田宅逾制官司不能禁止者；四察水旱虫灾不以实言枉征赋役及无灾妄蠲免者；五察部内贼盗不能穷逐隐而不申者；六察德行孝悌、茂才异行隐不贡者。”

[2] 《新唐书·百官志》记载有“监察六条”：“其一，察官人善恶；其二，察户口流散，籍帐隐没，赋役不均；其三，察农桑不勤，仓库减耗；其四，察妖猾盗贼，不事生业，为私蠹害；其五，察德行孝悌，茂才异等，藏器晦迹，应时用者；其六，察黠吏豪宗兼并纵暴，贫弱冤苦不能自申者。”

台。在言谏制度方面，五代时期承袭唐朝建制，设三省，门下省负责言谏、纠举违失、制约皇帝等职责，由于节度使的兼任而带有浓重的军事色彩。在御史制度方面，承袭唐制，设御史台，以御史大夫、御史司宪或御史中丞为长官，但其职责权限均受冷落，权威削减，甚至御史大夫之职被最终废止，开始由御史中丞作御史台首长。整体来说，五代十国的监察制度只是简单地承袭唐制，并无太大建树，而且实际上由于藩镇势力擅权，监察权受到极大的遏抑，基本无法发挥其既定的职责。

第三节　中国古代监察制度的融合与成熟

宋太祖赵匡胤陈桥兵变建立宋朝，虽然由于北伐失败没有形成像秦汉、隋唐那样的大一统政治格局，但也在一定疆域内形成了小范围的统一。为进一步加强皇权，宋朝对包括监察制度在内的政治体制进行了较大规模的变革。为防范官吏擅权，宋朝往往设置同一职位数人负责。例如，实行集体宰相制，并且将军事权交由枢密院掌管，财政权由盐铁司、度支司和户部司共享等；在实现互相监督的同时，往往也造成职权分散、机构重叠、冗官杂沓等弊端。

一、宋、辽、金、元：监察制度的变革融合

宋朝建立后，吸取唐朝末年藩镇割据的教训，厉行中央集权，实施了“杯酒释兵权”、文官做主，控制财权、防止地方割据，削弱相权、政事堂事实上取代相权等一系列政治变革。宋朝以来，中国没有再出现大规模的分裂、割据的局面。

（一）宋朝：监察制度的变革

虽然宋朝沿袭了唐朝的官僚体制，但为了维持军权、财权、政权、立法权、司法权、监察权等所有权力都集中于皇帝一身的政治体制，宋朝还叠床架屋地新增了数量众多的机构和临时差遣官员，这对宋朝的监察制度产生了极大影响。

在言谏制度方面，宋朝发展到了一个顶峰。虽然是仿照唐朝设三省，但实质上为了控制相权和实现中央集权，主管言谏的门下省几近成为虚设："中书令、侍中、尚书令不预朝政，侍郎、给事不领省职，谏议无言责，起居不记注；中书常阙舍人，门下罕除堂侍，司谏、正言非特旨供职亦不任谏诤。至于仆射、尚书、丞、郎、员外，居其官不知其职者，十常八九"❶。随后，门下省的机构和官职均有所扩展，按言谏、审驳两大职权分设谏院和门下后省。其中，谏院以谏议大夫为统领，以司谏、正言为属官，谏官的选任一度由皇帝决定；门下后省以给事中为统领，分治吏、户、礼、兵、刑、工六房。为严密监督体系，特别监察百官，宋朝还在谏院下设鼓院和检院。其中，鼓院又称登闻鼓院，隶属司谏、正言，接收章奏表疏，"以达下情"；检院又称登闻检院，隶属谏议大夫，负责进状的再审。宋朝还在门下后省下设通进司和进奏院。其中，通进司隶属给事中，受理奏牍表疏，专司封驳；进奏院同样隶属给事中，成为传达发放敕令的机构。在职责方面，宋朝的门下省除了对君主献纳谏诤、封驳诏书等传统内容外，还新增了谏正百官和宰相违失的事项，"掌规谏讽谕。凡朝政阙失，大臣至百官任非其人，三省至百司事有违失，皆得谏正"❷。这是宋代监察制度的一项重大突破，开创了"防患于未然"的事前谏诤模式，代替了"惩恶于已然"的事后弹劾模式。一方面能够置宰相等三省长官和朝廷百官于言谏监督之中，调整了官僚内部矛盾；另一方面还能够有效地实现皇帝对百官的控制，裨益于中央集权的

❶《宋史·职官志一》。

❷《宋史·职官志一》。

达成。此外，门下后省还可以对“政令有失当，除授非其人，则论奏而驳正之。凡章奏，日录目以进，考其稽违而纠治之”[1]，即：在政令失当时，无论是皇帝剌令还是百官奏章均可封还驳正；在任命失当时，无论是皇帝诏书还是百官举荐均可论奏而驳正。但宋代给事中的封驳之权受制于谏官，言谏机关内部也初步形成了相互制约的机制。宋朝对言谏制度的重视和主张文官治国的做法，也导致了久议不决等弊端，并且致使变法、变革等行动一再受阻，从而失去了宋朝中兴的良机。

在御史制度方面，宋代强调绝对中央集权的特点体现得最为明显，御史制度在人选、职位、职责权限等方面都处于皇帝的绝对控制之下，随意性、变动性也成为宋代御史制度的突出特点。宋代御史台承袭唐制，初以御史大夫、后长期以御史中丞为统领，设台院、殿院、察院，分别置侍御史、殿中侍御史、监察御史为长官，另设检法、主簿等职；但一是官员人数大幅减少；二是多为兼职，甚至“（御史大夫）宋初不除正员，止为加官，检校官带宪衔有至检校御史大夫者”[2]，不务实事；三是御史台官员往往同时兼任其他职位，管理混乱，机构运行多依靠皇帝敕令，后有所更改，恢复唐朝的六察制度。宋代御史台的传统职责包括两项：纠察上至宰相、下至郎官，弹劾其在从政、持家等各方面的违失，如处政不力、强抢豪夺、酗酒失态等；负责侦讯百官违失的刑事案件，然后交由大理寺和刑部等审判机关作出判决，并且受理和处置推鞫案件以避免冤狱。此外，御史台还负有稽查经济违法犯罪职责，侦查处置官员贪赃枉法、行贿受贿、理财失职等案件，以及监督科举考试的职能。特别值得注意的是，宋代监察制度的一个创举是御史官同时肩负纠弹和言谏两项法定职责。与五代时御史官在兼职的意义上享有言谏权力不同的是，宋代专门设置有言事御史，发挥着制衡百官和维护皇权的重要作用，初露明朝、清朝时“台谏合一”制度的端倪。御史官兼理言谏的

---

[1] 《宋史·职官志一》。

[2] 《宋史·职官志四》。

做法，一方面得到了皇帝的大力扶持，以御史机构充当监察百官的耳目，制衡相权；另一方面也由于其风闻言事之过度频繁琐碎、干扰政务，而受到了监察官员的集体抵制，在一定程度上造成了朝廷内耗。但是御史官兼理言谏的制度，并未彻底取代门下省的言谏机构，事实上，宋代的言谏机构甚至在规模上远超了唐朝。宋朝还注意将与御史台制度有关的敕、令、例等进行汇编，如《御史台仪制》《崇宁重修御史台令》《庆元条法事类》等。宋代对地方严格分权管理，在行政区域上从高至低依次划分为路、州、县三级政府，实行官员定期轮任或者由朝官外补，以防止结党营私。其中，路设“四司”，设置经略安抚使、转运使、提点刑狱使、提举常平使为行政长官，分掌军、财、刑、政权，互不隶属，均直接向皇帝负责。[1]在地方监察制度设置上，路设“走马承受”作为监察官，行使对军队和边疆大臣的监察权；州设通判作为监察官，由皇帝派驻，与知州品阶相同并分掌行政，州内政令须通判联署才能生效。通判专门负责监察，行使州、县监察权，且可以随时向皇帝报告情况；在地方设置狱讼监察官，处理各路狱讼；在地方设置转运使，既掌握地方财赋，又监督财政非法。

（二）辽、金、元朝：监察制度的融合

辽、金、元朝的建立者是仍处于奴隶社会后期阶段的北方少数民族，部落联盟、贵族团体等色彩还十分浓厚，反映在政治架构上就体现为，它们虽然仿照汉族的封建政治制度建立起了帝制，但远未实现中央集权，皇权不稳固、官制相杂糅、民族互压迫等现象屡见不鲜。这种政治制度对监察制度的设置产生了重大影响，最突出的一点就是，辽、金、元朝普遍轻视言谏制度，却异常重视以御史台为核心的监察制度，以快速有效地控制人数较为庞大的汉族；监察制度的设置，初期带有浓重的模仿中原王朝痕迹，但后期也照顾到本民族需要，构建了一些具有民族特色的制度；民族压迫和歧视的痕

[1] 《宋史·职官志二》。

迹明显，监察制度的设置主要是为适应统治汉族的需要，同时严格限制汉人参与政权的等级和范围。

在言谏制度方面，宋代的言谏制度达到一个高峰，此后，辽、金、元三代之时就开始迅速走向衰落。辽代建立两种官制，“以国制治契丹，以汉制待汉人”，设置的门下省主要用于统治汉人，虽规模颇大但并无实权，即便是门下省的行政长官也只是负责典仪奏礼之事；另行设立有朝议、廷议、召议等制度，全部由契丹皇族担任职位，在群臣议事后再由皇帝定夺，具有一定的言谏功能。金代初设门下省，后与中书省一并被废止，改置谏院和审官院，其中，谏院由原门下省、中书省的谏官组成，下设登闻鼓院和登闻检院；审官院行使封驳之权，后由御史台取而代之。元代废止门下省、尚书省，设置中书省作为最高行政机关，虽有给事中一职但并无言谏之职，而是兼修皇帝的起居注；设置“录军国重事”“商议中书省事”“参议中书省事”作为言谏议事机构。其中，商议中书省事是中书省的中书令、八府宰相之外的加设职衔，目的在于追求兼听则明，防止偏听则暗。录军国重事是专门的议事加官，多由皇亲国戚和老臣担任；参议中书省事在职级上低于前两者，是中书八府的谋士幕僚，享有尽规谏诤、封驳诏书的权责，掌握言谏实权。

在御史制度方面，与言谏制度不同，辽、金、元三代结合自己民族的政治制度特点，创造性地推动了监察制度的融合发展。辽代设两种官制，在统治汉人的体系内设御史台，配备御史大夫、御史中丞和侍御史等职位，但其功能更多地偏向于处理刑狱，可以受理门下省鼓院、检院的冤狱，而并非御史台传统意义上的纠举非法；在地方监察制度方面，则划分为五京处置使等常设性职位和分决滞狱史等非常设职位。金代重视监察制度，设御史台，配备御史大夫、御史中丞、侍御史、治书侍御史、殿中侍御史、监察御史等职位，使其在纠举百官违失、处理刑狱冤案等方面发挥着举足轻重的作用；对地方的监察，除监察御史可以巡察郡邑外，还设置行台，连同监察御史和临时派遣的监察官一同监察地方。值得注意的是，金代制定了较为详细的成文法规以规范御史官员的选拔、考核和职责权限：在选任和考核方面，御史大夫、御史中丞由皇帝亲自选拔任命，监察御史则设置考察期，并视其能力决定职位升降，不允许任意开除；在职责权限方面，可以据实纠弹违失、举荐贤才，但禁止风闻奏事。

元代的监察制度在元世祖忽必烈的推动下有很大创新，不仅能够独立地行使监察职权，而且地位上也提高至与最高行政机关中书省和最高军事机关枢密院并级，成为行政权和军事权的重要制衡力量。元代设置御史台，以御史大夫为统领，下设察院和殿中司，前者系与台院合并而成，配备监察御史；后者则由殿院降级而成。御史台的职责范围广泛，最重要的是纠举上至中央王侯将相、下至文武百官的违法犯罪行为，尤其是贪贿、渎职等情形；在中央和地方都设置相应制度进行推鞠狱讼，监察御史还可在巡察时独立决狱。元代废止门下省，言谏之责转由御史台承担，台谏完全合二为一，御史对政事得失、民间疾苦皆可言谏；与此相适应，封驳诏书之责也由御史台承担。这一举措结束了长期以来言谏和御史分立的格局，使得监察制度的运转更加简明高效，也有利于皇权对监察权力的控制。值得注意的是，元代为加强中央集体、强化监察，在全国的行政区域划分为路、府、州、县 4 级，由中央行政机构中书省和地方行政机构行中书省负责行政；设立 22 道监察区，并在此基础上创设出行御史台制度，作为中央御史台的派出机构，加强对地方官员的监督，与中央御史台和地方道监察官共同组成 3 级监察网络，成为后世监察制度设置的范本。此外，元代放弃了“国家以神武定天下”的统治教条，采纳“祖述变通”策略，开始“附会汉法”重视法制，制定出《设立宪台格例》《体察人员勾当》《监察则管体察》等中央监察法和《察司体察等例》《行台体察等例》《禁治察司等例》等地方监察法，还颁布有《监察巡按照刷》《察司巡按事理》《廉访司巡按月日》等专门的监察程序法。其中，《设立宪台格例》是御史台行使监察职权的基本法规，共 36 条，大体分为宪纲和条例两部分：宪纲部分规定御史台的职权范围和地位，相当于现代法典的总则；条例部分规定具体的监察事项，包括纠弹、体察、罚则等内容，相当于现代法典的分则，并且是程序法和实体法规则合一的形式。《设立宪台格例》后又经补充、汇编为较为系统的《台纲》，规定得甚是细密，御史可以据以“奏赏廉能”和纠劾“贱买诸物”“乞受钱物”等情形。

二、明、清：监察制度的健全成熟

明、清两朝是中国封建社会开始走向衰亡的时代，资本主义的萌芽通过变革生产力和生产关系的方式倒逼着落后的封建制度走下历史舞台，但专制独裁的政权从来也不会坐以待毙，而是疯狂地推行重刑酷法和独裁统治，以强化中央集权和君主专制。在这种政治体制下，监察制度也由于皇权的重视而盛极一时，进入了成熟和发达时期。

（一）明朝：监察制度的健全

为维护中央集权，摆脱相权制约，明朝借胡惟庸案件废止宰相制度，改设吏、户、礼、兵、刑、工六部和都察院、通政司、大理院三院由皇帝直接管辖；奉行严刑峻法，廷杖、“剥皮实草”等肉刑、酷刑被广泛地使用于文武百官；宠信宦官，导致大权旁落、政治混乱。监察制度被明代统治者视为纠举弹劾百官、维护君主专制的有力工具，因此，在制度设计上更趋于细密化、完备化，监察制度的作用也被推演到了极致。

在言谏制度方面，明朝继金代和元代废止门下省后，开创性地设立通政使司和六科给事中作为言谏机构，是封建社会言谏制度的最后辉煌时期。明朝初建时设出纳帝命、尽规谏正、封驳违失的察言司和给事中代行言谏职责，后分别改称通政使司和六科给事中。其中，通政使司以通政史为统领，职责在于“掌受内外章奏疏敷封驳之事”，以“出纳帝命，通达下情，关防诸司出入公文，奏报四方章奏，实封建言，陈情申诉及军情声息灾异等事”[1]，即审查皇帝的诏令和呈转四方内外臣民的章奏；六科给事中分吏、户、

[1] 《大明会典》。

礼、兵、刑、工六科，设有都给事中、左右给事中和给事中等职位，除本科职责外，还“掌侍从、规谏、补阙、拾遗、稽察六部百司之事。凡制敕宣行，大事覆奏，小事署而颁之；有失，封还执奏。凡内外所上章疏下，分类抄出，参署付部，驳正其违误”[1]，即封驳诏令、弹劾不法、言谏、监督狱讼。后通政使司于明朝中叶年间因宦官当道，而终被撤销；六科给事中却位卑权重权广、以卑督尊，始终不衰，甚至一度侵夺了御史之权。

在御史制度方面，明朝建立了规模庞大的御史机构，并增设临时派遣监察官，在维护封建统治秩序和保障国家机器平稳运转方面起到了重要的作用，使中国古代的监察制度开始进入成熟和完备阶段。明朝初期设御史台作为最高监察机构，与最高行政机构中书省和最高军事机构都督府并列；后以察院代御史台，并将台院、殿院并入，改称都察院，又称风宪衙门，实现了“台察合一”，从御史台三院制发展为都察院一院制，设都御史、副都御史、佥都御史作为统领，配备监察御史作为专职监察人员，但可以直接向皇帝进奏。都察院的职责在于“纠劾百官，辩明冤枉，提督各道，为天子耳目风纪之司。凡大臣奸邪，小人构党，作威作福乱政者劾；凡百官猥葺、贪冒、坏官纪者劾；凡学术不正，上书陈言，变乱成宪希进用者饬。遇朝觐考察，同吏部司贤否黜陟。大狱重囚，无鞠于外朝，偕刑部考察大理谳平之。其奉敕内地，拊循外地，各专其敕行事”[2]，下设十三道监察御史，负责监察十三省百官，协管南京、北京、直隶衙门等中央直属机关，甚至可以基于向皇帝负责而监察其主管部门都察院，即从中央到地方、从军事到司法无不纠弹。都御史作为都察院长官，领导并考核监察御史，对于监察御史是否称职、风闻奏事监督考核；监察御史人数多至一百余人，身兼两京直属机关和本监察区的监察工作，职权既重且广。值得注意的是，明代还独创“厂卫”制度，先后有锦衣卫、东厂、西厂，将监察的范围从官员伸向平民百姓，负责监察谋

[1] 《明史·职官志三》。
[2] 《明史·职官志二》。

逆、妖言等事项，在诏狱事项上甚至连都察院、刑部和大理寺组成的三法司都无权过问，由皇帝直接控制，成为皇帝铁腕独裁的利刃。

在地方监察制度上，明承元制，行政地区设行省、府（州）、县三级；监察机构设行台，按十三道监察区分设提刑按察司，“纠官邪，戢奸暴，平狱讼，雪冤抑，以振扬风纪，而澄清其吏治”[1]，主要负责弹劾、狱讼之事，作为地方最高监察机关，配置按察使、副使、佥事等职位，权重且具有相对独立性，在机构格局上如同都察院。都察院的监察御史同样按十三道监察区设巡按监临和布政司，可以奉敕巡抚州县，视察吏治和民治，将监察触角深入到县这一最基层的行政单位，甚至可以深入到乡这种不设行政机构的地方。除此之外，明朝还在地方提刑按察司之上又加设巡抚或镇守、总督，目的在于清吏治、抑豪强，制约地方政权，可行使监察权，如总督带都察院都御史或副都御史衔，初时作为临时派遣，后来逐渐成为地方最高军政长官。可见，明朝的监察制度基本形成了三层重叠的架构，编织成一张十分严密的监察网络，涵盖百官和民众；使得君权和行政权、皇帝和百官之间互不信任，监察官吏互斗争权，政治上日渐毫无作为、庶政废弛。

值得注意的是，明朝特别重视成文法律的制定，对监察机关的人员建制、职责权限、施行规则等事项进行了明确的规定。其中，《宪纲条例》是在历朝历代专门规范监察事项的敕令、监察法规和增补条款的基础上编纂而成的；后又将监察机关的相关规定、事例纳入行政性质的《大明会典》，体系极为庞大、内容繁杂，各机构可依照法规行使职权。内容包含明确监察机关“纲纪所系，其任非轻”的地位及其职权，划定监察对象和监察案件受理机关，建立内部监督纠察体制，规定监察官员的选拔标准和行为规范等。《宪纲条例》和《大明会典》分别成为清朝《台规》和《清会典》的参照范本。明朝还制定了适用于六科的专门监察法规《六科通掌》和《各科分掌》，适用于监察御史的《出巡事宜》，以及适用于南京的地方监察法规《南京都

[1]《明史·职官志四》。

察院事例》等。另外，明朝的基本法律《大明律》中“受赃”一章也规定有官吏枉法、不枉法受赃的情形，并科以严刑峻罚；《大诰》则是一部特别刑事法规，同样规定了官吏贪赃的惩处规范，刑罚也空前严厉。

（二）清朝：监察制度的成熟

清朝是中国封建社会最后一个王朝，闭关锁国政策的推行，导致国家的急剧衰落和清朝的最终灭亡。也正是在这一时期，中国开始沦为半殖民地半封建社会。清朝仿效明制，废止宰相制度，谋求高度中央集权的君主专制；推行以女真满族为核心的官僚政治体制，民族压迫和歧视色彩显著；在“详译明律，参以国制”的基础上制定严苛的法律体系，“文字狱”之风盛行；帝国主义列强的入侵和国内有识之士的改革，使得政局处于动荡、变革的状态。在这种政治背景下，清朝的监察机构越来越庞大，监察机制呈现出中央地方并存的多元多轨特点，监察制度倾向于细密和严谨。

在言谏制度方面，清朝的言谏机构随着君主专制中央集权的加强而逐渐被剥夺封驳诏令和讽谏权力，转向以弹劾百官为主，在明朝台谏合一萌芽的基础上更进一步，彻底实现了台谏合一的制度变革。从此，中国历史上延续近两千年的言谏和御史机构分离、分立的做法，在元朝废止门下省、明朝削弱言谏机构权力和清朝实行台谏合一之后就“寿终正寝”了。

虽然清朝基本上废止言谏机构的专门设置而实行台谏合一，但代行议政、封驳和言谏等职能的机构仍然存在，分别是议政会议、通政使司和六科给事中。其中，议政会议主要是为弥补废止宰相制度之后的皇权辅佐缺陷，建立起的贝勒大臣会议、议政大臣会议、九卿议、廷议、内阁会议和内阁大学士等参政议政机构，是权力监督和舆论监督的结合，但事项的最终决定权仍然紧紧掌握在皇帝手中。贝勒大臣会议是清朝建立之前，以部落联盟形式建立的具有权力监督性质的议事会，在清朝中央集权体制建立后即被废除；议政大臣会议由各王族和总理旗务大臣组成，主要讨论军国政要等重大事项，具有权力监督和司法监督的性质，清朝仍然继续沿用，后主要职能被南书房、军机处等替代；九卿议由吏、户、礼、兵、刑、工六部和都察院、通政司、大理寺三院组成，以皇帝敕令为发动依据；廷议在人员组成范围上远大于九卿议，主要讨论专门性事项，也由皇帝召集；内阁会议由内阁大学士、协办大学士组成，具有立法监督和司法监督的性质，后主要职能被军机处等机构取代，但在清末变法以后又重新焕发生机，改称资政院，由总理大臣和各部尚书组成，多由皇族担任。通政使司配置通政使、副使、参议、经历、知事等职位，列为九卿之一，位尊权重，主要有以下职责：受理、审核和驳正朝廷百司内外、公私奏章，至于封驳皇帝诏令的权力，早在明朝时就已经取消；负责狱讼等案件审讯。该项职责本属御史机构都察院，但后并入通政司，设登闻鼓厅“掌叙雪冤滞、诬控越诉者，论如法”，审讯后如属冤滞即呈奏皇帝交由刑部处置，如属诬控越诉则直接交由刑部处理。六科给事中虽基于台谏合一的制度改革而并入都察院，实行科道合一[1]，但其职并未改变，仍“掌言职，传达纶音，勘鞫官府公事，以注销文卷，有封驳即闻”[2]，分吏、户、礼、兵、刑、工六科，设置掌印给事中、给事中、笔帖式、经承等职位，主要职责在于：具奏封还皇帝的不当谕旨，封驳内阁或部院督抚的错误票签、奏本或题本；参与死刑监候斩案件的“朝审”“秋审”等复审工作，监督死刑的执行，查核相关法律文书和赃赎；接受和传递内阁传达的皇帝谕令、批示，按事项、部门分发，办结后结案注销；吏科、兵科、礼科负责考察文武官员的选拔和考试，户科负责稽查财务、审计财税。

在御史制度方面，清朝实行科道合一，设置都察院，与大理寺、刑部并称三法司，可以会同处理重大司法案件；配备承政、左右参政等职位，后改称左都御史、右副都御史、左佥都御史等，下设经历厅、都事厅、值月处、督催所等机构，管辖六科给事中、十五道监察御史、五城察院、宗室御史处、稽察内务府御史处。其中，六科给事中的职责，已在清朝言谏制度部分

[1] 科道合一，是指吏、户、礼、兵、刑、工六科给事中与十五道监察御史合一。

[2] 《清史稿·职官二》。

介绍；十五道监察御史，是按行政省划分的监察区域，配置掌印监察御史、监察御史，下设笔帖式、经承等职，负责监察本省事务、协助监察在京的六部等衙门事务、与六科给事中共同监察乡试、会试、京察、大计等文武官员的选拔考核、财税稽查等事务，清朝末年增设至二十道；五城察院，是分派御史到按东西南北中方位划分的五个都城警备区而形成的监察机构，设巡城御史、经承等职，主要负责宣讲皇帝颁发的五城治安禁令、监督五城的民事及刑事诉讼过程和结果、监督五城的保甲户籍制度、维护社会秩序和巡察赈灾等事务；宗室御史处和稽察内务府御史处，是新增设机构，分别负责监察满汉贵族和宗人府所办案件，以及内务府所办事务。在地方监察制度方面，清朝设置有跨行政区域的监察行署、按省行政区域设立的提刑按察使司、介于省与府（州、厅）之间的道监察机构。监察行署是地方最高监察机构，设右都御史、右副都御史、右佥都御史，但属于加官，多由总督、巡抚兼任，专司监察地方，具体负责纠察百官、会谳狱讼等事务；提刑按察使司，是专门的省级监察机关，设按察使、按察副使、佥事、经历等职，负责监察本省官员违失、选拔考试和监督审鞠刑狱等司法事宜。巡道，可以按照地域或事务设立，配置按察副使、佥事及库大使、仓大使等职，隶属按察使司，主要职责在于巡察道内官员违失、言事等，不尽相同。整体而言，清朝监察机关的分工更加细致、延伸更加广泛，对各行政部门的监察非常细密并且形成了多层次、交互式的监察网络。例如，对六部的监察，由六科给事中专门负责监督。此外，十五道监察御史也可以监察在京的除军机处以外的各行政部门事务，当然包括六部在内。再如，清朝对财税的监察，囊括了上至中央、下至地方的银钱、粮物等一切财务收支，各行政部门的会议账簿都需由都察院查核、注销。

值得注意的是，在监察法规方面，清朝制定并编纂了中国封建社会中最为完备的《钦定台规》，标志着中国古代监察法律规范化进程的最终完成。《钦定台规》主要包括皇帝作出的有关监察工作的训典、宪纲、六科、各道、五城、稽察、巡察和通例 8 个部分，其中，宪纲主要包括序官、陈奏、典礼、考绩、会谳、辩诉6个方面，通例则专门规定了监察官员的考选、升转和礼仪等事宜。汇编清朝各行政机关职责权限和组织机构的《清会典》也针对都察院左都御史、左副都御史、六科给事中、十五道监察御史、五城御史等监察机的职责权限和组织机构作出了相应规定。

第四节　中国古代监察制度的特点与启发

综览中国古代监察的沿革与演变，各朝各代虽然在以言谏和御史为主体内容的监察制度设计方面各有侧重、各具特色，但无一例外都高度重视监察制度的功能与作用，监察理念也深深地植根于中国古代的封建政治制度之中。“以古为镜，可以知兴替。”监察制度在中国古代数千年的历史发展中一直与原始社会、奴隶社会和封建社会的各式政治体制相伴而生、前后承袭、相依共存，并根据具体国情而不断地调整和适应，反映出监察制度不可或缺的重要地位，为后世监察体制的设置留下了宝贵的借鉴经验和历史教训。

一、监察制度要追求法制化

从原始社会末期，到奴隶社会、封建社会，再到中华民国和中华人民共和国时期，监察制度随着社会的发展和进步，也在逐步完善和实现着法制化。这种法制化的努力，从宏观层面来说，是指国家的政治体制架构、监察思想、监察制度设计和监察机构设置等方面愈来愈重视法制的因素；从微观层面来说，监察职责的设定、监察活动的规范、监察程序的设计、监察人员的任职条件、监察责任的追究等方面亦离不开法制的确认和保障。

整体而言，中国古代监察法律法规前后历经数千年的历史发展过程，旗帜鲜明地体现了作为“一种地方性知识”的中国法的典型特征，构成了中华法系的一个有机组成部分，在世界范围内的监察法制史上也占有重要的一席之地。有关监察的法律法规，从简单的只言片语规定，到零星条文的形成，再到内容完备、结构严密、体例规范的律令格式等，最终到篇章体例完整、内容形式规范的独立法典，虽然由于社会发展程度的限制和政治体制架构的束缚而远未实现法治化，但已经初步具备法制化的要求。例如，早在原始社会末期，据《尚书》等古籍记载，具有监察意义的只言片语就已经出现；在夏商周奴隶制社会的早期，《夏书》和殷商时期制定的《官刑》包括有大量与监察有关的条文，至于西周时期颁布的《纠察令》和制定的反腐败专门法律——《吕刑》，更是系统地涉及监察事项；春秋战国时期出现成文法公布的潮流，以《法经》和《杂律》为代表的大量律法中也包含有监察方面的法律条文。至秦汉时期，对监察事项的规范，已经开始选择专门性法律法规等形式。例如，汉惠帝时颁行《监御史九条》，是中国历史上第一部成文性质的地方监察法规；汉景帝时期制定的《反受贿令》，是中国古代第一部专门性的反贪法令；汉武帝时为加强对地方官员的管理和控制，也制定并颁布有专门性的单行监察法规——《六条问事》。至于唐朝的《巡察六条》，已经开始通过统一的立法来监察全国各级官员，并且将经济领域、司法领域事项也纳入监察范围；元朝的《宪台格例》则标志着中国古代监察立法开始走向综合性、体系化、法典化的道路；至于清朝的《钦定台规》，则是中国封建社会专门性监察法律的集大成者，在监察事项上的立法技术和立法水平达到了相当高的地步。

目前，具有中国特色社会主义特征的法律体系已经宣告基本建成[1]，在全面推进依法治国、建设社会主义法治国家被确立为基本方略的当下，宏观上的社会制度变革和治国理政政策调整，微观上的具体制度存废、结构调整等

[1] 2003年，中国特色社会主义法律体系初步形成；2008年，中国特色社会主义法律体系基本形成；2011年第十一届全国人民代表大会第四次会议宣布，“以宪法为统帅，以宪法相关法、民法商法等多个法律部门的法律为主干，由法律、行政法规、地方性法规等多个层次的法律规范构成的中国特色社会主义法律体系已经形成”。

事项，都需要将法律作为强有力的支撑。在监察制度的改革与完善方面，我们仍然要坚持法制化、完备化的追求，实现新的监察制度的设立要合乎宪法法律，做到于法有据，关于监察权限、监察程序、监察责任、监察人员等的规定要全面、系统、规范，保证对腐败的规制要以事实为依据、以法律为准绳，坚决走法制反腐的道路。

二、监察机构需强调独立性

中国古代监察机构最初并不具有独立性，而是与其他国家机构相互混杂，随着社会的充分发展和政治体制架构的逐渐完善，监察机构才逐渐独立出来。中国古代监察机构的独立性，一方面，表现为监察事项和监察官员的任命等均由皇帝、天子等最高统治阶级直接领导和最终决定，其他国家机构一般无权干涉或管理。例如，先秦时期对各级官员的监察权力由天子或者诸侯专门享有；清朝《钦定台规》明确确立了皇帝对监察事项的最终决定权和监察官吏的选任权，即“乾纲独断”“条陈在臣下，而允行则出朕旨”。另一方面，监察机构的独立性还表现为上至中央的国家机构，下至地方的基层单位，均设立有相应的监察机关并配备独立或兼任的监察人员。监察机构的相对独立，尤其是独立于行政机构，既能够基于统治者的直接授权而极大地震慑百官违失，加强了对官僚阶层的有效监督，又能够保证监察机关无法干预中央和地方行政事务，巩固了皇权专制统治。

自秦汉时期，专门的监察机构基本成为通行的监察制度设计，从中央到地方都普遍设置有监察机构，并区分为中央监察机构和地方监察机构；同时，监察机构和监察权力也逐渐与其他国家机构、权力区分开来，尤其在汉朝时期，已经开始走上相对独立化的道路。魏晋南北朝时期，独立的监察体系开始形成，并且监察机构直接对皇帝负责。自隋唐与五代开始，中国的古代监察制度已经大体完备，并不断地发展完善。隋朝的中央监察机构由门下省、御史台构成，地方监察机构则为司隶台以监察畿外诸郡，同时建立察院以监察州县各级政府，这种区分中央和地方的监察体制为后世所承袭。唐朝初期在御史台制度方面继承隋朝，工作职责在于纠举违失和受理狱讼；但在具体机构上分设台院、殿院、察院，分别配备侍御史、殿中侍御史、监察御史，将监察权一分为三，各个机构各司其职，极大地保证了监察机构和监察权力的独立地位。其中，察院及监察御史主要负责监察地方官吏，与中央监察机构相辅相成，共同行使监察权，形成对中央和地方官员的全面监察。唐朝的监察制度格局对后世影响极为深远，大体延续至以后的700多年。

中国古代监察制度的独立性，在政治实践过程中，突出地表现为以下几个特点：首先，具体监察制度的设计趋向多元化。为维护皇权统治和保证监察的有效性，古代监察制度不仅设置有中央监察机构，而且还往往建立有地方监察机构或常驻监察制度，同时还辅以巡回监察制度，形成了多元化、立体网状的监察网络。例如，秦汉时期实行郡县制，在郡一级普遍设置地方监察官员，称监御史或监郡御史，隶属于御史大夫，代表中央皇权监察地方官吏；汉代还设有刺史，职责在于每年八月出巡地方，年底回京奏事，但至东汉初就完全地方化了。宋朝设有御史台，御史中丞为首，有权弹劾不法兼执金吾权责，并且可以督巡三辅治安。唐朝初期，设察院分派监察官巡视地方诸州，后设监察御史、十七道巡查、巡察使、按察史、察访处置使，名称更迭但职权并无变动。金代对地方官员的监察，除监察御史可以巡察郡邑外，还设置行台，连同监察御史和临时派遣的监察官一同监察地方。明朝监察御史按十三道监察区设巡按监临和布政司，可以奉敕巡抚州县，视察吏治与民治。此外，还在地方提刑按察司之上又加设巡抚或镇守，制约地方政权，也可行使监察权，初时作为临时派遣，后来逐渐成为地方最高军政长官。

其次，具体监察活动的开展趋向多样化。虽然“溥天之下，莫非王土；率土之滨，莫非王臣”[1]，但基于幅员辽阔、官员冗杂等现实因素的考量，全面有效地监察从中央到地方的各级官吏，必然要求统治者机动灵活地开展各

[1] 《诗经·小雅·北山之什·北山》。

种具体监察活动。例如，纠举、弹劾官员违失是其最基本、最传统的监察活动，此外还有“采诗”、实地考察、定期监察、重大活动和重大节日现场监察、考课等多种方式。

最后，监察官员位卑但权重权广，往往出现以卑督尊、以小制大、越级弹劾、风闻奏事、密折奏事等情形。封建社会里中央集权的不断强化，使得中央权力不断扩大，监察机构等部门的权力则逐渐萎缩。因此，中国古代监察官员的官阶、品秩往往并不甚高，监察长官多为从二品或从三品，普通监察御史则是六品到八品，但授予的特殊监察权限却使得他们可以监察百官包括丞相，甚至是封驳皇帝诏令、敕令、谕令等军国政要，并且免受“诬告反坐”的责任追究，“所奏涉虚，亦不坐罪，倘知情蒙蔽，以误国论”[1]。例如，汉武帝时期的刺史品秩仅六百石，位下大夫，相当于县令，但却可以由中央派遣到地方行使监察权，实际监督郡守；隋唐时期，门下省除纠举违失职责外，还负责辅佐皇帝，通过封驳诏令、谏诤等方式来制约皇权的滥用，纠正皇帝过失，促进政治开明。此外，监察机构基本上实行垂直管理和长官负责制，中央监察官可以监察地方监察官的行为；但是，监察官员行使监察职权也具有明显的独立性，无须御史台主或都御史审核同意，例如，明朝的“御史与都御史，例得互相纠绳，行事不宜牵制”[2]，吏、户、礼、兵、刑、工六科给事中甚至一度侵夺御史之权。

尽管中国古代的监察制度在三国两晋南北朝时期，有过短暂的与其他国家机构重新混同的实践，但整体而言仍然是朝着独立的方向发展演进。事实上，监察机构的相对独立性，是中国当前监察机构改革和完善过程中尤其需要予以关注和重视的。只有赋予监察机构相对独立的地位，才能保证其独立地行使职权，不受行政机关、社会团体和个人的干涉，摆脱各方面的牵制和束缚，独立地开展工作，全面、高效地规制腐败，维护清正廉洁的公权力行

[1] 《钦定台规·训典二》。

[2] 《明史·列传·卷七十六》。

使秩序，最终保障广大人民群众的根本利益。另外，我们还要特别注意避免制度上的叠床架屋，克服古代监察制度无法摆脱的机构重叠、交叉，官员职责不明晰等固有制度弊端；严格坚持以事实为依据、以法律为准绳的原则，避免中国古代监察制度发展中一度出现的“风闻奏事”以致干扰政务被集体抵制等现象。❶

三、监察对象须关乎公权力

从原始社会末期氏族的部落首领作为监察对象，到奴隶社会、封建社会里国家官吏作为监察对象，我们可以看出，中国古代监察机构的基本职责在于整肃百僚、匡正吏治，以“彰善瘅恶，激浊扬清”，维护国家机器正常运转，巩固封建统治秩序。马克思主义国家理论认为，阶级和国家产生之前的公共权力只发挥纯粹的管理职能，它源于人类社会的共同需要，并且权力的所有者和行使者合一；在公共权力被委托给特定人或机构以后，公共权力就演变为国家权力，权力的所有者和行使者之间出现分离，并且基于社会事务的增加而不断膨胀和分化。❷但为了保证权力的运行能够最大限度地符合权力所有者的利益，社会就需要“通过分散国家权力行使者的权能并在掌握这些权能的不同机关之间建立一定的监督和平衡关系”❸，这就是分权与权力监督的正当性所在。在这个意义上，对天子及中央官员的监察，自有史以来的原始社会末期及随后的夏、商、周等朝代，均是中国古代监察制度的核心定位和重要功能。

对地方官员的监察，同样是古代监察制度的重要组成部分，在这一问题

---

❶ 例如，梁代设门下省、集书省负责纳谏，御史中丞不仅享有监察权，而且还享有立法权，御史则可以风闻奏事；南北朝时期的御史同样享有该权力。至宋朝时，御史的风闻奏事导致政事拖沓冗长，朝廷内耗严重，遭到了监察对象的集体抵制。

❷ 陈哲夫．监察与监督［M］．北京：北京大学出版社，1994：58.

❸ 童之伟．法权与宪政［M］．济南：山东人民出版社，2001：310.

上，历朝历代统治者创制出形式多样的监察机制和监察方式。秦朝的监察制度在地方设立监御史等官职，曹魏时期特别设置有“校事”和“刺奸”等监察职位，用以加强对地方官员的监察。晋代以后，中央还不定期地派出“巡御史”监察地方。隋朝制定有“巡查六条”，将监察对象的范围扩展到“品官以上”所有官员，在地方设置司隶台监察畿外诸郡，建立察院配备监察御史，以监察州县各级政府，并且非常重视对地方官吏“政绩”的考察。唐朝在州之上分道设置监察区制度，并且建立了官员不得在本地为官的规则；唐朝颁布有《监察六法》，监察事项的范围进一步扩展到了经济和司法领域，影响较为深远。宋代特别设立“监司”和“通判”以加强对地方官员的监督。其中，“监司”可以监察职位或高或低的文武官员，职权范围广泛；“通判”制度则是一种制度创设，设置“通判”作为监察官专门监察地方官吏。值得注意的是，宋代为了削弱地方藩镇势力，在监察制度方面开创性地赋予御史官纠弹和言谏两项法定职责，专门设置有言事御史，以制衡百官，初步改变了汉唐以来监察制度台、谏分立的政治格局，初露明朝、清朝时“台谏合一”制度的端倪。台谏合一，使得御史和言官职能混同，表面上言官不仅可以劝谏君主也可以弹劾百官，职权得以扩大；实际上言官职能是在从劝谏君主向弹劾百官转移，劝谏功能逐步弱化并在清朝最终消亡，而君主对百官的监察力度则得到进一步增强。

整体而言，基于“明主治吏不治民”的行政理念，中国古代监察制度的直接目的在于纠举百官违失，保证中央官员廉洁、勤勉行政，防止地方官员割据坐大；终极目的则在于维护封建统治，加强中央集权。也正是基于这种制度安排，中国古代的监察制度在监察对象上不再局限于行政机关的官员，时而会扩展到经济和司法领域的官员，甚至还可以监察普通民众。典型的如唐朝初期，分派监察官员巡视地方诸州，依据“监察六条”履行监察职责，监察对象的范围广泛，不仅包括各级官吏，而且还包括普通民众；明朝的监察御史按十三道监察区设巡按监临和布政司，可以奉敕巡抚州县，视察吏治与民治。这一点，当下中国监察制度的改革和完善需要予以关注。古代封建社会里，所有权力归于皇帝等统治者，监察权也不例外，因此监察权的享有者只能是皇帝等统治者。但在社会主义制度下，统治阶级被消灭，国家权力归属全体人民并由人民选举出来的部分代表实际行使，因此，只有官员才是被监察的对象，普通民众实际上是监察权的最终拥有者，可以通过行使宪法、法律所赋予的监督权、批评权、建议权等方式发挥监督公权力的作用。

四、监察官员应注重专业性

如前所述，监察官员位卑权大，可以封驳诏书等皇帝谕旨，可以监察、纠弹三公、宰相等朝廷大员直至地方州县有品级的官吏等国家政权所有部门的官员，可以基于皇帝的信任而被另行授予调查权、荐举权、监军权和推鞫狱讼、复勘旧狱、监决囚徒等各项特殊权力，在整个政治架构中发挥着极为重要的整饬吏治、惩治腐败、表率群僚等作用。因此，历朝历代的统治者都高度重视监察官员的选拔、任用标准和程序设置，设定了监察官员应有的自身素质与职业素养标准，实现了监察官员选拔、考核和管理的专业化。中国古代监察制度史上也先后出现过汉代刺史张敞、唐代御史中丞宋璟、元代御史台掾张养浩、明朝御史顾佐、清代御史钱沣等刚正不阿、不畏强权、洁身自好、流芳于世的监察官员。[1]

中国古代对监察官员的监督和管理，大体形成了一套完整、规范的制度，主要包括以下内容。

首先，设定明确的标准，建立完备的制度，严格监察官员的选拔程序和选拔标准，以选拔出素质高、能力好、品行端正的监察官员。古代监察制度的初始阶段里，监察机构远未独立，而是依附于行政体制，监察官的选拔方式也与其他官员差别不大，主要有察举制、征辟制、策试等，重在考察孝廉、贤德、经学。但随着监察制度的渐趋完备，皇权在监察官任命过程中

---

[1] 解扬．中国古代著名监察官［J］．中国纪检监察杂志，2018（7）：62-63.

的作用日益凸显，尤其在唐宋以后，监察官的选任实际上主要有皇帝直接任命、宰相等大臣举荐且皇帝敕授、御史台长官自辟且皇帝敕授3种方式。

在监察官员的具体选拔标准上，历朝历代均高度重视清谨介直、廉洁奉公、刚正不阿、光明磊落等品德品格和通经懂史、才学渊博、明晓律例、文辞畅达等专业能力，即“德”与“贤”，但也各有侧重。例如，东汉光武帝青睐“明晓法律，足以决疑，能按章考问”者为持书侍御史人选；隋唐以后的监察官多通过科举选拔而来，隋朝由吏部统一选用监察官，看重“特禀刚毅之性，内怀骨鲠之操，嫉恶以自任，临事而不惑，靡畏于强御，无避于贵幸，正言以斥其短，露章以暴其过，使恃宠者、怀奸者丧胆”[1]。唐代要求监察官“访察精审、弹纠必当”[2]。《宋会要》记载，“御史必用忠厚淳直、通明治体之人，以革浇薄之弊”。《明会要》主张“当用清谨介直之士。清则无私，谨则无忽，介直则敢言”。其中，明太祖将品德列为重要标准，明成祖则认为更重要的是学识和行政能力。[3]监察官的基层工作经历，一方面能够避免监察官由于权重而被拉拢和结党营私，另一方面也标志着监察官熟悉官场运作、体察民情，因而为统治者密切关注。例如，唐代明确规定无州县为官经历者不得为台谏官，即“不历州县不拟台省”，宋代则规定必须具备通判工作经历者才能为御史官，明代也明确了监察官需具有3年以上的工作经历要求，“其后监生及新科进士皆不得与。或庶吉士改授，或取内外科目出身三年考满者考选”[4]。清代重满抑汉，规定汉人在选任科道监察官时须为进士出身，任知县3年考满，且任内“钱粮全完”“无参罚者”方符合资格。

监察官的回避制度，也是避免行政权不当干涉和防止监察官、行政官相互勾结以保证监察官独立性的重要一环。一般来说，监察官的选任要考虑地域回避、亲属回避等，有的朝代还基于避免结党营私而设置台谏官回避宰执

[1] 《册府元龟·宪官部·弹劾一》。

[2] 贾育英. 中国古代监察制度发展史［M］. 北京：人民出版社，2004：332.

[3] 韩文生. 制度与皇权——万历立储研究［M］. 北京：中国政法大学出版社，2016：200.

[4] 《明史·志·卷四十七》。

大臣的规定。

其次，严格考核监察官员的政绩，奖优罚劣。西周时期设置“宰夫”官职以“掌治法，以考百官府、群都、县、鄙之治，乘其才用之出入；凡失财用物辟名者，以官刑诏冢宰而诛之；其足用长财善物者，赏之”[1]，实质上是审计监督的表现形式。唐代定期考核监察官，御史以“访察精审，弹举必当，为纠正之最”，谏官以“献可替否，拾遗补阙，为近侍之最”；对监察官的升迁予以特别考虑，有政绩者考核3次即可提拔，较其他官员更为迅速，御史“所主公事，皆无拜缺，即得转升”。宋代由皇帝选拔监司官和通判或者由宰执推荐后交皇帝考核，规定御史超过3个月未有弹劾则考课为不称职，免现职迁为外官或者罚“辱台钱”。金代制定了较为详细的成文法规来规范御史官员的选拔和考核，其中，御史大夫、御史中丞由皇帝亲自选拔任命；监察御史则设置考察期，并视其能力决定职位升降，并且不允许任意开除。元代强调监察官“凭实迹黜陟”“莅事有成者，任满升职，赃污不称者，罢黜除名”[2]，但也大搞民族歧视，《察司体察等例》规定“非勋旧德望不轻授”，监察官员或宪台长官多为蒙古、色目的世家望族担任，即“其长则蒙古人为之，而汉人，南人贰”。明朝初期曾采用荐举方式选拔监察官员，并为保证选贤举能而规定：“凡监察御史有缺，令都察院堂上及各道官保举，务要开具实行，闻奏吏部，审查不谬，然后奏除。其后有犯赃滥不称职，举者同罪。”[3]清朝制定和编纂的《钦定台规》，主要包括皇帝作出的有关监察工作的训典、宪纲、六科、各道、五城、稽察、巡察和通例8个部分。其中，通例则专门规定了监察官员的考选、升转和礼仪等事宜，监察官除每3年与其他官员共同接受吏部考核外，还须组织单独考核。例如，“科道官之考选、差遣、内升、外转具有皇帝裁定”。

最后，严厉惩处监察官员的违法犯罪行为，对失监、漏监不举等过失、

---

[1]《周礼·天官冢宰·宰夫》。

[2]《元典章·察司合察事理》。

[3]《明史·选举志三》。

监察错误等行为，尤其是贪赃枉法、徇私舞弊等故意监察错误等行为，从重或加重处刑，保证监察官员的公正无私、廉洁奉公，但同时大体奉行“不杀言官”的惯例。例如，《唐律疏议·斗讼律》规定：“诸监临主司知所部有犯法，不举劾者，减罪人三等。纠弹之官，减二等”。宋代《庆元条法事类》明确规定，监察官须在职权范围内履职，否则“诸发运监司使司非职而辄主管者，徒一年。监司应措置及申请而事干他司，不先关报者准此”。《大清律例》规定，科道官受人馈送、收人财物及买卖多取价利，较其他官员罪加二等处罚；《钦定台规》规定，科道官等监察官员渎职的，交由刑部议处并“罚俸九月”，情节严重者革职并充军发配边疆。

此外，中国古代监察制度运行过程中表现出来的加强监察机构内部人员监察，即监察官员的互相监察，如宋朝的《监司互察法》，也是权力监督和制约的一种重要表现形式，值得我们注意。

中国古代监察官员的选拔、任用、考核、奖惩等制度，给我们提供了宝贵的实践经验，对于我们制定专门的监察官法[1]及其实施细则，锻造一支“忠诚、干净、担当”的监察官队伍，深化国家监察体制改革，用法治的手段大力推进党风廉政建设和反腐败斗争，具有极为重要的现实意义。我们应当特别注意，在提高监察官员录用标准以保证能够招录到“德才兼备”人才的同时，还要为其提供不低于法官、检察官的待遇；在建立监察官员内部监督制约机制的同时，还应当落实宪法、法律所赋予普通民众的监督权利，建立起群众、舆论对监察机构及其工作人员的监督机制。

古罗马法谚说“枪炮作响法无声”，监察制度的发展和发达，与国家的稳定密不可分。例如，在魏晋南北朝时期，国家处于分裂、割据、战乱的长期动荡不安状态，其监察制度的发展也颇为曲折，监察机制无法正常运行；而唐朝时，经济、文化空前繁荣，是中国封建社会发展的黄金时期，这一时

[1] 2021年8月20日，第十三届全国人民代表大会常务委员会第三十次会议审议通过《中华人民共和国监察官法》（以下简称《监察官法》）。

期的监察机构和监察法也得到了充分的发展。当下中国正处于一个和平、稳定的发展时期，深化国家监察体制改革所需要的社会背景已经初步具备，但反腐败斗争的形势依然严峻复杂，我们应当在考察中国古代监察制度的经验教训的基础上，取其精华去其糟粕，坚持标本兼治、惩防并举，不断推进中国监察制度的改革与完善。

第二章 中国近现代监察制度的演变

带有资产阶级性质的辛亥革命，推翻了中国延续数千年的君主专制制度的封建王朝，建立了共和政体，传播了民主、共和等先进理念，推动了中华民族的思想解放进程和中国的社会变革。但由于资产阶级的软弱性和妥协性，这次民族民主革命的果实先后被封建军阀和地主阶级、大资产阶级攫取，中国并未走上资本主义道路。直到中国共产党领导全国人民取得了国内革命、抗日战争和解放战争的胜利，中国现代史的序幕才正式拉开。

第一节　中国近代监察制度的转型

辛亥革命的胜利，标志着封建帝制的终结。但中国资产阶级的软弱和妥协，导致了袁世凯称帝、张勋复辟、曹锟“贿选宪法”等封建军阀的闹剧轮番上演。国民党的独断专行使得其与中国共产党的两度合作均归于破产，整个中国社会处于半殖民地半封建的持续动荡状态。从封建社会的君主专制制度，到封建军阀的独裁统治，再到大地主、大资产阶级的联合专政，政治体制一次次的巨大改变，必然带动监察制度的变革。植根于近代半殖民地半封建社会土壤中的监察制度，自辛亥革命后，既沿袭了中国数千年来监察制度的许多安排，也借鉴了西方资产阶级议会和民主监督制度的实践，在时代的变革中谋求自身的艰难转型。

一、中华民国时期：中国近代监察制度的转型

中华民国时期历经临时政府、北洋军阀政府、国民政府三个阶段，在政治体制和监察制度方面开始向西方资本主义国家学习，但并未彻底摆脱中国数千年的政治实践和监察传统的影响。因此，这三个阶段的监察制度杂糅了中国和西方的众多制度设计，带有鲜明的融合色彩。

在言谏制度方面，中华民国时期没有再次设置专门的言谏机关，而是全面学习西方国家国民代表会议的做法，以国会代行该项权力。在民国初期，临时政府主要效仿美国，先后制定《临时政府组织大纲》和《中华民国临时约法》作为施政纲领，开始由参议院作为国家最高权力机关，接着由国会作为国家最高权力机关，行使立法权、财政权、任免权、外交权、大赦权、顾问权、建议权、质问权、查办权和弹劾权等众多权力。其中，顾问权和建议权，实质上就是舆论监督；任免权、质问权、查办权和弹劾权，实质上则是行政监督。在这个意义上，无论是民国初期的参议院，还是随后建立的国会，以及国民政府时期的国民议政会，都具有最高国家权力机关的性质，都能够行使相应的监督权力，实质上属于言谏和纠弹的职能合一。对言谏职能的这种制度设计，从根本上否定了中国数千年来的监察制度传统，掀开了监察制度在中国历史上新的一页。

在监察制度方面，临时政府学习以美国为代表的资本主义国家政体，在国家政权组织形式上采取总统制，由各省都督府选派 3 名参议员共同组成参议院，代行国会的一切权力，并制定了具有临时宪法性质的《中华民国临时约法》。该法第 19 条规定了参议院的监督职权，决议法律案，就法律及其他事件之意见向政府建议，决议政府预算、决算、税法、币制、度量衡、公债、国库等事宜，质问国务员并要求答复，要求政府查办官吏纳贿违法事件，弹劾有谋叛行为的临时大总统、失职或违法的国务员。

北洋军阀政府仿照大陆法系制度，分离立法、司法与民刑事诉讼、行政诉讼，同时颁布平政院编制法，建立平政院、肃政厅和惩戒委员会，专门行

使行政监察权。其中，平政院，又称行政法院，直接隶属大总统，设院长、评事等职，下设三庭和书记处，专门负责行政诉讼案件的审理。肃政厅，是专门的纠弹机关，隶属平政院，设都肃政史、肃政史等职，下设书记处，专门负责纠弹上至国务卿和各部总长、下至普通官吏的违宪、贿赂、徇私舞弊、渎职等违法犯罪行为，依法向平政院提起行政诉讼并监督其裁决的合法性。惩戒委员会依据文官惩戒委员编制令而设立，分为文官高等惩戒委员会和文官普通惩戒委员会，分别由委员长、委员组成，专门负责平政院评事、肃政厅肃政史违背职责、玷污官吏身份、丧失官吏信用等情形的惩戒，处分种类从重至轻依次有褫职、降等、减俸、记过、申诫。在处分种类上，基本与我国目前的《中华人民共和国公务员法》(以下简称《公务员法》),《中华人民共和国法官法》,《检察官法》，中央纪委、国家监察委《公职人员政务处分暂行规定》(国监发〔2018〕2号),《行政机关公务员处分条例》,《事业单位人事管理条例》,《事业单位工作人员处分暂行规定》(中华人民共和国人力资源和社会保障部、中华人民共和国监察部令第18号)，中共中央办公厅、国务院办公厅《国有企业领导人员廉洁从业若干规定》(中办发〔2009〕26号)，中共中央办公厅、国务院办公厅《农村基层干部廉洁履行职责若干规定(试行)》(中办发〔2011〕21号),《党纪处分条例》等国家法律法规、规范性文件和中国共产党的党内法规等规定相一致。值得注意的是，北洋军阀政府还颁布了《审计院编制法》，建立审计院，直接隶属于大总统。设院长、副院长、审计官、协审官等职，专门负责国家的财政收支监督等事宜，使得财政监督机关和财政监督权力相对独立出来。对财政监督的制度安排，一直延续到国民政府时期，但又有所变革。整体而言，北洋军阀政府时期的监察制度设置，实际上是将行政监督的权力从参议院的职权中分离出来，改由专门机构负责实施。

国民政府在政权组织形式上实行国民党中央执行委员会指导和监督下的国民政府委员会制度，分设14个部、委机关。其中，国民党中央执行委员会负责立法权，设置司法委员会负责司法权，设置监察院和惩吏院行使监察权。监察院是依据国民政府监察组织法而成立，直接隶属于国民党中央执行委员会，设监察委员一职执行院务，下设总务、吏治，训练、审计，邮电、运输，税务、货币，密查、检查等“五局”和政治宣传科等“一科”。监察院的职责在于监察政府各级官吏的行为和财务收支，对其违法失职行为可以行使调查质询、弹劾或纠举。惩吏院同样直接隶属于国民党中央执行委员会，设委员一职审理案件，下设秘书处；惩吏院的职责在于审理官吏案件和惩治，后来颁布的惩治官吏法适用于文官，同时规定有明确的惩治对象和处分种类。我们可以看到，在国民政府时期，监察权及监察部门基本完成了与行政权及行政部门、司法权和司法部门的分离、分立，隐约带有西方资本主义国家“三权分立”的影子；并且，监察权和监察部门开始摆脱数千年来行政监察、司法监察、考试选拔监察多项职能合一的局面，而转向专门负责纠举和弹劾以及与其相关的调查、审计等职能。

国民党政府，是指蒋介石发动“四·一二”反革命政变之后建立的集党、政、军于一身的政权，受最高权力机关国民党中央执行委员会的指导和监督。❶在监察制度方面，国民党政府受孙中山监察思想的影响很大，实行“五权宪法”，即监察权与行政权、立法权、司法权、考试权相并列，设置监察院作为国家最高监察机关，配备院长、副院长、监察委员等职位，建立内政、外交、国务、财政、经济、教育、交通、司法、边政、侨政等专门委员会和秘书处、参事处、会计处、统计处、人事处等职能部门，主要职责在于弹劾官员违法、惩戒和监察财政审计等。❷其中，官员惩戒由政务官惩戒委员会和公务员惩戒委员会等负责，隶属于监察院，后改由司法机关——司法院来受理公务员的惩戒事宜；审计部具体负责审计，隶属于监察院，配备部长、政务次长、常务次长等职，负责全国各机关的事前审计、事后审计、稽察等事宜。但是，监察院虽是独立机构，其行使职权仍要对国民党中央执行

❶ 国民党中央执行委员会，于1948年改组为国民大会。

❷ 参见1936年5月5日《中华民国宪法草案》，也称“五五宪草”，是中国台湾地区现行“中华民国宪法”的雏形。

委员会和国民党政府主席负责，而鉴于蒋介石长期占据这两个机构的主席职位，监察院在后期实际上成为蒋介石排斥异己、制衡派系和推行独裁专制的工具。另外，国民党政府对地方监察制度的设置较晚，先是在全国划分为16个监察区并设置监察使署，后增至17个监察区，这与政局动荡有着较大的关系。监察使署在性质上是监察院的派出机构，设监察使一职由监察委员兼任，下设总务、调查两科，职责是在监察区内接受举报、调查情况、弹劾纠举违法失职、报告情况等。

从监察职权上来讲，民国时期的监察权整体呈现出从少到多、从小到大的趋势，监察职权变得更为宽泛复杂。概而论之，主要包括调查权、弹劾权、纠举权、纠正权、同意权、监试权、审计权等。其中，调查权是行使其他职权的程序性前提，可以采取专门委员会派员、特殊案件设置专门小组调查、监察委员调查、委托其他单位调查等方式，在程序性事项上主要涉及调阅文件、调查设施、传唤证人、封存证据材料、请求其他机关协助等。弹劾权和纠举权是监察院的主要职权，来源于中国古代监察制度中的纠弹权，在民国时予以分开作为两项权力，主要是指对失职、违法官员进行弹劾，可以区别情形分别对总统、副总统、中央及地方公务人员、司法院或考试院人员的违反宪法、法律、法令等规范或者不当履行职责、义务等情形作出弹劾或纠举。纠举权与弹劾权相比，在纠举对象的级别上相对较低，在时间上相对紧急，在涉及事项上较为简单，在程序上较为简化，不像弹劾那样需要经历提出、审查、决议、移交处理和公布等严密和规范的程序。纠正权则是监察院对行政院及其各部会等机关，可以在调查或检查场所设施的情形下和查实存在违法、失职的情形下，提出的纠正和督促改善建议，大致可以分为提出、移交处理和修正纠正案等程序性事项。同意权是基于人事任用角度而做的监察，类似于任前考核，重要职位官员的任命需经监察院同意才能实际生效。监试权也是中国古代监察制度的传统内容，主要是指监察院派员监察重要的考试事务。审计权是民国时期的监察制度独立出来的一项重要权力，主要是指监察国家的财政收支情况，可以采取驻在、送审和临时审查等方式，对违法、失职者可以给予相应的处分甚至解除。

民国时期的监察法规相对完善，但也存在种类繁杂、参差不齐等弊病。最早出台的《监察院组织法》于1928年颁布，《审计部组织法》和《弹劾法》于次年出台，此外还有《监察院议事规则》《监察院审查规则》等。1948年，民国时期最为完备的监察基本法律——《监察法》出台，与《监察院组织法》和《审计法》一起，初步形成了监察法律体系。其中，《监察法》在“总则”部分主要规定了监察院的职权范围和监察权行使的基本原则，“分则”部分分别规定了弹劾权、纠举权、纠正权和调查权的行使规则和方法，“附则”部分规定了实施细则和施行日期。《审计法》在“通则”部分规定了审计机关的职权范围和审计权行使的基本原则，“分则”部分分别规定了公务审计、公有营业及公有事业单位审计、财务审计、考核财务效能、核定财务责任等事项，“附则”部分规定了适用范围、实施细则和施行日期等事项。

二、“五权宪法”及其监察权设计

监察制度和监察权，在中国数千年的政治体制和权力运作过程中，都占有重要一环。在19世纪末期，针对清末政府“政治不修，纲维败坏，朝廷则鬻爵卖官，公行贿赂；官府则剥民刮地，暴过虎狼。盗贼横行，饥馑交集，哀鸿遍野，民不聊生”[1]的现实状况，孙中山先生开始学习和借鉴西方资本主义国家的政治体制和权力架构，于1906年首次在日本东京出版的《民报》创刊纪念会上公开提出了建立“五权制度”的设想，“五权宪法”即是该制度的宪法性原则。“五权宪法”思想及其关于监察权的制度设计，是中华民国时期监察制度发展和转型的突出代表，它以总统共和制政体否定了长期实行的封建君主专制政体，在扬弃中国古代监察制度相关内容的基础上，

[1] 《兴中会章程》。

以西方资产阶级的民主监督制度为参照，构建出中西合璧的中华民国监察制度，成为巩固新兴资产阶级专政的制衡力量。以“五权制度”和“五权宪法”为核心而建构起来的国家权力体系的设想及其实践，以及其中蕴含的权力分立、监察权独立等思想，对当前中国的监察制度改革和完善，具有较为丰富的借鉴意义。

“五权制度”，即“五权分立”的国家机构组织形式，其理论基础在于孙中山提出的“权能区分”学说。辛亥革命的成功，并没有为新兴的资产阶级赢得执政的机会，轮番上演的复辟闹剧和军阀政府专制使得资产阶级所期望的民主政治再次成为泡影，孙中山先生在这种形势下提出了对政体的改革设想，主张“权能区分”，以建立民主共和的政治体制并抑止贪腐。“权能区分”，是指将选举权、罢免权、创制权、复决权 4 种政权与行政权、立法权、司法权、考试权、监察权 5 种治权相互分立。其中，政权由人民掌管，人民享有充分的政权，能够通过选举权和罢免权实现人才的公平选拔和质量保证，通过创制权和复决权实现制定和修改法律，即直接管理国事，实现“人民有权”“全民政治”和“民权发达”，是管理政府之权。但是，民权发达并不一定带来富强，因而需要将治权交由政府机关行使，可以使政府有很大的权力，即能够治理全国事务，从而做到“政府有能”，是政府自身之权，以彻底根除西方国家“议会独裁，政府无能”“在民权发达的国家，多数的政府都是无能的；民权不发达的国家，政府多是有能的”[1] 等弊病。就中国的具体国情来说，虽然人民享有政权，但却无法全面推行直接民权，而是由国民大会来代表人民行使；政府享有治权，以总统作为政府元首，但总统由国民大会负责选举和罢免。

在“权能区分”学说和“五权制度”设想的基础上，孙中山先生提出了“五权宪法”的基本原则。孙中山先生在 1921 年 3 月 20 日的演说中认为，中国也有三权宪法，“一是君权，一是考试权，一是弹劾权；而君权，兼有立

---

[1] 孙中山．三民主义［M］．北京：九州出版社，2012：132.

法、行政、司法之权”[1]。立法权、司法权、行政权、弹劾权、考试权5种权力，即是“五权宪法”，它们分别由立法院、司法院、行政院、监察院、考试院行使，各自独立运作并互相制约，以防止政府专权。其中，立法权、司法权和行政权与西方的三权分立大体相似；弹劾权源自中国传统的监察制度，专门用以监察公务人员，预防和惩治贪腐行为；考试权则起源于中国传统的科举制度，通过建立公平的人才选拔和考试机制而保证人才流通。孙中山先生在考察美国后认为，在三权分立的国家体制下，如果立法机关同时享有弹劾权将会导致国会专权，出现要挟行政机关、影响行政效率等现象；行政机关同时享有考试权将会导致滥用人才，因此应将弹劾权、考试权独立出来，形成五权分立之“破天荒的政体”，以弥补三权分立格局下的不完备之处。因为在“立宪国家，纠察权归议会掌管，但其权限也因国家不同而有强弱之别，由此产生无数弊端。况且从正理上说，裁判人民的司法权独立，裁判官吏的纠察权反而隶属于其他机关之下，这是不恰当的”[2]；立法权、司法权和行政权已经饱和，无法再兼顾和加入监察权和考试权。五权宪法应当成为民治的根本大法，政治制度的创立就是要“集合中外的精华，防止一切的流弊，便要采用外国的行政权、立法权、司法权，加入中国的考试权和监察权，连成一个很好的完璧，造成一个五权分立的政府。像这样的政府，才是世界上最完全、最良善的政府。国家有了这样的纯良政府，才可以做到民有、民治、民享的国家”[3]。由此可见，五权宪法实际上是在西方资本主义国家宪法所确立的“三权分立”原则的基础上，融合中国古代监察制度中的弹劾权、考试权而成，目的在于确立实施三民主义的政府，最终实现国家富强。因此，孙中山先生一方面一再宣称“五权宪法”是自己“独创”的，另一方面也承认自己

---

❶ 孙中山．五权宪法——在广东省教育会的演说［M］// 黄彦．孙文选集（下册）．广州：广东人民出版社，2006：26-27.

❷ 孙中山．与该鲁学尼等的谈话［M］// 广东省社会科学院历史研究室，中国社会科学院近代史研究所中华民国史研究室，中山大学历史系孙中山研究室．孙中山全集（第1卷）（1890—1911）．北京：中华书局，1981：320.

❸ 孙中山选集［M］．北京：人民出版社，1981：493.

的独创是在国外三权分立的基础上，特别关注“最为公允”且能够避免“盲从滥选”“任用私人”等选拔人才方面弊端的考试制度和能够促进廉政、效率的独立监察制度而形成的，比三权分立的制度安排“较为完善”。

“五权宪法”在北洋军阀时期动荡的国内形势下，以孙中山领导的国民党成立广州国民政府和设立监察院为标志，开始践行。1926 年，国民政府公布了俄罗斯籍法律顾问鲍罗廷起草的《监察院组织法》，赋予监察院督察官吏，调查、起诉失职和贪污行为，稽查财产，监督政府支出和税收等职能，但并未实际实施。1927 年，国民政府迁都南京，监察院还被赋予财政审计权；1931 年，在《训政时期约法》和《国民政府组织法》的授权下，监察院的机构建制开始从理论付诸实践，逐步正规。

“五权宪法”最全面、最鲜明的实践，体现在 1936 年 5 月 5 日国民党组织的宪草委员会制定的《中华民国宪法草案》和 1947 年 1 月 1 日中华民国政府公布的《中华民国宪法》。在这种制度安排下，立法权由国民大会行使，行政权由执行政务的大总统行使，司法权由裁判官行使，弹劾权由监察官专门行使，考试权由考试官行使；财政监督成为相对独立的专业部门；国民大会还享有修宪权及对监察院、考试院行政长官的同意权；监察权作为政府治权之一，与行政权、司法权互相独立，并不受行政机关的干涉。实际上，上述内容大体构成了中华民国时期监察制度的主要特征。

监察院设院长、副院长各 1 人和监察委员若干人，设置监察院委员会议讨论法律提案、弹劾高级官员、提出审计部长和监察史等重要职位人选，设置审计院负责事前审计、事后稽查和监督政府收支、税收，设置地方监察署巡回监督官吏、实地调查取证以行使弹劾权。监察院的权力主要包括弹劾权、调查权、惩戒权、同意权和监试权。其中，弹劾权专属监察院，其他部门不得越权插手[1]，主要是针对五院机构及其公务人员的失职和贪腐行为进

[1] 1929 年《治权行使之规律案》规定，在监察院成立以后，一切公务人员之弹劾权皆属于监察院。凡对于公务人员过失之举发，应呈监察院处理，非监察院所属不得受理。

行事前积极巡访或事后弹劾惩戒，在程序上由监察委员书面提起，监察院院长不得干涉，弹劾案经审理机关批准后可以公布。调查权是监察院弹劾公务人员的重要权力，根据国民政府 1931 年《监察院调查证及其使用规则》和 1934 年《监察院调查规则》，主要适用于纠举调查、纠正调查、弹劾调查、审计调查和同意调查等情形，分为实地调查和委托调查两种形式。惩戒权是指监察委员会、政务官惩戒委员会、公务员惩戒委员会和军事长官惩戒委员会对公务人员的惩罚权力，包括申饬、记过、削减俸禄、降级、免职。同意权是指监察院对总统提名的考试院和司法院重要职位人员的同意权力，以制衡总统权力。监试权是指监察委员对考试院组织考试的到场监督，以保证公平选拔人才。此外，监察院公务人员的人身权益也得到了全面保障，未经监察院批准不得予以监禁和逮捕，未经监察院许可不得予以弹劾和惩戒。

整体而言，孙中山先生的“五权宪法”在监察权的设计方面，有监察权独立和监察权受制衡两个值得关注的地方。其一，孙中山先生通过对西方议会行使监察权的实践考察，得出了议会在独揽监察权的情形下，容易形成议会专制的局面；通过对中国古代监察制度中设置言谏机构和御史机构并且屡有冒死直谏事例的观察，得出了相对独立的弹劾权具有无可比拟的优点结论，并且赞成巴直氏“中国的弹劾权是自由与政府间的一种最良善之调和法”[1]的观点。同时，孙中山先生也特别注意到，中国传统政治体制下的监察权力，实际上受制于君主的绝对专制权力，在该背景下，监察官员的地位和人格均无法独立，只是君主的奴仆而已；因此，他主张，监察权要保持相对独立，才能裨益于民主政治的达成。其二，孙中山先生并没有忽略对监察权的监督和制约。他认为，社会政治生活中存在“自由的潮流”和“秩序的潮流”，这两个力量正如物理之有离心力与归心力，“自由太过，则成为

[1] 孙中山．五权宪法——在广东省教育会的演说［M］// 黄彦．孙文选集：下册．广州：广东人民出版社，2006：27. 巴直氏，即 John William Burgess，今译为“伯吉斯”，其代表性著作为 *The Reconciliation of Government with Liberty*，最初出版于 1915 年。

无政府；秩序太过，则成为专制”[1]。监察权作为治权的重要组成内容，履行着监察治权中其他四权的职能，同时，也要受到国民行使的政权的制约和监督。在县级行政区域以下实行地方自治，由人民直接行使选举权、复决权、罢免权、创制权和监督政府的监察权等权力；县级行政区域以上的人民则须通过国民大会来监督治权，即监察院要对国民大会负责，国民大会可以在监察人员具有违法失职情形下弹劾并罢免。基于此，孙中山先生主张，在实现监察权分立、独立的同时，还必须保证能够实现自由与权力之间的平衡，即设置国民大会掌握政权，对监察权等治权予以制约和监督，实现权力之间的制衡，才能裨益于人民主权、民主主义的实现。此外，监察委员的自我约束和内在品德及行使弹劾权力的相应保障，也是实现监察权自我监督的有效途径。例如，监察委员的选任由最初的院长提名到连选连任，弹劾案的提出不需要院长批准等系列举措。

尽管表面上看来，以五权宪法为遵循的民国时期的监察制度，与中国古代监察制度的设置似乎并不存在根本性的不同。但是，古代监察制度的主要目的在于监察中央、地方官吏的违法失职行为，以最终维护君主专政的封建专制制度；而孙中山先生设计的五权宪法和监察权，主要目的则在于设置相对独立的机构和权力以监督和制约政府权力，督促政府践行其职责义务，增进行政效能，防止政府专制、擅权，尊重程序正义和法治原则。也正是在这个意义上，孙中山先生提倡的监察权要独立、监察权要制衡等思想和具体制度设计，在现代监察制度改革和完善的大背景下，仍具有其特色和进步性，值得我们进行更加深入细致的研究。遗憾的是，尽管“五权宪法”体制中的监察权设计是民主社会下监察制度的发展和进步，在国民政府时期发挥着维护政治清廉和保障民主权利的重要作用，但由于社会时局的动荡、制度设计的缺陷和贯彻执行不力等因素而无法真正地付诸实践。例如，监察权和惩戒

[1] 孙中山．五权宪法——在广东省教育会的演说［M］// 黄彦．孙文选集：下册．广州：广东人民出版社，2006：24.

权的脱节导致监察权的权威丧失，监察院的监督缺乏导致官僚主义和贪污腐败滋生，蒋介石政府在执行上的虚与委蛇导致制度和法律成为摆设等。

第二节　中国现代监察制度的新生

1921 年 7 月 23 日至 31 日，中国共产党第一次全国代表大会在上海召开，标志着中国共产党的正式成立。中国共产党是马克思主义政党，自成立之初就得到了广大人民群众的拥护与支持，与以往任何时代有所不同，其建立的监察制度始终以人民的最终利益为宗旨和追求，这标志着一种全新的监察制度模式的产生。

一、新民主主义革命时期：中国现代监察制度的形成

从 1919 年五四运动到 1949 年 10 月中华人民共和国成立，大体是新民主主义革命时期。在此期间，中国共产党的监察制度从萌芽到形成，经历了复杂多变的国际、国内形势，经受住了考验，并得以不断完善。

1921 年，中国共产党第一次全国代表大会通过了《中国共产党第一个纲领》，共计 15 条，实质上发挥了后来《党章》的纲领性功能：正式确定党的名称、性质和奋斗目标，规定了党的组织、党的保密纪律和担任公职限制及党章的修改等重要内容，提出“革命军队必须与无产阶级一起推翻资产阶级的政权”“承认无产阶级专政”“消灭资本家私有制”和联合第三国际 4 项任务。[1] 中共一大关于党的原则、纪律等内容的规定，是党创建和领导监察工作的起点，但政治工作经验的匮乏使得监察工作并没有独立出来，而是与相

[1] 中央档案馆．中共中央文件选集：第 1 卷［M］．北京：中共中央党校出版社，1992：3.

关的纪检条文结合在一起，相对比较宽泛和简单。

1926 年 8 月，中共中央颁布了《中共中央扩大会议通告——坚决清洗贪污腐化分子》，这是中国共产党历史上第一份专门反腐败的党内规范性文件。该文件指出，一个革命的党若是容留投机腐败的坏分子，“最显著的事实，就是贪污的行为，往往在经济问题上发生吞款、揩油的情弊”，这“必定会使党陷于腐化，不特不能执行革命的工作，且将为群众所厌弃”，所以，中共中央扩大会议决议“特别训令各级党部，迅速审查所属同志，如有此类行为者，务须不容情地洗刷出党……望各级党部于接此信后，立即执行，并将结果具报中局，是为至要”。各级党部所执行的清洗、惩治贪污腐化分子的做法，实质上就是监察机构所肩负的纠弹官员违法失职的职责。监察工作的重要性和紧迫性，也直接推动中共五大于 1927 年 4 月在共产国际的指示下，参照苏联的相关组织机构，选举产生了中国共产党的第一个中央纪律检查机关——中央监察委员会。[1]

1927 年 6 月 1 日，中央政治局会议决议通过《中国共产党第三次修正章程决案》，专列“监察委员会”作为第八章，共计 4 条，与第三章“党的中央机关”一起初步规定了中央监察委员会的目的、组织机构、领导体制、工作程序、保障措施和防止权力滥用等内容。例如，在全国代表大会及省代表大会选举中央及省监察委员会，目的在于巩固党的一致及权威；中央及省监察委员，不得由中央委员及省委员兼任，得参加中央及省委员会议，但只有发言权无表决权，必要时得参加相当的党部之各种会议。此外，还明确规定了“中央及省委员会，不得取消中央及省监察委员会之决议；但中央及省监察委员会之决议，必须得中央及省委员会之同意，方能生效与执行。遇中央或省监察委员会与中央或省委员会意见不同时，则移交至中央或省监察委员会与中央或省委员会联席会议，如联席会议再不能解决时，则移交省及全

[1] 此前，中共广东区执行委员会于 1926 年 4 月成立了中国共产党历史上第一个地方纪律检查机关——中共广东区执行委员会监察委员会。

国代表大会或移交于高级监察委员会解决之”。这些规定，虽然相对原始和简单，但特别值得关注的是，它一方面确立了监察委员会和党委之间基本平行、平等的关系，能够相对独立地行使职权；另一方面还确立了权力分立和监督制约的机制，对随后中央和各地纪检监察机构的组织设置、制度建设等均具有承前启后的重要意义。只是由于先后发生的蒋介石“四·一二”反革命政变和汪精卫“七·一五”反革命政变，共产党员和革命群众被大肆屠杀，党自“八七会议”后转入地下工作，中央监察委员会只存在了一年多的时间，实际上也由于王荷波主席等人的被捕或牺牲而没能真正地开展工作。[1]

1928年，中国共产党在莫斯科召开的第六次全国代表大会通过的《党章》，不再设置中央监察委员会，而是建立了中央审查委员会，以刘少奇为书记。中央和地方各级审查委员会由党的各级代表大会选举产生，但职责主要在于“监督各级党部之财政、会计及各机关之工作”，在权限范围上较中央监察委员会大为削减；而对于党纪的审查，则由各级党委成立非常设的特别委员会预先审查，并报党部批准。因此，囿于职责权限、组织机构的限制，中央和地方各级审查委员会实际发挥的作用有限，特别委员会的党纪审查效果也难以满足党的建设需要。

鉴于审查委员会和特别委员会的局限性，中共中央于1933年9月发布共计10条的《关于成立中央党务委员会及中央苏区省县监察委员会的决议》，指出为“防止党内有违反党章破坏党纪不遵守党的决议及官僚腐化等情弊发生，在党的中央监察委员会未正式成立以前，特设立中央党务委员会”，职责在于“维持无产阶级政党的铁的纪律，正确的执行铁的纪律，保证党内思想和行动的一致，监视党章和党的决议的实行，检查违反党的总路线的各种不正确的倾向官僚主义及腐化现象等，并与之作无情的斗争”。另外，大致明确了中央党务委员会和地方监察委员会只是党委领导下的具体工

[1] 中央监察委员会起初由7名委员、3名候补委员共计10人组成，王荷波和杨匏安分别任主席、副主席，在大革命失败后的较短时间里，有8名委员先后牺牲。

作部门，因此，“中央党务委员会关于组织和党员个人处分决议须报告中央批准执行，省县监察委员会关于组织和党员个人处分决议之权属于同级委员会”；明确了中央党务委员会和地方监察委员会在职权范围内工作时对下级党务委员会、监察委员会或党员的“指挥”地位。

从1927年7月第一次大革命失败到1937年7月抗日战争全面爆发，中国共产党在流动苏区度过了10年极为艰难的“土地革命时期”。这一时期的监察制度带有明显的行政监察色彩，在组织机构上设立各级工农检察部和委员会、控告局，建立突击队、轻骑队、通知审判会和群众审判会等群众性监察组织，在作风、思想、道德等方面监督各级苏维埃政权、国家企业、有国家资本在内的企业和合作社企业等主体。例如，1931年11月，中华苏维埃共和国第一次全国工农兵代表大会通过《工农检察部的组织条例》，共5章16条，建立了从中央到地方的各级工农检察部，是各级政府的行政机关的组成部分，职责在于监督各级苏维埃的机关“正确地去执行苏维埃的政纲和策略”，以及财政、租税等经济政策；“建议撤换或处罚国家机关与国家企业的工作人员”，直接对该企业或机关的工作设施提出建议；向法院报告行贿、浪费公款、贪污等犯罪行为；在“发觉机关内的官僚主义者和腐化分子，有必要时可以组织群众法庭，以审理不涉及犯法行为的案件，该项法庭有权判决开除工作人员，登报宣布其官僚腐化的罪状等”。其中，控告局可以接受工农对政府机关或国家企业的缺点和错误的控告，突击队可以“突然的去检查某项国家机关或企业的工作”以揭破官僚主义腐化分子。此外，苏维埃政权还建立有专门的审计监督制度，并制定并颁发了有关反腐败的法令，成立了各省县监察委员会并制定了其组织暂行条例。例如，1933年12月，中华苏维埃共和国中央执行委员会颁发了由毛泽东主席和项英副主席签发的《关于惩治贪污浪费行为》的第26号训令，严惩贪污浪费等腐败行为。[1]

1937年7月，抗日战争全面爆发，在此后的8年里，中国共产党领导的抗日根据地所实行的监察制度，在组织结构和行政、审计、纪律等专门监察方面有了新的变化。在组织机构方面，1938年扩大的六届六中全会通过了《关于中央委员会工作规则与纪律的决定》《关于各级党委暂行组织机构的决定》《关于各级党部工作规则与纪律的决定》等监督制度，从制度上明确规定了党内设立监察机构的条件、党的委员会对监察委员会的领导、监察委员会的具体职能，要求在各解放区党委之下设立监察委员会。行政监察，分别由区和村镇监察委员会、参议会、区民代表会、乡村民代表会在权力范围内开展。区和村镇监察委员会负责财务监察、纠察公职人员失职违法行为，后被撤销，由参议会接替行使其职权；参议会是县乡一级所设机构，作为抗日地方最高权力机关，除承袭区和村镇监察委员会的职责外，还掌管有官员的任免权；乡、村两级政权是抗日战争时期的重点监察领域，区民代表会和乡村民代表会可以监督政府，也可以罢免官员，有力地巩固了抗日根据地政权。1939年《陕甘宁边区政府组织条例》和《关于严格建立财政经济制度的决定》大致规定了审计监察的组织机构和工作制度，严格财经管理，建立起统一收支、预算、决算、会计、审计等制度，由审计处负责行政机关的预算决算，审查行政机关的公有物，审核征税和征粮等收支、金库和公营事业收支、公产估价和变卖事项，审查政府对企业的补助收支，检举贪污、舞弊和浪费等情形，职责权限都较为广泛。晋冀鲁豫边区还实行财政、审计合一的体制，并建立起边区政府、行署、专署、县等四级审计体制，它们之间是逐级指导而非隶属关系，使审计监察网络更加完善。在纪律监察方面，党的六届六中全会重申党内监察的重要性，采取一系列措施完善党内监察制度，强

---

[1] 例如，该训令规定，凡苏维埃机关、国营企业及公共团体工作人员，贪污公款在500元以上者，处以死刑；贪污公款300元以上500元以下者，处以2年以上5年以下监禁；贪污公款在100元以上300元以下者，处以半年以上二年以下监禁；贪污公款在100元以下者，处以半年以下的强迫劳动。

调树立中央意识和大局意识；制定《陕甘宁边区施政纲领》和专门性的《中共中央书记处关于文化技术干部待遇条例》《陕甘宁边区供给制度补充条例（草案）》等，强调“厉行廉洁政治，严惩公务人员之贪污行为，禁止任何公务人员假公济私之行为，共产党员有犯法者从重治罪”。同时提供充分的保障措施，主要“实行俸以养廉原则，保障一切公务人员及其家属必需的物质生活及充分的文化娱乐生活”；专门制定《陕甘宁边区各级政府干部管理暂行通则》《陕甘宁边区政务人员公约》等党内规范性文件，规定了干部的登记审查、培养使用、任免调配和考核奖惩等事宜，对党员干部分类教育、训练、管理和监督；随后，延安整风运动将党的纪律监察建设推向一个新的高度，基本实现了全党统一思想的要求。

1945 年 9 月至 1949 年 9 月是解放战争时期，中国共产党在全国范围内逐步取得胜利，在监察制度的组织机构和行政、审计、纪律监察等方面也有较大改进。1945 年，党的七大《党章》重新恢复“党的监察机关”一章，并明确将是否成立监察机关的权力赋予各级党委，在“党的中央委员会认为必要时，得成立中央监察委员会及各地方党的监察委员会”，并规定监察人员由党委全体会议而非党的代表大会选举产生；确立了监察机关的领导体制，赋予其“决定或取消对党员的处分，受理党员的控诉”的职责。但由于与国民党的斗争正处于关键阶段，直到中华人民共和国成立，我们党也没有选举产生出党的监察机关。行政监察方面，华北人民政府组建后，设立有华北人民监察院，陕甘宁边区也建立了人民监察委员会，在职责范围上基本一致，新增了侦查、调查权限和公开查处情况、结果的要求。审计监察方面，发布了《陕甘宁边区暂行审计条例（草案）》，继续围绕“发展经济，保障供给”的方针开展工作，但由于时局动荡，并未实现与财政工作职责的分工，审计监察职能的发挥也始终受到限制。纪律监察方面则取得了较大的进展：1945 年《党章》把维护和执行党的纪律列入“总纲”部分，并规定“奖励与处分”一章作为维护和执行纪律的重要手段，解释了党的纪律的特征、要求和重要性，明确了“惩前毖后，治病救人”的执纪方针和党内监督原则，在制度上健全了纪律监察和党内监督体系；将民主集中制确立为根本的监督制度并将其阐释为“在民主基础上的集中和集中领导下的民主”，规定党员的权利和义务，确立党内民主生活的实践形态、制度原则和发展目标，将纪律监察制度建设推上了一个新的发展阶段。

二、社会主义建设时期：中国现代监察制度的健全

中华人民共和国成立以来，我国监察制度改革与完善的探索和实践艰辛而曲折，监察机关先后经历了设立、降格、撤销、恢复组建、与中国共产党各级纪律检查委员会合署办公等阶段，整体而言趋于不断健全，但始终未能摆脱“行政监察”的局限。

1949 年 9 月 27 日，中国人民政治协商会议第一届全体会议审议通过《中华人民共和国中央人民政府组织法》(以下简称《中央人民政府组织法》)，该法在第 3 章“政务院”第 18 条规定：“政务院设政治法律委员会、财政经济委员会、文化教育委员会、人民监察委员会和下列各部、会、院、署、行，主持各该部门的国家行政事宜……人民监察委员会负责监察政府机关和公务人员是否履行其职责。”同年 9 月 29 日，中国人民政治协商会议第一届全体会议还选举产生了中央人民政府委员会，并且通过了具有“临时宪法”地位的《中国人民政治协商会议共同纲领》，在第 2 章“政权机关”第 19 条规定：“在县市以上的各级人民政府内，设人民监察机关，以监察各级国家机关和各种公务人员是否履行其职责，并纠举其中之违法失职的机关和人员。人民和人民团体有权向人民监察机关或人民司法机关控告任何国家机关和任何公务人员的违法失职行为。”同年 10 月，中央人民监察委员会正式成立，由谭平山担任主任，在中央各部门内部设置相应的监察机构，并在中央和地方各级监察委员会配备人民监察通讯员，开始针对中华人民共和国成立初期党和国家出现的部分干部的官僚、腐败等现象展开监察工作，以有案必查、按过论处、纪律制裁和教育改造相结合为原则，查办和处理了大量案

件，取得了显著的成效。这个时期的监察机构，隶属于最高行政机关——政务院，但在内务部、外交部、公安部、司法部、法制委员会等各部委之上，属于高规格的“大监察机构”。在党内纪律监察方面，1949年11月9日，中共中央作出《关于成立中央及各级党的纪律检查委员会的决定》，成立了中共中央纪律检查委员会，隶属于中央政治局，其职责在于“检查中央直属各部门及各级党的组织、党的干部及党员违犯党的纪律的行为；受理、审查并决定中央直属各部门、各级党的组织及党员违犯纪律的处分，或取消其处分；在党内加强纪律教育，使党员干部严格的遵守党纪，实行党的决议与政府法令，以实现全党的统一与集中”；在产生方式、领导体制、党纪处分等方面大致与中共七大《党章》规定相仿，但进一步规定“上级党的纪律检查委员会，有权改变或取消下级党的纪律检查委员会作出的决定”，初步确立了纪律检查机关的“双重领导”体制，以进一步加强党的组织性、纪律性、保密性并克服官僚主义，更好地执行党的路线、方针与政策。1952年，中共中央《关于加强纪律检查工作的指示》作出党政监察工作联合的努力：“各级党委的纪律检查委员会与各级人民监察委员会可酌情实行合署办公，分工合作，互相辅助，加强联系，做好工作。”❶

1954年，第一次全国人民代表大会审议通过《宪法》和《中华人民共和国国务院组织法》，政务院改组为国务院，政务院人民监察委员会改组为国务院监察部，由钱瑛担任监察部部长。这一党和国家领导体制的变革，直接取消了高规格的“大监察机构”管理模式，人民监察委员会降格为监察部，与国务院其他各部委在地位上平等。

在纪律监察方面，1955年，中国共产党全国代表会议通过《关于成立党

---

❶ 合署办公，最初源起于南京国民政府推行的省级政府合署办公的行政体制改革，是指两个及以上性质接近或联系紧密的机构在同一处所办理公务。在中国当下的政治实践中，合署办公主要集中于：党的机关和行政机关之间，如中国共产党中央纪律检查委员会与原中华人民共和国监察部、现中华人民共和国国家监察委员会；行政机关之间，如原中华人民共和国新闻出版总署和中华人民共和国国家版权局；行政机关和非政府组织之间，如中国国际贸易促进委员会和中国国际商会、国家烟草专卖局和中国烟草总公司等。

的中央和地方监察委员会的决议》，决定成立党的中央和地方各级监察委员会，以替代党的中央和地方各级纪律检查委员会，并选举产生了由董必武等21人组成的中共中央监察委员会。新成立的中央监察委员会由全国党代表大会选举产生，对全党负责，在地位上要高于之前的中央纪律检查委员会；地方各级监察委员会由各级党代表大会选举产生后，再由上一级党委批准，在各级党委“指导和支持”而非“领导”下开展工作，独立性大为增强；“党的上级监察委员会有权检查下级监察委员会的工作，并有权审查、批准和改变下级监察委员会对案件所作的决定。党的下级监察委员会应向上级监察委员会报告工作，并忠实地报告一切党员和党的组织违反纪律的情况。”党的各级监察委员会的职责在于“经常检查和处理党员违反党的章程、党的纪律、共产主义道德和国家法律、法令的案件；决定和取消对于党员的处分；受理党员的控诉和申诉”，同时还负责信访工作，职权范围大为拓宽。但是，这种制度安排直接引发了党的各级监察委员会与各级党委之间在职责和权限划分上的较大争执，甚至一度被上升到“革命斗争中的一个根本问题”。《关于成立党的中央和地方监察委员会的决议》第4条对两者的权限划分作出如下规定：“各级党委委员如有违反党章、党纪和国家法律、法令的行为，应由同级党委处理；但上级党的监察委员会认为必要的时候，有权直接加以处理。地方各级监察委员会在对上级党委委员和同级党委委员进行检查的时候，以及在对上级和同级党委所管理的干部职务名称表内的干部给以撤销工作以上的处分的时候，应分别征得上级和同级党委的同意，如地方监察委员会认为同级党委的决定不适当的时候，有权向上一级党委提出申诉。党的中央和地方各级监察委员会有权检查下级党的组织有关违反党章、党纪和国家法律、法令的案件，并向，同级党委提出处理意见。”1956年9月，党的八大《党章》规定：“各级监察委员会在各级党的委员会领导下进行工作”，各级监察委员会也改由同级党的委员会选举产生，但同时强调了党风建设问题，并明确树立了各级监察委员会作为党内执纪部门的地位。

此后产生并蔓延全国的“左”倾机会主义路线，也波及了监察制度领域。1959 年 4 月 28 日，周恩来总理代表国务院在第二届全国人大第一次会议上提出议案撤销监察部和司法部："行政监察工作必须在各级党委领导下，由国家机关负责，并且依靠人民群众，才能做好。因此，监察部亦无单独设置之必要。建议撤销监察部，今后对国家行政机关工作人员的监督工作，一律由各有关国家机关负责进行。"随后，该议案获得通过，各级行政监察机构从我国监察制度中被撤销。

在党的纪律监察领域，1962 年 9 月，党的八届十中全会通过《关于加强党的监察机关的决定》，重申对党员的监督首先是对党员干部的监督，并从 4 个方面加强了中央和地方各级监察委员会的建设：扩充各级监察委员会的名额；中央和地方各级监察委员会的委员，列席同级党的委员会的全体会议；中央监察委员会可以派出监察组常驻国务院各部门，并受中央监察委员会的直接领导；地方各级监察委员会，有权不通过同级党委，向上级党委和监察委员会直至中央反映情况，检举党员的违法乱纪行为。但 1966 年 5 月，"文化大革命"上演，持续 10 年多的时间，使党的监察制度的正常运转遭到严重破坏，陷于瘫痪。1969 年，党的九大《党章》决定取消党的监察机关条款，党的中央和地方各级监察委员会被撤销。

1976 年"文化大革命"的结束和 1978 年改革开放的决定，给中国社会主义的发展和政治制度的完善带来转机，中断数十年的监察制度也开始自党的内部监察机关恢复重建。1977 年党的十一大《党章》重新设置党的纪律检查委员会条款，规定各级纪委由同级党委选举产生。1978 年 12 月，党的十一届三中全会决定恢复重建党的纪律检查机关，直接隶属于党中央，选举产生了以陈云为书记的新一届中央纪律检查委员会，并要求各级党的委员会都设立纪律检查委员会。按照制度安排，党的各级监察机关要接受同级党的委员会的领导，同时，各级党的委员会及其委员又是党的各级监察机关的监察对象，要接受相应的监督检查。1980 年，中共中央进一步将这种领导管理体制细化，党的各级监察机关要同时接受同级党的委员会和上级监察机关的"双重领导"，但以同级党的委员会的领导为主。综观中华人民共和国成立后党的监察制度改革和完善的全部历程，党的监察机关在地位和工作上要接受同级党委的领导，但同时又具有监督同级党委的权力，这种被领导者和监督者的角色杂糅所带来的体制运行不畅问题，贯穿了始终。随后，党对监察机关的职能愈加重视，1982年9月通过的党的十二大《党章》，再次对党的监察体制进行了重要改革：明确党的中央和地方监察机关分别由党的全国代表大会和党的地方代表大会选举产生，并向其报告工作。1983年还另行规定，党的监察机关负责人可以参加同级党委的党委会和同级党委书记的办公会，明显提升了党的监察机关负责人的地位；规定党的各级监察机关"发现同级党委及其成员有违反党的纪律和国家法律法令的情况，在同级党委不给予解决或不给予正确解决的时候，有权向上级纪委提出申诉，请求协助处理"，在赋予其监督同级党委及其成员的权力的同时还提供了明确的保障机制；将党的各级监察机关与同级党委的关系确定为受同级党委和上级监察机关的"双重领导"体制，取消了"以同级党委领导为主"的规定。

在党的监察制度恢复重建的同时，国家监察制度的恢复重建也在积极酝酿之中，并且以1954年确立的"大监察机构"管理模式为目标。1979年，彭真同志曾建议设立国家监察委员会，"权力大一些，可以监督各部部长、各委员会主任"，并主张写入宪法，因为，"在我们国家，党有党纪，违反党纪的有纪委管；违法犯罪的，有法院、检察院等司法机关管，唯独违反政纪的，没有机关管，这是我国行政体制的一个缺陷"。[1] 其后，彭真同志审阅并呈报中央的1982年《宪法》修正草案曾规定："国务院设立国家监察机关，对国家行政机关、国营企业、国家事业单位及他们的工作人员违犯行政纪律的行为进行监察和处理"。但是，该条款并未被最终采纳，而是在通过的《宪法》文本中留下了口子，第89条第8项规定："国务院行使下列职权：……（八）领导和管理民政、公安、司法行政和监察等工作"；第107条规定："县级以上地方各级人民政府依照法律规定的权限，管理本行政区域内的……监察……

[1] 本刊特约记者．宪法与国家政治体制（三）——王汉斌访谈录［J］．百年潮，2011（7）：21.

等行政工作”。此外，1982年《宪法》第91条和第109条还明确规定了财政、财务的审计监督制度：国务院及县级以上的地方各级人民政府设立审计机关，对国务院各部门和地方各级政府的财政收支，对国家的财政金融机构和企业事业组织的财务收支，进行审计监督；依照法律规定独立行使审计监督权，国务院的审计机关受国务院总理的领导，审计长由全国人大决定或罢免，不受其他行政机关、社会团体和个人的干涉，地方各级审计机关要对本级人民政府和上一级审计机关负责。

1986年12月，第六届全国人大常委会第十八次会议决定恢复重建国家的行政监察体制，以结束党政不分的局面，确立党政双轨的政治体制。对此，邓小平同志曾解释道，“腐败问题都由纪委管，会使人误认为腐败都是党风腐败”“党要管党内纪律的问题，法律的问题应该由国家和政府管。这是一个党和政府的关系问题，是一个政治体制的问题”，因此，“国务院还是要设监察机关，专管政纪问题”。[1]1987年6月，中华人民共和国监察部恢复成立，制度保障和专门机构的建立极大地推动了国家监察体制的正常运转，同时也有助于优化党内的政治生态。1987年8月15日，国务院发布《关于在县以上地方各级人民政府设立行政监察机关的通知》，明确了行政监察工作是社会主义法制建设的重要组成部分，行政监察机关是各级人民政府负责监察工作的专门机构；确立了行政监察机关的领导体制，地方各级行政监察机关受所在人民政府和上级行政监察机关双重领导，其主要领导干部任免须征得上级行政监察机关同意；分别列举了监察部、省级和省辖市级行政监察机关、县级行政监察机关的监察对象范围，并指出，上级行政监察机关在必要时可以受理下级行政监察机关管辖范围的案件；规定行政监察机关的主要任务和职责是：检查监察对象贯彻实施国家政策和法律、法规的情况，监督处理监察对象违反国家政策和法律、法规以及违反政纪的行为，受理个人或单位对监察对象违反国家政策和法律、法规以及违反政纪行为的检举、控告，受理监察对象

[1] 本刊特约记者．宪法与国家政治体制（三）——王汉斌访谈录［J］．百年潮，2011（7）：21.

不服纪律处分的申诉，按照行政序列分别审议经国务院任命的人员和经地方人民政府任命的人员的纪律处分事项；赋予行政监察机关相对独立的检查权、调查权、建议权和一定的行政处分权。1988 年，中央纪委、监察部先后发布《关于逐步撤销国务院各部门党组纪检组和中央纪委派驻纪检组有关问题的意见》和《关于撤销省级政府工作部门党的纪检组和组建行政监察机构问题的通知》，为行政监察机构的创建扫清了障碍。1990 年，国务院颁布《中华人民共和国行政监察条例》（中华人民共和国国务院令第 69 号，现已失效，以下简称《行政监察条例》），对监察机关的性质、工作原则、领导体制、人员、管辖、职权、工作程序和罚则等作出规定；1991 年监察部先后发布《监察机关调查处理政纪案件办法》《监察机关处理不服行政处分申诉的办法》《监察机关举报工作办法》等部门规章，规定了监察机关立案、调查、审理、处理政纪案件的程序和申诉、举报办法，进一步健全和完善了行政监察体制。

行政监察体制的建立健全，虽然在政府内部监督制约方面发挥了重要作用，但考虑到党内监察机构的制度分立和双轨运行，这种制度安排也存在着相应的缺陷。对此，时任中央纪委书记的尉健行同志总结道：“五年（1987—1992）来的实践表明，在改革开放的条件下，建立行政监察体制，强化政府内部监督制约机制是完全正确的，也是十分必要的。但是也应该看到，我国党政监督体制分离的格局也有它的不足。例如，存在重复调查、重复核查、重复检查和重复设置办事机构的问题，以及办案中有时发生互相推诿，甚至无人负责的现象；对行政机关工作人员特别是党员领导干部进行政纪、党纪处分，在程序上有时不够协调，不利于发挥监督机关的整体作用等。行政监察体制必须继续坚持，但上述的不足又需要加以克服……纪委、监察机关有不少同志曾经思考和试图解决这些问题，但在原有体制下难以完全解决。”[1] 为从体制上解决这些问题，1993 年 2 月 22 日，中共中央、国务

[1] 尉健行：尉健行同志在进一步发挥纪检监察两项职能工作会议上的讲话（1994 年 8 月 26 日）[M] // 中华人民共和国监察部．中国监察年鉴：1992—1997 年卷，上册．北京：中国方正出版社，2007：61.

院联合印发《中共中央、国务院批转中央纪委、监察部〈关于中央纪委、监察部机关合署办公的机构设置有关问题的请示〉的通知》，决定中央纪律检查委员会与监察部合署办公，“一套工作机构、两个机关名称”，共同履行党的纪律检查、行政监督职能，这奠定了我国当前反腐败体制的基本构架。同年7月，《中共中央关于印发〈关于党政机构改革的方案〉和〈关于党政机构改革方案的实施意见〉的通知》进一步明确和细化了党的纪律检查机关与国家的行政监察机关合署办公的体制，监察部按照《宪法》规定仍然隶属国务院，接受国务院领导，其职责、权力、工作程序等均不变更，但领导班子在工作上要同时对中央纪委常委会负责；地方各级监察机关则继续实行由所在地政府和上级监察机关领导的双重领导体制。此后，《中共中央、国务院批转中央纪委、监察部〈关于中央纪委、监察部机关合署办公和机构设置有关问题的请示〉的通知》（中发〔1993〕4号）、《中共中央纪委办公厅关于印发〈关于合署后的监察部开展工作的若干意见（试行）〉的通知》（中纪厅〔1993〕6号）和《中共中央纪委、监察部关于处理好合署工作中有关问题的通知》（中纪发〔1993〕12号）等规定，进一步明确了合署办公后具体开展工作的一些重要问题。合署办公的监察制度改革，一方面，避免了工作上的重复、交叉和推诿等现象，在精简机构和人员的同时，较大地提高了办案效率，促进了行政监察职能的实现；另一方面，强化了党风廉政建设，推动了党内法规和国家法律的执行衔接，有利于发挥党和政府的整体监察效能。值得注意的是，中央纪委、监察部还在山西省、上海市和深圳市进行了监察体制改革的试点工作，其中，山西省和上海市监察厅（局）更名为监察委员会，与同级纪委合署办公，实行“一个领导班子、一套工作机构、两个机关名称”，在运行10多年后又改为与全国其他多数省份相同的模式；深圳市则一直实行纪检、监察的分设体制。

党的纪律监察机构与国家的行政监察机构合署办公，从组织架构和人员编制方面都容易实现，但在实际运转过程中如何做到同向合力，以更好地发挥两者的职责和功能，则仍然需要一个着力点。这个着力点，在1993年中共中央、国务院《关于反腐败斗争近期抓好几项工作的决定》公布后就大致形成了——反腐败斗争，体现在那时就是搞好党政机关领导干部的廉洁自律，查处一批党政领导干部和司法、行政执法、经济管理等部门及其工作人员违法违纪的大案要案，狠刹乱收费等群众反映强烈的不正之风等 3 项工作。而基于党的领导地位，反腐败斗争也主要由党主导开展，其中一个重要手段就是加强党风廉政建设。1998 年，中共中央、国务院联合印发《关于实行党风廉政建设责任制的规定》（中发〔1998〕16 号），明确“党政领导班子和领导干部对党风廉政建设应负的责任”，提出“坚持党委统一领导，党政齐抓共管，纪委组织协调，部门各负其责，依靠群众的支持和参与”“坚持从严治党、从严治政；立足教育，着眼防范；集体领导与个人分工负责相结合；谁主管，谁负责；一级抓一级，层层抓落实”，并在责任内容、责任考核、责任追究等 3 章做了具体规定。此后，中共中央、国务院于 2010 年颁布了修订后的《关于实行党风廉政建设责任制的规定》（中发〔2010〕19 号），与时俱进地将主体部分修改为责任内容、检查考核与监督、责任追究等 3 章。由此，“反腐败 + 党风廉政建设”的纪检监察工作模式基本形成，成为此后纪检监察工作的主旋律。其间，第八届全国人大常委会第二十五次会议于 1997 年审议通过原《行政监察法》，国务院分别于 2004 年和 2007 年制定颁布《中华人民共和国行政监察法实施条例》和《行政机关公务员处分条例》，有关行政监察法规的解释、答复工作也在有条不紊地持续推进，行政法制工作逐步趋于健全。但值得注意的是，传统意义上作为行政监察工作主体内容的执法监察、效能监察、廉政监察等，并未成为“反腐败”和“党风廉政建设”的重点关注内容。

鉴于党委的领导地位，纪委往往被要求过多地介入党委的事务，自身纪检监察的主责主业则往往荒废。针对这一问题，自 2012 年党的十八大开始，新一轮的监察体制改革正式提上日程，“转职能、转方式、转作风”成为纪检监察机构改革的主要目标。2014 年 3 月，中共中央纪委、监察部开始机构改革，在保持内设机构总数、行政编制总数不变的前提下，将原办公厅、原监察综合室调整为办公厅，将原党风政风监督室（国务院纠正行业不正之风办公室）、原执法和效能监督室调整为党风政风监督室（国务院纠正行业不正之风办公室），将原预防腐败室（国家预防腐败局办公室）、原外事局调整为国际合作局（国家预防腐败局办公室），新设两个纪检监察室和一个纪检监察干部监督室。机构调整后的纪检监察合署，更能聚焦主责主业，“监督、执纪、问责”和监督执纪“四种形态”开始成为纪检监察领域新的工作模式，有力地推动了党的十八大以来一系列反腐措施的坚实落地，为新时期中国国家监察制度的改革奠定了良好的基础。

第三章 新时期中国监察制度的改革与启示

中华人民共和国成立以来，监察体制的改革先后历经高规格组建、降格为国务院组成部门、“文化大革命”期间被撤销、改革开放阶段恢复重建、与党的各级纪律检查机构合署办公等阶段，但在性质上始终都属于“行政监察”的格局。这种监察体制，一方面，由于很难摆正监察机关与党的纪律检查机关的地位高低及隶属关系，无法正确处理两者在开展具体工作时的主从关系，而在政治实践过程中，基于党的领导和党管干部等政党政治原则，监察机关实际上渐渐演化为党的纪律检查机关的辅佐单位和工作助手。另一方面，由于单纯的行政监察体制存在着监察法规的体系庞杂，各专门监察机构的设立没有形成制度合力，监察对象的范围不周全，监察手段的种类及其合法性、合理性不足等弊端，与全面从严治党的新时期要求、党风廉政建设和反腐败斗争的新时期任务不相适应，亟待深化改革与完善。

第一节　新时期中国监察制度改革的制度逻辑

1993年，中共中央认为反腐败斗争的形势“依然严峻”；2013年，习近平同志在中央政治局常委会听取巡视工作五年规划时作出了反腐败斗争形势“依然严峻复杂”的基本判断；此后的取得“压倒性态势”或者“压倒性胜利”等表述，也均未改变这一基本判断。[1] 例如，党的十八大以来，“周永康、薄熙来、郭伯雄、徐才厚、孙政才、令计划等严重违纪案件”得以披露。“经党中央批准立案审查的省军级以上党员干部及其他中管干部440人。其中，党的十八届中央委员会委员、候补委员43人，中央纪委委员9人。全国纪检监察机关共接受信访举报1218.6万件（次），处置问题线索267.4万件，立案154.5万件，处分153.7万人，其中厅局级干部8900余人，县处级干部6.3万人，涉嫌犯罪被移送司法机关处理5.8万人。”[2] 作为中国唯一的并且是长期的执政政党，中国共产党的高级干部严重违纪、违法和犯罪案件，不仅影响党在人民群众心中的形象、破坏党的事业、冲击社会的公平正义法则和道德底线，无时无刻不警醒我们：对这些身居高位、手握重权，并且几十年来一直接受党的教育和培养的腐败分子，要及时发现、及早处理。“过去发生的各种错误，固然与某些领导人的思想、作风有关，但是组织制度、工作制度方面的问题更重要。制度好可以使坏人无法任意横行，制度不好使好人无法充分做好事，甚至会走向反面……领导制度、组织制度问题更带有根本性、全局性、稳定性和长期性”[3]。因此，以反腐败为核心任务的新时期监察制度的改革与完善，要特别关注体制和制度层面，要特别注意理清和把握其中的制度逻辑。

一、规划兼容的监察制度体系

我国权力架构中的监察力量曾经较为分散，专门性的监察制度各自为战，没有形成互相兼容配合、衔接协调的制度体系。在宏观层面上，有国家

---

[1] 本节部分内容业已修订发表，参见郭世杰．监察体制改革的制度逻辑与基本脉络［J］．贵州省党校学报，2020（5）：96-102，《人大报刊复印资料·体制改革》2021年第3期全文转载．

[2] 十八届中央纪律检查委员会向中国共产党第十九次全国代表大会的工作报告［N］．人民日报，2017-10-30（1）．

[3] 邓小平．党和国家领导制度的改革［M］//邓小平．邓小平文选（第2卷）．北京：人民出版社，1994：333．该文系邓小平同志于1980年8月18日在中央政治局扩大会议上的讲话。

的监察制度群和党的纪律检查制度群两套并行的组织架构，都以规制和治理腐败为目标；在微观层面上，国家的监察制度群既包括行政性质的行政监察、审计监察等，还包括司法性质的检察院的反贪污、反渎职等，造成了监察职能的叠床架屋、监察力量的支离分散和监察效率的低下丧失等问题。

例如，在涉及腐败的案件查办过程中，国家的监察机关与党的纪律检查机关、审计机关、检察机关在线索移送、证据认定和转换等事宜上不仅程序烦琐复杂，而且容易出现重复调查、串案翻供等情况。事实上，这一问题已经得到关注，为加强在反腐败斗争中的密切配合与协作，中共中央纪委、最高人民检察院、监察部早在 1993 年 11 月 5 日就联合发布了《关于纪检监察机关和检察机关在反腐败斗争中加强协作的通知》，要求中央和地方的各级纪检监察机关和检察机关要建立联席例会制度，及时移送属于对方管辖的案件并互相通报情况、密切配合，及时转送属于对方管辖的举报材料；特定情形下可以协商案件调查的主导机构或联合调查，协商决定交叉案件是否公开报道，区分违反党纪政纪案件和刑事犯罪案件并协调或报告上级机关来解决存在的问题。1996 年 1 月 27 日，《中国共产党第十届中央纪律检查委员会第六次全体会议公报》明确提出："各省、自治区、直辖市都要在党委的领导下，成立由有关执法、执纪部门主要领导参加的反腐败协调小组，加强对查处大案要案的统一领导和协调。"其中，中央反腐败协调小组由中共中央纪委、中共中央组织部、最高人民法院、最高人民检察院和公安部等部门组成；各个国家部委和地方省、市、县（区）也设置有不同级别的反腐败协调小组。2008 年 6 月 22 日，中共中央印发的《建立健全惩治和预防腐败体系 2008—2012 年工作规划》要求："由纪委书记担任同级党委反腐败协调小组组长，加强对重大案件的协调、指导和督办。加强纪检、审判、检察、公安、监察、审计等执纪执法机关的协作配合，完善跨区域协作办案及防逃、追逃、追赃机制，进一步形成惩治腐败的整体合力。"2014 年，中央反腐败协调小组还特别设立国际追逃追赃办公室，由中共中央纪委、最高人民法院、最高人民检察院、外交部、公安部、国家安全部、司法部、中国人民银行等单位组成，初步形成专门性的国际追逃追赃工作协调机制。2015 年，中共中央办公厅印发《关于在查办党员和国家工作人员涉嫌违纪违法犯罪案件中加强协作配合的意见》(中办发〔2015〕10 号)，分 33 条、5 个部分详细规定了案件线索和案件的通报、移送等程序，以及案件查办过程中的配合、协调机制和纪律等事项，目的在于加强纪检监察机关、审判机关、检察机关和公安机关在查办党员和国家工作人员涉嫌违纪违法犯罪案件中的协作配合。但这些措施只是权宜之计，大多属于国家的政策性规定或党内法规的规范性文件要求，并未形成稳定的制度，亟须筹建统一的国家监察体制。

在统一的国家监察体制尚未建成的制度安排下，国家的监察机关与党的纪律检查机关无法实现兼容配合、衔接协调地组织对腐败的反应。一方面，原《行政监察法》赋予国家各级行政监察机关“两指”[1]的实施权力，《刑事诉讼法》则赋予国家各级检察机关职务犯罪的侦查权力，从理论上来说，均可以在未获得同级党委、纪委同意的情形下直接查办相关案件。尽管在实践中，各级行政监察机关在重大决策、重要干部任免、重要项目安排和大额度资金使用等“三重一大”事项上，一般依附于同级纪委，并且最终受到同级党委的领导；但是，检察机关却可以按照司法程序直接查办中央国家机关的司局级干部和省、自治区、直辖市党委管理的干部，往往造成违纪并且同时违法的党员领导干部在未受到党纪处分前就被司法程序控制，从而出现有的党员领导干部“带着党籍、党内职务蹲监狱”等尴尬情形，这既违背了“纪在法前”的党纪与国法关系的基本原则，也与“党管干部”的政治惯例相抵触。而自党的十八大以来，在国家审计领域，审计工作实现了对党的机关和人大机关、行政机关等审计监督的全覆盖，同时严格执行“纪在法前”“党管干部”“党的领导”等基本原则和政治惯例，在审计监督涉及党政领导干

[1] 原《行政监察法》第 20 条第 1 款第 3 项规定，监察机关在调查违反行政纪律行为时，可以根据实际情况和需要“责令有违反行政纪律嫌疑的人员在指定的时间、地点就调查事项涉及的问题作出解释和说明，但是不得对其实行拘禁或者变相拘禁”。监察机关的这项权力在学界被简称为“两指”，饱受批评，充满争议。

部时事先报告同级党委决定。另一方面，各级政府在开展综合性的具体业务工作时，往往设立领导小组、协调小组、联席会议等议事协调机构，并将监察机关和党的纪律检查机关共同纳入其中，承担监督功能以满足形式合规。例如，中央纪委、监察部参与的各类议事协调机构的数量曾经达到了125个，各省级纪律检查机关参与的各类议事协调机构的数量更是达到了4619个[1]，造成了“主责、主业不清”“耕了别人的田，荒了自己的地”等职责错位现象。此外，议事协调机构的日益增多，还直接导致了“钱穆制度陷阱”：在一个制度出现问题时，制定另一个制度予以弥补，长此以往，制度越来越繁密但问题却层出不穷，形成了有限的社会资源与庞大的制度需求之间的巨大张力，这也是2014年纪检监察机关全面推行内设机构调整的背景。

因此，兼容的国家监察制度体系要求，国家监察机关与党的纪律检查机关在新时期下继续实行合署办公，对同级党委全面负责；统筹设立内设机构和人员调配，实行“一套工作机构、两个机关名称”，既履行党内监督职责，也承担国家监察职能。国家监察机关与党的纪律检查机关，既是国家监察的主体，也是党内监督的主体，两者在对象、职责范围和手段措施等方面存在着一定范围的重合。同时，国家监察和党内监督又各有侧重：国家监察，更多地突出国家公职特征，侧重于监察对象遵守宪法、法律、政纪等情况的监察；党内监督，则以政治纪律、组织纪律、廉洁纪律、群众纪律、工作纪律、生活纪律这党的六大纪律为监督的核心内容，强调“把纪律、规矩挺在前面”。实现国家监察和党内监督的衔接协调，应当本着“不冲突、不留白”的原则，以整合反腐败力量为目标，独特性、个别性的党内法规不妨自成一体，重要性、普遍性的党内法规要实现与国家法律的有机衔接和运行协调，最终形成真正“有效管用”的国家监察制度体系。

---

[1] 十八届中央纪律检查委员会向中国共产党第十九次全国代表大会的工作报告［N］. 人民日报，2017-10-30（1）.

二、形成统一的国家监察立法

原《行政监察法》的制定、修正及其实施条例的颁布，并未能构建起统一的行政监察法制体系。事实上，在国家监察法制体系方面，除了原《行政监察法》之外，从中央到地方，从不同部门到不同领域，还多头并举地制定和颁布了数量庞大、种类繁杂的监察法规文件体系（表 3–1），导致监察立法领域出现了碎片化、零散化甚至互相矛盾、冲突等立法的不科学、不合理现象。

表 3–1　部分重复交叉的监察相关法规文件

序号	时间	法规文件名称	制定部门
1	1997 年（2010 年修订）	原《行政监察法》	全国人民代表大会常务委员会
2	2000 年	《人民检察院监察工作条例》	最高人民检察院
3	2004 年	《检察人员纪律处分条例（试行）》	最高人民检察院
4	2007 年	《行政机关公务员处分条例》	国务院
5	2007 年	《关于行政机关任命的事业单位工作人员参照执行〈行政机关公务员处分条例〉的通知》	人力资源和社会保障部
6	2008 年（2013 年修订）	《人民法院监察工作条例》	最高人民法院
7	2008 年	《关于违反信访工作纪律处分暂行规定》	监察部
8	2009 年	《人民法院工作人员纪律处分条例》	最高人民法院
9	2009 年	《统计违法违纪行为处分规定》	监察部
10	2012 年	《海关工作人员处分办法》	监察部
11	2012 年	《城乡规划违法违纪行为处分办法》	监察部
12	2013 年	《关于党的机关、人大机关、政协机关、各民主党派和工商联机关公务员参照执行〈行政机关公务员处分条例〉的通知》	中央纪委 中央组织部 人力资源和社会保障部

例如，在一般性监察规定领域，不仅制定有适用于国家行政机关及其依法委托的组织、法律法规授权的具有管理公共事务职能的组织，以及它们的工作人员的原《行政监察法》，还制定有主要适用于具体司法工作领域的《人民法院监察工作条例》《人民检察院监察工作条例》等；相应地，在违反一般性监察规定时应当接受的惩罚方面，不仅制定有《行政机关公务员处分条例》，还制定有《人民法院工作人员纪律处分条例》《检察人员纪律处分条例（试行）》《关于党的机关、人大机关、政协机关、各民主党派和工商联机关公务员参照执行〈行政机关公务员处分条例〉的通知》等。这些与监察制度相关的法律法规和规范性文件，不仅存在着大量的重复性规定，而且基于效力位阶、工作领域等因素的不同还采取了不同的制定标准，因此亟待通过制定、修改、废止等程序，对其进行科学整合、统一立法，增强其系统性和科学性，形成统一的国家监察立法体系。

在全面推进依法治国的时代背景下，反腐败斗争需要密织法律之网、强化法治之力并最终走上法治反腐之路，这已经是当下中国的共识。反腐败斗争是一项复杂、持久的系统性工程，应坚持整体策划、破立并举、务实可行的方针，积极稳步推进统一的国家监察立法，并加强一系列配套法律制度的建设，坚定不移地将反腐败斗争纳入制度化、常态化、法制化的轨道。科学的国家监察法制体系，能够为我们党和国家的反腐败斗争提供根本性、全局性、长期性和稳定性的法律制度保障，能够推进党和国家在反腐败斗争领域的治理体系和治理能力的现代化，是依法治国理念在监察制度领域的具体展开和生动践行。反腐败斗争形势依然严峻复杂的客观存在，决定了我们要制定和形成一整套统一全面、标本兼治、注重预防的国家监察法制体系，其中不仅包括一部基础性、综合性的基本监察法律，而且还包括一系列层次分明、严密配套的单行监察法律、行政法规、部门规章和规范性文件。

具体而言：首先，鉴于监察立法分散、滞后等情况，我们应当将原《行政监察法》升格为统一的国家监察法。将行政监察上升为国家监察，能够使其涵盖中国共产党各级机关、各级人民代表大会及其常务委员会机关、各级行政机关、中国人民政治协商会议各级委员会机关、各级审判机关、各级检察机关、各民主党派和工商联的各级机关七大类机关及其工作人员，以及承担行政职能、生产经营职能和公益服务职能的事业单位及其工作人员[1]，做到对全体行使公权力的公职人员的监察全覆盖，避免原《行政监察法》下构建的行政监察体制只能监察行政权力而无法监察政党、人大、政协、法院、检察院、事业单位等主体的弊端。这一任务，随着2018年《监察法》的制定出台，已经基本宣告完成。

其次，整合具有相同功能的法律、行政法规、部门规章和规范性文件，提升其法律位阶。例如，将散落在《中华人民共和国公务员法》、原《行政监察法》《行政机关公务员处分条例》《人民法院监察工作条例》《人民法院工作人员纪律处分条例》《人民检察院监察工作条例》《检察人员纪律处分条例（试行）》和《关于党的机关、人大机关、政协机关、各民主党派和工商联机关公务员参照执行〈行政机关公务员处分条例〉的通知》等法律、行政法规、部门规章和规范性文件中关于公职人员行为规范、纪律处分的内容整合起来，制定颁布统一的公职人员行为规范及其处分法，并确立除非有特别需要，其他法规文件一般不得设定任何关于公职人员行为规范和处分的内容。这一任务，在2020年《中华人民共和国公职人员政务处分法》（以下简称《公职人员政务处分法》）中已经基本实现。

最后，注重与相关法规文件的衔接和协调。例如，国家监察法制体系的建立和健全，离不开其配套规定或者实施细则以细化其原则性、概括性规范，离不开完善的《刑法》《刑事诉讼法》等与反腐败密切相关的法律，以形成制度完备、内容齐全、衔接协调和运行有效的监察法制体系。

---

[1] 依据《中共中央、国务院关于分类推进事业单位改革的指导意见》（中发〔2011〕5号）和《关于事业单位分类的意见》（国办发〔2011〕37号），现有事业单位大致可以划分为下述3类：承担行政职能的事业单位，如中国银行保险监督管理委员会、中国证券监督管理委员会等；承担生产经营职能的事业单位，按照规划此类单位应当逐步转为企业或撤销；承担公益服务职能的事业单位，典型的如公立学校、医院等。

此外，2014 年党的十八届四中全会审议通过的《中共中央关于全面推进依法治国若干重大问题的决定》将“完善的党内法规体系”与“完备的法律规范体系”“高效的法治实施体系”“严密的法治监督体系”和“有力的法治保障体系”并驾齐驱，共同纳入中国特色社会主义法治体系，作为全面推进依法治国的总目标。[1]另外，还应当特别注意在反腐败斗争领域，党内法规多于国家法律的现状决定了要在梳理现有相关党内法规的基础上，按照成熟一项、制定一项的原则，适时将相关的党内法规上升为法律[2]，为完善的国家监察法制体系提供相应的辅佐和保障体系，务实有效地推进中国国家监察体制的改革与完善。例如，自党的十八大以来，制定和颁布了许多行之有效的党风廉政建设法规制度，可以在条件成熟时转化为国家法律；也可以尝试在整合《关于实行党政领导干部问责的暂行规定》等实质上具有调节和规范党的和非党的组织及其工作人员的问责规定的基础上，制定出台统一的《领导干部责任追究法》，从而实现政党政治的法治化。

三、建立高效的国家监察机构

原《行政监察法》由第八届全国人大常委会审议通过并由中华人民共和国主席令予以公布，在位阶上属于一般法律，在性质上属于行政监察，在实践中存在着监察范围过窄、监察手段单一等弊端，未能建构起高效、权威的监察机构和统一、全面的国家监察制度体系。

例如，原《行政监察法》在第 4 章“监察机关的权限”中赋予监察机关查阅、复制和暂予扣留、封存相关文件、资料、财务账目及其他有关材料，要求监察对象作出解释和说明，责令监察对象停止违反法律、法规和行政纪律的行为，责令监察对象不得变卖、转移与案件有关的财物，有条件地查

[1] 中共中央关于全面推进依法治国若干重大问题的决定［N］. 人民日报，2014-10-29（1）.

[2] 郭世杰 . 论党内法规向国家法律转化的具体路径［J］. 中共福建省委党校学报，2019（1）：40-49.

询或冻结监察对象的存款，作出监察决定或者提出监察建议，给予有功人员奖励等权限，存在着授权不充分、不全面的问题。为弥补这方面的不足，原《行政监察法》第22条规定："监察机关在办理行政违纪案件中，可以提请公安、审计、税务、海关、工商行政管理等机关予以协助。"于是，监察机关在实施监察或者查办案件的过程中，常常由于缺乏相应权限或手段而需要请求其他机关予以协助，在涉及财政、财务等事项时向审计机关请求审计手段协助，在涉及税务等事项时向税务机关请求税务稽查手段协助，等等。此外，从字面含义解释的角度出发，还能够合乎逻辑地推出，监察机关的请求协助对象只能是公安、审计、税务、海关、工商行政管理等典型意义上的行政机关，而并不包括履行刑事侦查、案件检察、审判等司法职能时的公安机关、检察机关和审判机关。更为重要的是，第22条的规定使用了允许性的"可以"而非强制性的"应当"或"有权"，并且在公安、审计、税务、海关、工商行政管理等机关拒绝提供协助时，也没有设定相应的救济措施。

此外，根据《中华人民共和国立法法》(以下简称《立法法》)第8条和第9条的规定，"两指"是限制人身自由的强制措施，属于司法制度范围内的事项，必须由全国人大及其常委会制定法律予以规定。依据一般的法治理念，实质上涉及限制或剥夺人身自由的措施，均应当由诸如《刑法》《刑事诉讼法》等基本法律加以规定，即应当由全国人大审议通过的法律加以规定，并且为行为人设置相应的司法救济措施；而原《行政监察法》在位阶上属于一般法律，由全国人大常委会通过，并且在司法救济措施的规定上也基本付之阙如。对此，中共中央纪律检查委员会和原监察部联合发布《关于纪检监察机关依法采用"两指""两规"措施若干问题的通知》(中纪发〔1998〕7号)，特意将"两指"措施与司法手段加以区别：不准使用司法手段，不准使用司法机关的办公、羁押场所和行政部门的收容遣送场所；不准修建用于采用"两指"措施的专门场所；严禁搞逼供、诱供，严禁体罚或者变相体罚，严禁打骂、侮辱人格和使用械具。但这并没有阻止和平息学界对"两指"措施的批评和研究，实际上，"两指"措施也并没有得到普遍性的适用，而是在很大程度上被中共中央纪律检查委员会于1994年发布的《纪律检查机关案件检查工作条例》第28条第1款第3项规定的“两规”措施所替代和架空了：“凡是知道案件情况的组织和个人都有提供证据的义务。调查组有权按照规定程序，采取以下措施调查取证，有关组织和个人必须如实提供证据，不得拒绝和阻挠。……要求有关人员在规定的时间、地点就案件所涉及的问题作出说明”。

因此，新时期下的国家监察体制改革，亟须统筹规划，在整体上提高监察的效率，确立监察的权威。具体来说，应当关注以下三个方面。

首先，提高监察机关的法律地位，强调其行使职权的相对独立性。按照《宪法》第3章“国家机构”的设计，在原《行政监察法》里，监察部隶属于国务院，对国务院负责，其部长由中华人民共和国主席根据全国人民代表大会的决定和全国人民代表大会常务委员会的决定予以任免；县级以上地方行政监察机关则隶属于各级政府，对各级政府负责。但在这种监察体制下，监察机关的地位较低，这一点在中华人民共和国监察部与中共中央纪律检查委员会合署办公时体现得最为明显，因为“中央纪委监察部”的提法实际上存在着级别、地位不对等的问题。提高监察机关的法律地位，就要求修改相关的《宪法》条文，确立各级监察机关由作为权力机关的同级人民代表大会产生，向同级人民代表大会及其常务委员会负责并接受其监督，也就是将各级监察机关置于与同级政府、人民检察院、人民法院相同的地位。监察机关依法行使监察权，应当具备相对独立的地位，可以仿照对人民检察院、人民法院的规定，赋予监察机关独立行使监察权，并且不受“行政机关、社会团体和个人”干涉的保障。

其次，扩大监察机关权限，整合监察、反腐败等相关机构的职能。通过体制改革和制度创新，将行政监察部门和预防腐败机构的全部职能，与检察机关的部分反腐败职能进行整合，以优化反腐败资源配置，克服反腐败工作政出多门、力量分散等弊病，提高监察效率和反腐败质量。一方面，应当赋予监察机关更合理的权限，如赋予其证据搜集权、搜查权、讯问询问权等与监察职能相吻合的权力；将“两指”措施以一种更合理、更正当的方式规定在新的监察机关权力体系之中。另一方面，与职责权限的扩大相适应，监察对象的范围也应当适度扩张，不应再局限于行政机关及其工作人员与行政机关授权的其他工作人员，而应当全面覆盖到一切行使公权力的组织及其工作人员，如国有企业、事业单位和基层群众性自治组织等。此外，还应当注意整合职能后的监察机关与执法部门和司法部门之间在职能上的衔接、配合和制约。

最后，新成立的国家监察机构要能够实现国家监察与党的纪律检查之间的衔接协调，能够实现依法治国和依规治党的和谐统一，能够体现党对国家监察工作的领导。《宪法》在“总纲”部分第1条第2款中段规定：“中国共产党领导是中国特色社会主义最本质的特征”。作为执政党的中国共产党在其《党章》“总纲”部分最后一段写道：“中国共产党的领导是中国特色社会主义最本质的特征，是中国特色社会主义制度的最大优势。党政军民学，东西南北中，党是领导一切的。”考察中国的政治实践与党风廉政建设和反腐败工作，党都发挥着全面、直接或间接的领导作用，因此明确确立党对国家监察工作的统一领导，有利于从决策层面、组织架构、职能定位等方面整体规划，从而使党领导的监察和反腐败工作体系更加科学完备。

四、架构科学的权力制约机制

兼容的监察制度体系和统一的国家监察立法，是从制度层面和宏观架构上讨论中国监察制度的改革与完善。高效的国家监察机构，则是从执行机制着眼，赋予监察机关及其工作人员充分地履行监察职责并行使监察权力的手段，以有效地制约和打击腐败。科学的权力制约机制，则是从监察权力运行的角度入手，旨在建立对权力的监督制约机制，消除权力行使的真空地带，排斥权力行使的恣意任性，形成事前预防、事中约束、事后追责的防止监察权力滥用机制，推进监察权力运行过程的法治化，以有效地保障监察对象的合法权益及最为重要的人权。因为，"一切有权力的人都容易滥用权力，这是万古不变的一条经验，有权力的人们使用权力一直到遇有界限的地方才休止"[1]。虽然强大而集中的监察权力有利于打击贪腐行为，但是权力的整合并不一定会增加组织效能，在缺乏有效的制约机制时，组织效能反而会由于权力的膨胀而显著降低。[2]

科学的权力制约机制，要保证规划建立的高效的国家监察机构必须严格依照法定权限和法定程序行使监察权力，决不允许其拥有超越宪法、法律的特权，即国家监察机构的活动必须被约束在宪法、法律的范围之内，这是推进国家监察制度改革和完善的最基本前提。这就要求我们在国家监察体制改革的过程中，注意把握对监察权力运行全过程及监察工作人员监督的全覆盖：以监察权力运行的各个环节为发力点，在科学配置权力和合理分解权力的基础上，建立权力清单制度并厘定职责权限，实现监察机构、监察职责、监察权限、监察程序和监察责任的法定化，管到关键处、管在关键时，及时发现问题和纠正问题；抓住党员领导干部这个"关键少数"，尤其是解决好"一把手"的权力监督和制约问题，管好关键人，教育其时刻谨记权力来源于人民，做到依法用权、秉公用权、廉洁用权、为民用权；完善"三重一大"（重大事项决策、重要干部任免、重大项目投资决策、大额资金使用）决策监督机制，管住关键事，督促认真落实民主集中制，确保权力的行使和决定的作出上下有界、左右受控。当然，权力制约机制的科学架构，最根本的目的是保障监察权力的正确行使，因此，我们一方面要严格约束滥用职权行为，惩治"乱作为"，保证监察工作人员履职尽责；另一方面也要注意规制玩忽职守行为，惩治"不作为""慢作为"，保证监察工作人员干事创业。

事实上，在国家监察体制改革进程中，党和国家特别关注监察权力监督制约机制的建立健全。2016 年 11 月 7 日，中共中央办公厅印发《关于在北

---

[1] 孟德斯鸠．论法的精神：上册［M］．张雁深，译．北京：商务印书馆，1961：154.

[2] 杨晓楠．国家机构现代化视角下之监察体制改革——以香港廉政公署为借鉴［J］．浙江社会科学，2017（8）：23-32.

京市、山西省、浙江省开展国家监察体制改革试点方案》；同年 12 月 25 日，第十二届全国人大常委会审议通过《关于在北京市、山西省、浙江省开展国家监察体制改革试点工作的决定》，将“人民政府的监察厅（局）、预防腐败局及人民检察院查处贪污贿赂、失职渎职以及预防职务犯罪等部门的相关职能整合”到北京市、山西省、浙江省及所辖县市、市辖区设立的监察委员会，开始从体制、机制层面在三省市探索监察体制改革的制度路径。各监察委员会在按照管理权限对“对本地区所有行使公权力的公职人员依法实施监察”的同时，还应当“强化对监察委员会自身的监督制约”：规定各级监察委员会由本级人民代表大会产生，“对本级人民代表大会及其常务委员会和上一级监察委员会负责，并接受监督”；探索与司法机关的协同配合和监督制约机制，大致形成了监察委员会履行调查、人民检察院负责起诉、人民法院主管审判的工作流程；在各级监察委员会内部，建立监督执纪工作规范，严格执行集体决策、请示报告和涉案款物管理等规定，严防“灯下黑”，形成相对严密的自我监督体系，确保监察权力在正确的轨道上运行。

因此，国家监察制度在未来的深化改革和全面完善过程中，要仿照宪法和法律确立的人民检察院、人民法院等机构的设置，建立起“分工负责，互相配合，互相制约”的监督制约机制，以保证准确有效地执行法律；在办理案件时，遵循现有公安机关、人民检察院、人民法院依据《刑事诉讼法》等法律法规所确立的办案规则，以最大限度地避免冤假错案，卓有成效地保障人权。

首先，我们要确立对监察机关及其监察工作人员行使职权时的全方位的内外监督。就外部监督而言，各级监察委员会及其工作人员要受到同级党委、党委常委会、纪委的监督，如国家监察委员会要受到中共中央及其政治局、政治局常委会和中纪委的监督；要受到作为产生机关和负责机关的各级人大及其常委会的监督；鉴于上下级监察机关的领导关系，要受到上级监察委员会的监督；依据宪法、法律规定，要受到各级政协、各民主党派、社会组织和公民个人的监督；此外，鉴于职责和职能的划分，还要受到公安机关、人民检察院、人民法院的监督。就内部监督而言，各级监察委员会履行监察职责、行使监察权力必须严格遵循既定的法定程序，在单位内部大体形成对问题线索的接收、处置、调查、审理等各部门之间的相互协调、相互制约的工作机制。2021 年 7 月 20 日国家监察委员会全体会议通过并自 9 月 20 日公布之日起施行的《中华人民共和国监察法实施条例》（以下简称《监察法实施条例》）第 251 条和第 258 条规定，对监察机关和监察人员的监督，包括本级人大及其常委会的监督、民主监督、司法监督、社会监督、舆论监督；同时，还包括"监督检查、调查、案件监督管理、案件审理等部门相互协调制约"机制，如人大及其常委会对监察机关的执法检查、质询，向社会及时、准确公开的监察工作信息与特约监察员的监督等。

其次，在案件的调查、审理等关键环节，要参照《刑事诉讼法》的相关规定，设计出严格、规范的工作程序。例如，区分不同情形而分别采取讯问或询问措施，在采取搜查、查封、扣押、勘验、检查等调查措施时要出示证件、由二人以上进行、形成书面材料等，在涉及限制、剥夺监察对象人身自由的措施出现适用疑难问题时要注意参照刑事案件办理程序中的拘留、逮捕等规定。

最后，参照《刑事诉讼法》的相关规定，严禁以威胁、引诱、欺骗及其他违法方式收集证据，严禁侮辱、打骂、虐待、体罚或者变相体罚被调查人，否则可能涉及纪律责任、行政责任、刑事责任和国家赔偿责任。

第二节　新时期中国监察制度改革的内容框架

从 2016 年 11 月中共中央办公厅印发《关于在北京市、山西省、浙江省开展国家监察体制改革试点方案》，在局部地区正式开展监察体制改革试点工作；到 2017 年 11 月第十二届全国人大常委会审议通过《关于在全国各地推开国家监察体制改革试点工作的决定》，在全国范围内铺开国家监察体制改革试点工作；再到 2018 年 3 月第十三届全国人大第一次会议先后表决通过《中华人民共和国宪法修正案》（以下简称《宪法修正案》）和《监察法》，国家监察体制改革已经进入崭新的历史阶段，以国家监察委员会和地方各级监察委员会为主导的国家监察体制和职务犯罪侦查格局已经初步形成，中国的监察制度完成了历史性变革。

一、新时期监察制度改革的历史进程

针对中国监察制度存在的问题，在规划兼容的监察制度体系、形成统一的国家监察立法、建立高效的国家监察机构、架构科学的权力制约机制等主要思路的指导下，中国开展了由中共中央和全国人大及其常委会主导的从点到面、从局部到整体的监察制度改革。

2016 年 11 月 7 日，中共中央办公厅印发《关于在北京市、山西省、浙江省开展国家监察体制改革试点方案》，该文件指出，国家监察体制改革是国家监察制度的顶层设计，其目标是建立党统一领导下的国家反腐败工作机构，建立集中统一、权威高效的监察体系。该文件决定，在北京市、山西省、浙江省开展国家监察体制改革试点工作，从体制机制、制度建设上先行先试、探索实践：省（市）人民代表大会产生省（市）监察委员会，作为行使国家监察职能的专责机关；监察委员会与党的纪律检查委员会合署办公，建立健全其组织架构，明确其职能职责；建立监察委员会与司法机关的协调衔接机制，强化对监察委员会自身的监督制约。

2016 年 12 月 25 日，第十二届全国人大常委会第二十五次会议审议通过《全国人大常委会关于在北京市、山西省、浙江省开展国家监察体制改革试点工作的决定》，决定在北京市、山西省、浙江省及所辖县市、市辖区设立监察委员会，由本级人大产生并对其负责、受其监督，在监察权限上整合试点地区人民政府的监察厅（局）、预防腐败局及人民检察院查处贪污贿赂、失职渎职以及预防职务犯罪等部门的相关职能，并对上一级监察委员会负责、受其监督；监察委员会对本地区所有行使公权力的公职人员依法实施监察，履行监督、调查、处置、移送起诉等职能，可以采取谈话、讯问、询问、查询、冻结、调取、查封、扣押、搜查、勘验检查、鉴定、留置等措施；暂时调整或停止原《行政监察法》《刑事诉讼法》《检察院组织法》《检察官法》和《中华人民共和国地方各级人民代表大会和地方各级人民政府组织法》以及其他法律等相关规定在三省市适用。[1]

2017 年 10 月 18 日，党的十九大开幕，中共中央总书记习近平同志作《决胜全面建成小康社会 夺取新时代中国特色社会主义伟大胜利》的报告指出，要坚定不移地全面从严治党，提高党的执政能力和领导水平，在国家监察体制改革试点取得实效的情况下，要继续“推进反腐败国家立法，建设覆盖纪检监察系统的检举举报平台”，要“深化国家监察体制改革，将试点工作在全国推开，组建国家、省、市、县监察委员会，同党的纪律检查机关合署办公，实现对所有行使公权力的公职人员监察全覆盖。制定国家监察法，依法赋予监察委员会职责权限和调查手段，用留置取代‘两规’措施”，以最终“构建党统一指挥、全面覆盖、权威高效的监督体系，把党内监督同国家机关监督、民主监督、司法监督、群众监督、舆论监督贯通起来，增强监督合力”。

2017 年 10 月 24 日，十八届中央纪委在向党的十九大作工作报告时总结回顾道，落实 1993 年党中央关于中央纪委、监察部合署办公的决定，全面实现中央纪委和监察部合署办公；推进国家监察体制改革，实现人员转隶融合、机构职能、工作流程优化，圆满完成试点任务。报告还指出，要把党内监督同国家监察统一起来，全面落实深化国家监察体制改革部署：在全国

[1] 李建国．关于《全国人民代表大会常务委员会关于在北京市、山西省、浙江省开展国家监察体制改革试点工作的决定（草案）》的说明——2016 年 12 月 19 日在第十二届全国人民代表大会常务委员会第二十五次会议上［J］．中华人民共和国全国人民代表大会常务委员会公报，2017（1）：51–53.

推开国家监察体制改革试点工作，通过国家监察法，“完善监察委员会运行机制，统一设置内设机构，探索合署办公条件下执纪监督与执纪审查相互制约、执纪与执法相互衔接的实现路径”[1]。

2017年10月29日，中共中央办公厅印发《关于在全国各地推开国家监察体制改革试点方案》，要求在总结北京市、山西省和浙江省改革试点工作中遇到的实际问题、具体做法和实践经验的基础上，部署在全国范围内深化国家监察体制改革的探索实践，与地方人大换届工作紧密衔接，“设立省、市、县三级监察委员会，整合反腐败资源力量，完成相关机构、职能、人员转隶，明确监察委员会职能职责，赋予惩治腐败、调查职务违法犯罪行为的权限手段，建立与执法机关、司法机关的协调衔接机制”。同时，还要求加强党对试点工作的集中统一领导，各级党委担负主体责任，确保监察体制改革顺利推进。

2017年11月4日，第十二届全国人大常委会第三十次会议通过《全国人民代表大会常务委员会关于在全国各地推开国家监察体制改革试点工作的决定》，正式在全国范围内推行国家监察体制改革试点工作。[2]同年11月24日，内蒙古自治区包头市青山区监察委员会挂牌成立，成为首家旗（县、区）级监察委员会；2018年2月25日，广西壮族自治区崇左市大新县监察委员会正式成立，标志着全国范围内省、市、县3级监察委员会全部组建完成，监察体制改革试点工作全面铺开。

2018年2月28日，中共第十九届中央委员会第三次全体会议审议通过《中共中央关于深化党和国家机构改革的决定》，要求继续推进国家监察体制

[1] 2017年10月24日中国共产党第十九次全国代表大会通过的十八届中央纪律检查委员会向中国共产党第十九次全国代表大会的工作报告[N].人民日报，2017-10-30（1）.

[2] 在内容上基本与2016年《全国人大常委会关于在北京市、山西省、浙江省开展国家监察体制改革试点工作的决定》相同，只是试点范围扩大至全国各地。李建国.关于《全国人民代表大会常务委员会关于在北京市、山西省、浙江省开展国家监察体制改革试点工作的决定（草案）》的说明——2016年12月19日在第十二届全国人民代表大会常务委员会第二十五次会议上[J].中华人民共和国全国人民代表大会常务委员会公报，2017（1）：51-53.

改革："组建国家、省、市、县监察委员会，同党的纪律检查机关合署办公，实现党内监督和国家机关监督、党的纪律检查和国家监察有机统一，实现对所有行使公权力的公职人员监察全覆盖"。随后，《深化党和国家机构改革方案》也获得通过，明确提出组建国家监察委员会的方案：不再保留监察部、国家预防腐败局，将其职责连同最高人民检察院查处贪污贿赂、失职渎职以及预防职务犯罪等反腐败相关职责整合，组建国家监察委员会；国家监察委员会由全国人大产生，接受全国人大及其常委会的监督；国家监察委员会与中央纪委合署办公，履行监察、纪检两项职责，实行一套工作机构、两个机关名称。此外，还详细列举了国家监察委员会的职责。

2018年3月11日，第十三届全国人民代表大会第一次会议审议通过《宪法修正案》，在总共21条宪法修正条文中，有11条与监察机关有关，事实上确立了监察机关的宪法地位。《宪法修正案》还在《宪法》第三章"国家机构"中增加"监察委员会"一节，作为第七节，排在第八节"人民法院和人民检察院"之前，共计5个条文，分别规定了监察委员会的法律地位、组织架构、人员构成、任期、职责权限、领导体制、监督方式、工作机制等内容，为各级监察委员会顺利开展工作提供了宪法依据。同年3月17日，国务院总理李克强提请第十三届全国人民代表大会第一次会议审议国务院机构改革方案的议案并获得通过，监察部和国家预防腐败局并入新组建的国家监察委员会。3月18日，杨晓渡同志当选为国家监察委员会主任。

2018年3月20日，第十三届全国人大第一次会议闭幕会表决通过《监察法》，由国家主席习近平签署第3号主席令予以公布，标志着监察体制改革取得重大进展。《监察法》在原《行政监察法》的基础上重新确立了一套集中统一、权威高效的国家监察体制，其监察对象涵盖了行使公权力的全部公职人员，实现了国家监察的全面覆盖，标志着中国的监察制度正式从行政监察转向国家监察，对推进党内监督和国家机关监督、党的纪律检查和国家监察的衔接协调，深入开展反腐败工作，推进国家治理体系和治理能力的现代化，都具有重要意义。

2018年3月21日，第十三届全国人大常委会第一次会议分别经表决，任命刘金国等6人为国家监察委员会副主任，任命王鸿津等10人为国家监察委员会委员。同年3月23日，作为国家最高监察机关的国家监察委员会在北京揭牌成立，并举行了新任国家监察委员会副主任、委员宪法宣誓仪式。至此，国家、省、市、区县等4级监察委员会全部组建完成，是扎实推进党的纪律检查体制和国家监察体制改革，贯彻落实党中央对反腐败工作集中统一领导等决策部署的重大举措；是在宪法的框架下，坚持运用法治思维和法治方式推进纪委、监委合署办公和反腐败斗争等工作的生动实践。这在党和国家的机构建设、纪检监察等方面都具有里程碑的意义，中国监察制度的改革由试点阶段开始转向全面深化。

二、新时期监察制度改革的主体内容

中国监察制度改革的主体内容，是对党的十八大以来反腐败斗争的实践经验总结，集中规定于2018年《宪法修正案》和《监察法》之中，在坚持党内监督和国家监察有机统一的基础上，为新时期下中国的反腐败斗争提供了权威而全面的法治保障，开创了中国特色的监察体制。

（一）宪法修正案的相关规定

2018年《宪法修正案》相关条文规定，监察机关由人大产生，并对其负责、受其监督；全国人大有权选举、罢免国家监察委员会主任；全国人大常委会有权监督国家监察委员会的工作，并可根据国家监察委员会主任的提请，任免国家监察委员会副主任、委员；全国人大常委会的组成人员不得担任监察机关的职务；县级以上的地方各级人大选举并且有权罢免本级监察委员会主任，县级以上的地方各级人大常委会监督本级监察委员会的工作，县级以上的地方各级人大常委会的组成人员不得担任监察机关的职务。

2018年《宪法修正案》新增的“监察委员会”一节规定：各级监察委

员会是国家的监察机关；设立国家监察委员会和地方各级监察委员会，由主任、副主任和委员组成，每届任期同本级人大每届任期相同，但国家监察委员会主任连续任职不得超过两届；监察委员会的组织和职权由法律规定；国家监察委员会是最高监察机关，领导地方各级监察委员会的工作，上级监察委员会领导下级监察委员会的工作；国家监察委员会对全国人大和全国人大常委会负责，地方各级监察委员会对产生它的地方各级人大、人大常委会和上一级监察委员会负责；监察委员会依照法律规定独立行使监察权，不受行政机关、社会团体和个人的干涉；监察机关办理职务违法和职务犯罪案件，应当与审判机关、检察机关、执法部门互相配合，互相制约。

（二）监察法的相关规定

《监察法》在效力位阶上属于基本法律，仅次于宪法。作为统一的反腐败国家立法，《监察法》对国家监察工作起统领性、基础性的作用，是各级监察委员会依法开展具体工作的主要和基本依据。同时，《监察法》的通过，是反腐败工作法治化的重要里程碑，实质上是通过国家立法程序将党对反腐败斗争的集中统一领导体制和国家监察体制的改革成果以法律制度的形式固化下来，是党的意志和主张通过法定程序上升为国家意志和法律的具体表现。《监察法》共分为总则、监察机关及其职责、监察范围和管辖、监察权限、监察程序、反腐败国际合作、对监察机关和监察人员的监督、法律责任与附则等九章，详细地规定了与监察机关相关的各项事宜。

在第一章“总则”部分，第 1 条和第 2 条明确了《监察法》的制定目的和制定依据，制定目的在于“深化国家监察体制改革，加强对所有行使公权力的公职人员的监督，实现国家监察全面覆盖，深入开展反腐败工作，推进国家治理体系和治理能力现代化”，以“构建集中统一、权威高效的中国特色国家监察体制”。《监察法》出台和监察机关设立的依据则是作为我国根本大法的《宪法》，党的十八届四中全会强调全面推进依法治国，推动重大改革进程时必须做到于法有据。《宪法》是一切社会生活的基本准则，其中包括国家机构的建置和运行。如前所述，《宪法》在第三章“国家机构”中增加第七节“监察委员会”，既明确了监察委员会在性质上是独立的国家机关，是对监察委员会宪法地位的确认，有利于增强其监察工作的权威性；又明确了监察委员会行使监察职权的宪法界限，在监察工作中同样贯彻了权力制约的精神。《监察法》第 2 条还强调了中国共产党对国家监察工作的领导。事实上，国家监察体制改革始终都是由党中央领导、谋划和部署的，这也是中国特色社会主义最本质的特征。第 3 条在性质上明确了各级监察委员会是行使国家监察职能的专责机关，确立了监察所有公职人员、调查职务违法和职务犯罪、开展廉政建设和反腐败工作及维护宪法法律尊严等工作职责。第 4 条赋予监察委员会独立行使监察权，不受行政机关、社会团体和个人干涉的超然地位及要求有关机关和单位协助的权力，但同时规定其办理职务违法犯罪案件时应当与审判机关、检察机关、执法部门互相配合、互相制约。第 5 条规定了监察工作的基本原则，主要包括以事实为根据，以法律为准绳；适用法律一律平等，保障当事人合法权益；权责对等，严格监督；惩戒与教育相结合，宽严相济。第 6 条规定了监察工作的具体原则，主要包括标本兼治、综合治理，监督问责、严惩腐败；深化改革、健全法治，有效制约和监督权力；构建不敢腐、不能腐、不想腐的长效机制。

第二章“监察机关及其职责”在 2018 年《宪法修正案》的基础上进行了细化规定，大体确立了监察委员会的四级组织架构，明确其由同级人大产生并对同级人大及其常委会负责、接受监督，任期与同届人大相同并且连续任职不得超过两届，监察委员会由主任、副主任和委员构成，负责本行政区域内的监察工作，在监察工作上接受上级监察委员会的领导。第 12 条和第 13 条规定，监察委员会可以派驻或者派出监察机构、监察专员，依照授权实施监督、提出监察建议和执行调查、处置。最重要的是，第 11 条为监察委员会设定了监督、调查和处置职责：监督公职人员的依法履职、秉公用权、廉洁从政从业、道德操守等情况，开展廉政教育；调查公职人员涉嫌贪污贿赂、滥用职权、玩忽职守、权力寻租、利益输送、徇私舞弊、浪费国家资财等职务违法、犯罪案件；政务处分违法的公职人员，问责履职不力、失职失责的领导人员，移送检察院审查、起诉涉嫌职务犯罪案件，向监察对象所在单位提出监察建议。此外，第14条还原则性地规定了监察官制度，涉及监察官的等级、任免、考评、晋升等内容。

第三章“监察范围和管辖”则具体阐释了第1条和第3条中提到的“所有行使公权力的公职人员”，在第15条详细列举为“中国共产党机关、人民代表大会及其常务委员会机关、人民政府、监察委员会、人民法院、人民检察院、中国人民政治协商会议各级委员会机关、民主党派机关和工商业联合会机关的公务员，以及参照《公务员法》管理的人员；法律、法规授权或者受国家机关依法委托管理公共事务的组织中从事公务的人员；国有企业管理人员；公办的教育、科研、文化、医疗卫生、体育等单位中从事管理的人员；基层群众性自治组织中从事管理的人员”等5类，以及兜底性的“其他依法履行公职的人员”，实现了监察的全覆盖、无死角、不留白。第16条和第17条确立了监察委员会的管辖范围及上下级监察委员会之间在管辖事项上的领导关系。

第四章“监察权限”共计17个条文，依次规定了监察委员会的收集、调取证据，谈话或要求作出说明、陈述，讯问，询问，留置，查询、冻结财产，搜查身体、物品、地方，调取、查封、扣押财物、文件、信息，勘验检查，鉴定，采取技术调查措施，决定通缉，采取限制出境措施，移送检察院时提出从宽处罚建议等职责权限，极大地丰富了监察手段，整合了反腐败的力量。第33条规定了监察机关收集的与刑事审判关于证据的要求和标准相一致的证据材料，可以作为刑事诉讼的证据使用，并确立了非法证据排除规则。第34条大体明确了在涉及公职人员涉嫌贪污贿赂、失职渎职等职务违法或职务犯罪问题线索时的“监察机关主导”原则，即一般应当由监察机关依法调查处置。特别值得注意的是，第22条赋予了监察委员会在案情重大、复杂或者被调查人及其共同犯罪人可能逃跑、自杀，可能串供或者伪造、隐匿、毁灭证据，可能有其他妨碍调查行为等特定情形下实施留置的权力。另外，尽管监察委员会已经享有前述十多项林林总总、包罗万象的监察权力，相关条文还进一步赋予其在搜查、发布通缉令、采取限制出境和技术调查措施时要求公安机关和移民管理机构协助，在勘验检查、鉴定时要求具有专门知识、资格的人员协助，以及在收集、调取证据等方面要求有关单位和个人协助等权力。例如，在监察机关尚未建立起专门的留置场所时，部分地区的监察委员会在实践中往往要求公安机关协助执行被调查人的留置等工作。

第五章“监察程序”共计15个条文，先后规定了监察委员会对报案或举报等问题线索的移送、分类处理、初步核实、立案、职务违法或犯罪案件的调查、处置等工作程序；以及在调查结束后，就职务犯罪案件与人民检察院在移送，退回补充调查，复审复核，被调查人逃匿、死亡时的继续调查，被调查人逃匿、被通缉一年后不能到案或死亡时的没收违法所得申请等情形下的衔接和协调规定。第36条大体确立了监察机关的内部监督和协调机制，在明确监察机关应当严格按照程序开展工作的基础上，不仅“建立问题线索处置、调查、审理各部门相互协调、相互制约的工作机制”，而且还指出应当“加强对调查、处置工作全过程的监督管理，设立相应的工作部门履行线索管理、监督检查、督促办理、统计分析等管理协调职能”。第40条则仿照《刑事诉讼法》对公安机关、检察机关办理刑事案件时的要求，赋予监察机关收集被调查人“有无违法犯罪以及情节轻重的证据”的义务，并明确规定“严禁以威胁、引诱、欺骗及其他非法方式收集证据，严禁侮辱、打骂、虐待、体罚或者变相体罚被调查人和涉案人员”，与第33条第3款确立的非法证据排除规则前后呼应。特别值得注意的是，第43条和第44条仿照《刑事诉讼法》中刑事拘留和刑事逮捕的标准、程序和要求，对留置措施的批准，期限，特殊情形下的延长，留置后通知单位和家属，被留置人的饮食、休息、安全、医疗和讯问时间、时长，留置时间的折抵刑期等作出了极为详尽的规定，基本符合中国刑事司法的标准，有力地保障了被调查人的合法权益。第45条规定了监察机关根据监督、调查结果，可以作出谈话提醒、批评教育、责令检查、予以诫勉，警告、记过、记大过、降级、撤职、开除，直接问责或提出问责建议，移送审查、公诉，提出监察建议等处置；在“没有证据证明被调查人存在违法犯罪行为”时，应当撤销案件、通知被调查人所在单位。

第六章“反腐败国际合作”共计3个条文，主要确立了国家监察委员会与其他国家、地区、国际组织在反腐败国际交流、合作，反腐败国际条约实施方面的统筹协调；以及在反腐败执法、引渡、司法协助、被判刑人的移管、资产追回、信息交流等领域合作的统筹、协调和组织地位；并特意在第52条指出要加强对反腐败国际追逃追赃和防逃工作的组织协调，督促有关单位做好境外追逃合作，向赃款赃物所在国请求查询、冻结、扣押、没收、追缴、返还涉案资产，设置查询、监控等进出国（境）和跨境资金流动等防逃程序。

第七章“对监察机关和监察人员的监督”共计9个条文。其中，第53条、第54条和第55条规定了对监察机关的监督：各级监察委员会要接受同级人大及其常委会的监督并向其报告工作，接受其执法检查和就有关问题提起的询问或质询；依法公开监察工作信息，并接受民主监督、社会监督、舆论监督；通过设立内部专门的监督机构等措施加强监督。第56条到第59条先后规定了监察人员的任职条件、打听或干预案件时的登记备案、回避、脱密期管理和职业禁止等情形。第60条和第61条则规定了被调查人及其近亲属在特定情形下向监察机关的申诉以及案件处置出现重大失误时的责任追究等情形。

第八章“法律责任”共计6个条文。其中，第62条、第63条和第64条规定了在有关单位、有关人员不积极配合监察机关工作，监察对象对控告人、检举人、证人或者监察人员进行报复陷害，或者控告人、检举人、证人捏造事实诬告陷害监察对象等情形下对有关单位或个人的责任追究。第65条规定，监察机关及其工作人员有未经批准、授权处置问题线索，发现重大案情隐瞒不报，或者私自留存、处理涉案材料等四项行为之一时，应追究负有责任的领导人员和直接责任人员的责任；第66条规定，监察机关及其工作人员在构成犯罪时，要追究其刑事责任；第 67 条规定，监察机关及其工作人员在侵犯公民、法人和其他组织的合法权益且造成损害时，要追究其国家赔偿责任。

第九章“附则”共计 2 个条文。第 68 条规定了中央军事委员会出台规定以规范中国人民解放军和中国人民武装警察部队监察工作；第 69 条明确了《监察法》的生效日期和原《行政监察法》的废止。

《监察法》确立的国家监察体制，建立了高效的国家监察机构并且架构了科学的权力制约机制。不仅整合了反腐败的多方面力量，解决了“两指”“两规”等政纪党纪调查手段的“合法性”问题，在有效打击腐败和充分保障人权之间作出了合理的价值权衡；而且远远超越了“运动式反腐”的初级阶段，极大地促进了监察工作的法制化和法治化进程。在此基础上，国家监察委员会和中共中央纪律检查委员会全面推行深度合署办公并进行内设机构改革，改革后的组织机构包括内设职能部门、直属单位、派驻纪检监察组等三大类。其中，内设职能部门是其核心组成单位，主要包括办公厅、组织部、宣传部、研究室、法规室、党风政风监督室、信访室、中央巡视工作领导小组办公室、案件监督管理室、第一监督检查室至第十一监督检查室、第十二审查调查室至第十六审查调查室、案件审理室、纪检监察干部监督室、国际合作局、机关事务管理局、机关党委、离退休干部局；直属单位主要包括中国纪检监察杂志社、中国纪检监察报社、中国方正出版社、网络中心、网络技术中心、机关综合服务中心、信息中心、中国纪检监察学院、中国纪检监察学院北戴河校区等。[1]

---

[1] 组织机构［EB/OL］.（2019-05-06）［2021-12-21］.http：//www.ccdi.gov.cn/xxgk/zzjg/201905/t20190505_193379.html.

三、新时期监察制度改革的基本思路

中国的党风廉政建设和反腐败斗争以习近平新时代中国特色社会主义思想和党的十九大会议精神为遵循，持续深入推进。2018 年《监察法》的颁布，将监察对象的范围扩大至所有行使公权力的公职人员，整合反腐败的相关手段、资源集中赋予新组建的监察机关，对国家监察体制的确立、监察体系的构建及社会主义法治社会的建设，都具有重大意义。[1]新时期的国家监察制度改革，是在扬弃我国数千年监察制度实践优劣基础之上，总结党的十八大以来管党治党和治国理政经验而提出的重大举措，初步实现了国家监察制度在理念、体制、机制和方法等方面的与时俱进。在追求集中统一、权威高效，贯彻法治思维、法治方式，注重惩防并举和突出主责主业等基本思路下展开的监察制度改革，满足了当下反腐败斗争的现实需要和建构中国特色监察体制的政治需求。

（一）追求集中统一和权威高效

国家监察制度改革，是以习近平同志为核心的党中央作出的事关全局的重大政治体制改革，是强化党和国家自我监督的重大决策部署。《监察法》第 2 条不仅确立了要“坚持中国共产党对国家监察工作的领导”和马克思列宁主义等一系列指导思想，而且还明确指出要“构建集中统一、权威高效的中国特色国家监察体制”。这是新时期下《监察法》的制定、实施，监察工作的贯彻、落实，以及党风廉政建设和反腐败斗争的部署、开展的直接遵循。

集中统一、权威高效的国家监察体制，是由时代发展的大形势决定的。改革开放后，随着经济结构的多元化和经济形式的全球化，中国的市场经济面临更为严峻的考验，整体社会形势趋于多变，外部环境错综复杂。这就迫

---

[1] 本部分内容业已修订发表，参见郭世杰．监察制度改革的基本思路与根本遵循［J］．河南社会科学，2021（8）：12–19.

切需要中国共产党强化对自身的监督，加大全面从严治党的力度，提升执政能力和执政艺术的水平，加强党对国家的全面领导。国家监察体制的构建，一方面，融合了我国之前分散的人大监督、司法监督、行政监督、审计监督、政协监督、群众监督、舆论监督和党内监督等的监督方式，避免了监督主体和监督权力的分散。另一方面，实现了党的纪律检查机关和监察机关的合署办公，形成党纪调查权、政务调查权和刑事调查权集中统一行使的权威高效反腐体系。例如，对既涉嫌违纪又涉嫌违法的案件，监察机关可以“执纪审查”和“执法调查”同步启动、同步进行，并且调查所得证据可以在司法审判中使用。

集中统一、权威高效的国家监察体制，还是由监察工作的具体情况决定的。我国之前的监察体制，放弃了中华人民共和国成立初期高规格的“大监察”模式，转而采用单纯行政领域的“小监察”模式，存在着监察范围狭窄、监察手段单一、监察资源匮乏等弊病，无法适应新时期下党和国家卓有成效地反对腐败的时代任务。因此，新时期国家监察制度改革，一方面，特别强调将行政监察上升为国家监察，扩大监察范围、扩充监察手段、扩张监察资源等一系列组合拳，使得监察机关的地位大为提升、权威性增强，能够更有效地发挥监察职能。另一方面，监察机关在实际工作过程中与党的各级纪律检查机关合署办公，实行“两块牌子、一套人马”，能够确保党对反腐败工作的领导，确立集中统一的国家监察体制。

在中国的宪法体制下，中国共产党是唯一的、长期的执政党。坚持和维护党在国家监察工作、反腐败和党风廉政工作中的核心地位，有利于从国家层面整合反腐败的力量，构建集中统一的监察体系；有利于在国家监察和党纪检查共同合作反腐的过程中，解决法律和纪律衔接不畅的问题，实现国家监察和党纪检查与国家法律监督和党内纪律监督的有机结合；有利于实现《监察法实施条例》第 21 条所规定的监察监督与纪律监督、派驻监督、巡视监督的统筹衔接，与人大监督、民主监督、行政监督、司法监督、审计监督、财会监督、统计监督、群众监督、舆论监督等的贯通协调，最终形成监督合力。在集中统一的国家监察体制下，权威高效是制度运行的逻辑结果，但仅仅追求集中统一、权威高效，并不能全面体现党治国理政能力的重大进步，也无法扎实推进国家治理体系和治理能力现代化。因为，在全面依法治国被确立为治国方略的当下，在国家监察体制和监察工作中贯彻法治思维和法治方式，仍然是基本的前提。

（二）贯彻法治思维和法治方式

中华人民共和国成立初期，由于法制尚不健全，新中国仍然处于革命阶段，在相当长的时间里依靠方针、政策和"三反""五反""整风"等运动来规制腐败。[1] 在社会主义进入建设阶段，特别是改革开放后，随着原《行政监察法》《党纪处分条例》等大量国家法律、党内法规的颁布，中国开始坚定地走上制度反腐、法治反腐的道路。国家监察制度的改革，同样践行了制度反腐、法治反腐的理念，贯彻了法治思维和法治方式。

在国家监察体制层面，无论是十二届全国人大常委会2016年关于在北京市、山西省、浙江省开展国家监察体制改革试点工作的决定，还是2017年关于在全国推进国家监察体制改革试点工作的决定，均是在国家权力架构、法治框架内进行的，与中国反腐的制度化、法治化、规范化趋势相契合。

在宏观监察制度层面，一方面，党的十八大以来，根据反腐败斗争和党风廉政建设的实践经验，针对性地制定、修改了150多部党内法规，使得反腐败工作有据可循。这些党内法规大致形成体系，成为社会主义法治体系的坚强保障。另一方面，党中央对国家监察立法工作高度重视，领导立法机关将监察体制改革试点中行之有效的措施和经验通过基本法律的形式予以固定

[1] "三反""五反"，是指1951—1952年，在党政机关工作人员中开展的"反贪污、反浪费、反官僚主义"和在私营工商业者中开展的"反行贿、反偷税漏税、反盗骗国家财产、反偷工减料、反盗窃国家经济情报"的斗争的统称。"整风"，是指1957—1958年，中共中央指示进行的"反官僚主义、反宗派主义和反主观主义"的运动。

下来，并确定了监察立法的指导思想、基本原则、主要内容和具体立法工作的时间表、路线图。《监察法》作为对国家监察工作起统领性作用的基本法律，使监察体制改革的成果固定化、制度化，使党的主张和改革通过法定程序成为国家意志，对实现重大改革和立法的衔接、以法治思维和法治方式开展反腐败工作，具有极为重要的意义和深远的影响。

在具体监察制度层面，《监察法》在明确赋予监察工作人员调取、搜查、查封、扣押、冻结等广泛职权的同时，还创制出“留置”制度以取代“两指”“两规”，体现了具体制度建构时对法治思维和法治方式的贯彻和落实。例如，《监察法》对留置制度的规定建构了严格的程序：确定留置的一般期限和特殊情况下的延长期限，改善被留置人的饮食、休息、住宿、安全等方面的条件，完善留置措施执行时录音录像等监督手段。这有力地巩固了被调查人的权利保障，“有利于解决长期困扰我们的法治难题，彰显全面依法治国的决心和自信”。[1]

（三）注重惩防并举

中国的腐败治理策略并非一成不变，而是随着不同的社会发展阶段相应调整，带有鲜明的时代烙印。早期的纪检监察工作主要着眼于预防，职责在于维护党规党纪和树立清廉党风。1978 年党的十一届三中全会以后，纪检监察工作侧重于惩治，主要职责在于遏制人民群众反映强烈的一些问题，如经济领域的投机倒把、走私贩私等职务犯罪。20 世纪 90 年代以后，中国全面认可非公有制经济，市场经济结构趋于多元化，单纯的惩治方法已无法满足反腐败的实际需要，惩防并举、标本兼治的反腐败策略开始形成，并在接下来几十年的反腐败工作中居于主导地位。与此相适应，纪检监察机关的职责、任务逐渐扩大，从抓党风廉政建设，到组织协调反腐败，再到协助推进

---

[1] 中共中央纪律检查委员会法规室，中华人民共和国国家监察委员会法规室．《中华人民共和国监察法》释义［M］．北京：中国方正出版社，2018：33.

全面从严治党，构成了改革开放40年来纪检监察工作的基本发展趋势。[1]

党的十八大以来，反腐败斗争的形势依然严峻复杂，以习近平同志为核心的党中央一再强调要“坚持治标不松劲，不断以治标促进治本”“深入推进全面从严治党，必须坚持标本兼治”，明确肯定了惩防并举、标本兼治的腐败治理策略。事实上，反腐败是一项复杂的系统工程，必须正确处理治标与治本的关系。一方面要坚定惩治腐败，着力解决当下面临的实际问题，有效遏制腐败现象的蔓延势头；另一方面要加强制度建设，巩固和发展反腐败工作的成果。[2]

国家监察制度的改革，旗帜鲜明地表现出注重惩防并举的腐败治理方针。这一思路的具体化是《监察法》第6条，该条明确指出了国家监察工作要坚持“标本兼治、综合治理”的策略，强化监督问责，严厉惩治腐败，以构建“不敢腐”；深化改革、健全法治，有效制约和监督权力，以实现“不能腐”；加强法治教育和道德教育，弘扬中华优秀传统文化，最终达到“不想腐”。其中，预防属于“治未病”，惩罚则是“治已病”。《监察法》第11条确认了监察机关在行使监督、调查、处置职责时要兼顾预防和惩罚。预防，是指“对公职人员开展廉政教育，对其依法履职、秉公用权、廉洁从政从业以及道德操守情况进行监督检查”，并视情况进行问责或提出监察建议。惩罚，是指“对涉嫌贪污贿赂、滥用职权、玩忽职守、权力寻租、利益输送、徇私舞弊以及浪费国家资财等职务违法和职务犯罪进行调查”，并视情况作出政务处分决定或移送人民检察院依法审查起诉。

（四）突出主责主业

纪检监察机关在中华人民共和国成立以后相当长的时间里，存在着职能分散、任务泛化等问题。新时期下国家监察体制改革和党的纪律检查体制

---

[1] 钟纪言．改革开放40年纪检监察工作发展历程、趋势特点和基本经验［N］．中国纪检监察报，2018-11-25（3）．

[2] 刘海涛．改革开放以来党的纪律检查工作特点［N］．中国纪检监察报，2018-12-06（6）．

改革，都强调要明确职责定位，实现纪检监察机关从“包打天下”到“转职能、转方式、转作风”的转变。对此，习近平总书记在十九届中央纪委二次全会上发表重要讲话时指出：“纪检机关必须坚守职责定位，强化监督、铁面执纪、严肃问责。”

在党领导的监察制度改革进程中，“监督执纪问责”实际上被作为各级监察机关的职责定位予以落实，实现了监察机关职能从泛化到突出主责主业的转变，这是集中反腐力量、夺取反腐胜利的重要保证。《监察法》第 3 条将各级监察委员会的性质界定为行使国家监察职能的专责机关，其主责主业是监察所有行使公权力的公职人员，调查职务违法和职务犯罪，开展廉政建设和反腐败工作，维护宪法和法律的尊严。监察委员会主责主业的明确，使得国家监察机关在职责功能方面与党的纪律检查机关保持高度的协调一致，更有利于两者紧密地合署办公，整合反腐败力量，从而最终取得反腐败的压倒性胜利。

“打铁还需自身硬”“执纪者必先守纪，律人者必先律己”。在“监督执纪问责”被明确作为各级监察机关主责主业的背景下，监察机关要注重自身建设，坚持严管和厚爱相结合；监察工作人员要以更高的标准、更严的纪律来要求自己，做到忠诚坚定、担当尽责、遵纪守法、清正廉洁，确保党和人民赋予的权力不被滥用。对此，2014 年，党的中央纪律检查机关成立纪检监察干部监督室；2016 年，中央第十轮巡视明确将纪检监察队伍组成人员列为巡视对象；2017 年和 2019 年，《中国共产党纪律检查机关监督执纪工作规则（试行）》和《中国共产党纪律检查机关监督执纪工作规则》先后通过，使得监督执纪工作有了规范层面上的依据。《监察法》第 54 条确立了监察机关应当依法公开监察工作信息，并接受民主监督、社会监督、舆论监督。第 55 条确立要求监察机关通过设立内部专门的监督机构等方式，加强对监察人员执行职务和遵守法律情况的监督，建设忠诚、干净、担当的监察队伍。

第三节 新时期中国监察制度改革的经验启示

深化国家监察体制改革及与之紧密相关的党的纪律检查体制改革，是在中国特色社会主义进入新时期的时代背景下，以习近平同志为核心的党中央所作出的事关全局的重大政治体制调整，是强化党和国家的自我监督机制、推进全面从严治党向纵深发展、夺取反腐败斗争压倒性胜利的重大战略决策部署。[1] 国家监察制度是中国特色社会主义制度的重要组成部分，对国家监察制度的深化改革，是在扬弃中国数千年来监察制度优势和弊端的基础上，总结党的十八大以来管党治党和治国理政实践经验而提出的重大举措。它实现了国家监察制度在理念、体制、机制和方法等方面的与时俱进，彰显了道路自信、理论自信、制度自信和文化自信。新时期中国国家监察制度改革，满足了中国当下反腐败斗争的现实需要，开创性地建构了中国特色社会主义监察体系，具有鲜明的时代特色和中国特色，带给我们一些生动和深刻的启示。

一、监察制度改革要坚持党的领导

中国共产党的领导，是中国特色社会主义最本质的特征和最大优势。深化国家监察制度改革，直接目的在于完善国家监察体制，建立具有中国特色的社会主义监察制度，完善和发展中国特色社会主义制度；根本目的在于提高党的执政能力，巩固党的执政基础，坚持党的领导。因此，《监察法》第 2 条明确规定："坚持中国共产党对国家监察工作的领导"；《监察法实施条例》

---

[1] 本节部分内容已修订发表，参见郭世杰．监察制度改革的基本思路与根本遵循［J］．河南社会科学，2021（8）：12–19.

第2条进一步予以细化阐释："坚持中国共产党对监察工作的全面领导……坚决维护习近平总书记党中央的核心、全党的核心地位，坚决维护党中央权威和集中统一领导，把党的领导贯彻到监察工作各方面和全过程"。

从党对国家监察制度改革的战略部署方面来看，党的领导是顺利推进国家监察体制改革的根本保证。如前所述，深化国家监察体制改革，实际上是以习近平同志为核心的党中央作出的重大决策部署，是党根据历史经验和现实需要而作出的重大制度安排。其间，习近平总书记先后6次主持召开中央政治局会议、中央政治局常委会会议、中央全面深化改革领导小组会议，专题研究、审议通过了作为顶层设计的国家监察制度改革试点方案，明确了开展试点工作的时间表和路线图。党的十八届六中全会、十八届中央纪委第七次全会、党的十九大继续深入推进国家监察制度改革，旗帜鲜明地提出"构建党统一指挥、全面覆盖、权威高效的监督体系，把党内监督同国家机关监督、民主监督、司法监督、群众监督、舆论监督贯通起来，增强监督合力"。自党中央提出国家监察制度改革的试点方案开始，直到在全国范围内普遍推行国家监察制度改革，党的领导始终贯彻其中，这是改革顺利进行的根本保证。

从新时期国家监察制度改革的指导思路来看，将行政监察上升为国家监察，从行政"小监察"的制度束缚中摆脱出来，推行监察全覆盖、无死角的国家"大监察"，兼容的监察制度体系、统一的国家监察立法、高效的国家监察机构和科学的权力制约机制，是监察制度改革的宏观指导思想。因此，以党政分开的思路，将国家监察与党的纪律检查彻底分离是不可行的，那会导致国家监察紧贴政府工作，越做越宽；而纪委监督只管党内事务，越做越窄。为适应当下中国反腐败斗争的实际需要，适应强化全面从严治党的要求，国家监察与党的纪律检查要实现全面合署办公，实现对所有行使公权力的公职人员的监察、监督全覆盖，共同构建具有中国特色的党和国家监督体制。

从党在国家监察制度改革相关立法实践中的作用来看，无论是《宪法修正案》的通过，还是《监察法》的通过，都全面贯彻和执行了党的十九大精神及党中央深化国家监察体制改革的决策部署，严格坚持了中国共产党对国家监察立法的领导。“立法工作按照党中央确定的时间表和路线图，积极稳妥推进、有序渐次展开”❶，全国人大常委会先后发布了《关于在北京市、山西省、浙江省开展国家监察体制改革试点工作的决定》和《关于在全国各地推开国家监察体制改革试点工作的决定》；在党中央决定修改《宪法》从而为监察制度改革和监察法的制定提供宪法依据后，第十三届全国人大第一次会议旋即表决通过了《宪法修正案》，并随后审议通过《监察法》以符合重大改革于法有据的要求。因此，综观国家监察制度改革的整个过程，无论是从局部试点到全面铺开，还是从修改《宪法》到制定《监察法》以固化改革成果，都是党中央作出的重大决策部署，是党通过领导国家立法工作的形式，将党对反腐败斗争集中统一的领导体制固定下来，坚持党中央统一领导和指挥的结果。

从党在纪检监察工作中的实际作用来看，坚持党的领导有利于解决反腐败体制中反腐败力量分散等问题，实现反腐败力量的整合，并通过党的反腐败政策、意志统领和协调具体反腐败工作。原有的反腐败体制中，不仅存在着行政监察机关与党的纪律检查机关之间在查办腐败案件上的角逐，而且检察机关的反贪污反渎职部门和国家预防腐败机构也往往追求查处大案要案，甚至出现“违纪无人问，违法抢着管”的问题。这一问题，在党领导下的国家监察体制改革中得到了解决。此外，各级党委可以依据《党纪处分条例》《中国共产党廉洁自律准则》《中国共产党党内监督条例》等党内法规，监督和制约纪律检查机关和监察机关。因为，“国家监察机关是国家机器的重要组成部分，其党员身份的工作人员，尤其是党员领导干部当然要接受党的监督，党内不允许有不受制约的权力，也不允许有不受监督的特殊党员”❷。例

❶ 《第十三届全国人民代表大会宪法和法律委员会关于〈中华人民共和国监察法（草案）〉审议结果的报告》，2018 年 3 月 15 日第十三届全国人民代表大会第一次会议主席团第五次会议通过。

❷ 谭世贵．论对国家监察权的制约与监督［J］．政法论丛，2017（5）：7.

如，在实际工作中，党组织常常听取纪律检查机关和监察机关对重大案情的报告。这一方面强化了对二者的工作监督，确保反腐败工作的领导权始终由党掌握；另一方面还有助于党组织积极分析、研判政治生态，统筹部署反腐工作，巩固政治、政策层面上党的领导。这一点，在《监察法实施条例》第10条第1款中也得到了相应确认："国家监察委员会在党中央领导下开展工作。地方各级监察委员会在同级党委和上级监察委员会双重领导下工作，监督执法调查工作以上级监察委员会领导为主，线索处置和案件查办在向同级党委报告的同时应当一并向上一级监察委员会报告。"

二、监察制度改革需实现国家监察和党内监督的衔接协调

党的十八大以来，全面从严治党的力度空前，巡视和派驻作为党内监督的利剑初显威力，基本实现了党内监督的全覆盖。与此同时，原有的行政监察体制无法与党内监督衔接和协调的问题越来越严重。例如，在原行政监察体制下，监察机关只是政府的一个组成部门，主要领导由政府任命，接受同级政府和上级监察机关的双重领导；党的纪律检查机关则是党的机构，主要领导由党的代表大会选举产生，纪委书记同时参与党委常委会，接受上级纪委和党的双重领导。因此，在职权配置和政治地位方面，党的纪律检查机关要平等于行政监察机关的同级人民政府而高于行政监察机关本身，纪委、监察部（厅、局）的合署办公在实践中也往往演变为行政监察机关"依附"于党的纪律检查机关和"强党纪审查、弱行政监察"等现象。这一问题，在《宪法》修改、《监察法》出台和监察委员会建立后，才得以改观。监察机关由同级人民代表大会选举产生，在职权配置和政治地位上与行政机关、审判机关和检察机关平等。监察机关与党的纪律检查机关之间的主要领导相互兼职，因而与党的纪律检查机关的关系也实现了从"依附"到"对等"的转变——监察机关依据宪法、法律、法规履行监督、调查、处置职责，纪委依据党章党规条例履行监督、执纪、问责职责。行政监察机关的监察对象只能

是行政机关工作人员和政府任命的其他工作人员，不仅无法将其他国家机关等所有类别的公务员容纳在内，而且还无法容纳实质上行使公权力的国有企业、事业单位、社会公共组织、基层群众性自治组织等单位中行使公权力的公职人员。党的纪律检查机关的监督对象则覆盖了所有党组织和党员，两者在监督对象方面尚留有空白和死角，无法有机衔接和协调从而涵盖所有行使公权力的人员。此外，反腐败斗争中存在的力量分散问题，以及纪律监督和法律监察衔接不畅等突出问题，也严重束缚了反腐败斗争的客观实效。这就迫切要求新时期下，我们应当从顶层设计入手，完善监督制度，深化国家监察制度改革，以实现国家监察和党内监督的衔接协调机制，促成监察机关和党的纪律检查机关的合署办公从简单的机构上的“物理融合”转向功能上的“化学反应”，在优化职权和运作的基础上实现“1+1>2”的机构改革成效，加快形成监察全覆盖的国家监督体系。

实现国家监察和党内监督的衔接协调，首要的是理顺党的纪律检查体制改革中党委与纪委的关系，健全和完善党内监督体系。党委与纪委的关系经历了颇为曲折的探索过程，存在着纪委受同级党委的绝对领导和纪委受上级纪委领导的“双重领导”，但会出现以同级党委的领导为主和以上级纪委的领导为主的两种不同形态。然而理论和实践一再证明，作为专门的党内监督机关，党的纪律检查机关为保证党纪的切实执行和实现对权力的制约，必须具有保障其监督、执纪、问责权力的相对独立地位。对此，党的十八届三中全会指出，要“推动党的纪律检查工作双重领导体制具体化、程序化、制度化，强化上级纪委对下级纪委的领导”。在推进党的纪律检查体制改革的同时，还要加强党对党风廉政建设和反腐败工作的集中统一领导。因此，理顺作为党组织代表的党委与党的纪律检查机关之间的关系，构建科学合理的党纪检查体制，才能形成完善的党内监督体系，从而为国家监察体制改革、与国家监察的衔接奠定良好的外部基础。

实现国家监察和党内监督的衔接协调，还要构建集中统一、权威高效的国家监察体制，建立和健全国家监察体系。这就要求深化国家监察体制改革，在性质上，将国家监察机关明确为行使监察职能、开展反腐败工作的专门机关；在监察对象的范围上，将所有行使公权力的公职人员全部覆盖在内；在职责权限上，将分散于行政监察部门、预防腐败机关、检察机关等部门的查处行政违法、刑事犯罪、预防职务犯罪等权限进行整合；在监察程序上，制定详细具体规范的监察工作程序，严格执行并加强对监察机关及其工作人员的监督；在衔接和协调机制方面，打通党执纪和执法之间的障碍，科学处理违纪、违法、犯罪案件查办过程中的“纪法衔接”“法法衔接”等问题，在全国范围内组建国家、省、市、县的4级监察机关，并与党的纪律检查机关全面合署办公，实现党内监督与国家监察、依规治党与依法治国的有机统一。

国家监察机关和党的纪律检查机关，均是党统一领导下的国家反腐败工作机构，两者的全面合署办公是重大的创制性制度安排，有利于提高、强化党和国家的监督效能，从而构建新的国家监察体系，推动反腐败斗争向纵深发展。事实上，党内监督和国家监察是一体两面，在中国共产党领导下的社会主义中国语境下具有高度的内在一致性和有机统一性。中国共产党是中国宪法背景下唯一的、长期的执政党，拥有9000多万名党员，约80%的公务员和95%以上的领导干部都是中国共产党党员。[1]实现国家监察和党内监督的紧密衔接与运行协调，有助于贯通执法和执纪工作，形成制度合力，既能够更好地对所有行使公权力的公职人员和全体党员进行监察和监督，消除监督盲区；还能够更好地对公权力运行的全方位、全过程实施监察和监督，进一步强化不敢腐的震慑，扎牢不能腐的笼子，增强不想腐的自觉。综合运用党规国法肃贪反腐，实现政府清廉、政治清明和国家的长治久安。

---

[1] 中央纪委监察部.为什么要实现对所有行使公权力的公职人员监察全覆盖?［EB/OL］.（2018-02-01）［2019-06-08］. http://www.ccdi.gov.cn/special/zmsjd/zm19da_zm19da/201802/t20180201_163113.html.

三、监察制度改革须立足国情与党情

腐败是一种全球性现象，世界各国都面临着反腐败的共同任务，也创制出不少预防和惩治腐败的有益制度和优秀实践。但是，基于政治制度、权力架构、具体国情、文化传统等因素的不同，并不存在一种放之四海而皆准的腐败规制策略。因此，中国当下的反腐败实践和国家监察制度改革应当持有理性态度，不能奉行“拿来主义”，简单崇拜、盲目迷信国外的相关制度和做法，而应当在充分考虑国情、党情的基础上，予以认真研究，做有选择的扬弃。

在建党初期，我们党的纪律检查体制改革，就由于过度接受苏联共产党的影响，忽视或者不顾自己的党情，而走了一段艰难曲折的道路。例如，中共五大党章在党的监察委员会的规定方面，就受到共产国际的强烈干预，基本照抄照搬了苏联共产党党章的相关规定。同样，在莫斯科召开的中共六大修改党章时，共产国际将示范草案直接邮寄给中共中央并附信表示明确“反对中共设立专门的监察委员会”，基于此，中共六大最终又决定撤销了党的监察委员会。不加分析地简单照抄照搬苏联共产党的做法，虽然在短时间内有利于党的纪律检查体制的建立，但客观地说，也使中国共产党走了不少弯路。党的纪律检查体制是党的建设的重要组成部分，是党实现自我净化、自我完善、自我革新、自我提高的重要监督机制，有利于深入推进党风廉政建设和创新巩固反腐败斗争的制度保障。“中国革命斗争的胜利要靠中国同志了解中国情况”[1]，在党的纪律检查体制改革过程中，应当在客观、准确地分析和掌握党情的基础上大胆借鉴国外的相关制度、实践，以科学的方式推进纪律检查体制改革的深化与完善。

---

[1] 毛泽东．反对本本主义［M］//毛泽东．毛泽东思想：第1卷．北京：人民出版社，1993：74.

国家监察制度的改革同样如此。如前所述，中国古代监察制度源起于原始社会末期，一直绵延连续数千年至明清朝代，甚至在中华民国时期也不曾中断。监察体系所具有的追求法制化、强调独立性、关乎公权力和注重专业性等特征，实际上起到了权力制衡的基本功能，蕴含着丰富的监察文化传统和法治资源，具有强烈的启示作用。分析研究中国古代监察法制传统的成败得失，借鉴汲取其间蕴藏的智慧和精华，立足党的领导和中国特色社会主义制度等独特宪制和现实国情，在结合时代特点、反映时代精神、回应现实要求的基础上，谋求国家监察体制的创造性改革，才能为世界提供应对腐败的中国道路。例如，国家监察制度改革所确立的监察委员会，在权力架构上是与司法机关、行政机关平行并列的行使监察权的专责机关，由同级人大产生并对同级人大及其常委会负责，与西方国家典型“三权分立”体制下监察机关隶属于立法机关或行政机关的制度模式明显不同，是对权力监督和制约形式的一种新的探索。事实上，基于中国制度和中国实践所建立起来的国家监察和党内监督的联合，并没有制造出一个权力的“利维坦”（Leviathan）[1]从而威胁法治稳定，而是形成了同向制度合力，建立了长效体制机制，“打虎”“拍蝇”“猎狐”等举措取得了辉煌的反腐败记录，塑造了具有中国特色的监察理论、实践和制度模式。

四、监察制度改革应追求独立与专业

虽然在制度设计上存在着“谁来监督监督者”的困境，但作为监督机构的国家监察机关仍然应当保持一个相对独立的地位，以求能够利益无涉、中立地对监察对象实施监察。中国古代的监察机构设置，从最初的与其他国家机构混杂，到秦汉时成立专门的监察机构的制度设计，再到魏晋南北朝时期

[1] 利维坦是《圣经》中记载的象征邪恶的一只海怪。关于利维坦与国家的论述，参见霍布斯．利维坦［M］．黎思复，黎廷弼，译．北京：商务印书馆，1985.

独立的监察体系开始形成，大致表现出朝着独立的方向发展演变的过程。中国当前监察机构的改革与完善，同样应当特别关注监察机构的相对独立性。只有在制度上保障监察机构不受行政机关、社会团体和个人的干涉，才能摆脱各方面的牵制，相对独立地行使职权，高效地规制腐败。原《行政监察法》实施期间，中国的监察机构作为政府的一个组成部门，须向同级政府汇报工作，受同级政府制约，独立性较差。《监察法》出台后，新产生的各级监察委员会对产生它的同级人大及其常委会和上一级监察委员会负责，并接受监督；监察委员会成为与审判机关、检察机关、行政机关、公安机关并列的机构，从中央至地方形成了相对独立的4级监察组织架构，基本实现了集中、统一、权威、高效监察所需要的独立性。

在这一点上，国家监察机构与党的纪律检查机构有所不同，后者是党内的监督机关，虽然也追求相对的独立以保持监督的公平、公正和中立，但在独立性的程度上要相对弱于国家监察机构。这是由国家监察机构处理违反国家法律，而党的纪律检查机构处理违反党内纪律的职责差异所决定的，一个是国家层面上的范畴，一个是政党内部的范畴。值得注意的是，监察委员会的独立并不是绝对的，而是相对的，其监察权和反腐败的职责权限，都确定无疑地在中国共产党的领导之下，在这一点上又与党的纪律检查机构是相同的。

国家监察制度改革追求专业，是指建立监察职业的专业槽，强调监察事务处理的专业性。从世界范围内来看，保证职业的专业化道路大体有两种途径，即设置专门的机构和选拔专业的工作人员。考察中国古代的监察制度，从中央至地方的各级监察机构，基本上都体系性地建立起来。监察官员的选拔和任用标准为历代统治者所高度重视，形成了一系列完整、规范的选拔、任用、考核、奖惩等制度。这就要求一方面建立起从中央至地方的专业监察机关，并赋予其综合性的行政监察、预防腐败、反贪反渎等职责权限；另一方面制定专门的监察官法及其实施细则，坚持德才兼备与业务素质和政治素质并重的原则，锻造一支“忠诚、干净、担当”的监察官队伍。

在追求专业方面，国家监察机构与党的纪律检查机构大体相同，后者的主责主业在于协助党委开展党风廉政建设和处理违反党内纪律案件，工作内容的专业性决定了其机构和工作人员的专业性。因此，“打铁还需自身硬”，党的纪律检查工作人员同样应当追求专业化。

《宪法修正案》和《监察法》的通过，大体解决了监察机构的独立性和专业性问题，专门的《监察官法》也于2021年8月20日审议通过，制度调适、实施细则等具体技术层面的问题，有待我们在监察制度改革和完善的过程中予以进一步解决。

此外，国家监察制度的深化改革，还应当同时关注其体制内部的组织、工作程序等事项的完善和细化，关注在国家监察机关与党的纪律检查机关高度整合之后可能遭遇到的政务和党务重叠、组织机构封闭、“政权内卷化”等问题。[1]

---

[1] 1996年，美国学者杜赞奇提出“国家政权的内卷化”，指代国家机构不是靠提高原有的或新增的组织机构的效能来推动社会发展，而是靠扩大非正式机构，把它们内卷于正式组织之中来行使权力的现象。参见杜赞奇. 文化、权力与国家：1900—1942年的华北农村［M］. 王福明，译. 南京：江苏人民出版社，2003.

第四章 中国法律制度体系中的监察法

国家监察体制改革，直接关乎监察委员会等国家机构的增设，人民检察院、公安机关等国家机关的职权调整，以及《宪法》《刑事诉讼法》等宪法、法律的修订。国家监察体制改革是国家监察制度的顶层设计，是事关全局的重大政治改革。在党的十八届三中全会作出全面深化改革的决定和党的十八届四中全会作出全面推进依法治国的决定之后，已经无法再权宜性地“先改革后立法”或者“边改革边立法”，而是要做到“凡属重大改革必须于法有据”“所有立法体现宪法精神”。因此，在国家监察制度改革方面，2018 年 3 月 11 日，第十三届全国人大第一次会议审议通过《宪法修正案》，在事实上确立了监察机关的宪法地位，为《监察法》的制定提供了宪法根据；2018 年 3 月 20 日，第十三届全国人大第一次会议表决通过《监察法》，标志着集中统一、权威高效的国家监察体制基本形成，国家监察制度改革取得重大进展；2018 年 10 月 26 日，十三届全国人大常委会第六次会议审议通过《全国人民代表大会常务委员会关于修改〈中华人民共和国刑事诉讼法〉的决定》，解决了原属于检察院的职务犯罪侦查权被划归监察委员会之后的《监察法》和《刑事诉讼法》在程序方面的衔接与协调问题。

《监察法》的审议通过机关是全国人民代表大会全体会议，在效力位阶上属于仅次于宪法的基本法律。作为统一的反腐败国家立法和反腐败工作法治化的重要成果，《监察法》实质上发挥着统领国家监察工作的基础性作用，为追求集中统一、权威高效的监察体制，赋予各级监察委员会以党的纪律检查机关、原行政监察机关、检察机关、公安机关、审计机关等享有的相关职权，行使监督、调查和处置职能，形成一个权力的集合体；赋予各级监察委员会“依照法律规定独立行使监察权”的地位，形成一种独立的状态。监察委员会的独立地位，保证了其不受行政机关、社会团体和个人的干涉，但其如何在《宪法》确立的权力框架内处理好与人大及其常委会、民主、社会、舆论等的监督，在办理职务违法、犯罪案件时如何与审判机关、检察机关、执法部门做到“互相配合，互相制约”，在哪些具体工作中有权要求有关机关和单位依法予以协助，以及如何建立健全一个完善的监督制约机制，尚有进一步研究和探讨的空间。再如，鉴于各级监察委员会权力集合的实质，其在办理职务违法、犯罪案件时能否被认定为《刑事诉讼法》第 19 条第 1 款规定的“公安机关”，其工作人员能否被认定为《刑事诉讼法》第 19 条第 2 款规定的“司法工作人员”等一系列问题，同样亟须在法制的框架内得到妥善解决。因此，保证监察委员会在具体行使权力的过程中，能够严格遵循法治轨道、符合法治要求，就需要准确地界定《监察法》在中国法律制度体系中的恰当定位，进一步明确《宪法》在基本理念、基本原则和具体规定等方面对《监察法》的确认与限制，以及《刑事诉讼法》在案件侦查程序和人权保障等方面对《监察法》的衔接与约束，从而正确地处理其与《宪法》《刑事诉讼法》之间的位阶高低、适用先后，限制、约束和衔接、协调等关系。

第一节　宪法对监察法的确认与制约

《宪法》是国家的根本大法，是包括《监察法》在内的一切基本法律的“母法”，在效力位阶上具有最高性和统领性。[1] 因此，从“重大改革须于法有据”的角度来看，《监察法》需要得到《宪法》的确认，以解决自身的合

[1] 该节部分内容业已修订发表，参见郭世杰．论宪法对监察法的确认与制约［J］．行政与法，2022（6）：99-108.

宪性，保证其能够兼容于现行宪法体系。从宪法的质的规定性限制国家公权力、保障公民私权利的角度来看，在得到《宪法》的确认后，即便《监察法》确立的监察委员会是集党纪、行政、司法等数种性质职权于一身的新型国家机关，其权力的行使仍然不得与《宪法》的基本理念、基本原则和具体规定相抵触。《宪法》对《监察法》在监督制约机制和基本权利保障机制等方面的严格限制，能够保证国家监察制度改革在正确的方向上往纵深推进。

一、宪法对监察法的确认

立法过程必定蕴含着某种政治逻辑，以弥合各种分歧，立法性判断的实质也必定是政治性判断[1]，而政治性判断的实质则是统治阶级意志、普遍民意和社会现实需要的调和，往往以具体制度的外在表现形式在社会实践中接受检验。

（一）宪法对监察法确认的宪制背景

有学者认为，《宪法》是政治和法律的“结构性耦合”，政治意志可以通过宪法的规范作用而获得法律形式，法律形式也往往服务于特定的政治内容。[2]基于调整对象是所有行使公权力的国家公职人员，《监察法》在性质上就应当不同于完全归属于行政法的原《行政监察法》，而是与《中华人民共和国各级人民代表大会常务委员会监督法》《中华人民共和国国家安全法》《中华人民共和国戒严法》《中华人民共和国国防法》《中华人民共和国民族区域自治法》等基本法律一样，属于宪法相关法或者宪法性法律[3]，其制定直接涉及人民代表大会制度的修订和调整，涉及新设机构与立法机关、行政机关、司法机关之间的权力分配等一系列重大问题。

[1] 苏力．法条主义、民意与难办案件［J］．中外法学，2009（1）：93.

[2] 王旭．国家监察机构设置的宪法学思考［J］．中国政法大学学报，2017（5）：133.

[3] 姜明安．国家监察法立法的若干问题探讨［J］．法学杂志，2017（3）：1–10.

《监察法》的制定和国家监察制度的改革，首先面临着是否具有宪法依据的质疑。因为，在2018年《宪法修正案》通过前，2004年《宪法》中并不存在“监察委员会”或“监察机关”的相关规定。2004年《宪法》第3章规定的“国家机构”，具体列举了各类国家机关的组成、职权、程序等事项，是统一而明确的宪法规范，虽然在具体条文表述方面仍然存在相应的解释空间，但却无法推导出新的国家机关，更无法确立新的国家机关的宪法地位，而只能通过修改《宪法》来完成这一任务。[1]也正是由于这个原因，《中华人民共和国监察法（草案）》第1条曾经只能权宜性地规定：“为了推进全面依法治国，实现国家监察全面覆盖，深入开展反腐败工作，制定本法”，而无法像其他基本法律那样在立法目的条款中明确标示是“根据宪法……制定本法”。[2]相应地，监察法的合宪性和合法性基础在当时的法律制度体系中实际上是无法解决的。

因此，《监察法》的制定，必须首先获得《宪法》的相应确认，并在具体的宪法文本中明确赋予其合宪性地位，从而使得国家监察体制改革的政治意志能够顺利通过宪法的规范作用而获得法律形式，也使得这种法律形式能够更好地服务于特定政治目标的达成。这就在客观上要求，《监察法》的出台必须在《宪法》完成修正之后才能进行，才能与2014年《中共中央关于全面推进依法治国若干重大问题的决定》中“重大改革要于法有据”“每一项立法都符合宪法精神”的明确要求相契合，才能与“坚持依法治国首先要坚持依宪治国”“坚持依法执政首先要坚持依宪执政”的硬性标准相一致。据此可以清楚地看到，在《宪法修正案》通过和《监察法》的合宪性问题解决之后，《监察法》第1条就名正言顺地写入了“根据宪法，制定本法”

---

[1] 韩大元．论国家监察体制改革中的若干宪法问题［J］．法学评论，2017（3）：13.

[2] 例如，《刑法》第1条规定：“为了惩罚犯罪，保护人民，根据宪法，结合我国同犯罪做斗争的具体经验及实际情况，制定本法”。《刑事诉讼法》第1条规定：“为了保证刑法的正确实施，惩罚犯罪，保护人民，保障国家安全和社会公共安全，维护社会主义社会秩序，根据宪法，制定本法。”

的条文表述；并且在第 3 条进一步明确，各级监察机关履行监察职能，监察公职人员，调查职务违法、犯罪，开展廉政建设、反腐败工作，目的也正是“维护宪法和法律的尊严”。

从监察制度改革的历程来看，《监察法》制定和出台的实质，是借助国家立法程序，将党对反腐败斗争的集中统一领导体制等决策部署及国家监察制度的改革成果用法律制度的形式固化下来，是党的政治意志和通过法定程序上升为国家意志——国家法律的具体表现。

《监察法》的出台，标志着中国宪制体制下监察制度的改革与完善，一方面满足了国家监察制度改革的合宪性和合法性要求，另一方面也是探索如何监督和制约具有权力集合体性质的监察权力的开始。《宪法》第 123 条虽然规定了“中华人民共和国各级监察委员会是国家的监察机关”，但并未明确指出其具体属性。根据《宪法》所确立的权力架构，可以初步得出如下结论：各级监察委员会由同级人大产生并对其负责、受其监督，这意味着监察委员会是行使公权力的国家机构，受人大和宪法法律的领导，具有当然的法律属性。监察委员会吸收了纪委这一政治性纪律检查机构的部分职能，并且与纪委全面合署办公，实质上是“党统一领导反腐败的国家机构”，具有天然的政治属性。因此，监察委员会体现出同时接受人大和宪法法律领导与党的政治和业务领导的“正义的双面神”形象，人大的领导权和党的领导权在监察委员会里同时、直接发挥作用，体现了一种典型的中国式的“混合宪制”（mixed-constitutionalism）特征，监察委员会就是中国混合宪制体系下的产物。[1]

（二）宪法对监察法的具体确认

2018 年通过的《宪法修正案》在共计 21 条的宪法修正条文中，有 11 条与监察机构和监察权等事项有关，在中国的宪制框架中新增了监察机关并确立了其宪法地位。

---

[1] 王旭．国家监察机构设置的宪法学思考［J］．中国政法大学学报，2017（5）：132–143.

其中，《宪法修正案》第37条规定，监察机关与国家行政机关、审判机关、检察机关，均由人民代表大会产生，对它负责，受它监督。第41条至第44条规定，全国人大及其常委会增加选举、罢免国家监察委员会主任、副主任和委员及监督其工作等职权，规定了国家监察委员会组成人员的选举和任免方式，明确全国人大常委会的组成人员不得担任监察机关的职务。第46条规定，国务院行使职权中的“领导和管理民政、公安、司法行政和监察等工作”修改为“领导和管理民政、公安、司法行政等工作”，删除国务院在监察工作方面的领导和管理职权，为国家监察委员会的职权配置扫清了体制障碍。第48条至第50条规定，县级以上地方各级人大及其常委会增加选举、罢免同级监察委员会主任及监督其工作等职权，规定了地方各级监察委员会组成人员的选举和任免方式，明确县级以上的地方各级人大常委会的组成人员不得担任监察机关的职务。第51条规定，删除县级以上地方各级人民政府职权中的“管理本行政区域内监察工作”，为地方各级监察委员会的职权配置扫清了体制障碍。第52条规定，在《宪法》第三章“国家机构”中增加“监察委员会”一节，作为第七节，排在第八节“人民法院和人民检察院”之前，从第123条至第127条共计5个条文。

最为重要的是，《宪法》第三章第七节“监察委员会”分别规定了监察委员会的法律地位、组织架构、人员构成、任期、职责权限、领导体制、监督方式、工作机制等内容，为各级监察委员会顺利开展工作提供了宪法保障。具体来说，《宪法》第123条到第126条规定，各级监察委员会是国家的监察机关；设立国家监察委员会和地方各级监察委员会，由主任、副主任和委员组成，每届任期同本级人大每届任期相同，但国家监察委员会主任连续任职不得超过两届；国家监察委员会是最高监察机关，领导地方各级监察委员会的工作，上级监察委员会领导下级监察委员会的工作；国家监察委员会对全国人大和全国人大常委会负责，地方各级监察委员会对产生它的国家权力机关和上一级监察委员会负责。《宪法》第124条第3款规定的“监察委员会的组织和职权由法律规定”，实际上是对专门立法的明确授权，授权可以在监察机关及其职责、监察范围和管辖、监察权限和程序、反腐败国际合作、监督监察机关和监察人员、法律责任等事项上进行针对性立法，这就为《监察法》的出台提供了最为直接的宪法依据。例如，《监察法》第7条至第10条即是对《宪法》第123条至第126条规定的再次重申和细化规定。

此外，《宪法》第127条规定："监察委员会依照法律规定独立行使监察权，不受行政机关、社会团体和个人的干涉。监察机关办理职务违法和职务犯罪案件，应当与审判机关、检察机关、执法部门互相配合，互相制约。"这就大体明确了监察机构在性质上并非行政机关，也不是司法机关，而是平行于政府、法院、检察院的独立行使监察权的机构。《监察法》第4条除对《宪法》第127条的规定予以确认外，还规定了"有关机关和单位应当根据监察机关的要求依法予以协助"的情形。

二、宪法对监察法的制约

立法的核心问题，是调整存在张力的各种利益，并对各种利益之间的先后顺序予以安排。[1]

（一）宪法对监察法制约的宪制背景

在现代宪制社会中，约束公权力、保障私权利是核心追求，也是衡量法治发达程度的重要标准。《监察法》确立的监察委员会，是中国混合宪制体系下的产物，同时接受人大的领导和党的领导，具有法律属性和政治属性。这种独特的复合式的权力属性和二元制的领导体制，决定了监察委员会应当受到《宪法》的相应约束与制约。

值得注意的是，当下的监察体制改革和监察机关的设立及运作模式，似乎与我国宪制的发展规划、路线设计和政治实践有所偏离。中国共产党在从

[1] 博登海默．法理学——法律哲学与法律方法［M］．邓正来，译．北京：中国政法大学出版社，2004：415.

革命党向执政党的转变过程中，为跳出“其兴也勃焉，其亡也忽焉”的历史周期律，在政权组织形式上探索避免“国民党直接向政府下命令的错误办法”所导致的“以党代政”的政治格局。[1]探索的初步结果是，中国的政权组织形式既不能照搬苏联的苏维埃，也不能照搬西方国家的议会制，而是在一个短时间内在新解放地区先建立各界人民代表会议作为准备，然后通过普选实现人民代表大会制。人民代表大会制一方面体现了中华人民共和国的一切权力属于人民，人民通过各级代表大会来行使权力；另一方面又保证国家机关能迅速有效地领导和管理国家的各项工作，不致陷入混乱的无政府状态。[2]

但是，在随后的政治实践中，民主革命时期实行的党的一元化领导体制，从20世纪60年代初强调的“工、农、商、学、兵、政、党这七个方面，党是领导一切的”逐渐演变为“东西南北中，党政军民学，党是领导一切的”，逐步发展成为高度集权型的领导模式，体现了“党的绝对领导”。

这一现象，在1978年12月13日邓小平同志在中共中央工作会议闭幕会上所作的题为《解放思想，实事求是，团结一致向前看》的讲话中被精炼地概括为：“加强党的领导，变成了党去包办一切、干预一切；实行一元化领导，变成了党政不分、以党代政；坚持中央的统一领导，变成了‘一切统一口径’。”[3]到了1980年8月18日，邓小平同志在《党和国家领导制度的改革》中指出，“要着手解决党政不分，以党代政的问题”，要“真正建立从国务院到地方各级政府从上到下的强有力的工作系统。今后凡属政府职权范围内的工作，都由国务院和地方各级政府讨论、决定和发布文件，不再由党中央和地方党委发指示、作决定”。[4]同年12月25日，邓小平同志在《贯彻调

---

[1] 毛泽东．毛泽东选集：第1卷［M］．北京：人民出版社，1991：73.

[2] 毛泽东．新民主主义论［M］// 毛泽东选集：第2卷．北京：人民出版社，1991：672–677；毛泽东．论联合政府［M］// 毛泽东选集：第3卷．北京：人民出版社，1991：1057–1092.

[3] 邓小平．邓小平文选：第2卷［M］.2版．北京：人民出版社，1994：140–153.

[4] 邓小平．邓小平文选：第2卷［M］.2版．北京：人民出版社，1994：320–343.

整方针，保证安定团结》中进一步指出，原则上说，各级党组织应该把大量日常行政工作、业务工作尽可能交给政府、业务部门承担，党的领导机关除了掌握方针政策和决定重要干部的使用以外，要腾出主要的时间和精力来做思想政治工作，做人的工作，做群众的工作。[1]在1986年9月至11月期间，邓小平同志在《关于政治体制改革的问题》的讲话中高屋建瓴地指出，党的领导是不能动摇的，但党要善于领导，党政需要分开。[2]事实上，自党的十一届三中全会决定改革开放以来，在政党与国家政权之间的关系问题上，主张"党政分开"而非"党政合一"的观点占据了主流位置，党的领导从之前的"包办一切、干预一切"逐步转向主要依靠政治领导、组织领导与思想领导。这种转变，源于一个基本的共识，即在党的历史上，党政合一体制仅在一定历史时期发挥过积极作用，同时也有历史教训；从长远的发展角度看，弊多利少。[3]

表面来看，当下进行的国家监察体制改革，以集中统一、权威高效作为追求目标，并且根据《监察法》第2条和第8条，监察机关的运作同时接受中国共产党和人民代表大会的领导，似乎与我国政治体制的发展方向不相符合。但究其实质，这是党政关系在进入中国特色社会主义新时代背景之下的演进和发展，是党内法规与国家法律衔接和协调的一种具体表现。

事实上，自2012年党的十八大以来，党政分开的思想有了新的演化与发展。胡锦涛同志在党的十八大报告《坚定不移沿着中国特色社会主义道路前进，为全面建成小康社会而奋斗》中指出，应"更加注重改进党的领导方式和执政方式，保证党领导人民有效治理国家"；习近平同志在首都各界纪念现行宪法公布施行三十周年大会上的讲话中再次强调要"更加注重改进党的领导方式和执政方式"。2021年11月11日，党的十九届六中全会通过《中共中央关于党的百年奋斗重大成就和历史经验的决议》，对此作了进一步诠

[1] 邓小平．邓小平文选：第2卷［M］.2版．北京：人民出版社，1994：354-374.

[2] 邓小平．邓小平文选：第2卷［M］.2版．北京：人民出版社，1994：176-180.

[3] 韩大元．论国家监察体制改革中的若干宪法问题［J］．法学评论，2017（3）：11-22.

释。该决议指出，“党的领导是全面的、系统的、整体的”，自党的十八大以来，“党的领导制度体系不断完善，党的领导方式更加科学”。此外，该决议还三次提及提高党的“领导水平”，两次提及提高党的“执政水平”，并在第三部分“进行改革开放和社会主义现代化建设”与第四部分“开创中国特色社会主义新时代”中两次论及“坚持党的领导、人民当家作主、依法治国有机统一”。这就意味着，监察机构虽然前后有所演变，但其始终都扮演着制约公权力和防止公权力滥用的宪法性功能，甚至从某种意义上说，当下的监察体制改革是人民监察理念的回归，也是在新的历史条件下的新发展。❶

（二）宪法对监察法的抽象制约

从规范宪法学的角度来看，“监察委员会”作为《宪法》第三章“国家机构”中的专门小节，与“全国人民代表大会”“中华人民共和国主席”“国务院”“中央军事委员会”“地方各级人民代表大会和地方各级人民政府”“民族自治地方的自治机关”“人民法院和人民检察院”等小节比肩而立，在性质上同样属于国家机构的有机组成部分，在运作中同样应当受到《宪法》的相应制约与约束。基于《宪法》作为国家根本大法所具有的最高法律效力，以及《宪法》规定事项往往涉及国家的根本制度和根本任务而天然地具有高度抽象性、原则性和概括性等特征，上述制约与约束，主要抽象地体现为：确保在中国社会主义法律体系之中，《监察法》在价值目标、价值追求、价值评价标准等方面与《宪法》保持高度的协调一致和深度的衔接顺畅。

1. 宪法对监察法的最高制约

《宪法》在“序言”部分和第一章“总纲”所确认、肯定和继续坚持的党的领导、指引思想、依法治国等原则，对《监察法》的制定、贯彻和执行具有最高意义上的制约作用。

---

❶ 韩大元．论国家监察体制改革中的若干宪法问题［J］．法学评论，2017（3）：11–22.

例如，在党的领导和指引思想方面，《宪法》“序言”第7段明确规定了中国共产党的持续领导与马克思列宁主义、毛泽东思想、邓小平理论、“三个代表”重要思想、科学发展观和习近平新时代中国特色社会主义思想的指引思想，第一章“总纲”第1条第2款中段规定了中国特色社会主义最本质的特征就在于中国共产党的领导。在依法治国方面，《宪法》“序言”最后一段在穷尽列举全国各族人民、一切国家机关和武装力量、各政党和各社会团体、各企业事业组织等组织或者个人之后，明确赋予上述行为主体“必须以宪法为根本的活动准则”及“维护宪法尊严、保证宪法实施”等宪法义务。第一章“总纲”第5条则进一步具体规定，中国实行依法治国，建设社会主义法治国家，维护社会主义法治的统一和尊严，一切法律、行政法规、地方性法规均不得与宪法相抵触，一切国家机关和武装力量、各政党和各社会团体、各企业事业组织等任何组织或者个人都必须遵守宪法和法律，超越宪法和法律的特权行为必须追究。

与此相呼应，《监察法》第2条旗帜鲜明地表达出接受《宪法》相关条款制约的立场，即集中统一、权威高效的中国特色国家监察体制的建构，一方面要坚持中国共产党对国家监察工作的领导，另一方面要以马克思列宁主义、毛泽东思想、邓小平理论、“三个代表”重要思想、科学发展观和习近平新时代中国特色社会主义思想为指导。此外，《监察法》第3条还要求各级监察委员会应当维护《宪法》的尊严，第5条则要求国家监察工作严格遵照《宪法》。

2. 宪法对监察法的根本制约

《宪法》在整体价值和基本精神方面所确立的人民主权、民主集中制、权力监督和制约等原则，对《监察法》的制定、贯彻和执行具有根本的制约作用。

《宪法》在人民主权和民主集中制方面对《监察法》的制约，主要是为了解决后者的制定、通过和执行是否回应了广大人民群众的呼声，是否解决了广大人民群众关心的现实问题，是否反映了广大人民群众的真实意志；以及在符合人民主权和人民民主的前提下，集中的决策机制、过程是否符合宪法和法律的相关规定等一系列问题。这主要地体现在《宪法》对包括各级监察机关在内的国家机构的设立、组织原则、工作方式等方面的规定，以及《立法法》对包括《监察法》在内的法律的立法权限、立法程序、立法解释、适用规则、备案审查等方面的规定。《监察法》在人民主权和民主集中制等事项上，同样也全面接受了《宪法》的制约与约束。

《宪法》在权力监督和制约方面对《监察法》的制约，主要是准确地厘定作为权力来源的人大及其常委会与监察机关之间的关系，清楚地划分政府、人民法院、人民检察院与监察机关之间的职责权限。权力监督和制约，虽然并未明确规定于《宪法》文本之中，但却实实在在地蕴含于《宪法》所确立的各个国家机构的关系之中，是现代宪法学理论公认的一个重要原则。例如，《宪法》第 127 条第 2 款规定，监察机关在办理职务违法、犯罪案件时应与审判机关、检察机关和执法部门互相配合、互相制约。《宪法》中融入和贯彻的权力监督和制约原则，全面地体现于《监察法》所确立的外部、异体监督机制和内部、自我监督机制之中。除《监察法》第 4 条第 2 款再次确认了《宪法》第 127 条第 2 款所规定的监察机关与审判、检察和执法机关互相配合、互相制约的情形外，《监察法》第 47 条第 3 款和第 4 款规定，检察机关有权将监察机关调查的案件退回补充调查、自行补充侦查或者依法作出不起诉决定，确立了检察机关在案件审查起诉环节对监察机关的监督。此外，《监察法》第 53 条第 1 款确立了人大及其常委会有权监督同级监察机关，第 54 条要求监察机关应依法公开监察工作信息并接受民主监督、社会监督和舆论监督，第 55 条要求监察机关应通过设立内部专门的监督机构等方式来加强监督监察人员执行职务和遵守法律的情况；第 65 条至第 67 条还规定了监察机关及其工作人员在实施违法、犯罪行为时所应当承担的包括行政责任、刑事责任和国家赔偿在内的各类法律责任。因此，我们也应当特别注意采取相应措施，以保证《宪法》在权力监督和制约方面对《监察法》的制约能够顺利地实现，这必然要求密切关注监察机关的权力运行过程。例如，有学者认为，在《宪法》及其确立的人民代表大会制度下，中共中央及其政治局、全国人大及其常委会、全国政协及其常委会、各民主党派、公民个人和公民群体等都有权监督监察机关及其工作人员。[1]

值得注意的是，在权力监督和制约方面，《监察法》的设计尚存有值得商榷之处。例如，《监察法》第34条第2款规定，在监察调查对象同时涉嫌严重的职务违法或职务犯罪与其他的违法或者犯罪时，一般应由监察机关为主调查，审判机关、检察机关、公安机关和审计机关等国家机关予以协助。这确立了监察机关的主导地位，使得对非职务违法、犯罪案件的监督和制约机制无法适用于同时具有职务违法、犯罪情形的案件。《监察法》第43条第1款规定，留置措施应由监察机关领导人员集体研究决定。其中，设区的市级以下监察机关采取留置措施应报上一级监察机关批准，省级监察机关采取留置措施则报国家监察委员会备案即可。这确立了监察机关采取留置措施的内部批准或者备案方式，使得具有与逮捕相同或相似严厉程度的留置措施避开了检察机关的外部监督。《监察法》第49条和第60条[2]规定，监察对象若对监察机关作出的涉及本人的处理决定不服，或者被调查人及其近亲属若认为监察机关及其工作人员在调查过程中存在违反法律法规、侵害被调查人合法权益的行为，只能在监察机关系统内部进行申请复审、复核或者申诉、复

[1] 童之伟．对监察委员会自身的监督制约何以强化［J］．法学评论，2017（1）：3.

[2] 《监察法》第49条规定："监察对象对监察机关作出的涉及本人的处理决定不服的，可以在收到处理决定之日起一个月内，向作出决定的监察机关申请复审，复审机关应当在一个月内作出复审决定；监察对象对复审决定仍不服的，可以在收到复审决定之日起一个月内，向上一级监察机关申请复核，复核机关应当在二个月内作出复核决定。复审、复核期间，不停止原处理决定的执行。复核机关经审查，认定处理决定有错误的，原处理机关应当及时予以纠正。"第60条规定："监察机关及其工作人员有下列行为之一的，被调查人及其近亲属有权向该机关申诉：（一）留置法定期限届满，不予以解除的；（二）查封、扣押、冻结与案件无关的财物的；（三）应当解除查封、扣押、冻结措施而不解除的；（四）贪污、挪用、私分、调换以及违反规定使用查封、扣押、冻结的财物的；（五）其他违反法律法规、侵害被调查人合法权益的行为。受理申诉的监察机关应当在受理申诉之日起一个月内作出处理决定。申诉人对处理决定不服的，可以在收到处理决定之日起一个月内向上一级监察机关申请复查，上一级监察机关应当在收到复查申请之日起二个月内作出处理决定，情况属实的，及时予以纠正。"

查，外部的监督和制约机制则付之阙如。监察机关的职务犯罪调查程序，实质上呈现出一种“线性结构”，即监察机关和被调查人之间形成调查与反调查的单向度关系，而缺乏客观、中立的第三方的介入、制衡和外部监督。虽然中国共产党的纪律检查机关可能在监察机关的职务犯罪调查程序中发挥相应的监督和制约作用，但基于两者合署办公的机构和人员安排，此类监督从根本上就难以避免自我监督和“既当运动员，又当裁判员”的情况。例如，1989 年《中共中央关于坚持和完善中国共产党领导的多党合作和政治协商制度的意见》明确要求“聘请一批符合条件和有专门知识的民主党派成员、无党派人士担任特约监察员、检察员、审计员和教育督导员等”[1]，2013 年《监察机关特邀监察员工作办法》（现已失效）确立特邀监察员制度，其目的均在于发挥外部民主监督和制约的相应作用。国家监察制度改革之后，2018 年 8 月 24 日中共中央纪律检查委员会、国家监察委员会联合印发的《国家监察委员会特约监察员工作办法》如何在监察工作中具体落实及特约监察员的作用如何不致虚化，仍然需要密切关注。

此外，中国纵向管理层级较多、横向组织分布较广，在乡（镇）一级治理体系中，乡（镇）人大、政府、党委、纪委往往联合办公且位处一地，普遍设有公办中小学、卫生院等单位。在村（社区）基层自治体系中，主任、副主任、委员及村民小组组长、副组长等均可根据法律或者授权行使相应的管理职权。但是，乡（镇）或村（社区）并未设立监察机关，如何确保国家监察体制改革在基层落到实处，从而实现监督的全覆盖、无死角、不留白并提高监督效率，也是在完善基层治理体系时所应当予以关注的实际问题。

3. 宪法对监察法的直接制约

《宪法》在整体价值和基本精神方面所确立的权利保障原则，对《监察法》的制定、贯彻和执行具有直接的制约作用。

---

[1] 王冠，任建明．特约（邀）监察员制度研究——基于规范性文件的考察与特邀监察员的实证分析［J］．学术界，2019（1）：117.

现代宪制理论认为，立宪的直接追求在于限制国家公权力，主张建立对公权力的监督和制约机制；立宪的根本追求则在于保障公民私权利，主张构建对私权利的保护和救济机制。《宪法》第二章规定了“公民的基本权利和义务”。其中，第33条规定了法律面前一律平等，国家尊重和保障人权，权利和义务对等等基本原则；第34条到第47条依次确立了选举权和被选举权，言论、出版、集会、结社、游行、示威的自由，宗教信仰自由，人身自由，人格尊严，住宅不受侵犯，通信自由和通信秘密，批评建议和申诉、控告、检举的权利，劳动权，休息权，退休后生活保障，获得物质帮助权，受教育权，科学研究、文学艺术创作和其他文化活动的自由等权利与自由。《宪法》规定的这些权利与自由，按照下位法服从上位法的原理，《监察法》应当在制定和执行过程中提供尽可能的全方位保障。

事实上，《监察法》在遵循法律保留原则和比例原则的前提下，特别关注到了对公民人身权利、财产权利等权利和自由的保障。例如，《监察法》第5条明确规定，国家监察工作“在适用法律上一律平等，保障当事人的合法权益”，维护了《宪法》第33条第2款的规定。《监察法》第24条第2款、第40条第2款和第44条第2款分别规定，由女性工作人员搜查女性身体，严禁侮辱、打骂、虐待、体罚或变相体罚被调查人和涉案人员，保障被留置人员的饮食、休息和安全，落实了《宪法》第38条对人格尊严的保护。《监察法》第49条和第60条规定了监察对象、被调查人及其近亲属的申请复审、复核或者申诉、复查的权利，贯彻了《宪法》第41条公民具有批评、建议和申诉、控告、检举等权利的规定。《监察法》第23条第2款和第25条第3款规定，冻结的财产和查封、扣押的财物、文件在查明与案件无关时，应当在3日内解除冻结、查封或扣押并予以退还，捍卫了《宪法》第13条第1款规定的“公民的合法私有财产不受侵犯”。

基于监察机关一身兼具行政权力、司法权力、党纪监督权力等各种权力的事实，其追求目标又是集中统一和权威高效，因而要特别注意监察权力的运行可能带来的对权利和自由的侵害。目前来看，《监察法》在权利保障方面的设计仍然存有值得商榷之处。例如，《宪法》第 37 条第 1 款规定，公民的人身自由不受侵犯，从正面整体确认了对公民人身自由保护的一般性原则；第 37 条第 2 款规定，非经检察院批准或决定或者法院决定并由公安机关执行，任何公民不受逮捕，从反面具体规定了逮捕这一剥夺公民人身自由的法定措施及其严格的法定程序。依据《监察法》第 44 条第 3 款，监察机关采取的留置措施，在严厉程度上足以与逮捕措施等量齐观，因为“留置一日折抵管制二日，折抵拘役、有期徒刑一日”。但是，2018 年《宪法修正案》并没有涉及《宪法》第 37 条，这使得《监察法》第 43 条赋予监察机关的留置权与《宪法》确立的权利保障原则存在衔接和协调不畅甚至是相互冲突的嫌疑。因为，留置权的行使无须检察院批准或者人民法院决定并由公安机关执行，而是由监察机关系统内部通过集体决定、上级批准或者备案等程序执行的，如何充分保障权利在受到监察权力运行过程侵害时的救济，就成为一个亟待解决的问题。

同样的情形，还存在于对公民通信自由和通信秘密权利的保护。《宪法》第 40 条后段规定，除因国家安全或追查刑事犯罪需要，由公安机关或检察机关依照法定程序检查通信外，任何组织或个人不得以任何理由侵犯公民的通信自由和通信秘密。而《监察法》第 28 条第 1 款语焉不详地规定，监察机关在调查涉嫌重大贪污贿赂等职务犯罪时，可以根据需要且经过严格的批准手续后采取技术调查措施，并按规定交付有关机关执行。一方面，监察机关显然不是公安机关或者检察机关，并没有明确获得《宪法》或《刑事诉讼法》所授予的检查通信的权力；另一方面，根据《监察法》对调查职权的安排，留置措施都可以由监察机关系统内部决定，那么对技术调查措施的采取，应当也可以在监察机关系统内部决定，但这样的推论似乎与《宪法》的相关规定不相协调且无法衔接。因此，有必要在未来的宪法、法律修正时予以调整或者进一步明确。值得注意的是，2021 年《监察法实施条例》第 153 条第 1 款将有权依法采取技术调查措施的“有关机关”细化规定为“公安机关或者国家有关执法机关”，符合中国现行法律制度体系的相关规定。

第二节　刑事诉讼法对监察法的制约与衔接

国家监察制度的改革与完善，涉及权力、司法、行政等国家机关和党的纪律检查机关的职权调整，倒逼《刑事诉讼法》等一系列法律法规的修正，是助力反腐败斗争和构建中国特色监察体制的顶层设计。[1]2018 年 10 月 26 日，第十三届全国人大常委会第六次会议审议通过《全国人民代表大会常务委员会关于修改〈中华人民共和国刑事诉讼法〉的决定》，该决定意图解决的核心问题是：《监察法》通过后，2012 年《刑事诉讼法》第 18 条赋予检察机关的"贪污贿赂犯罪、国家工作人员的渎职犯罪"的立案和侦查职权转隶至新组建的监察机关，刑事诉讼程序和监察程序如何有机衔接和协调运行，以维护法律制度体系的统一性并最终实现保障人权和打击犯罪相得益彰的法治追求。这涉及两法的制约与衔接两个方面的问题。[2]

一、刑事诉讼法对监察法的制约

刑事司法过程涉及生杀予夺等对公民重要权利的消减及保障事宜，《刑事诉讼法》对犯罪嫌疑人和被告人基本权利的保障必须与《宪法》具有"合致性"[3]，因而常被称作"实践中的宪法""小宪法"或"宪法测震仪"。监察

❶ 该节部分内容业已修订发表，参见郭世杰．论刑事诉讼法和监察法的制约与衔接［J］．江汉学术，2022（4）：5–14.

❷ 《刑事诉讼法》对《监察法》的制约，并没有达到"控制"的程度。有学者在论述宪法与普通法律的关系时使用了"控制"一词："宪法不仅是法，而且是'更高的法（Higher Law）'，因为它比普通法律具有更高的效力，并控制着普通法律的意义和解释"。参见张千帆．宪法学导论：原理与应用［M］．北京：法律出版社，2004：5.

❸ 林钰雄．刑事诉讼法：上册［M］．北京：中国人民大学出版社，2005：18.

机关的权力运行，尤其在涉及公职人员犯罪案件的管辖、立案和侦查等事项时，就当然地具有了刑事司法的实质属性，必然产生《刑事诉讼法》和《监察法》的制约与衔接问题。但《监察法》极为有限的条文数量，显然无法在刑事程序、证据标准等方面作出如《刑事诉讼法》那般翔实的规定，实际运作也往往需要直接或者间接"借用"《刑事诉讼法》的相关文本规范并在法条的规范含义和解释适用等层面接受《刑事诉讼法》的制约，这就决定了《刑事诉讼法》对《监察法》的制约具有法律制度体系内的正当性。

（一）刑事诉讼法对监察法制约的正当性

现代刑事诉讼理论，根据各国刑事诉讼目标的不同侧重和过程的不同特征，概括提炼出正当程序（due process）与犯罪控制（criminal process）两种刑事诉讼模式。[1]其中，前者主张，对任何人判决有罪必须遵循符合民意、经民主程序制定并且符合宪法及相关宪法性法律在权力制约和人权保障等方面要求的程序，程序公正和权利保障是优先于犯罪制裁与控制的第一位追求目标；后者则认为，最重要的是制裁与控制实际发生的犯罪，在这一过程中，如果同时实现了程序公正和人权保障则属于锦上添花，即便这种实现带有瑕疵也无伤大雅，因为犯罪控制的第一位目标已经完成。事实上，正当程序和犯罪控制的刑事诉讼模式只是理想意义上的高度抽象，现代各国的刑事诉讼制度更多的是对两种模式不同程度与比例的调和。

中国的监察制度改革，如果更多地倾向于犯罪控制思维，主张对腐败的斗争不仅要取得"压倒性的胜利"，还应当予以彻底消灭，就会特别看重监察制度的改革和《监察法》的制定，这是出于巩固和保障党的十八大以来反腐败斗争成果的追求，是贯彻和落实党中央建立集中统一、权威高效的监察体制的伟大战略决策和具体行动部署，从而相对严厉地限制作为《监察法》调整对象的国家公职人员的权利保障力度，并且理所当然地认为对公职人员

[1] HERBERT L PACKER. The Limits of the Criminal Sanction [M]. Stanford: Stanford University Press, 1968: 147-168.

的权利保障力度应当弱于作为《刑事诉讼法》调整对象的普通民众，以更加有效地控制腐败、渎职等职务犯罪。如果比较侧重于正当程序思维，主张程序正义是实现犯罪控制的必要前提，就会认同，刑事诉讼过程中对《监察法》调整的公职人员的权利保障力度，毫无疑问地应当与《刑事诉讼法》调整的普通民众相同，《监察法》因而应当在价值追求上与《刑事诉讼法》保持高度的契合，在权利保障和犯罪控制的目标产生矛盾时以权利保障为优位选择，进而认同《刑事诉讼法》的制度安排，接受其具体规范的制约。

就一般法和特别法的原理而言，作为特别法的《监察法》应当在有关职务犯罪的一般性事项方面与作为一般法的《刑事诉讼法》的相关规定保持一致。因为《监察法》和《刑事诉讼法》均为全国人大审议通过的基本法律，具有相同的法律位阶，所以高位阶优先于低位阶的法律适用规则就失去了发挥作用的空间。因此，《监察法》对贪污贿赂、渎职等职务犯罪案件的处理并不能够当然地排斥《刑事诉讼法》的制约及适用可能。具体来说，《刑事诉讼法》能够管辖所有个人或单位实施的涉嫌犯罪的刑事案件，而《监察法》只能管辖公职人员涉嫌贪污贿赂、渎职的刑事案件。根据《刑事诉讼法》第 19 条第 2 款规定，司法工作人员利用职权实施的非法拘禁、刑讯逼供和非法搜查等侵犯公民权利与损害司法公正的犯罪，以及需要由检察院直接受理的国家机关工作人员利用职权实施的重大犯罪案件，在经省级以上检察院决定后，均可由检察院立案侦查，从而适用《刑事诉讼法》的相关规定。在这个意义上，若《监察法》没有对涉嫌贪污贿赂、渎职犯罪的监察案件的具体处理作出相关规定，基于此类案件本质上属于刑事诉讼的范畴，因而在具体适用法律时则应当以《刑事诉讼法》为参照或依据。

《立法法》第 92 条规定，同一机关制定的法律，相对于一般规定和旧规定，应当优先适用特别规定和新规定。那么，作为特别法和新法的《监察法》，在处理监察案件时就具有原则上的适用优先性。但是，在《刑事诉讼法》和《监察法》的规定存在相互矛盾、直接冲突等情形时，机械地一律优先选择《监察法》作为适用依据，在理论上仍然存在值得商榷的空间。基于“符合法律的宪法解释”原理[1]，要求对基本权利的限制均应遵循法律保留原则。此时，立法的过程实质上就是法律对基本权利的限制条件进一步具体化的过程，因而也形成了通过法律来解释和确定《宪法》限制基本权利条款的内涵和范围的路径。也正是在这个意义上，可以通过查询和解释相关法律的规定，来反向推断、说明和确定《宪法》基本权利限制条款的具体内涵。例如，《宪法》第130条规定，法院审理案件时被告人有权获得辩护。该抽象性规定在《刑事诉讼法》第34条第1款被细化阐释为：“犯罪嫌疑人自被侦查机关第一次被讯问或采取强制措施之日起，有权委托辩护人；在侦查期间，只能委托律师作为辩护人。被告人有权随时委托辩护人。”由此可见，根据宪法制定的《刑事诉讼法》，在辩护事项的具体规定方面明显更宽松于《宪法》的原则性规定。一方面，获得辩护的权利人范围，从被告人扩展到犯罪嫌疑人和被告人；另一方面，获得辩护的诉讼阶段，从审判程序扩展到侦查机关第一次讯问或采取强制措施之日起的几乎整个刑事诉讼阶段。但是，《刑事诉讼法》的此类扩张式、拓展性规定并不违宪，而是在《宪法》精神的指导下，依据“尊重和保障人权”的要求，作出的合乎逻辑且契合宪法发展方向的对基本权利限制条款的内涵、范围的具体化。基于此，尽管《监察法》中并未明确规定涉嫌贪污贿赂、渎职犯罪的被调查人在被留置期间获得辩护的权利，但考虑到作为一般法的《刑事诉讼法》的具体规定及“符合法律的宪法解释”原理，在具体司法运作过程中，似乎应当赋予被留置人相应程度的辩护权利。因为，刑事诉讼程序是国家行使刑罚权的唯一途径，监察机关若要行使对贪污贿赂、渎职犯罪案件的求刑权，同样应当受到刑事诉讼基本法律和具体规则的制约。

（二）刑事诉讼法对监察法制约的具体运用

就刑事立法原理而言，可以将上述《刑事诉讼法》对《监察法》的制约

[1] 吴庚．政法理论与法学方法［M］．北京：中国人民大学出版社，2007.

解释为：立法机关出于避免重复性规定、节约立法资源等考虑，在国家监察立法时采取了这样的立场，即默认监察案件处理中的证据收集、固定、审查和运用等事项与刑事诉讼程序中的相关规定保持一致。因为，仅有69个条文的《监察法》对程序事项的规定，显然无法与篇幅达到308条的《刑事诉讼法》及其数千条的配套司法解释所规定的刑事诉讼程序在完整性、严密性方面等量齐观，因而无法在所有的监察程序事项上面面俱到。

值得注意的是，《刑事诉讼法》对《监察法》的制约，在监察机关行使实质上具有司法权性质的调查权力时，得到了最为明显和直接的具体运用。首先，在证据种类方面，《刑事诉讼法》第50条第1款和第2款规定，证据是证明案件事实的材料，包括物证，书证，证人证言，被害人陈述，犯罪嫌疑人、被告人供述和辩解，鉴定意见，勘验、检查、辨认、侦查实验等笔录，视听资料、电子数据8个种类；而《监察法》并没有对证据作出相应的概念界定或者种类划分，只是在第33条第1款规定，监察机关收集的物证、书证、证人证言、被调查人供述和辩解、视听资料、电子数据等证据材料可以在刑事诉讼中作为证据使用，基本接受了《刑事诉讼法》对证据种类的相关规定。

其次，在证据标准问题上，《监察法》第33条第2款更是明确规定，监察机关收集、固定、审查和运用证据应当与刑事审判关于证据的要求和标准相一致。[1] 而且，尽管公职人员贪污贿赂犯罪案件由监察机关调查并移送检察机关提起刑事公诉，但根据《刑事诉讼法》第291条，此类案件的犯罪嫌疑人、被告人在境外且监察机关移送起诉时，检察院审查后作出起诉的标准仍然是“犯罪事实已经查清，证据确实、充分，依法应当追究刑事责任”。这就意味着，监察机关对贪污贿赂犯罪案件调查终结和移送起诉的标准，与

[1] 有观点认为，《监察法》第33条第2款的规定，是指“应当遵循”或“准用”《刑事诉讼法》的相关规定；监察机关不是《刑事诉讼法》中的国家机关，但却参照《刑事诉讼法》的规定来规范自我取证行为，是类推适用的具体体现。参见王一超．论《监察法》与《刑事诉讼法》适用中的程序衔接［J］．法治研究，2018（6）：33-47.

公安机关侦查终结的案件一样，均一体无差地遵循《刑事诉讼法》所确定的“犯罪事实清楚，证据确实、充分”。

最后，《监察法》第33条第3款大致确立了非法证据排除规则，但并未具体解释何为以“非法方法”收集的证据，也未详细说明应当遵守何种程序来排除非法证据作为案件处置的依据。从善意解释法律的角度出发，这实属立法者有意不在《监察法》中叠床架屋地再搭建一套监察证据制度，而是选择让法律适用者全面借用《刑事诉讼法》及其司法解释中的相关规定进行处理。

实际上，《监察法》中还存在着许多规定，如同前述证据种类、证据标准和非法证据排除规则等事项一样，同时存在于《刑事诉讼法》之中。按照法的统一原理，在同一法律制度体系内所使用的相同概念术语或固定表述应当具有相同或者至少相近的内涵。这就意味着，出现在《刑事诉讼法》及其司法解释和相关规定中的概念术语或固定表述所具有的含义，同样可以直接运用到包含该概念术语或固定表述的《监察法》之中。例如，《监察法》第24条第1款赋予监察机关搜查涉嫌职务犯罪的被调查人与可能隐藏被调查人或犯罪证据的人的身体、物品、住处和其他有关地方的权力；第41条第1款再次提及监察机关的调查人员有权采取搜查等调查措施。但整体评价，这两个条款对搜查的规定既不具体，也不全面：既没有规定紧急情况下的无证搜查程序，也没有规定哪些主体应当在搜查笔录上签名或盖章，还没有规定被调查人或其家属在逃或者拒绝签名、盖章时的相应程序。此时，《刑事诉讼法》第136条到第140条共计5个条文的规定及其相关司法解释，可以直接为同样规定有搜查措施的《监察法》所借用。此外，《监察法》第25条及以下条文中提及了调取、查封、扣押、勘验检查、鉴定、采取技术调查措施、讯问和询问等一系列调查措施，但并没有对其实施程序作出详细规定，同样可以参照《刑事诉讼法》中规定的与上述调查措施相同或者近似的概念术语或固定表述予以适用。同理，《刑事诉讼法》中规定了拘传、取保候审、监视居住、拘留和逮捕5种涉及人身自由的强制措施，而《监察法》中只规定了留置措施1种强制措施，虽然在概念术语或固定表述方面略有不同，但就剥夺人身自由的期限、力度等实质内容而言，留置与逮捕具有相同或者高度相似的内涵。因此，对《监察法》中留置措施的适用存有疑问时，应当参照《刑事诉讼法》及其司法解释对逮捕的相关规定。值得注意的是，在参照《刑事诉讼法》及其司法解释等国家法律和《纪律检查机关案件检查工作条例》及其实施细则等党内法规的基础上制定出台的《监察法实施条例》第四章"监察权限"，在很大程度上解决了上述问题。

在《刑事诉讼法》对《监察法》制约的具体运用过程中，要特别注意秉持的一个核心原则是存疑时应始终坚持有利于被调查人，即不能任意减损被调查人在条文语义范围内所可能具有的权利和利益，不能肆意扩张监察机关的权力，也不能肆意扩大监察机关对被调查人及相关参与人的干预范围，否则就应当禁止这种具体运用。例如，《监察法》第25条规定，监察机关可以在调查过程中调取、查封和扣押用以证明被调查人涉嫌违法犯罪的财物、文件、电子数据等信息，但并没有规定哪些部门或者人员可以作出这些决定及作出此类决定的相应程序。第28条第1款规定，监察机关可以在调查涉嫌重大贪污贿赂等职务犯罪时根据需要且经过严格的批准手续来采取技术调查措施，但问题在于如何解释"严格的批准手续"。该"严格的批准手续"是指本级监察机关或者上一级监察机关的内部批准，还是由检察机关或审判机关等外部批准，有待商榷。第44条第2款规定，监察机关应当保障被留置人员的饮食、休息、安全和医疗服务并合理安排讯问时间和时长。那么，被留置人员的饮食、休息、安全和医疗服务应当保障到什么程度，如何确定讯问时间点和时间段的安排是合理的？对上述疑问的合法解释与合理解答，只有在接受和认同《刑事诉讼法》对《监察法》制约的前提下，坚持存疑时有利于被调查人的原则，才能合乎逻辑地得出。

同样值得关注的是，在统一的中国法律制度体系中，《监察法》还会受到其他法律的制约和监督。例如，《中华人民共和国审计法》第18条规定："审计机关对本级各部门（含直属单位）和下级政府预算的执行情况和决算以及其他财政收支情况，进行审计监督。”虽然该条并未明确将监察机关列入审计监督的对象范围，但可以将其理解为“对所有公权力机关的审计监督授权”[1]，即使是在该法制定之后才成立的监察机关，也应当接受审计机关的审计制约。

二、刑事诉讼法与监察法的衔接

基于构建集中统一、权威高效的国家监察体制的目标，《监察法》第 4 条第 1 款赋予监察机关依照法律规定行使监察权的独立地位；但考虑到其在办理职务犯罪案件时与司法机关和执法机关的密切联系，又在第 2 款规定了监察机关应当与审判机关、检察机关和执法部门互相配合、互相制约；考虑到其与“有关机关和单位”的密切联系[2]，还在第 3 款赋予监察机关要求依法提供协助的权力。在《监察法》出台、《刑事诉讼法》修正和相关司法解释颁布后，监察和刑事诉讼领域初步实现了在实体工作、程序事项等方面的两法衔接。

在管辖方面，《监察法》第 11 条第 2 项和第 3 项规定，监察机关有权调查涉嫌贪污贿赂、滥用职权、玩忽职守、权力寻租、利益输送、徇私舞弊和浪费国家资财等职务犯罪并将调查结果移送检察院审查起诉。《刑事诉讼法》则在删除检察机关对此类案件管辖权的同时，还在第 19 条第 1 款和第 2 款进一步明确，法律另有规定时，刑事案件的侦查可以不由公安机关负责，并且检察院可以侦查由司法工作人员利用职权实施的非法拘禁、刑讯逼供和非法搜查等侵犯公民权利与损害司法公正的犯罪。这意味着，检察机关对刑事

---

[1] 范忠信．监督制约是新监察权超越传统暨法治升华的关键［J］．宁夏党校学报，2019（1）：21.

[2] 根据《监察法实施条例》第 9 条，“有关机关和单位”主要是指在监察工作可能涉及的组织人事、公安、国家安全、审计、统计、市场监管、金融监管、财政、税务、自然资源、银行、证券和保险等，它们可以“协助采取有关措施、共享相关信息、提供相关资料和专业技术支持”。

案件的侦查权，并非全部转隶至监察机关，而是保留了对部分直接受理案件的立案管辖权，并且在监察机关管辖更为合适时视情况将案件的全部或者一部移送至监察机关，还可以在监察机关商请的情况下派员介入监察机关职务犯罪案件的办理。这在《人民检察院刑事诉讼规则》第 2 条、第 13 条、第 17 条和第 256 条均有相应规定。

在审查起诉和强制措施方面，《刑事诉讼法》第 170 条第 1 款、第 2 款和《人民检察院刑事诉讼规则》第 146 条、第 147 条也大体作出了与《监察法》相互衔接的规定：检察院对监察机关移送起诉的案件，认为需要补充核实的，应当退回补充调查或者必要时自行补充侦查；对其中已采取留置措施的案件，检察院应当先行拘留犯罪嫌疑人以自动解除留置措施，并依法作出是否逮捕、取保候审或监视居住的决定；对其中未采取留置措施的案件，检察院则可以视情况作出相应的强制措施决定。[1] 在涉案财物处置方面，《监察法》第 46 条后段规定，监察机关经调查，对涉嫌犯罪取得的财物应当随案移送检察院；《刑事诉讼法》第 177 条第 3 款规定，检察院决定不起诉的案件，应当同时解除对侦查中所涉财物的查封、扣押和冻结。此外，在回避、认罪认罚从宽、刑期折抵、赃款追缴和录音录像等方面，《监察法》也参照《刑事诉讼法》的相关制度、标准和程序，作出了协调一致的规定。但是，在具体工作过程中，如在立案、证据和时效等问题上，《刑事诉讼法》和《监察法》仍然存在着值得深入研究的衔接与协调问题。

---

[1] 甚至，《人民检察院刑事诉讼规则》第 344 条还明确规定："对于监察机关移送起诉的案件，具有下列情形之一的，人民检察院可以自行补充侦查：（一）证人证言、犯罪嫌疑人供述和辩解、被害人陈述的内容主要情节一致，个别情节不一致的；（二）物证、书证等证据材料需要补充鉴定的；（三）其他由人民检察院查证更为便利、更有效率、更有利于查清案件事实的情形。自行补充侦查完毕后，应当将相关证据材料入卷，同时抄送监察机关。人民检察院自行补充侦查的，可以商请监察机关提供协助。"

（一）立案程序上的衔接

在监察程序中，如何界定刑事立案（即监察机关对监察对象涉嫌职务犯罪情形的立案，是否等同于公安机关和检察机关对刑事案件的立案）尚悬而未决。因为，刑事立案是刑事诉讼进程中的一个重要时间节点，直接关系着强制措施适用、案件性质和当事人身份的转变。《刑事诉讼法》中的立案意味着侦查对象成为"犯罪嫌疑人"；而《监察法》第 39 条第 1 款在规定了监察机关应当依照权限和程序办理立案手续的条件之后，仍然在第 3 款将立案的调查对象称为"被调查人"而非"犯罪嫌疑人"。从"侦查"与"调查"严格区分使用的角度来看，似乎监察立案与刑事立案并不等同。也正因如此，刑事诉讼法在监察制度改革前后对"侦查"一词的界定有了明显改变：从 1979 年、1996 年、2012 年《刑事诉讼法》相关条款所规定的"专门调查工作和有关的强制性措施"，修改为 2018 年《刑事诉讼法》第 108 条第 1 项的"收集证据、查明案情的工作和有关的强制性措施"。[1]但问题在于，监察立案若非刑事立案，那么，在法律逻辑上就无法自圆其说。一方面，《监察法》第 45 条第 1 款第 4 项规定，监察机关将案件移送检察院审查起诉的条件是"被调查人"涉嫌职务犯罪且监察机关经调查认为"犯罪事实清楚，证据确实、充分"，这一标准与公安机关将刑事案件移送检察机关审查起诉和检察机关负责刑事检察工作的专门部门将刑事案件移送审查起诉部门的标准完全一致。另一方面，如果不将监察立案视同刑事立案，监察机关在立案和调查终结后，案件即被移送到检察机关审查起诉，从刑事诉讼的整体流程来

[1] 1979 年《刑事诉讼法》在第 58 条第 1 项将"侦查"界定为："公安机关、人民检察院在办理案件过程中，依照法律进行的专门调查工作和有关的强制性措施"，此后的 1996 年《刑事诉讼法》第 82 条第 1 项和 2012 年《刑事诉讼法》第 106 条第 1 项，均未作任何变动。但是，2018 年《刑事诉讼法》第 108 条第 1 项则将"侦查"重新界定为"公安机关、人民检察院对于刑事案件，依照法律进行的收集证据、查明案情的工作和有关的强制性措施"。

看，明显缺少一个明确的刑事立案环节。[1]因此，尽管《监察法》并未明确监察立案的性质，但从其与《刑事诉讼法》的衔接和协调的意义上，应当将监察对象涉嫌职务犯罪情形的监察立案视同刑事立案，从而得出监察案件移送检察机关审查起诉之前也可以并且应当适用《刑事诉讼法》的判断。

另外，监察程序中将立案调查决定向相关组织通报和社会公开发布的做法是否妥当，也值得商榷。《监察法》第39条第3款规定："立案调查决定应当向被调查人宣布，并通报相关组织。涉嫌严重职务违法或者职务犯罪的，应当通知被调查人家属，并向社会公开发布。"《监察法实施条例》第184条，也作出了大致相同的规定。而此时，按照司法最终裁决权和以审判为中心的刑事司法改革的相关要求，该条款规定实际上不可避免地带有未审先判、有罪推定的嫌疑，往往会造成媒体、民众舆论对司法审判的不当压力和干涉。

对此，中华民国时期，孙中山先生"五权宪法"所设计的监察院在最初付诸实践时，就采取了在报纸上公布监察委员的弹劾案的做法，而且弹劾案的公布面向全国范围并且往往涉及弹劾的具体事实和事情经过，弹劾对象出于为自己辩解也会撰文公开反驳，监察委员时而会再次反驳，如此反复。例如顾孟余案，《申报》于1934年6月29日全文刊登了监察委员刘侯武的弹劾、杨天骥等3位委员的审查报告和监察院向国民政府的呈文。同年7月11日，中央政治会议第416次会议通过《关于监察院弹劾案等三项办法》，明确规定"监察院弹劾案原文与被弹劾人申辩书及一切有关该案的内容、消息，非经受理本案之机关决定公布以前，概不得披露"[2]，后被中央政治会议第431次会议修订为"弹劾案移付惩戒之后，应由受理机关将弹劾文与被弹

---

[1] 此外，"侦查"与"调查"在英美法系和大陆法系的刑事诉讼中往往没有严格的区分，而统称为Investigation。参见霍恩比，等.牛津高阶英汉双解词典：缩印版［M］.9版.李旭影，等译.北京：商务印书馆，2018：1151.因此，对应地，Investigation of Crime也可以翻译为"犯罪侦查"或"犯罪调查"。

[2] 中国第二历史档案馆.国民党政府政治制度档案史料选编：上册［M］.合肥：安徽教育出版社，1994：316.

劾人之申辩书同时发表”。

（二）证据认定上的衔接

如前所述，基于《刑事诉讼法》对《监察法》的制约及其具体运用，刑事诉讼程序和监察程序中的证据在种类，特征和标准，收集、固定、审查和运用等方面存在着较高程度的一致性。例如，《监察法》中的“被调查人供述和辩解”与《刑事诉讼法》中的“犯罪嫌疑人、被告人供述和辩解”大体对应。《监察法》中的证据，同样应当完全具备刑事证据所要求的合法性、真实性和关联性等三个特征。也正是诸多一致之处的存在，决定了监察程序中的证据具有在刑事诉讼程序中使用的可能性。

但是，也应当看到监察机关非公安、司法机关，在调查刑事案件时，监察机关与检察机关的关系，也不能完全等同于公安机关与检察机关的关系。事实上，《监察法》中的证据与《刑事诉讼法》中的证据分别存在于两个不同性质的阶段，前者是由监察机关主导的监察阶段，后者则是由公检法分工负责、互相配合和互相制约的刑事诉讼阶段，当然，在证据的收集、固定、审查和运用等方面有所区别。例如，监察阶段的证据收集活动是基于监察权能，由监察机关及其工作人员为主导，公检法等机关和单位予以协助；刑事诉讼阶段的证据收集活动则是基于司法权能，由公检法及其工作人员为主导，其他机关和单位予以协助。再如，监察阶段的证据运用，主要是为了查明被调查人是否具有贪污贿赂、滥用职权、玩忽职守、权力寻租、利益输送、徇私舞弊和浪费国家资财等职务犯罪事实；刑事诉讼阶段的证据运用，除了查明犯罪事实外，还包括检察机关审查监察机关提供的调查结果以决定是否提起公诉并进入审判程序。此外，《监察法》第 11 条规定：“监察委员会依照本法和有关法律规定履行监督、调查、处置职责：……（三）对违法的公职人员作出政务处分；对履行职责不力、失职失责的领导人员进行问责；将涉嫌职务犯罪案件的，将调查结果移送检察院依法审查、提起公诉；向监察对象所在单位提出监察建议。而公检法则可以依据刑事诉讼中侦查、起诉和审判等各个具体阶段的证据情况，决定案件是否能够顺利地进入下一个程序。

因此，虽然监察阶段的证据与刑事诉讼阶段的证据在外在表现、内在要求等方面具有较高程度的相同之处，但基于程序性质及本质的不同，仍然需要经过审查、转换等必要的处理，才能顺畅地运用于刑事诉讼之中。一方面，证据基于自身的特定性而鲜明地具有时空性特征，而司法机关由于管辖权的限制无法介入监察程序，这就要求在最初开始对公职人员涉嫌职务犯罪案件进行调查的监察阶段里，就必须开始收集和固定相关证据，否则会引发证据灭失、破坏等不可挽回的损失。另一方面，监察机关调查的公职人员涉嫌职务犯罪案件，在需要向检察机关移送起诉时，必然需要将收集、固定的案件证据一同移送。而根据《刑事诉讼法》第 170 条第 1 款、第 171 条第 1 项和《监察法》第 47 条第 3 款，检察院在审查案件时，必须审查整个案件是否存在需要补充核实的地方，必须查明“证据是否确实、充分”，即监察阶段的证据在程序上必须经过刑事诉讼阶段中检察机关的审查和判断，才能转换为刑事诉讼中的证据使用。

这就意味着，基于监察程序和刑事诉讼程序在性质上的不同，应当特别注意立法机关分别对监察机关和公检法机关的角色设定和职责定位，不能让监察机关与公检法机关之间出现职能混同或者越俎代庖等情形，坚持在公职人员涉嫌职务犯罪的案件调查程序中，依据《监察法》所确定的标准来审查和评价证据。在案件移送到检察机关进入审查起诉、审判等程序时，依据《刑事诉讼法》所确定的标准来审查和评价证据。但是，如何从理论和逻辑层面诠释这种现象？有文章提出了“程序二元、证据一体”的理论模型。[1] “程序二元”是基于监察权在本质上并不是单纯的行政权力或司法权力，而是一种并列的、独立的国家权力，在刑事诉讼制度的安排上，监察机

---

[1] 李勇.《监察法》与《刑事诉讼法》衔接问题研究——“程序二元、证据一体”理论模型之提出[J].证据科学，2018（5）：52-65.

关和监察权力与司法机关和司法权力之间“二元并列”。“证据一体”则是指监察阶段证据的收集、固定、审查和运用等事项，根据《监察法》第33条的规定，是按照《刑事诉讼法》的标准进行的，两者之间具有一致性，这也是在二元的程序中证据却能相互转换的重要依据。例如，在非法证据排除事项上，虽然《刑事诉讼法》和《监察法》均有所规定，但评价标准同样应当基于“程序二元”的本质而有所不同。刑事诉讼原理一般认为，非法证据排除规则更多地体现了程序正当、权利保障和权力制约等价值追求，并且以放弃一定限度内的犯罪控制、终极正义等目标为代价。那么，考虑到监察体制集中统一、权威高效的设计理念，以及公检法等机关和辩护方实际上很难介入相对封闭的监察程序的现状，应当认定在非法证据排除事项上，《监察法》所确定的标准要宽松于《刑事诉讼法》所确定的标准，即《监察法》未认定为非法证据的证据在理论上有可能被《刑事诉讼法》判定为非法证据。因此，在监察程序转为刑事诉讼程序之时，检察机关应当对证据是否属于非法证据重新审查，以确保非法证据排除规则在刑事诉讼阶段的彻底贯彻。这一点，在《人民检察院刑事诉讼规则》第74条已有简略规定：“人民检察院认为可能存在以刑讯逼供等非法方法收集证据情形的，可以书面要求监察机关或者公安机关对证据收集的合法性作出说明。说明应该加盖单位公章，并由调查人员或者侦查人员签名。

如何判断一个时间节点是监察阶段还是刑事诉讼阶段，或者对证据的评价标准应当依据《监察法》还是《刑事诉讼法》，则是另一个值得研究的问题。一般来说，监察机关对公职人员涉嫌职务犯罪案件的调查、处置和收集证据等行为，是在依据《监察法》履行监察职责；监察机关调查终结将案件移送到检察机关并由后者予以立案时，则是检察机关在依据《刑事诉讼法》履行案件审查职责，此时已经进入刑事诉讼阶段，对证据的评价标准也应当转而遵循《刑事诉讼法》的相关规定。在特殊情形下，则需要根据具体法条的规定进行具体分析。例如，《监察法》第47条第3款规定，检察院在审查监察机关移送的案件后认为需要补充核实的，应当退回监察机关补充调查或者必要时自行补充侦查；《人民检察院刑事诉讼规则》第344条还规定了检察院自行补充侦查的3种情形。检察机关将案件退回监察机关补充侦查，在性质上仍然属于刑事诉讼中审查起诉阶段的补充侦查，目的在于补充证据后作出提起公诉与否的决定，对证据的评价标准也应当依据《刑事诉讼法》而非《监察法》。因为，程序的主导方已经由监察机关转换为检察机关；而且，《监察法》第47条第1款也明确规定，检察院应当依照《刑事诉讼法》对被调查人采取强制措施，而不是随着案件的退回补充侦查重新由监察机关将相应的刑事强制措施变更为留置措施，这一点在《刑事诉讼法》第170条第2款中也有明确规定。但是，《国家监察委员会与最高人民检察院办理职务犯罪案件工作衔接办法》第39条规定，补充调查以2次为限，补充调查结束后需提起公诉时应由国家监察委员会重新移送最高人民检察院；而并未明确，对补充调查2次仍未达到事实清楚且证据确实充分或者补充调查结束后不需要提起公诉的情形，应当由监察机关还是检察机关作出相应处理。对此，《监察法实施条例》第227条第3项作了有更为具体的规定，监察机关在犯罪事实的认定出现重大变化，从而认为不应追究被调查人的刑事责任时，经过审批后，应当重新提出处理意见，将处理结果书面通知检察院并说明理由。这一规定，是否暗示了案件退回补充侦查时的程序主导方仍然是监察机关的立场，使案件查办程序从审查起诉阶段重新彻底回到案件调查阶段，值得商榷。

（三）时效适用上的衔接

追诉时效，直接关系着国家惩罚犯罪的求刑权能否顺利实现。《刑法》第87条以法定最高刑为标准作出规定，犯罪分别经过5年、10年、15年、20年的，不再追诉；20年以后仍需追诉的，须报请最高人民检察院核准，该规定直接约束着《刑事诉讼法》及相关司法解释所确立的整个刑事诉讼过程。《监察法》并没有明确规定监察机关应当遵守追诉时效，而只是在第45条第1款第4项简单地规定，监察机关在调查涉嫌职务犯罪的案件之后认为犯罪事实清楚并且证据确实、充分的，应当制作起诉意见书并连同案卷材料和证据移送检察院审查起诉。

但可以明确的是，监察机关在调查公职人员涉嫌职务犯罪案件时，实质上具有刑事侦查机关的内涵与特点，应当遵守追诉时效的限制，以更好地维护刑事法律制度体系的统一性，解决《刑事诉讼法》《刑法》《监察法》在追诉时效衔接方面的问题。否则，就会出现公职人员的职务犯罪不受任何追诉时效的限制，在超出《刑法》规定的追诉时效之后，仍然可以被监察机关启动调查程序并在调查终结后移送检察机关审查起诉，以及在审查起诉之后继续被定罪、判刑和执行刑罚。对于被调查人来说，这无疑违背了刑法面前人人平等的刑事司法基本原则。因为，犯罪人在犯罪后的很长时间都没有再次犯罪，就可以推测其已经从善，从而失去惩罚的必要性；对犯罪事实的认定和处以刑罚是以证据为前提的，如果刑事调查处于长时间的空档期，则会导致证据由于时间的流逝而消亡，案件处理也无法取得公正的效果；犯罪人在实施犯罪后虽未受到刑事追究，但长时间的躲避和恐惧所造成的痛苦效果，与真实的施加刑罚并无异处，追诉的意义不大。对此，贝卡里亚指出，惩罚犯罪的刑罚越是迅速和及时，就越是公正和有益；犯罪和刑罚之间的时间隔得越短，在人们心中，犯罪与刑罚这两个概念的联系就越突出、越持续；推迟刑罚尽管也给人以惩罚犯罪的印象，然而，它造成的印象不像是惩罚，倒像是表演。[1]那么，以规制公职人员腐败和渎职为直接目标的《监察法》，也应当追求对腐败和渎职犯罪的及时防治，这样才能最大程度地取得惩治和预防的最佳法律与社会效果。

值得注意的是，《监察法》第 47 条第 4 款前段明确规定，检察院认为监察机关移送起诉的案件存在《刑事诉讼法》规定的不起诉情形的，应当经上一级检察院批准后作出不起诉决定。而《刑事诉讼法》第 170 条第 1 款前段确立了检察院有权依法审查监察机关移送起诉的案件，第 171 条第 3 项规定

---

[1] 具体参见“刑罚的及时性”一章的相关论述，切萨雷·贝卡里亚．论犯罪与刑罚［M］．黄风，译．北京：北京大学出版社，2008：47-48.

检察院在审查案件时须查明是否不应追究刑事责任，第 177 条第 1 款和第 2 款则规定检察院对犯罪嫌疑人没有犯罪事实或者有《刑事诉讼法》第 16 条规定情形的应当作出不起诉决定，对犯罪情节轻微且无须判处刑罚或免除刑罚的可以作出不起诉决定。《刑事诉讼法》第 16 条第 2 项明确规定，在犯罪已过追诉时效期限时不应追究刑事责任，已追究的应撤销案件、不起诉、终止审理或者宣告无罪。因此，在《刑法》和《刑事诉讼法》没有对公职人员的贪污贿赂犯罪、渎职犯罪作出追诉时效的除外适用条款时，即便监察机关将超过追诉时效的公职人员涉嫌职务犯罪案件移送检察机关审查起诉，检察机关也应当遵守刑事法律关于追诉时效的规定而作出不起诉的决定。

同理，刑事法律制度体系中关于追诉时效的延长、计算起点和中断等特殊情形的处理规则，也应当适用于检察机关对监察机关移送案件是否超过追诉时效的审查。《刑法》第 88 条和第 89 条分别规定了追诉期限的延长、计算与中断，监察机关依据《监察法》启动的刑事案件调查，也应当适用同样的处理规则。在监察机关立案调查以后逃避调查的，或者被害人在追诉期限内提出控告而监察机关应当立案却不予立案的，不受追诉期限的限制；犯罪行为没有连续或者继续状态的，追诉期限从犯罪之日起计算，有连续或者继续状态的，从犯罪行为终了之日起计算；被调查人在追诉时效期间又犯新罪的，前罪追诉的期限从犯后罪之日起计算。这样才能保证《监察法》与《刑法》《刑事诉讼法》在时效衔接方面实现平衡，避免诸多悖论现象的发生。[1]

当然，我们并不否认，根据《监察法》强化监督公职人员、实现国家监察全面覆盖、深入开展反腐败工作和推进国家治理体系、治理能力现代化的立法目的。在不涉及刑事程序和刑事责任时，与党的纪律检查机关实属“两块牌子、一套人马”的监察机关有权出于肃贪反腐败斗争的政治实践需求，在超出追诉时效的情形下，继续进行纪律违反和清廉调查等工作，并根据查

[1] 刘艳红．监察委员会调查权运作的双重困境及其法治路径［J］．法学论坛，2017（6）：5–15；刘艳红，夏伟．法治反腐视域下国家监察体制改革的新路径［J］．武汉大学学报（哲学社会科学版），2018（1）：89–99.

实程度而追究公职人员不同程度的政纪、党纪责任。[1]因为，《监察法》蕴含有强烈的政治色彩，监察机关也吸收了党的纪律检查机关的部分纪律审查职能，是中国混合宪制体系下的产物。[2]而与国家法律体系并轨运行的党内法规体系，并不像法律规范那样注重对时效的规定。例如，在党内法规体系中具有举足轻重地位的《党纪处分条例》，并没有明确相应的追诉时效制度；《中国共产党纪律检查机关监督执纪工作规则（试行）》第 25 条和第 26 条也只是规定，对经过初步核实且存在严重违纪情形需要追究党纪责任的案件应当立案审查，对符合立案条件的应当经审批和批准后立案审查，同样也未提及对严重违纪案件责任追究的时效问题。实际上，这种思路在《监察法实施条例》第 24 条第 1 款和第 53 条第 1 款也得到了一定程度的体现：对公职人员存在其他违法行为的情形，即便超过行政违法追究时效或超过犯罪追诉时效且未追究刑事责任的，如果仍需依法给予政务处分的，监察机关可以依法调查和处置；对退休的公职人员在退休前、退休后以及对离职、死亡的公职人员，在履职期间实施的涉嫌职务违法、犯罪行为，监察机关可以依法调查。

《监察法》的出台，对实现反腐败斗争的常态化和法治化具有重大意义；厘清《监察法》在中国法律体系中的定位，是从跨部门法学和监察制度的具体运行角度入手而作出的理论探讨和实践探索，裨益于中国法治反腐的深入推进。其中，最重要的是，一方面，《监察法》的立法依据是《宪法》，其权力运行和法律解释均不能超越《宪法》设定的基本框架；监察委员会虽然强调独立性，但同时也应接受《宪法》在其办理职务违法和职务犯罪案件时应当与审判机关、检察机关、执法部门互相配合、互相制约的关系界定。另一方面，根据制度设计，《监察法》继受了原由《刑事诉讼法》规定的部分犯罪侦查事项，监察委员会获得了原由检察院行使的部分职务犯罪的调查权，

---

[1] 郭世杰．党内法规与国家法律的衔接和协调［M］．北京：中国民主法制出版社，2021：80–85.

[2] 王旭．国家监察机构设置的宪法学思考［J］．中国政法大学学报，2017（5）：132–143.

无论是《监察法》还是监察委员会，都应当特别注意，在接受《刑事诉讼法》制约的同时，还要注重与《刑事诉讼法》和检察院在职能、证据、时效等诸多方面的有机衔接和运行协调，并在未来的法律实践过程中接受检验。

第五章 ◀ 监察权的性质界定与检察权的规范解读

腐败被称为社会的“政治之癌”。早在1993年，中国共产党就对中国的反腐败形势作出了“严峻”的判断，此后一直沿用“依然严峻”的表述。2015年，习近平同志进一步提出“党风廉政建设和反腐败斗争形势依然严峻复杂”的论断。[1]针对反腐败斗争在体制机制上存在的结构安排不合理、权力配置不科学等一系列问题，监察制度改革的直接目标就是在党的领导下，建立集中统一、权威高效的国家反腐败工作机构。监察制度改革的核心在于塑造监察权这一新型国家权力，赋予行使监察权的监察委员会不受行政机关、社会团体和个人干涉的相对独立地位，并且建立在查办职务违法、犯罪案件时与审判机关、检察机关、执法部门之间“互相配合、互相制约”的协同运作机制，以打破原有的权力配置架构，加强对所有行使公权力的公职人员的监督，实现国家监察全面覆盖，深入开展反腐败工作，推进国家治理体系和治理能力现代化。其中，监察权在国家权力体系中的定位、性质界定、权力运行界限及其与检察权的衔接和协调成为学界和实务界探讨的焦点，而在监察制度改革的时代背景下，对检察权性质的重新解读和检察权能的新发展，也值得深入讨论。

---

[1] 谢光辉．正确认识和把握反腐败斗争形势［N］．中国纪检监察报，2015-02-17（6）．

第一节 监察权的性质界定

讨论监察权的性质界定，应以厘清监察权在国家权力体系中的定位为前提。因为，监察权与其他国家权力之间的衔接、协调、排斥和约束等关系，以及其他所有国家权力共同构成的权力运行环境，会影响监察权的权能发挥，进而影响对监察权的性质界定。

一、监察权的国家权力体系定位

就国家权力体系的结构安排或权力配置情况来说，“三权分立”是世界范围内有较大影响并被诸多国家所践行的一种理论学说。“三权分立”，最初起源于 17 世纪学者约翰·洛克在英国资产阶级革命的影响下，从自然法和社会契约论出发提出的将国家权力分为立法权、执行权和对外权的观点。其中，立法权是指制定和公布法律的权力，执行权是指由一个“经常存在”的机构来执行“被制定的和继续有效的”法律的权力，对外权是指决定战争与和平、联合与联盟以及同国外的一切人士和社会进行一切事务的权力。洛克认为，只要政府存在，立法权就必须是最高权力，其他一切权力、权利都来源并隶属于它，这种最高权力统归于组成政治社会的人民；立法权由作为立法机关的议会行使，但议会立法权只能来源于享有最高权力的人民的委托，人民在立法机关违背其意志时有收回委托的权力，在立法行为与其委托相抵触时可以罢免或更换立法机关；执行权和对外权交由君主掌握，几乎总是联合在一起，“很难分开和同时由不同的人掌握”“如果两者掌握在可以各自行动的人的手里，就会使公共的力量处在不同的支配之下，迟早会导致纷乱和灾祸”。[1]由此不难看出，洛克所提出的权力划分理论，实际上只是大体划分出立法权和行政权两种性质的权力。

法国学者孟德斯鸠在洛克学说的基础上进一步提出了立法权、行政权和司法权3种国家权力的划分，大体形成了较为完善的三权分立理论。孟德斯鸠认为，权力往往容易被滥用，“要防止滥用权力，就必须以权力约束权力”。因此，他特别强调权力的分立和权力的制衡，提出将司法权作为一种独立的权力，“如果司法权不同立法权和行政权分立，自由也就不存在了”；并将立法权、行政权和司法权通过法律规定的形式分别赋予3个不同的国家机关行使，在保有各自权力的同时，还要互相牵制以达到相对平衡状态，如果“当立法权和行政权集中在同一个人或同一机关之手，自由便不复存在了”，如果“同一个人或是重要人物、贵族或平民组成的同一个机关行使这三种权力，即制定法律权、执行公共决议权和裁判私人犯罪或争讼权，则一切都完了”。[2]“三权分立”理论在西方国家的践行，创造出美国总统制、英国内阁制、法国双首长制等代表性制度形式。

其中，美国的总统制进一步推动了“三权分立”理论向纵深发展。美国联邦党人认为，“防止把某些权力逐渐集中于同一部门的最可靠办法，就是给予各部门的主管人防止其他部门侵犯的必要法定手段和个人的主动”；但并不追求立法权、行政权、司法权3种国家权力之间的绝对隔离，而是谋求一种权力制约和平衡的状态，这就需要各个权力部门之间的“局部混合”，这“在某些情况下，不但并非不当，而且对于各权力部门之间的互相制约甚至还是必要的”。[3]美国对“三权分立”的实践过程，生动地证明了立法权、行政权和司法权之间的“局部混合”是比较普遍的现象。例如，行使立法权

---

[1] 具体参见“论国家的立法权、执行权和对外权”一章的相关论述，约翰·洛克．政府论［M］．叶启芳，瞿菊农，译．北京：商务印书馆，1964：143-148.

[2] 孟德斯鸠．论法的精神：上册［M］．张雁深，译．北京：商务印书馆，1961：153-162.

[3] 汉密尔顿，杰伊，麦迪逊．联邦党人文集［M］．程逢如，等译．北京：商务印书馆，1980：264，337.

的国会能够通过拨款权参与具有行政权性质的决策，行使行政权的总统同时享有委托立法和否决立法的权力，行使司法权的联邦最高法院可以凭借宪法解释权和违宪审查权参与行政机构的政策制定。实际上，美国也并没有彻底解决对行政权的有效制约问题，罗斯福新政时期行政权的全面扩张和立法权、司法权的大幅萎缩就是适例。因此，完美、严格、典型意义上的“三权分立”并没有在人类社会的政治实践中实现，“三权分立”的最大贡献在于提出了分权和制衡的国家权力划分、运行的先进理念，制度设计的目的在于通过分权来实现制衡。

中国的国家权力体系，与西方国家的“三权分立”架构不同，鲜明地体现了权力一元化的特征。中国的政治实践表明了中国共产党是唯一执政党、无限期执政党和社会主义的领导核心。中国宪制背景下的中国共产党与国家之间的关系，基于“党领导一切”的原则形成了政党与国家的高度融合，突出地表现为党组织和政府无论在机构建制上还是在人员构成上都具有较大的同质性和相似性。中国共产党在执政实践中，主要通过控制党的组织体系、党的人事任免制度、国家的人事任免制度来保证和实现党的领导。《宪法》“序言”部分确认，新民主主义革命的胜利和社会主义事业的成就，是在中国共产党的领导下取得的；《宪法》“总纲”部分第 1 条第 2 款中段明确规定，中国共产党的领导是中国特色社会主义最本质的特征。基于此，按照国家政治体制和权力架构来看，有学者称中国是“单一政党宪制国”（a single party constitutionalist state）。[1] 与这种宪制模式相适应的是，中国将人民代表大会制度作为根本的政治制度，全国人大是最高国家权力机关，地方各级人大是地方各级国家权力机关，其他国家机构都由全国人大和地方各级人大产生并对其负责、受其监督，从而保证了权力的一元化和权威性。例如，《宪法》第 1 条指出，中国是工人阶级领导的、以工农联盟为基础的人民民主专

---

[1] 强世功．中国宪政模式？——巴克尔对中国“单一政党宪政国”体制的研究［J］．中外法学，2012（5）：952-972.

政的社会主义国家；第 2 条规定，一切权力属于人民，人民行使国家权力的机关是全国人大和地方各级人大，人民依法通过各种途径和形式来管理国家事务、经济和文化事业与社会事务；第 3 条规定，国家机构实行民主集中制原则，全国人大和地方各级人大都由民主选举产生并且对人民负责、受人民监督，国家行政机关、监察机关、审判机关、检察机关都由人大产生并且对它负责、受它监督，中央和地方的国家机构职权的划分，遵循在中央的统一领导下，充分发挥地方的主动性、积极性的原则。

中国共产党领导下的中国宪制和国家权力体系，在体制和制度上都不同于西方国家的“三权分立”，其最大的特点就在于一切权力归属于人民，由人民选举代表组成各级国家权力机关来代表人民行使一切国家权力，并由最高国家权力机关通过制定宪法的形式组建各个国家机关，并授予其不同的职能和权力，以保证国家权力机关和人民意志的落实。这些国家机构之间虽然也存在着一定程度的相互制约关系，但并不是典型的权力分立关系，而是“互相配合、互相制约”的分工负责关系。在这种分工负责关系中，分工是指对党领导的国家的权力划分，负责是指对党及其领导的国家和民众负责，分工负责的直接保障就是党及其建立的各级党组织。[1]

《宪法》第三章“国家机构”用 8 个小节专门规定了“全国人民代表大会”“中华人民共和国主席”“国务院”“中央军事委员会”“地方各级人民代表大会和地方各级人民政府”“民族自治地方的自治机关”“监察委员会”与“人民法院和人民检察院”等各类国家机构，分别承担不同的国家职能，行使不同的国家权力。这就意味着，监察委员会与全国人大及地方各级人大、国务院及地方各级人民政府、中央军事委员会、民族自治地方的自治机关、人民法院、人民检察院等之间是相互区别的，均属于国家机构的组成部分，共同构成了中国宪制所确立的权力架构。在国家的层面上，按照《宪法》的

[1] 郭世杰．党内法规与国家法律的衔接和协调［M］．北京：中国民主法制出版社，2021：92-106.

安排，国务院、国家监察委员会、最高人民法院和最高人民检察院都处于同一宪法位阶，共同形成了“一府一委两院”的新型国家机构体系。

《宪法》第123条至第127条和《监察法》第7条至第10条大体规定了监察委员会的性质，以及监察委员会与其他国家机关、社会团体和个人之间的关系。监察委员会是国家的监察机关，在监察机关与权力机关的关系方面，国家监察委员会对全国人大和全国人大常委会负责，地方各级监察委员会对产生它的国家权力机关和上一级监察委员会负责；在监察机关与其他国家机关等的关系方面，监察委员会依法独立行使监察权，不受行政机关、社会团体和个人的干涉，在办理职务违法和职务犯罪案件时与审判机关、检察机关和执法部门互相配合、互相制约。

二、监察权的权能划分

性质，是事物所具有的，能够区别于其他事物的特征，而事物特征的不同，根本上取决于事物的内容本身。基于此，讨论监察权的性质界定，须先理解监察权的权能划分、权能内容及每一项权能自身所具有的特性。

（一）监督权能

关于监察权的权能划分，《监察法》第4条第1款规定了“监察委员会依照法律规定独立行使监察权”，第11条进一步明确了“监察委员会依照本法和有关法律规定履行监督、调查、处置职责”。可见，监察权从权能内容上大致可以划分为监督权、调查权和处置权。其中，监督权，是指监督主体根据宪法和法律的授权性规则，依照法定的程序和方法，在某一领域或方面对监督对象的行为进行监督的权力。

监督权能是监察权的一项重要权能，同时是监察委员会的首要工作职责。事实上，制定《监察法》的目的就在于深化国家监察体制改革和加强对所有行使公权力的公职人员的监督。基于监察委员会与党的纪律检查机构在实践中全面推行合署办公，监督权从性质上可以区分为党内法规性质的监督和国家监察性质的监督。《中国共产党党内监督条例》第5条规定的“遵守党章党规”等8项党内监督事项，同样适用于国家监察性质的监督，只有这样才能通过制度设计实现对所有行使公权力的公职人员的监察全覆盖，补齐国家监察的短板，体现党内监督和国家监察与依规治党和依法治国的有机统一。[1]这种统一，集中反映在“监察”一词的创新性使用上，《监察法》第3条规定了各级监察委员会是行使国家监察职能的专责机关并有权对所有行使公权力的公职人员进行监察，同时糅合了党内监督和国家监督。

具体来说，《监察法》第11条第1项明确规定，监督权能是指有权“对公职人员开展廉政教育，对其依法履职、秉公用权、廉洁从政从业以及道德操守情况进行监督检查”。依据《监察法》第12条和第13条的规定，监督权还可以由监察委员会派驻或者派出的监察机构、监察专员根据授权，按照管理权限依法对公职人员行使。除第11条第1项规定的一般性监督外，《监察法》还在留置与调查、处置等事项上规定了特殊监督。例如，第22条第3款规定，留置场所的监督依照国家有关规定执行；第36条第2款规定，监察机关应当加强对调查、处置工作全过程的监督管理，设立相应的工作部门履行线索管理、监督检查、督促办理、统计分析等管理协调职能；第55条规定，监察机关通过设立内部专门的监督机构等方式，加强对监察人员执行职务和遵守法律情况的监督，建设忠诚、干净、担当的监察队伍。这一系列规定，保证了监察委员会能够代表党和国家，依照宪法、法律的规定，行使对所有公职人员的监督，以确保权力不被滥用。

（二）调查权能

调查权是监察委员会履行监察职责的有力手段。《监察法》第11条第2项将调查权能明确为监察委员会有权“对涉嫌贪污贿赂、滥用职权、玩忽职

[1] 中共中央纪律检查委员会法规室，中华人民共和国国家监察委员会法规室.《中华人民共和国监察法》释义［M］. 北京：中国方正出版社，2018：89.

守、权力寻租、利益输送、徇私舞弊以及浪费国家资财等职务违法和职务犯罪进行调查”。

由于调查权能的作用对象同时涉及职务违法和职务犯罪，其性质界定因而聚讼纷纭。有的学者在解构调查权能后认为，调查权包含“求刑权”，目的在于查清犯罪事实、进入刑事诉讼程序和追究刑事责任；侦查在词义上包含调查，调查权与侦查权存在基因上的混同性；监察委员会被赋予“谈话、讯问、询问、查询、冻结、调取、查封、扣押、搜查、勘验检查、鉴定、留置等”具体调查权力，与之前检察机关享有的侦查权力相比，具有内容上的同质性。因此，国家并没有创制并赋予监察机关一种新的权力，而是将之前已经存在的诸多权力进行了新的组合。[1]有的学者认为，调查权有监督属性、行政属性、司法属性3种属性，监督属性保障了监察机关对所有公职人员的全覆盖，行政属性使监察机关能够继受纪委的党纪监督职能和行政违纪违法的监督职能，司法属性则实现了监察机关的调查与公诉机关审查起诉和提起公诉的衔接。[2]

笔者认为，调查权是一项复合性的权力。从调查权能内容的角度而言，《监察法》赋予监察委员会实施谈话、讯问、询问、查询、冻结、调取、查封、扣押、搜查、勘验检查、鉴定、技术调查、限制出境、留置等一系列具体调查权力，全面地涉及财物和涉嫌职务违法、职务犯罪的被调查人员。

1. 调查权具有部分司法权力属性

《刑事诉讼法》第108条第1项规定，“侦查”是指公安机关、人民检察院对于刑事案件，依照法律进行的关于收集证据、查明案情的工作和有关的强制性措施，主要包括讯问、询问、搜查、扣押、勘验检查、鉴定决定等。而监察委员会的调查权，部分来源于公安机关和检察机关此前所行使的侦查权，具有内容上的同一性，监察委员会对职务犯罪的调查权在本质上就是侦

---

[1] 汪海燕．监察制度与《刑事诉讼法》的衔接［J］．政法论坛，2017（6）：84-95.

[2] 樊崇义．全面建构刑诉法与监察法的衔接机制［J］．人民法治，2018（11）：34-35.

查权。在刑事诉讼进程上，《监察法》第45条第1款第4项和第46条规定，对涉嫌职务犯罪的，监察机关经调查认为犯罪事实清楚，证据确实、充分的，制作起诉意见书，连同案卷材料、证据一并移送人民检察院依法审查、提起公诉；对涉嫌犯罪取得的财物，应当随案移送人民检察院。这就表明，尽管监察委员会对涉嫌职务犯罪的行为有调查权，是刑事诉讼程序正式启动的前提，但在调查结束后，是否对犯罪嫌疑人提起公诉、起诉的罪名和量刑的请求幅度均由检察机关决定，是否定罪和判处刑罚则由审判机关决定。在证据适用标准上，《监察法》第33条明确规定监察机关依法收集的物证等证据材料在刑事诉讼中可以作为证据使用，其收集、固定、审查、运用证据应当与刑事审判关于证据的要求和标准相一致，以非法方法收集的证据应当依法予以排除。也正是由于这个原因，调查权能的行使、依据和操作规范并不仅限于《监察法》，《刑事诉讼法》及其相关立法、司法解释也应当是一个重要的渊源。

例如，调查权中的搜查权力就具有鲜明的司法权性质。《宪法》第13条第1款规定，公民的合法的私有财产不受侵犯；第37条规定，公民的人身自由不受侵犯，禁止非法搜查公民的身体；第39条规定，公民的住宅不受侵犯，禁止非法搜查或者非法侵入公民的住宅。《刑事诉讼法》及相关法律规定，搜查只能由公安机关、国家安全机关、检察机关依法定程序进行；《刑法》第245条第2款所规定的"司法工作人员"滥用职权犯非法搜查罪、非法侵入住宅罪要从重处罚，在刑事司法实践中也仅指具有侦查、检察、审判、监管职责的工作人员。但是，《监察法》第24条和第41条规定，监察机关可以对涉嫌职务犯罪的被调查人以及可能隐藏被调查人或者犯罪证据的人的身体、物品、住处和其他有关地方进行搜查，均应出示证件，出具书面通知，由二人以上进行，形成笔录、报告等书面材料，并由相关人员签名、盖章，并对全过程进行录音录像以留存备查。由此可见，《监察法》中的搜查，实质上是依照刑事法律体系中的搜查规则确立的，具有典型的司法权性质。因此，《监察法》中的调查权能，不应仅考虑调查工作的高效率和打击犯罪的有效性，同时还应当充分考虑对人权的保障，恰当地处理监察程序中的搜查证签发主体与权力监督和制约的关系，合理地解释“可能隐藏被调查人或者犯罪证据”中“可能”的判断标准，等等。

值得注意的是，尽管调查权在实质上包含了大多数具体的侦查权力，但却并没有涉及拘传、取保候审、监视居住、逮捕等刑事强制措施方面的规定。此外，检察机关仍然拥有对监察委员会行使调查职能的监督权力。例如，《监察法》第 47 条第 3 款就明确规定了检察机关对监察委员会办理案件的退回补充调查权。

2. 调查权具有部分党纪审查属性和行政权力属性

一方面，监察委员会调查权的行使对象除了涉嫌职务犯罪的情形外，还包括涉嫌职务违法情形；另一方面，监察委员会在展开调查以后，调查获得的证据证明职务违法或犯罪并不存在，而只是存在违反党纪的情形。在上述两种情形下，对涉嫌职务违法和党纪违反案件的调查就不可避免地具有行政权力属性和党纪审查属性。

例如，在技术侦查措施方面，《刑事诉讼法》第 150 条第 1 款和第 2 款分别确立了公安机关对危害国家安全犯罪、恐怖活动犯罪、黑社会性质的组织犯罪、重大毒品犯罪或者其他严重危害社会的犯罪案件，人民检察院对利用职权实施的严重侵犯公民人身权利的重大犯罪案件，根据侦查犯罪的需要，经过严格的批准手续，可以采取技术侦查措施，由公安机关执行。在司法实践中，技术侦查措施的批准，并非一律由审判机关作出，更多地则是由公安机关和检察机关内部批准，在性质上属于一种内部行政行为。《监察法》第 28 条第 1 款规定，监察机关调查涉嫌重大贪污贿赂等职务犯罪时，根据需要，经过严格的批准手续，可以采取技术调查措施，按照规定交有关机关执行。此外，两者在诸多方面保持着高度一致，如均规定技术侦查、调查措施自签发之日起 3 个月以内有效，不需要时应当及时解除，以及特定情形下经批准可以延长且每次不得超过 3 个月等。《监察法》关于技术调查措施的规定，带有明显的仿照《刑事诉讼法》相关规定的影子。因此，技术调查措施的批准，基本上也可以视作在监察机关内部完成，同样属于一种内部行政行为，具有鲜明的行政权力性质。据此，似乎对于技术调查措施的采取，其实施对象基本上无法获得有效的司法救济，而只能诉诸行政权力主导的行政复议、申诉等救济渠道。

（三）处置权能

处置权是指监察委员会对涉嫌职务违法或职务犯罪行为的案件作出处置决定，从而履行监察职责的重要保障。《监察法》第 11 条第 3 项将处置权能明确为监察委员会有权“对违法的公职人员依法作出政务处分决定；对履行职责不力、失职失责的领导人员进行问责；对涉嫌职务犯罪的，将调查结果移送人民检察院依法审查、提起公诉；向监察对象所在单位提出监察建议”。

处置权能同时涉及作出政务处分决定、对领导人员问责、移送检察机关审查起诉和提出监察建议 4 项内容，其性质界定因此而变得异常错综复杂。例如，有的专家、学者认为，在被调查人涉嫌职务犯罪的情形下，监察委员会的处置权表现为将案件移送检察机关，这是刑事诉讼程序进入审查起诉、审判阶段的必要前提，具有司法权力性质，但不具有终局性，而只有审判阶段的判决和裁定才可能具有终局性和权威性；在被调查人涉嫌职务违法的情形下，监察委员会的处置权则表现为作出政务处分决定、对领导人员问责和提出监察建议，属于行政权力性质，具有终局性。

笔者认为，处置权能的性质同样具有复合性。首先，《监察法》第 45 条第 1 款第 4 项规定，监察机关经调查认为犯罪事实清楚，证据确实、充分的，制作起诉意见书，连同案卷材料、证据一并移送人民检察院依法审查、提起公诉。因此，在涉嫌职务犯罪的情形下，处置权具有司法权性质，是刑事诉讼程序的一个中间环节，但并不具有终局性。

其次，根据《监察法》第 45 条第 1 款第 1 项、第 2 项、第 3 项和第 2 款的规定，监察机关对有职务违法行为但情节较轻的公职人员，按照管理权限，直接进行谈话提醒、批评教育、责令检查，或者予以诫勉；对违法的公职人员依照法定程序作出警告、记过、记大过、降级、撤职、开除等政务处分决定；对不履行或者不正确履行职责负有责任的领导人员，按照管理权限对其直接作出问责决定；对没有证据证明被调查人存在违法犯罪行为的，应当撤销案件，并通知被调查人所在单位。在上述情形下，处置权能实质上具有行政权力性质，并且《监察法》没有就处置权的行使规定相应的行政复议、申诉程序，因而处置权的行政权能具有终局性。

最后，根据《监察法》第45条第1款第1项、第3项和第5项规定，在有职务违法行为但情节较轻时，监察机关还可以委托有关机关、人员进行谈话提醒、批评教育、责令检查或者予以诫勉；在不履行、不正确履行职责时，监察机关可以向有权作出问责决定的机关提出问责建议；监察机关还可以对监察对象所在单位就廉政建设和履行职责存在的问题等提出监察建议。因此，根据监督、调查结果，相应的具体处置决定可能是由“有关机关、人员”或“有权作出问责决定的机关”作出，或者以监察机关提出监察建议的形式作出，最终作出何种处置、是否采纳监察建议，仍然是悬而未决的问题，并不能称为“终局性”。[1]正因如此，《监察法》第62条规定了相应的保障措施，在有关单位拒不执行监察机关作出的处理决定或者无正当理由拒不采纳监察建议时，由其主管部门、上级机关责令改正，对单位给予通报批评；对负有责任的领导人员和直接责任人员依法给予处理。

三、监察权的性质界定

监察权权能内容的多样性及具体权能性质的复合性，导致学界学者在监察权性质的界定上并未达成共识。

[1] 莫纪宏．国家监察体制改革要注重对监察权性质的研究［J］．中州学刊，2017（10）：43-51.

（一）监察权性质的聚讼纷纭

如前所述，监察权的权能可以具体划分为监督权、调查权和处置权。其中，监督权从性质上可以区别为党内法规性质的监督和国家监察性质的监督；调查权则是糅合了部分司法权力属性、部分党纪审查属性、部分行政权力属性的复合性权力；处置权在涉嫌职务犯罪的情形下具有司法权性质且并非终局性，在涉嫌职务违法情形下，具有行政权力性质并且区别实际由自己或他人行使而分别具有或不具有终局性。

有的专家、学者从监察委员会源于之前的行政监察机关出发，认为监察权与行政监察权具有直接的渊源传承关系。尽管监察权整合了具有司法权力性质的检察机关的反贪污贿赂、反渎职和预防职务犯罪等职能，也整合了具有党纪审查性质的纪律检查机关的反腐败职能，但在本质上是仍然是行政性质，突出地表现为监察机关对涉嫌职务犯罪的案件仍需要移送检察机关进行审查起诉。因此，监察权仍然是一种行政权力。持这种观点的专家、学者认为监察权来源于行政监察权并且整合了多项职能，从监察权运行的角度，尤其是监察委员会对涉嫌职务犯罪案件的移送审查起诉义务，作出了监察权在本质上属于行政权的判断，但是忽略了监察权产生的国家监察体制改革的战略部署和时代背景。新的监察权与之前的行政监察权虽然均包含监察，但性质上已经产生了翻天覆地的变化。同时，持该观点人仅关注了监察权的处置权能中的一个方面，而忽略了监督权能、调查权能及处置权能的其他方面，从而无法准确地揭示出监察权的性质。

有的观点则将监察权定性为行政执法监督权，认为监察权是指监察机关对行政执法机关在行政执法过程中的违法行为进行法律监督的权力。持这种观点的专家、学者仍然着眼于监察权与之前行政监察权之间的渊源关系，聚焦于监察职能对行政执法机关违法行为的监督，但是忽视了在监察对象上《监察法》第 15 条列举的 6 类公职人员和有关人员已经远远超过了单纯行政机关的行政执法工作人员范围。在监察内容上，《监察法》第 11 条分别针对不同的监察内容列举了监察机关的监督、调查、处置职责，也远远超过了单纯行政机关在行政执法上的违法事项。因此，监察权不应只是一种行政执法监督权，其内涵和外延都更为宽广。

有的专家、学者从监察机关在国家权力体系中的定位出发，强调监察机关在法律地位上平行于“一府两院”，并且主张出于高效反腐的考虑而赋予监察机关相对更为独立的政治地位。“一府两院”体制随即转变为“一府一委两院”，因此，监察权是独立于行政权、检察权、审判权之外的权力。[1]持这种观点的人准确地分析了监察机关在国家权力体系中的定位，也指出了监察权与传统的立法权、行政权、检察权、审判权具有不同的内涵与特征，整体上归纳出了监察权的轮廓，但并未具体描述出监察权的性质应当是什么。

还有的专家、学者从监察委员会的自身属性出发，认为监察委员会既不同于党的机关，也不同于行政机关或者司法机关，而是集党纪监督、行政监督和法律监督于一体的综合性、混合性、独立性的机关。因此，监察委员会的职权同样具有综合性、混合性、独立性的特征。[2]持这种观点的人正确地作出了监察委员会与党的机关、行政机关、司法机关不同的判断，也准确地分析了监察委员会作为一种新型国家机关所具有的综合性、混合性、独立性特征，整体上说明了监察权行使主体的鲜明特征并由此推演出监察权的特征，但尚未真正涉及监察权的性质问题。

（二）监察权性质的综合分析

笔者认为，仅仅着眼于监察权在原《行政监察法》和新的《监察法》时代的历史沿革、权力来源、权力变化等，或者试图运用当下国家权力体系中的立法权、行政权、检察权、审判权等已有权力性质来界定监察权，均是行不通的。因为，前一种研究路径忽略了与时俱进的思维，在很大程度上会失之偏颇；后一种研究路径则无法摆脱已有国家权力之间的界限本身就不甚明

---

[1] 焦洪昌，叶远涛．监察委员会的宪法定位［J］．国家行政学院学报，2017（2）：7-9.

[2] 韩大元．论国家监察体制改革中的若干宪法问题［J］．法学评论，2017（3）：11-22.

确的羁绊，在一定意义上会失之粗糙。监察权的性质界定，应当在综合运用历史的、分析的、比较的方法的基础上小心求证，以得出一个相对可靠的结论。

1. 监察权是新型的国家权力

监察体制改革和国家监察立法的宏观时代背景，决定了监察权的设定要具有特定的目的、职责和任务，这就会直接带来国家权力分配体制的变化和国家权力体系组成内容的变动。为应对严峻复杂的反腐败斗争，监察权被设定为一项新型的国家权力，集纪律检查机关的党纪处分权、原行政监察机关的行政处分权、检察机关的原刑事侦查权和《监察法》赋予的留置权等新型权力于一身，与行政权、检察权、审判权相并列。监察体制改革和国家监察立法工作是新时代事关全局的重大战略部署，其目的在于“加强对所有行使公权力的公职人员的监督，实现国家监察全面覆盖，深入开展反腐败工作，推进国家治理体系和治理能力现代化”“构建集中统一、权威高效的中国特色国家监察体制”。

改革所直接催生的新的监察权，必然是基于一种新的使命而设定的，以契合监察体制改革的宗旨，满足国家监察立法的目的。《监察法》第3条将监察权的权力行使主体界定为“行使国家监察职能的专责机关”，任务是依照《监察法》监察公职人员，调查职务违法和职务犯罪，开展廉政建设和反腐败工作，维护宪法和法律的尊严。

2. 监察权是复合的国家权力

监察体制改革的“集中统一、权威高效”的根本目的，决定了监察权的设定要整合、集成现有反腐败的各种手段、力量，以及创制新的规制腐败的有效措施，兼具党纪检查、行政监察、犯罪调查3类宏观职能，具体表现为监督、调查、处置3种具体权力，直接带来监察权权力来源的多样性和权力内容的丰富性等特质。因此，监察权是一项复合的国家权力。

由《监察法》的相关规定可知，监察权整合了包括作为执政党的中国共产党的纪律审查手段、隶属于政府的原监察部门的行政监察手段和具有司法性质的检察监督等手段，权力来源多样，权力内容丰富。例如，在权力来源方面，国家监察体制改革后，监察委员会与党的纪律检查机构合署办公，党纪检查依据党章党规条例等党内法规进行和国家监察依据宪法、法律法规进行的“泾渭分明”的权力分配、运行模式，变成了“你中有我，我中有你”的交叉混合模式，实质地确立了集中统一的国家监察体制，创制出“党统一领导反腐败的机构”，体现出鲜明的权力复合特征。再如，在权力内容方面，监察权的部分权力内容来源于检察机关的反贪污贿赂、反渎职侵权和职务犯罪预防等权力，不仅涵盖了谈话、讯问、询问、查询、冻结、调取、查封、扣押、搜查、勘验检查、鉴定、技术调查、限制出境等一系列全面涉及财物和人员的具体调查权力，还包括有留置等新型的调查权力，也表现出权力复合的突出特点。

3. 监察权是独立的国家权力

监察权的微观运行机制，塑造了监察权自身的运作流程及其与其他国家机关之间的相互关系，这就决定了监察权是一项独立的国家权力。对此，《宪法》第127条第1款和《监察法》第4条第1款予以明确规定，监察委员会依照法律规定独立行使监察权，不受行政机关、社会团体和个人的干涉。

尽管《宪法》第127条第2款和《监察法》第4条第2款明确规定，监察机关办理职务违法和职务犯罪案件时应当与审判机关、检察机关、执法部门互相配合、互相制约，但就监察权的实际运行流程来看，监察权的行使相对于公安机关的侦查权、检察机关的检察权和审判机关的审判权，具有更多的独立自主性和更大的内部封闭性。有学者认为，从监察权在宪制体系中的定位来看，监察体制改革推动了由“党纪委为主导、检察院为保障、政府监察机关为补充，三轨并行、相对独立、分工运作、协作配合”的“三驾马车”模式，转变为以统一监察、独立监察、异体监察为特征的国家监察委员会“一马当先”的模式。[1] 例如，《监察法》第22条第1款规定，对实质上具有逮捕功能的留置措施，“经监察机关依法审批，可以将其留置在特定场所”。

实际上，《监察法》第36条大致确立了监察机关内部的问题线索处置、调查、审理等各部门相互协调、相互制约的工作机制，在监察机关将公职人员涉嫌职务犯罪的案件移送检察机关审查起诉之前，公安机关、检察机关和审判机关对涉案公职人员的监督制约是十分有限的，而更多地体现为配合、协助监察机关，这从接下来的论述中可以观察出来。因此，监察权是与行政权、检察权、审判权相并列并且具有鲜明的、高度的独立性的一种国家权力。

4. 监察权是超然的国家权力

如前所述，尽管名称相同，但中国宪制框架中立法权、行政权、司法权的划分及其内涵和外延在实质上却不同于西方国家的“三权分立”体制，而且基于监察权在国家权力体系中的定位及其具体的监督、调查和处置权能，监察权实际上也无法归入立法权、行政权或司法权。并不能仅仅将监察权简单地界定为一种刚刚诞生的新型国家权力，一种整合了党的纪律检查机关的监督权、隶属于政府的原行政监察权和行政违法预防权、隶属于检察机关的原反贪污贿赂、反渎职侵权和职务犯罪预防权的复合型国家权力，或者一种具有更强的独立性的国家权力。从国家监察体制改革的时代背景和反腐败的迫切任务来看，监察权还是一种超然的国家权力。

一方面，虽然监察机关与行政机关、检察机关和审判机关一样，均由人民代表大会及其常务委员会产生并对其负责，但是，根据《监察法》第15条，监察权能够直接监察人大及其常务委员会机关的公务员。尽管在监督的意义上，这形成了一个“你监督我，我也监督你”的状态，违背了监督者高于被监督者的监督原理，但也确定无疑地意味着，监察权能够凭借一个超然

[1] 秦前红．困境、改革与出路：从“三驾马车”到国家监察——我国监察体系的宪制思考［J］．中国法律评论，2017（1）：176-182；秦前红，石泽华．论监察权的独立行使及其外部衔接［J］．法治现代化研究，2017（6）：55-64.

的、中立的监督者的地位，来监察包括立法机关在内的一切国家机关中行使公权力的公职人员，以实现监察的全覆盖。而且，基于监察委员会的集体决策机制，人大及其常委会也无法通过行使人事任免权的方式来排除监察权的监督。

另一方面，根据《监察法》第 4 条第 3 款的明确规定，监察机关在工作中需要协助的，有关机关和单位应当根据监察机关的要求依法予以协助。这就意味着，监察权在行使过程中，有权要求有关机关和单位提供协助，有关机关和单位在监察权行使过程中，有义务提供协助。例如，《监察法》第 24 条第 3 款规定，监察机关进行搜查时，可以根据工作需要提请公安机关配合，公安机关应当依法予以协助；第 34 条第 2 款规定，在被调查人同时涉嫌严重职务违法或者职务犯罪和其他违法犯罪时，一般应当由监察机关为主调查，其他机关予以协助；第 43 条第 3 款规定，监察机关采取留置措施，可以根据工作需要提请公安机关配合，公安机关应当依法予以协助。

第二节　监察权和检察权的衔接与协调

《监察法》的通过和各级监察委员会的建立，标志着中国的国家机关组织结构模式正式从“一府两院”转变为“一府一委两院”，监察机关和行政机关、检察机关、审判机关均由人大产生并对其负责，与权力机关一起共同构成完整的国家权力体系。在这一过程中，与监察委员会反腐败的职责和任务密切相关，被《宪法》第 134 条明确定性为“法律监督机关”的人民检察院受到的冲击最大，突出地表现为职务犯罪侦查权的剥离。因此，在梳理监察制度改革背景下检察权权能变化的基础上，做好监察权和检察权在职务犯罪案件移送和审查起诉时的衔接，实现监察权与检察权在立案、调查、起诉等程序中的协调，是当下亟待解决的问题。

一、检察机关职务犯罪侦查权的剥离

监察制度改革终结了党内的纪律检查机关、行政的原监察机关和司法的检察机关分别依据党内法规和国家法律所进行的违纪审查、违纪违法监察和犯罪追究等职权分散、职能交叉的制度弊端，从体制机制和制度建设层面形成了反腐败的合力。在全面从严治党的时代背景下，监察委员会的反腐败任务集中体现为监督公权力的行使和打击职务犯罪，而对职务犯罪的打击则主要通过《监察法》赋予监察委员会的职务犯罪调查权来实现。

《监察法》赋予监察委员会的职务犯罪调查权，来源于检察权中的职务犯罪侦查权能。在监察委员会成立之前，检察理论研究者一般认为，检察权由职务犯罪侦查权、批准和决定逮捕权、刑事公诉权、诉讼活动监督权和其他权力 5 类职权构成。[1]其中，职务犯罪侦查权在刑事司法实践中长期被视为检察机关的核心职责和功能，在检察活动中占据着显著而重要的地位。

在监察制度改革中，启动了剥离检察机关职务犯罪侦查权，并将其转交由监察机关集中统一行使的历史进程。2016 年 12 月 26 日，《全国人大常委会关于在北京市、山西省、浙江省开展国家监察体制改革试点工作的决定》开始施行。2012 年《刑事诉讼法》第 3 条、第 18 条、第 148 条及第 2 编第 2 章第 11 节关于检察机关对直接受理的案件进行侦查的有关规定暂时停止适用，人民检察院的查处贪污贿赂、失职渎职及预防职务犯罪等相关职能被整合至监察委员会，由监察委员会负责调查涉嫌贪污贿赂、滥用职权、玩忽职守、权力寻租、利益输送、徇私舞弊及浪费国家资财等职务违法和职务犯罪行为并作出处置决定。2017 年 11 月，在总结北京市、山西省、浙江省开展国家监察体制改革试点工作经验的基础上，第十二届全国人民代表大会常务委员会第三十次会议决定在全国各地推开国家监察体制改革试点工作，其

[1] 孙谦．中国特色社会主义检察制度［M］．北京：中国检察出版社，2009：223-224.

中，对检察机关职务犯罪侦查权的调整维持不变。2018 年 3 月，第十三届全国人民代表大会第一次会议审议通过的《宪法修正案》正式确立了监察机关的宪法地位；《监察法》则明确将职务犯罪侦查权赋予监察机关，并在第 11 条第 2 项作出规定，监察委员会有权调查涉嫌贪污贿赂、滥用职权、玩忽职守、权力寻租、利益输送、徇私舞弊及浪费国家资财等职务违法和职务犯罪行为。

随后修正的《检察院组织法》和《刑事诉讼法》正式取消了检察机关对贪污贿赂、失职渎职和预防职务犯罪等案件的侦查权，但保留了一部分特定情形下犯罪案件的侦查权。2018 年《刑事诉讼法》第 19 条第 2 款规定："人民检察院在对诉讼活动实行法律监督中发现的司法工作人员利用职权实施的非法拘禁、刑讯逼供、非法搜查等侵犯公民权利、损害司法公正的犯罪，可以由人民检察院立案侦查。对于公安机关管辖的国家机关工作人员利用职权实施的重大犯罪案件，需要由人民检察院直接受理的时候，经省级以上人民检察院决定，可以由人民检察院立案侦查。"而 2012 年《刑事诉讼法》第 18 条第 2 款的规定则是："贪污贿赂犯罪，国家工作人员的渎职犯罪，国家机关工作人员利用职权实施的非法拘禁、刑讯逼供、报复陷害、非法搜查的侵犯公民人身权利的犯罪以及侵犯公民民主权利的犯罪，由人民检察院立案侦查。对于国家机关工作人员利用职权实施的其他重大犯罪案件，需要由人民检察院直接受理的时候，经省级以上人民检察院决定，可以由人民检察院立案侦查"。

通过分析《刑事诉讼法》关于检察机关职务犯罪侦查权的前后修正，可以发现，在职务犯罪侦查权的分配上，监察机关的权限被大大扩展，而检察机关的权限则相应地被大幅度压缩。首先，彻底剥离检察机关的职务犯罪侦查权。将所有的贪污贿赂犯罪和国家工作人员的渎职犯罪的侦查权，一律由检察机关转移到监察机关。其次，严格限制检察机关保留的职务犯罪侦查权。在时空范围上，从没有任何限制到限定为检察机关"对诉讼活动实行法律监督中发现"的犯罪；在对象范围上，从"国家机关工作人员"限缩为

“司法工作人员”；在管辖力度上，从包含有绝对、确定含义的“由”人民检察院立案侦查降低到表示酌定意味的“可以由”人民检察院立案侦查。这就意味着，检察机关仅仅有权对诉讼活动监督过程中发现的司法工作人员利用职权实施的非法拘禁、刑讯逼供、非法搜查等侵犯公民权利、损害司法公正的犯罪行为进行侦查。并且，检察机关对此类案件的侦查权也不是绝对确定和永远优先的，而是排在监察机关的职务犯罪调查权之后的第二顺位。换而言之，不是在诉讼活动中发现的司法工作人员的职务犯罪行为，一律由监察机关管辖，检察机关无权介入。即便是在诉讼活动中发现的司法工作人员的职务犯罪行为，如果监察机关在时间上优先于检察机关而实施管辖，检察机关的侦查权也只能处于补充地位。这一点，在距离《监察法》出台不到1个月的2018年4月16日，中央纪委国家监委迅速制定的《国家监察委员会管辖规定（试行）》第21条第1款再次予以明确：“在诉讼监督活动中发现的司法工作人员利用职权实施的侵犯公民权利、损害司法公正的犯罪，由人民检察院管辖更为适宜的可以由人民检察院管辖。”最高人民检察院则更为谨慎，直到2018年10月26日第十三届全国人大常委会第六次会议审议通过《关于修改〈中华人民共和国刑事诉讼法〉的决定》，并在先后征求全国人大常委会法工委、国家监察委员会和公安部的意见之后，才于11月1日由最高人民检察院第十三届检察委员会第八次会议通过的《关于人民检察院立案侦查司法工作人员相关职务犯罪案件若干问题的规定》在第一点“案件管辖范围”中规定：“人民检察院在对诉讼活动实行法律监督中，发现司法工作人员涉嫌利用职权实施的下列侵犯公民权利、损害司法公正的犯罪案件，可以立案侦查”，继续采用了“可以”的选择性规定。而2021年《监察法实施条例》第52条第1款也再次明确，监察机关在必要时“可以”依法调查司法工作人员利用职权实施的涉嫌非法拘禁、刑讯逼供和非法搜查等侵犯公民权利、损害司法公正的犯罪，并在立案后及时通报同级检察机关。

对于检察机关职务犯罪侦查权的彻底剥离和严格限制，一方面，没有设置监察机关在诉讼活动中司法工作人员特定职务犯罪侦查权的除外条款，真正赋予监察机关实实在在、完完整整的公职人员职务犯罪侦查权，巩固其“集中统一、权威高效”的法律地位，以便最终实现监察的全覆盖。另一方面，补充性地将诉讼活动中司法工作人员特定职务犯罪的侦查权赋予检察机关，既能够最大限度地利用其紧密接触诉讼活动各个环节的便利条件，又能够基于诉讼时限的要求而切合实际地发挥检察机关长期以来的侦查专长，有利于司法效率的提高。

值得注意的是，对检察机关而言，以反贪污和反渎职为核心的职务犯罪侦查权是一种带有进攻性质的司法权力，长期以来被视为检察机关地位的重要保障，而对职务犯罪侦查权的彻底剥离和严格限制，似乎给检察机关营造了一种遭受打击的情感氛围[1]，无疑会对检察机关的工作产生重大影响。这就要求特别注意监察权和检察权之间在制度设计和实践操作等层面的衔接和协调。

二、监察权的管辖探索与检察权的侦查界定

作为国家监察制度改革的直接成果，《监察法》及其创设的监察权与生俱来地肩负着惩治和预防所有公职人员职务违法和犯罪的历史使命。在应对公职人员犯罪的场合，监察权的调查权能与检察权的侦查权能具有实质上的相同性，都以查清案件事实、固定案件证据为直接任务，以遏制腐败、实现国家治理为根本任务。因此，在制度和实践层面分别深入细致地研究监察权与检察权在权能运行过程中存在的衔接与协调问题，从而有力地支撑反腐败的实践和维护监察制度改革的成果，就成为理论界和实务界的当务之急。

（一）监察权的管辖探索

《监察法》出台后，基于集中统一反腐败的实践需要，行使公权力的公

---

[1] 李奋飞．检察再造论——以职务犯罪侦查权的转隶为基点［J］．政法论坛，2018（1）：29-44.

职人员的职务犯罪基本由监察委员会统一立案调查。《监察法》第 11 条明确规定了监察委员会的监督、调查和处置职责，其中，第 2 项实质上确定了监察委员会的刑事案件管辖范围。

为了彻底贯彻与具体执行《监察法》的相关规定，明确国家监察委员会的管辖范围，即明确对监察对象职务违法、职务犯罪进行监督、调查、处置的权限和分工，中央纪委国家监委制定了《国家监察委员会管辖规定（试行）》，该规定共计 5 章 31 条。第 1 章“总则”共 3 条，分别介绍了制定依据，解读了管辖的含义，明确了管辖的具体原则。第 2 章“监察对象”共 1 条，采用“概括 + 列举”的方式分 6 项极为详尽地列举了《监察法》第 15 条规定的“行使公权力的公职人员”和“有关人员”。第 3 章“监督检查和调查职务违法”共 6 条，第 5 条至第 8 条规定了中央纪律检查委员会、国家监察委员会及其派驻纪检监察组的监督检查职责，第 9 条规定了国家监察委员会的职务违法调查职责，第 10 条原则性地规定了国家监察委员会依法处置时应注意政务处分和党纪处分的衔接和协调。第 4 章“职务犯罪案件管辖范围”共 11 条，第 11 条原则性地规定管辖范围，第 12 条至第 17 条详细列举了国家监察委员会管辖的贪污贿赂犯罪、滥用职权犯罪、玩忽职守犯罪、徇私舞弊犯罪及公职人员在行使权力过程中发生的重大责任事故犯罪、其他犯罪等 6 大类 88 个职务犯罪案件具体罪名，第 18 条规定了特殊情形下的犯罪定性，第 19 条规定了同时涉及职务违法、职务犯罪和其他违法犯罪的案件处理，第 20 条规定了几个省级监察机关同时拥有管辖权案件的处理及并案处理的情形，第 21 条明确了检察机关和公安机关的管辖情形。第 5 章“管辖分工和协调”共 10 条，第 22 条规定了国家监察委员会调查的职务违法、犯罪案件，第 23 条至第 29 条规定了国家监察委员会、省级监察机关、派驻纪检监察组、北京市监察委员会之间的指定管辖、移送管辖等情形，第 30 条规定了国家监察委员会负责解释，第 31 条规定了自发布之日起施行。对于《国家监察委员会管辖规定（试行）》，应当特别注意其在管辖对象、管辖标准方面所作出的尝试与探索。

1. 管辖对象的范围扩大

《监察法》第15条的规定有两个层面的含义：一方面，监察机关的监察对象包括所有行使公权力的“公职人员”和“有关人员”，即监察机关的监察对象只能是自然人；另一方面，除“公职人员”外，监察机关的监察对象还包括“有关人员”，即非公职人员或者虽是公职人员但属于其职权以外的犯罪行为，理论上同样可以被纳入监察机关的管辖范围。

《国家监察委员会管辖规定（试行）》和《监察法实施条例》进一步扩大了监察机关的管辖范围，这突出地表现在以下两个方面。

第一，明确将《刑法》“分则”部分规定的只能由单位构成的部分具体罪名列入监察机关的管辖范围，使监察机关的监察对象从自然人扩大到自然人和单位。例如，《国家监察委员会管辖规定（试行）》第12条将单位受贿罪、单位行贿罪、私分国有资产罪、私分罚没财物罪列为监察机关职务犯罪的管辖范围。值得注意的是，监察机关管辖的这些单位犯罪，有的实行双罚制，如单位受贿罪和单位行贿罪不仅对单位判处罚金，而且对直接负责的主管人员和其他直接责任人员判处徒刑或者拘役，其中单位行贿罪还对自然人并处罚金。有的则实行单罚制，如私分国有资产罪、私分罚没财物罪，只对直接负责的主管人员和其他直接责任人员判处徒刑或者拘役，并处或者单处罚金。《中央纪委国家监委立案相关工作程序规定（试行）》是《国家监察委员会管辖规定（试行）》的配套规定，共4章33条，主要涉及中央纪委国家监委在监督检查和审查调查工作中的立案、交办案件、指定管辖和结案等相关程序，规定了以事立案、对涉案人员立案、对单位立案等情形，并设计了5种相关文书格式。其中，明确了对单位涉嫌受贿、行贿等职务犯罪并且需要追究法律责任的，可以办理国家监察委员会的立案调查手续。《监察法实施条例》第181条第2款规定，在单位涉嫌受贿、行贿等职务犯罪且需要追究法律责任时，监察机关有权依法对该单位办理立案调查手续；在事故（事件）中存在职务违法、犯罪问题且需要追究法律责任，但相关责任人员尚不明确时，监察机关可以以事立案。此外，《监察法实施条例》第274条还进一步规定了单位的责任形式，即在有关单位拒不执行监察机关依法作出的相关处理决定时，应当由该单位主管部门、上级机关责令改正，并对单位给予通报批评。

第二，明确将非公职人员或者虽是公职人员但属于其职权以外的犯罪行为的情形列入监察机关的管辖范围，使监察机关的监察对象从公职人员的职务犯罪扩大到公职人员的职务犯罪、公职人员的非职务犯罪和非公职人员存在关联的犯罪行为等。例如，《国家监察委员会管辖规定（试行）》第 19 条规定："公职人员既涉嫌严重职务违法或者职务犯罪，又涉嫌其他违法犯罪的案件，由国家监察委员会与最高人民检察院、公安部等机关协商解决管辖问题，一般应当由国家监察委员会为主调查，其他机关予以配合。"第 20 条第 2 款赋予国家监察委员会并案调查的权力，极大地扩展了监察机关的管辖范围，如果具有一人犯数罪、共同犯罪、共同犯罪的公职人员还实施其他犯罪、多人实施的犯罪关联并案处理有利于查明事实等情形的，国家监察委员会可以在职责范围内并案调查。而对于如何认定并案处理会有利于查明事实，目前并没有明确的操作标准，在实践中往往可以作宽泛理解。例如，存在关联的犯罪是公职人员职务犯罪的前因、后果或者具有收集证据方面的关系等。这样一来，无论是公职人员的非职务犯罪，还是非公职人员存在关联的犯罪等情形，均可以与公职人员的职务犯罪一并接受国家监察委员会的调查。

2. 管辖设定的标准更新

《监察法》第 16 条第 1 款开创性地确定了监察机关的管辖设定标准，即按照"管理权限"管辖本辖区内相关人员的所涉监察事项。这一管辖设定标准，与一般诉讼法律制度中的管辖标准设定有所不同。值得注意的是，《监察法》第 17 条第 2 款的规定，又与一般诉讼法律制度的管辖设定标准保持了一致："监察机关认为所管辖的监察事项重大、复杂，需要由上级监察机关管辖的，可以报请上级监察机关管辖"。

在此基础上，《国家监察委员会管辖规定（试行）》进一步系统和全面地更新了监察机关的管辖标准，主要表现在以下两个方面。

第一，明确将诉讼法律制度中的级别管辖标准从一般性的“案情重大、复杂”更新为“干部管理权限”和“分级分工”。例如，《刑事诉讼法》第20条至第24条规定，基层人民法院管辖第一审普通刑事案件，中级人民法院管辖危害国家安全、恐怖活动案件和可能判处无期徒刑、死刑的第一审刑事案件，高级人民法院管辖全省（自治区、直辖市）性的重大的第一审刑事案件，最高人民法院管辖全国性的重大的第一审刑事案件，下级人民法院只有在认为案情重大、复杂需要由上级人民法院审判时才可以请求移送上一级人民法院。而《国家监察委员会管辖规定（试行）》第3条则规定：“国家监察委员会同中央纪律检查委员会合署办公，在党中央集中统一领导下，按照管辖职责开展监督调查处置，按照干部管理权限和属地管辖相结合的原则，实行分级分工负责。”由此可见，《国家监察委员会管辖规定（试行）》贯彻和落实了“党管干部”原则，确立了以公职人员的管理权限（即行政级别）作为监察调查的级别管辖的主要标准，这一点鲜明地体现在《国家监察委员会管辖规定（试行）》第5章“管辖分工和协调”中。例如，第22条规定，中央管理的公职人员的职务违法和职务犯罪案件由国家监察委员会调查；第27条规定，非中央管理的局级及以下公职人员的职务违法和职务犯罪案件由中央纪律检查委员会、国家监察委员会派驻纪检监察组负责调查；第29条前段规定，工作地点在地方、干部管理权限在主管部门的公职人员涉嫌职务违法或者职务犯罪的，由派驻该单位的纪检监察组管辖。

第二，明确将诉讼法律制度中的地域管辖标准从一般性的“犯罪地”“被告人居住地”标准，更新为“工作所在地”标准。例如，《刑事诉讼法》第25条和第26条规定，刑事案件由犯罪地的人民法院管辖，在更为适宜时可以由被告人居住地的人民法院管辖；几个同级人民法院都有权管辖的案件由最初受理的人民法院审判，必要时可以移送主要犯罪地的人民法院审判。而《国家监察委员会管辖规定（试行）》第29条则规定：“工作地点在地方、干部管理权限在主管部门的公职人员涉嫌职务违法或者职务犯罪的，由派驻该单位的纪检监察组管辖。派驻纪检监察组认为由其工作所在地监察机关调查更为适宜的，应当及时同其工作所在地有关监察机关协商决定，并履行相应的审批程序。”由此可见，《国家监察委员会管辖规定（试行）》实际上基于“党管干部”原则而确定了由“监察对象的工作所在地监察机关管辖”的标准，作为前述以公职人员管理权限为管辖标准的补充。这一点，在《监察法实施条例》第 45 条更为明确地规定，监察机关的监察工作，是按照“管理权限与属地管辖相结合”的原则，并且实行“分级负责制”。

（二）检察权的侦查界定

《监察法》规定，行使公权力的公职人员的职务犯罪基本由监察机关负责管辖。但值得注意的是，《刑事诉讼法》第 19 条第 2 款同时也保留了两种由检察机关进行管辖的情形：“人民检察院在对诉讼活动实行法律监督中发现的司法工作人员利用职权实施的非法拘禁、刑讯逼供、非法搜查等侵犯公民权利、损害司法公正的犯罪，可以由人民检察院立案侦查。对于公安机关管辖的国家机关工作人员利用职权实施的重大犯罪案件，需要由人民检察院直接受理的时候，经省级以上人民检察院决定，可以由人民检察院立案侦查。”对此，《国家监察委员会管辖规定（试行）》第 21 条第 1 款再次予以肯定。

1. 侦查权能的有限保留

《刑事诉讼法》和《国家监察委员会管辖规定（试行）》对检察机关在有限情形下侦查权能的保留，形成了行使公权力的公职人员的职务犯罪在我国的政治和司法制度下由监察机关和检察机关共同管辖、依照不同程序分别处理的局面，不可避免地涉及监察权和检察权的衔接与协调问题。

《国家监察委员会管辖规定（试行）》印发实施后，有的省级检察院反映，地方监察委员会据此将司法工作人员相关职务犯罪线索退回，并询问最高人民检察院如何处理。考虑到 2012 年《人民检察院刑事诉讼规则（试行）》（高检发释字〔2012〕2 号，现已失效）的修订需要一个过程，而《刑事诉讼法》在修订后立即生效，为明确检察机关的管辖案件范围和程序，防止与监察机关之间出现管辖争议和管辖推诿，实现监察权与检察权、监察制度与刑事诉讼制度的衔接和协调，最高人民检察院法律政策研究室先后征求最高人民检察院内设机构、省级检察院、全国人大常委会法工委、国家监察委员会和公安部的意见，起草了《关于人民检察院立案侦查司法工作人员相关职务犯罪案件若干问题的规定》，并于 2018 年 11 月 1 日经最高人民检察院检察委员会会议通过。[1]

《关于人民检察院立案侦查司法工作人员相关职务犯罪案件若干问题的规定》对《刑事诉讼法》第 19 条第 2 款规定的"人民检察院在对诉讼活动实行法律监督中发现的司法工作人员利用职权实施的非法拘禁、刑讯逼供、非法搜查等侵犯公民权利、损害司法公正的犯罪，可以由人民检察院立案侦查"，进行了细化和更具可操作性的规定，解决了检察机关和监察机关在司法工作人员职务犯罪时的管辖衔接问题。《关于人民检察院立案侦查司法工作人员相关职务犯罪案件若干问题的规定》的主要内容如下。

第一，在"案件管辖范围"部分，明确检察机关可以管辖司法工作人员涉嫌利用职权实施的非法拘禁罪，非法搜查罪，刑讯逼供罪，暴力取证罪，虐待被监管人罪，滥用职权罪，玩忽职守罪，徇私枉法罪，民事、行政枉法裁判罪，执行判决、裁定失职罪，执行判决、裁定滥用职权罪，私放在押人员罪，失职致使在押人员脱逃罪，徇私舞弊减刑、假释、暂予监外执行罪等共计 14 个侵犯公民权利、损害司法公正的具体罪名。其中，非法拘禁罪和非法搜查罪被备注"非司法工作人员除外"，从而排除了其他国家工作人员和其他人员的情形；滥用职权罪和玩忽职守犯罪也被备注，进而明确排除了非司法工作人员滥用职权或者玩忽职守侵犯公民权利、损害司法公正的情形。

第二，在"级别管辖和侦查部门"部分，明确上述犯罪案件由设区的市

[1] 王建平，高翼飞．《关于人民检察院立案侦查司法工作人员相关职务犯罪若干问题的规定》理解与适用［J］．人民检察，2019（4）：56–59.

级人民检察院负责刑事检察工作的专门部门负责立案和侦查。设区的市级人民检察院可以将案件交由基层人民检察院立案侦查或者由其协助侦查，最高人民检察院、省级人民检察院可以自行决定立案侦查或者交由指定的省级人民检察院、设区的市级人民检察院立案侦查。侦查终结的案件，按照《刑事诉讼法》关于审判管辖的规定分别由对应的基层人民检察院或者设区的市级人民检察院提起公诉，在指定其他基层人民检察院提起公诉时应当与同级人民法院协商。

第三，在“案件线索的移送和互涉案件的处理”部分，在《监察法》第34条规定的基础上，进一步明确规定人民检察院立案侦查的犯罪同时涉嫌监察委员会管辖的职务犯罪线索的，一般应当由监察委员会为主调查，人民检察院予以协助；也可以在沟通后，作出全案由监察委员会管辖或者由监察委员会和人民检察院分别管辖的决定，沟通情况应当及时报告上一级人民检察院，沟通期间不得停止对案件的侦查；人民检察院依法对全案审查起诉。例如，根据《刑法》第399条第4款的规定，司法工作人员收受贿赂，有徇私枉法，民事、行政枉法裁判，执行判决、裁定失职，执行判决、裁定滥用职权等行为，同时构成受贿罪时，一般应当以监察委员会为主调查或者全案由监察委员会管辖。此外，人民检察院立案侦查的犯罪同时涉嫌公安机关管辖的犯罪线索的，依照现行规定办理。

第四，在“办案程序”部分，规定了人民检察院决定立案不再报上一级人民检察院备案，逮捕犯罪嫌疑人须报检察长或者检察委员会决定，撤销案件和不起诉决定须报上一级人民检察院审查批准，要依法接受人民监督员的监督。

2. 侦查权能的辅助补充

国家监察体制改革使得监察委员会一跃成为新时期集中统一、权威高效的监察机关，有权监察所有行使公权力的公职人员，并基本垄断了对公职人员实施的职务违法和职务犯罪行为的调查。比较而言，检察机关对行使公权力的公职人员的立案侦查权力，则明显地处于一种有限保留的状态，仅仅局限于“在诉讼监督活动中发现的司法工作人员利用职权实施的侵犯公民权利、损害司法公正的犯罪”，是对监察机关调查权的辅助补充，在行使时也受到监察机关调查权的制约和限制。检察机关的侦查权能对监察机关调查权能的辅助补充定位，主要体现在以下两个方面。

第一，《监察法》及相关规定明确了监察机关在反腐工作中相对于检察机关的主导地位。《监察法》第 4 条第 3 款规定，有关机关和单位，包括检察机关，应当根据监察机关基于工作需要而提出的要求依法予以协助。第 34 条规定，人民检察院在工作中发现公职人员涉嫌贪污贿赂、失职渎职等职务违法或者职务犯罪的问题线索，应当移送监察机关并由其依法调查处置；被调查人同时涉嫌严重职务违法或者职务犯罪和其他违法犯罪的，一般应当由监察机关为主调查，而其他机关予以协助。《国家监察委员会管辖规定（试行）》第 19 条是对《监察法》第 34 条的具体细化，确认了最高人民检察院对国家监察委员会的配合定位：“公职人员既涉嫌严重职务违法或者职务犯罪，又涉嫌其他违法犯罪的案件，由国家监察委员会与最高人民检察院、公安部等机关协商解决管辖问题，一般应当由国家监察委员会为主调查，其他机关予以配合。”《关于人民检察院立案侦查司法工作人员相关职务犯罪案件若干问题的规定》在“案件线索的移送和互涉案件的处理”部分，同样明确了人民检察院立案侦查的 14 类犯罪案件同时涉嫌监察委员会管辖的职务犯罪线索的，一般应当由监察委员会为主调查，人民检察院予以协助。

第二，《监察法》及相关规定明确了检察机关在反腐工作中相对于监察机关的补充地位。《刑事诉讼法》第 19 条第 2 款在表述“人民检察院对诉讼活动实行法律监督中发现的司法工作人员利用职权实施的非法拘禁、刑讯逼供、非法搜查等侵犯公民权利、损害司法公正的犯罪进行立案侦查”时，使用的文字是“可以”；《国家监察委员会管辖规定（试行）》第 21 条第 1 款则采用了“由人民检察院管辖更为适宜的可以由人民检察院管辖”的表述；《关于人民检察院立案侦查司法工作人员相关职务犯罪案件若干问题的规定》在第一点“案件管辖范围”中继续沿用了“可以立案侦查”的规定。按照文义解释规则，上述规定中所使用的“可以”，包含着“能够”“可行”等含义，实际上也同样包含着“不能够”“不可行”“不可以”等含义，只是一种任意性或者选择性的规定。因此，“可以由人民检察院管辖”并不等同于“应当由人民检察院管辖”“必须由人民检察院管辖”“由人民检察院管辖”等排他性的表述。

但也有文章表示，此处的“可以”并不能够证明检察机关侦查权能的辅助补充地位，因为“可以”实际上暗含着条文的政策导向性，即倾向于由检察机关进行立案侦查。换言之，基于检察机关更贴近诉讼和更易于发现诉讼过程中司法人员的职务犯罪问题，由检察机关立案查办此类案件更有利于及时判断证据的合法性和保障诉讼的顺利进行。[1]值得注意的是，监察机关的调查实践及检察机关的侦查实践，有逐步固化检察机关对诉讼活动实行法律监督中发现的司法工作人员利用职权实施的犯罪进行立案侦查的倾向，如《国家监察委员会管辖规定（试行）》第4章职务犯罪案件管辖范围明确了应由监察机关管辖的88个具体罪名，《关于人民检察院立案侦查司法工作人员相关职务犯罪案件若干问题的规定》在“案件管辖范围”部分也明确了检察机关管辖的14个具体罪名并对可能出现重合的4个罪名特别作了备注。

此外，根据《监察法》规定，监察机关中的公务员涉嫌职务犯罪案件，同样由监察机关监督、调查和处置。稍有疑问的是，监察机关中的公务员涉嫌职务犯罪，同时涉嫌非法拘禁罪、非法搜查罪等侵犯公民权利、损害司法公正的14种具体罪名时，能否由检察机关进行立案侦查？答案是否定的，因为《监察法》《国家监察委员会管辖规定（试行）》《关于人民检察院立案侦查司法工作人员相关职务犯罪案件若干问题的规定》均明确规定，人民检察院在工作中发现公职人员涉嫌贪污贿赂、失职渎职等职务犯罪的问题线索，应当移送监察机关，由监察机关依法调查处置；同时涉嫌其他违法犯

[1] 孙谦．检察机关贯彻修改后刑事诉讼法的若干问题［J］．国家检察官学院学报，2018（6）：3-12.

罪的，一般应当由监察机关为主调查，其他机关予以协助。问题在于，一方面，由监察机关来调查其部门内公务员的职务犯罪行为，无法避免“自己监督自己”和“既当运动员又当裁判员”的批评；另一方面，监察机关作为权力的集合体，对其职务犯罪调查权力的监督和制约又是必要和正当的，在现行法律体系下，主要是通过刑事诉讼过程中检察机关对其移送起诉案件的审查间接实现。但需要明确的是，由检察机关对监察机关公务员涉嫌职务犯罪同时涉嫌非法拘禁罪、非法搜查罪等侵犯公民权利、损害司法公正的14种犯罪案件进行立案侦查，目前仍然存在着法律规范层面的障碍。

首先，监察机关公务员不属于司法工作人员。《刑法》第94条规定：“本法所称司法工作人员，是指有侦查、检察、审判、监管职责的工作人员。”且不说监察机关在性质上更多地被界定为政治机关[1]，即便属于司法机关，其公务员也只是司法机关工作人员，而不是《刑法》所界定的司法工作人员。因为，司法工作人员的核心本质在于承担侦查、检察、审判、监管职责。其次，监察机关的调查尚无法完全等同于侦查机关的侦查。《刑事诉讼法》第108条第1项将“侦查”界定为：“公安机关、人民检察院对于刑事案件，依照法律进行的收集证据、查明案情的工作和有关的强制性措施”。尽管监察机关的调查职务犯罪活动，无论在调查目的、调查手段和调查程序等方面，均与公安机关、人民检察院等侦查机关的侦查具有高度的同质性，但文义解释规则限定了我们无法将调查直接等同于侦查。最后，调查权的内涵比侦查权更为丰富。监察机关的调查权，一方面包括对监察机关公务员涉嫌职务犯罪的调查，另一方面还包括对其他行使公权力的公职人员涉嫌职务犯罪的调查，并且还包括对所有行使公权力的公职人员职务违法行为的调查，在概念和外延上均远远超过了侦查，这也是《监察法》采用“调查”取

[1] 《监察法》出台之前的论述，参见新华社记者．积极探索实践 形成宝贵经验 国家监察体制改革试点取得实效——国家监察体制改革试点工作综述［J］．新华月报，2017（24）：78-86．之后的明确表达，则鲜明地体现在《监察法实施条例》第266条的规定之中，该条规定监察机关对监察人员的培训，应当“突出政治机关特色”。

代刑事诉讼过程中的“侦查”的重要原因。基于罪刑法定原则的制约，只有在修改《宪法》《监察法》《刑法》《刑事诉讼法》等法律的基础上，将监察机关定性为司法机关，将“调查”与侦查、检察、审判、监管并列为司法工作人员的第五种职责，将侦查解释为包括监察机关的调查，才能彻底解决监察机关自我监督的不合理性和检察机关立案侦查监察人员职务犯罪的正当性问题。

三、检察权监督监察权的制度安排与实践操作

监察制度改革后，集中统一、权威高效的国家监察体制形成，监察委员会行使的监察权正式跻身成为中国多元权力监督体系的组成部分。监察委员会作为专门的反腐败机构，对所有行使公权力的公职人员进行生活、工作、道德等全方位的和违纪、违法、犯罪等多层次的监督。这样一来，在涉及公职人员职务犯罪的情形下，监察委员会的监察监督权与检察机关的检察监督权之间的相互关系，就有必要在制度和实践层面予以厘清。

（一）检察权监督监察权的制度安排

如果说监察委员会更多地关注“人”，强调所有行使公权力的公职人员要清正廉洁，通过对其行使监察权来实现对公权力的监督和制约，那么，检察机关更多地关注“事”，强调公职人员行使公权力的活动要合法正确，通过宪法赋予的监督机关地位和分工负责的权力架构来监督和制约国家机关。监察权和检察权，均具有监督权的内涵，是从不同角度、不同侧面，通过不同方式来实现对权力的监督和制约，并行于中国的多元化权力监督体系之中。

1. 检察权对监察权的监督地位

在全面从严治党的时代背景下，党和国家秉持对腐败的零容忍态度，组建了集中统一、权威高效的监察体制，赋予了监察委员会多样化的集成职

权，使得监察委员会相对于其他国家机关具有地位、性质和功能等方面的特殊性。这突出地表现在，监察委员会的监察监督权具有党内监督和国家监督的双重属性。一方面，可以基于“党纪严于国法”的要求，对检察机关公职人员履行职权的行为进行监督并给予相应的纪律处分，实现党内监督；另一方面，还可以基于法律授权，对检察机关公职人员履行职权涉嫌违法犯罪的行为进行监督并给予相应的政纪处分、违法处理和刑事制裁，实现国家监督。值得注意的是，按照《监察法》第 11 条第 2 项和第 3 项的规定，监察委员会在监督、调查和处置过程中，对涉嫌贪污贿赂、滥用职权、玩忽职守、权力寻租、利益输送、徇私舞弊及浪费国家资财等职务犯罪的情形，需要在调查终结后移送检察机关审查起诉，那么是否可以据此得出结论，检察机关的检察监督权同样应当适用于监察机关?

作为国家机构的重要组成部分，检察机关被《宪法》赋予了法律监督机关的地位，应当有权力对监察机关实施监督，并且其职责天然地包括监督监察机关，从而“保障法律正确实施”“维护国家法制统一、尊严和权威”。[1]《宪法》第 134 条和第 136 条规定，检察院是“国家的法律监督机关”，依照法律规定独立行使检察权，不受行政机关、社会团体和个人的干涉。《刑事诉讼法》第 8 条规定，人民检察院依法对刑事诉讼实行法律监督。《检察院组织法》第 2 条前段在确认检察院是“国家的法律监督机关”的同时，还在第 20 条详细解释了法律监督职权的 8 项具体内容：依照法律规定对有关刑事案件行使侦查权；对刑事案件进行审查，批准或者决定是否逮捕犯罪嫌疑人；对刑事案件进行审查，决定是否提起公诉，对决定提起公诉的案件支持公诉；依照法律规定提起公益诉讼；对诉讼活动实行法律监督；对判决、裁定等生效法律文书的执行工作实行法律监督；对监狱、看守所的执法活动实

[1] 《检察院组织法》第 2 条规定：“人民检察院是国家的法律监督机关。人民检察院通过行使检察权，追诉犯罪，维护国家安全和社会秩序，维护个人和组织的合法权益，维护国家利益和社会公共利益，保障法律正确实施，维护社会公平正义，维护国家法制统一、尊严和权威，保障中国特色社会主义建设的顺利进行。”

行法律监督；法律规定的其他职权。此外，《检察院组织法》第 21 条还赋予检察机关行使法律监督职权的相应保障，确立了检察机关调查核实和依法提出抗诉、纠正意见、检察建议的权力，还要求有关单位应当予以配合并及时将采纳纠正意见、检察建议的情况书面回复检察机关。而《宪法》第 127 条第 2 款规定："监察机关办理职务违法和职务犯罪案件，应当与审判机关、检察机关、执法部门互相配合，互相制约。"基于此，监察机关在办理涉嫌职务犯罪案件行使调查权能时，就当然地成为检察机关的法律监督对象。从这个角度来讲，有的文章主张补足检察机关因监察制度改革而失去的部分侦查权，由立法明确检察机关拥有对监察委员会的监督权以便实现权力之间力量的平衡[1]，则是不必要的。

检察机关对监察机关进行监督和制约，在权力体系架构中具有合理性。一方面，符合《宪法》对国家机构的设置规则，且与检察机关作为法律监督机关的宪法地位和一贯职责相适应，具有逻辑体系上的正当性。《宪法》第 140 条规定，人民法院、人民检察院和公安机关办理刑事案件，应当分工负责，互相配合，互相制约，以保证准确有效地执行法律。基于这种设置规则，《宪法》第 127 条第 2 款也作出了相似的规定，要求监察机关在办理职务犯罪案件时应当与检察机关互相配合，互相制约。另一方面，符合《监察法》对监察权和监察职责的设定现状，与监察机关职务犯罪调查权和检察机关法律监督权的实际运作过程相契合，具有职能衔接上的妥帖性。监察制度改革使得检察机关内部的反贪污贿赂、反渎职侵权、预防职务犯罪、技术侦查和举报中心等部门的职能转隶至监察机关，但监察机关在职务犯罪案件调查终结后须移送至检察机关审查起诉，这种制度安排和职能衔接，能够最大限度地发挥检察机关在贪污贿赂、渎职侵权、预防职务犯罪等领域的办案经验和特长，实现法律监督资源的高效利用。此外，由检察机关来监督监察机

[1] 鄢波．试论对监察委员会的外部监督［J］．湖北经济学院学报（人文社会科学版），2019(3)：66–68.

关职务犯罪调查活动的合法性，并通过审查决定是否批准逮捕或是否提起公诉等方式进行制约，也符合权力配置和运行原理，能够保证权力良性运行，不被滥用[1]，从而有利于维护刑事法律规范体系和运行过程的统一性，同时也有利于维护监察机关的权威形象。

2. 检察权监督监察权的《监察法》设计

监察权的诞生源于反腐败的国家需求，监察权的实质也是一种监督权，而对监察权的监督，归根结底则是“如何监督监督者”的制度难题。对此，《监察法》作出的制度设计就是以检察权来监督监察权。

《监察法》第 7 章用 9 个条文的篇幅规定了“对监察机关和监察人员的监督”。其中，第 53 条规定了对监察机关的权力机关监督；第 54 条规定了民主监督、社会监督和舆论监督；第 55 条规定了专门的内部监督；第 56 条到第 59 条规定了监察人员的任职条件、打听或干预案件时的登记备案、回避、脱密期管理和职业禁止等情形；第 60 条和第 61 条规定了被调查人及其近亲属在特定情形下向监察机关的申诉以及案件处置出现重大失误时的责任追究等情形。但问题在于，作为外部监督的权力机关监督，更多的是一种宣示性规定，往往在实践中流于形式。民主监督、社会监督和舆论监督，常常是象征性规定，可操作性不强，监察机关内部的自我监督，无论是力度还是实效，都不免令人怀疑。例如，《监察法》第 60 条第 2 款规定的申诉机制明显借鉴了《刑事诉讼法》第 117 条第 2 款，但却排除检察机关的外部监督和制约，使得该申诉机制沦为典型的内部监督机制。因此，有学者认为，依据《监察法》的规定，对监察机关的监督实际上是以“自体监督，内部约束”为主，以“异体监督，外部监督”为辅。[2] 另外，《监察法》的规定只涉及实体性问题，尚欠缺可操作性的程序规范，而正是“程序决定了法治与恣意的人治之间的基本区别，如果程序是公正、合理、规范的，就能够有效地限制

---

[1] 卞建林．监察机关办案程序初探［J］．法律科学（西北政法大学学报），2017（6）：57.

[2] 魏昌东．《监察法》与中国特色腐败治理体制更新的理论逻辑［J］．华东政法大学学报，2018（3）：38.

恣意、专断和过度裁量”。❶

值得注意的是，尽管《监察法》和2018年《刑事诉讼法》中均未设计相关条文以明确规定检察机关有权监督监察机关，但从法律体系的角度来看，这并未彻底否定检察机关监督监察权的可能性。如前所述，《宪法》《刑事诉讼法》《检察院组织法》等法律法规明确规定了检察机关是国家的法律监督机关，这就意味着检察机关的法律监督职能同样应当能够适用于实质上具有刑事诉讼性质的监察机关职务犯罪调查程序中。这种解释结论，符合权力的监督和制约原则，也能够避免监察权落入“权力导致腐败，绝对权力导致绝对腐败”的窠臼。❷

实际上，《监察法》大体设计了检察权对监察权的监督框架。首先，《监察法》第45条至第47条确立了检察机关对监察机关职务犯罪案件移送时的审查监督机制。《监察法》第45条第1款第4项规定，在监察机关认为办理的职务犯罪案件犯罪事实清楚且证据确实充分时，检察机关有权审查其制作的起诉意见书和案卷材料、证据并决定是否提起公诉；第46条规定，监察机关办理的涉嫌职务犯罪取得的财物，应当随案移送人民检察院；第47条则规定了对监察机关移送的案件，应当依据《刑事诉讼法》采取刑事强制措施，并视情况有作出起诉决定，退回监察机关补充调查，必要时自行补充侦查，作出不起诉决定等权力。例如，检察机关对监察机关移送的被调查人可以采取拘传、取保候审、监视居住、拘留、逮捕等强制措施；《刑事诉讼法》第170条第2款规定，检察机关对监察机关移送起诉的已采取留置措施的案件，应当对犯罪嫌疑人先行拘留，留置措施自动解除，还应当在拘留后的10日以内作出是否逮捕、取保候审或者监视居住的决定。其次，《监察法》第66条规定的“违反本法规定，构成犯罪的，依法追究刑事责任”，为检察机关介入监察权的运行过程预留了空间。检察机关是刑事诉讼的重要参加人，

❶ 季卫东．法律程序的意义：对中国法制建设的另一种思考［J］．中国社会科学，1993（1）：83-103.

❷ 阿克顿．自由与权力［M］．侯健，范亚峰，译．南京：译林出版社，2011：296.

在监察工作人员涉嫌犯罪的场合，对其刑事责任的追究，无法避免检察机关的参与。《刑事诉讼法》第 19 条第 2 款前段规定，检察机关在对诉讼活动实行法律监督中发现的司法工作人员利用职权实施的非法拘禁、刑讯逼供、非法搜查等侵犯公民权利、损害司法公正的犯罪，可以立案侦查。这就意味着，检察机关可以借此发挥对监察权的监督和制约功能。

不容否认，《监察法》对检察权监督监察权的框架设计还相对粗糙，仍然存在较大的进步空间。例如，有的专家、学者认为，检察机关的审查起诉监督只是一种“事后监督”，不足以有效地控制监察权，应当建立一种“同步监督”机制。[1] 再如，检察机关认为监察机关移送的案件需要补充核实的，在必要时可以自行补充侦查，但如何解释“必要时”尚需要进一步明确的标准指引，这不仅涉及检察机关对监察权的有效监督和制约，还涉及监察机关与监察机关在案件侦查权限上的合理划分。

（二）检察权监督监察权的实践操作

监察权和检察权衔接协调的制度安排，是规范层面的静态考察；监察权和检察权衔接协调的实践操作，则是运作层面的动态解读。监察机关的监察监督和检察机关的检察监督能够在中国的多元权力监督体系中并轨运行，但在具体的监察监督和检察监督实践过程中，尤其是在涉及公职人员职务犯罪的情形下，两者如何实现有机地衔接和协调，仍然需要正确把握。一个整体的原则是，就公职人员涉嫌职务犯罪来说，基于监察监督在程序启动时间上早于检察监督并且监察监督的实效要受制于检察监督，检察权在监察机关的案件调查和移送审查起诉阶段对监察权的监督，需要以《刑事诉讼法》等刑事法律的规定为标准，才能保持整个诉讼程序前后的一致性和融洽性。

---

[1] 纵博．监察委员会调查权运行法治化的若干问题探讨［J］．宁夏社会科学，2018（3）：62.

1. 检察权在案件调查阶段对监察权的监督

监察制度改革之前，依据《刑事诉讼法》《检察院组织法》等法律法规和司法解释的相关规定，公安机关和检察机关的“自侦部门”分别享有对具体刑事案件的侦查权，其侦查活动均须接受检察机关的检察监督。监察制度改革，使得检察机关的预防和侦查职务违法、犯罪的权能从检察权中剥离出来，转隶至监察机关，并将名称由检察机关的“侦查”变更为监察机关的“调查”。然而，究其实质，监察机关对涉嫌贪污贿赂、滥用职权、玩忽职守、权力寻租、利益输送、徇私舞弊及浪费国家资财等职务犯罪进行的调查活动，仍然属于刑事侦查活动，理应受到检察机关的检察监督。

检察权在案件调查阶段对监察权的监督，具有宪法和法律上的依据。一方面，《宪法》《刑事诉讼法》《检察院组织法》等宪法和法律确认了检察机关的法律监督地位；另一方面，《刑事诉讼法》第 19 条第 2 款前段明确规定，人民检察院在对诉讼活动实行法律监督中发现的司法工作人员利用职权实施的非法拘禁、刑讯逼供、非法搜查等侵犯公民权利、损害司法公正的犯罪，可以由人民检察院立案侦查。鉴于监察机关对职务犯罪案件的调查活动实质上是一种刑事侦查活动，是诉讼活动的有机组成部分，监察工作人员在法理上也应当在司法工作人员的涵盖范围之内。因此，监察机关对职务犯罪的调查活动，同样应当接受检察机关的检察监督，以保证监察机关集中统一、权威高效地反腐败的同时，能够监督和制约监察权中调查权能的滥用。

检察权在案件调查阶段对监察权的监督，突出地表现在对非法证据的排除。《监察法》第 18 条第 1 款赋予了监察机关在行使监督、调查职权时，向有关单位、个人了解情况和收集、调取证据的权力。《监察法》第 33 条规定，监察机关依法收集的物证、书证、证人证言、被调查人供述和辩解、视听资料、电子数据等证据材料，可以作为刑事诉讼证据使用；其收集、固定、审查、运用证据的要求和标准，应当与刑事审判相一致；并且，以非法方法收集的证据应当依法予以排除，不得作为案件处置的依据。《刑事诉讼法》第 56 条第 2 款和第 57 条规定，在审查起诉时发现有应当排除的证据的，应当依法予以排除，不得作为起诉决定的依据；检察机关接到报案、控告、举报或者发现侦查人员以非法方法收集证据的，应当进行调查核实；对于确有以非法方法收集证据情形的，应当提出纠正意见，构成犯罪的要依法追究刑事责任。监察机关在收集、调取证据的过程中，非法证据可能就会出现，而仅仅依赖监察机关自身来保证非法证据的排除还远远不够，它无法摆脱“担任自己案件的法官”的批评和指责。因此，由作为外部监督力量的检察机关对调查程序实施相应的监督，以保证非法证据的排除，就很有必要。而且，在监察机关的调查阶段和检察机关的审查起诉阶段就排除非法证据，既能够减少司法资源的浪费和降低诉讼成本，又能够最大限度地避免非法证据对法官的内心确认造成不必要的困扰。

检察权在案件调查阶段对监察权的监督，还表现在对逮捕措施的批准。对逮捕的审查批准权是一种司法性质的裁决权，根据《刑事诉讼法》第3条规定，批准逮捕由人民检察院负责。因此，如果监察机关在调查阶段决定对被调查人实施逮捕，同样应当报请检察机关批准。但是，在现行监察制度下，《监察法》第22条赋予监察机关在特定情形下对被调查人采取留置措施的权力；第43条第1款规定，留置措施的采取由监察机关领导人员集体研究决定，设区的市级以下监察机关采取留置措施应当报上一级监察机关批准，省级监察机关采取留置措施应当报国家监察委员会备案。这就意味着，一般情形下长达3个月、特殊情形下长达6个月的具有明显剥夺人身自由的留置措施，虽然与《刑事诉讼法》规定的逮捕措施具有相同的内涵和实质，但却由监察机关通过内部审批的方式自主决定，这完全排除了检察机关通过批准逮捕程序的外部监督和制约。而在涉及人身自由的限制和剥夺的场合下，一般的法治原理要求，应当由中立的第三方公正审查以决定是否羁押，并且在决定羁押的场合下，应当由独立、专门的羁押场所代为执行。虽然《监察法》第47条第1款和《刑事诉讼法》第170条第2款在监察权和检察权的衔接和协调上作出了努力：检察机关对监察机关移送起诉的已采取留置措施的案件，应当对犯罪嫌疑人先行拘留，留置措施自动解除，还应当在拘留后的 10 日以内作出是否逮捕、取保候审或者监视居住的决定。但是，检察监督在监察机关留置措施的采取和执行方面的整体缺失，仍是未来的《监察法》和《刑事诉讼法》修正所应当慎重考虑的地方。一个妥当的做法是，参照《刑事诉讼法》关于侦查机关提请检察机关审查批准逮捕的程序规定，规定监察机关应当向检察机关递交批准留置书及案卷材料和证据等副本，由检察机关进行审查和决定是否批准留置。

2. 检察权在审查起诉阶段对监察权的监督

检察权在审查起诉阶段对监察权的监督，主要体现在对监察机关移送起诉案件的审查。《刑事诉讼法》第 171 条规定审查的目的在于：查明犯罪事实、情节是否清楚，证据是否确实、充分，犯罪性质和罪名的认定是否正确；有无遗漏罪行和其他应当追究刑事责任的人；是否属于不应追究刑事责任的；有无附带民事诉讼；侦查活动是否合法。

检察机关对监察机关移送起诉案件的审查，首先，要通过判断涉嫌贪污贿赂、滥用职权、玩忽职守、权力寻租、利益输送、徇私舞弊及浪费国家资财等行为在性质上是职务违法还是职务犯罪，来保证监察权行使的必要性和正当性。检察机关的判断标准，是《刑法》及其司法解释所规定的上述罪名的起刑点或者入罪的最低门槛。其次，要通过审查并决定是否退回补充侦查或者是否提起公诉，来保证监察权行使的合理性和妥当性。《监察法》第 47 条第 2 款、第 3 款和第 4 款分别规定：对监察机关移送起诉的案件，检察机关经审查，认为犯罪事实已经查清，证据确实、充分，依法应当追究刑事责任的，应当作出起诉决定；认为需要补充核实的，应当退回监察机关补充调查，必要时可以自行补充侦查；有《刑事诉讼法》规定的不起诉的情形的，经上一级人民检察院批准，依法作出不起诉的决定，监察机关认为不起诉的决定有错误的，可以向上一级人民检察院提请复议。最后，要通过审查监察机关的调查活动，来保证监察权行使的合法性和正确性。《刑事诉讼法》第 170 条第 1 款规定，检察机关对监察机关移送起诉的案件，依法进行审查，认为需要补充核实的，应当退回监察机关补充调查，必要时可以自行补充侦查；第 171 条第 5 项规定，检察机关在审查案件时，必须查明侦查活动是否合法。

其中，查明犯罪事实、情节是否清楚，证据是否确实、充分，犯罪性质和罪名的认定是否正确，是检察机关案件审查工作的重中之重。犯罪事实、情节是刑事追诉的基础，是罪名是否成立以及量刑轻重的重要考量依据。《刑事诉讼法》第 177 条第 1 款和第 2 款规定，犯罪嫌疑人没有犯罪事实的，检察机关应当作出不起诉决定；犯罪情节轻微且依照刑法规定不需要判处刑罚或者免除刑罚的，检察机关可以作出不起诉决定。对监察机关移送起诉的案件作出不起诉决定时，检察机关应当报请上一级检察机关批准。证据是否确实、充分，也是检察机关提起公诉的重要衡量标准，在证据没有达到确实、充分的标准时，检察机关提起公诉可能导致无法定罪，并且基于"一事不再理"原则的限制而无法再次启动刑事追究程序。在判断证据是否确实、充分时，对非法证据的审查和排除，也是检察机关对监察权的重要监督内容。在发现监察机关通过非法手段收集证据时，监察机关有权要求其说明证据的合法性，进行调查核实，提出纠正意见，对构成犯罪的情形可以移送监察机关立案调查或者由检察机关自行侦查。犯罪性质和罪名的认定，则决定了检察机关提起公诉的罪名。检察机关在与监察机关的移送起诉意见书持不同意见而认为需要变更罪名时，应当严格依照《刑事诉讼法》和《监察法》的规定，向监察委员会提出书面意见和建议，通过协商、沟通的方式作出决定，既要保障刑事案件起诉的质量和适用法律的准确性，又要考虑职务犯罪调查的特殊性。[1]

在实践中，鉴于监察机关鲜明的政治属性和反腐败的特殊任务，监察机关移送检察机关审查起诉的案件往往由同级党委批准立案，与执政权力和国家公权力都有着千丝万缕的敏感联系。监察机关往往通过官方网站、报纸等媒体公开被调查人因涉嫌贪污贿赂、滥用职权、玩忽职守、权力寻租、利益

---

[1] 朱福惠．论检察机关对监察机关职务犯罪调查的制约［J］．法学评论，2018（3）：13-21.

输送、徇私舞弊以及浪费国家资财等职务犯罪而接受调查的情况，容易形成“有罪推定”的社会舆论氛围；《监察法》还赋予监察机关对不起诉决定向上一级检察机关提请复议的权力。因此，尽管检察机关被法律赋予了作出不起诉决定的权力，最终也大多演变为要么“不敢”不起诉、要么“不愿”不起诉的尴尬局面，他们更愿意将是否构成犯罪、构成何种犯罪等判断交由作为下一环节的审判机关。为了缓解检察机关的压力和降低风险，《监察法》第47条第4款要求不起诉的决定由上一级人民检察院批准后才能作出，但这种制度设计也必然带来增加上报环节以及由此而附随的人力、物力、时间等成本。此外，中央纪委法规室和国家监委法规室则认为，检察机关作出不起诉决定前，还应当积极主动地与监察机关开展工作层面的沟通，征求移送案件的监察机关或者上一级监察机关的意见。[1]综上所述，检察机关通过审查起诉来监督监察机关的制度设计，在现行的权力框架中，不可避免地陷于“戴着镣铐跳舞”的尴尬境地，很可能在实践中流于形式。而检察机关是否作出提起公诉的决定，则在很大程度上取决于监察机关的调查工作以及监察机关是否愿意将案件移送审查起诉。

另外应该注意的问题是，检察机关是否有权监督监察机关的立案活动，即在监察机关应当立案而不立案以及不应当立案而立案时，检察机关是否有权予以制止并要求监察机关进行纠正，因为这直接关系到当事人的权益保障和监察程序的进行，有进一步研究的必要。

权力应当得到监督和制约。对监察权的监督和制约，不应仅仅依靠监察机关的内部自我监督和制约机制，而且应当重视其与作为专门法律监督机关的检察机关的外部监督机制之间的衔接和协调。例如，《人民检察院刑事诉讼规则》第518条明确规定，检察机关有权监督监察机关在违法所得没收程序中的调查活动，并由负责捕诉的部门办理。无论是制度层面的安排，还

[1] 中共中央纪律检查委员会法规室，中华人民共和国国家监察委员会法规室.《中华人民共和国监察法》释义［M］.北京：中国方正出版社，2018：216.

是实践层面的操作，监察权和检察权衔接协调机制的完善都并非一朝一夕之功，需要理论界和实务界的持续关注和深入探讨。

第三节 监察制度改革背景下检察权的规范解读

在中国宪法体制中，对检察权性质的解读历来聚讼纷纭，这与《宪法》的文本规定有着直接关系。[1]《宪法》第128条规定法院是国家的审判机关，接着于第131条规定其依法独立行使审判权；《宪法》第123条规定监察委员会是国家的监察机关，接着于第127第1款规定其依法独立行使监察权。然而，《宪法》第134条在规定检察院是国家的法律监督机关之后，却于第136条突兀地规定其依法独立行使的是检察权，抛弃了“法律监督机关和法律监督权”或者“检察机关和检察权”等宪法地位和权力名称相同的表述方式，打破了宪法文本上“审判机关和审判权”与“监察机关和监察权”的对应关系，形成一种较为奇特的“法律监督机关和检察权”的组合。[2]有学者将这种情形解释为制宪当时的技术不成熟和检察理论研究的落后，并认为《宪法》文本表述上的不一致导致了人们对检察机关宪法地位的多年争议。[3]在2018年修正《宪法》为监察制度改革提供宪法依据时，这一问题仍然未得以解决或者有意予以保留。因此，对检察权的规范解读，仍然需要追溯宪法及宪法性文件中检察权规定的沿革与演变轨迹。

---

[1] 本节部分内容业已修订发表，参见郭世杰．监察制度改革背景下检察权的规范解读［J］．新疆社会科学，2020（5）：89-96.

[2] 《宪法》对人民代表大会的文本规定，同样存在这一问题，人民代表大会是国家的权力机关，但行使的是立法权、选举权等多种权力。这或许与人民代表大会在国家机构中居于最高地位的制度安排有关。

[3] 姚岳绒．监察体制改革中检察院宪法地位之审视［J］．中国政法大学学报，2018（1）：196-198.

一、有实无名的法律监督机关

1949年中华人民共和国成立前夕，中国人民政治协商会议第一届全体会议通过了具有宪法性质的《中央人民政府组织法》。其中，第5条和第28条规定，最高人民检察署为国家的最高检察机关，对政府机关、公务人员和全国国民之严格遵守法律，负最高的检察责任。该法并未提及“法律监督”或“检察权”之名，但就文义解释而言，“最高的检察责任”实质上属于监督权，监督对象为政府机关、公务人员和全国国民，监督内容为是否严格遵守法律。对此，时任最高人民检察署副检察长的李六如同志将检察机关定性为“主要是政府的监督机关”，并在简要考察苏联检察机关之后，修正表述为“政府的法律监督机关”，主要包括司法监督和一般监督，目的在于维护法制统一。❶

1954年，第一届全国人大第一次会议通过的《宪法》考虑到与“人民法院”相对应，将“人民检察署”的名称变更为“人民检察院”，并规定于“国家机构”章“人民法院和人民检察院”节。其中，第81条第1款规定，最高人民检察院对于国务院所属各部门、地方各级国家机关、国家机关工作人员和公民是否遵守法律，行使检察权；地方各级人民检察院和专门人民检察院，依照法律规定的范围行使检察权。这是“检察权”第一次出现在正式的宪法文本之中，但对检察权内容的规定与1949年《中央人民政府组织法》相比并没有实质性变化，也未将检察机关明确规定为法律监督机关。值得注意的是，1954年《宪法》第83条规定了地方各级人民检察院“独立行使职权，不受地方国家机关的干涉”。

1957年，检察院的一般监督功能，被错误地指责为反对党对检察工作的

---

❶ 李六如．检察制度纲要［M］．北京：中国政法大学教务处，1950；李六如．各国检察制度［M］．北京：中央人民政府最高人民检察署，1950.

领导，存在把专政矛头对内的政治错误，开始在实践中搁置不用。1968年，由于撤销最高人民检察院的请示被批准，检察机关逐渐从国家机构中除名。1975年《宪法》第25条第2款规定，检察机关的职权由各级公安机关行使，这正式标志着检察机关完全被替代和全面退出国家机构序列。直至"文化大革命"结束以后，1978年《宪法》才基本承袭1954年《宪法》关于检察机关的规定，重新恢复设置检察机关，确立其组织、工作方式，明确其向同级人大负责并报告工作，但并未继续沿用检察院独立行使职权且不受国家机关干涉的规定。

二、法律监督机关的有名无实

随后，在《检察院组织法》的修订过程中，各方就检察机关的性质界定问题产生了激烈争论。有学者认为，"监督"强调事前、"检察"关注事后，将检察院定性为法律监督机关容易引起监督对象的反感从而被严重孤立，因而界定为检察机关则比较妥当。有学者则援引马克思主义和列宁思想，认为检察机关的目的在于最大限度地保障法律的有效实施和维护国家的法治统一，因而只能界定为独立、专门的法律监督机关，而且界定为检察机关也犯了同义反复的逻辑错误。最终，1979年通过的《检察院组织法》第1条规定，检察院是国家的法律监督机关，这是"法律监督机关"首次出现在正式的法律文本之中。第9条进一步规定，检察院依照法律规定独立行使检察权并且不受其他行政机关、团体和个人的干涉，这也是"依照法律规定独立行使检察权"第一次出现在正式的法律文本中。

1982年《宪法》基本完全采纳了1979年《检察院组织法》的相关规定，再次确认检察院是国家的法律监督机关，依照法律规定独立行使检察权，不受行政机关、社会团体和个人的干涉。这一规定沿用至今，但分歧并未因此平息。例如，有学者认为，1982年《宪法》对检察机关作了双重界定：第3条第3款规定的"国家行政机关、审判机关、检察机关都由人民代表大会产生，对它负责，受它监督”，意在表明检察院的宪法地位是检察机关；而第129条规定的“人民检察院是国家的法律监督机关”，则是对检察院的性质界定。❶

整体而言，在这一阶段里，检察机关虽有法律监督机关之名，但对于什么是法律监督，以及法律监督的主体、对象、内容、手段等在理论界和实践界均未取得共识，检察机关实际上也更侧重于对其侦查、起诉职责的履行，因而在很大程度上忽略或者放弃了对其监督职责的落实。

三、检察权性质的规范解读

对检察权内容的重新解读，需要以宪法规范框架内检察权性质的规范分析为基础。

（一）检察权性质解读的权力框架

一个明显的现象是，学界对检察权性质的讨论，始终围绕着将国家权力划分为立法权、行政权、司法权的三权分立理论。这是因为，立法权能够以制定、修改法律的方式体现国家意志，提供行为规范和推行价值取向；行政权能够以组织、管理社会的方式落实立法所主张的规范和价值，推动理想社会形态从观念转化为现实；司法权则以裁决社会纠纷的方式维护立法所主张的规范和价值，旨在恢复被破坏的社会秩序。这3种权力基本涵盖了国家权力的主要功能，具有科学性与合理性。❷

整体而言，以“三权分立”为语境讨论检察权性质的观点主要有3种。第一种观点立足于《宪法》第137条第2款规定的“最高人民检察院领导地方各级人民检察院和专门人民检察院的工作，上级人民检察院领导下级人民

❶ 田夫．论“八二宪法”对检察院的“双重界定”及其意义［J］．东方法学，2013（6）：154.

❷ 蒋清华．检察权性质的“法律监督权说”驳论——从科学划分国家权力的角度［J］．人大法律评论，2011（1）：161-174.

检察院的工作”，认为检察机关上下级之间的关系，与审判机关上下级之间的工作监督关系不同，体现出典型的行政权力特性。因此，检察权在性质上是一种行政权。❶第二种观点基于检察权的渊源与流变，认为检察权脱胎于法国大革命时期纠问制诉讼模式中的司法权力，经历了从法官集追诉权和审判权于一身、被告人是单纯的诉讼客体、刑讯盛行且合法，到检察权主导侦查、审判权主导诉讼并且大体确立不告不理规则的转变，因而实质上是一种司法权。❷第三种观点则糅合了前述两种观点，主张检察权兼具行政权和司法权的双重属性，在大陆法系国家和地区较为流行。例如，中国台湾地区学者林钰雄从检察官行事准则是“法定主义”或“便宜主义”，检察官实质是“诉讼一造当事人”或“法律的守护者”，诉讼程序启动是“公诉独占”或“私人追诉”，检察机关是“独立自主”或“受指令拘束”之官署等方面进行论证，认为检察权是处于行政权和司法权之间的“中介枢纽”。❸

在“三权分立”的框架之外讨论检察权属性的观点相对较少。这种观点主要考虑到在实行民主集中制的社会主义中国，检察权与行政权、监察权和审判权均来源于作为国家权力机关的人大及其常委会，在实践中平行且独立于行政权、监察权和审判权，整体权力配置大体形成了“一府一委两院”的制度框架，与三权分立模式并不相同，检察权的本质是法律监督权。

（二）检察权是司法监督权

如果严格遵循现行《宪法》确立的权力框架，检察权在性质上并非行政权，而是一种司法权。检察机关与具有司法权性质的审判机关一并位于《宪法》相同的章节之中，并与同章其他小节所规定的权力机关、行政机关、军事机关和监察机关比肩而立，就篇章体例和体系解释而言，检察机关应当与审判机关具有相同的性质，而与权力机关、行政机关、军事机关和监察机关

---

❶ 郝银钟．检察权质疑［J］．中国人民大学学报，1999（3）：75.

❷ 龙宗智．论检察权的性质与检察机关的改革［J］．法学，1999（10）：2-7.

❸ 林钰雄．检察官论［M］．北京：法律出版社，2008：4.

具有不同的性质。

事实上，《宪法》规定所蕴含的这一层含义在《检察院组织法》中得以进一步明确。首先，《检察院组织法》第2条第2款对检察权行使目的和任务的表述，与《中华人民共和国人民法院组织法》(以下简称《人民法院组织法》)第2条第2款对审判权的规定，具有高度一致性，均强调维护国家安全和社会秩序，保护个人和组织的合法权益，维护社会公平正义，维护国家法治统一、尊严和权威，保障中国特色社会主义建设的顺利进行。其次，《检察院组织法》第8条规定，"检察院实行司法责任制，建立健全权责统一的司法权力运行机制"，这就意味着，具有司法本质的检察机关才能够实行司法责任制。再次，《检察院组织法》第22条确立的追诉权是检察权的一项重要权能，因行使追诉权而与被追诉人之间产生的关系，与行政法律领域行政机关和行政相对人之间的关系完全不同，因为决定是否追诉的权力实质上与具有终局性的司法审判权一样，能够在程序和实体上最终影响到被追诉人的合法权益。最后，1981年《全国人民代表大会常务委员会关于加强法律解释工作的决议》赋予最高人民检察院对检察工作中具体应用法律、法令的问题进行解释的权力，《检察院组织法》第23条在继续予以确认的同时还新增了发布指导性案例的权力，突出了检察机关对法律具体应用问题的司法解释权，彰显了其司法权的本质属性。

检察权在性质上并非监督权，从而也无法将其简单地界定为法律监督权。首先，监督权本身不是一个独立、自在的国家权力，无法用于界定其他权力的性质，因为它"不是最基本的权力分工的结果，只能是它们在运行中的某种表现"。[1] 其次，法律监督权是立法权、行政权和司法权的次一级范畴，是一项杂糅性权力，将检察权武断地界定为法律监督权有失准确。我国检察制度师法苏联，将法律监督权作为第四种国家权力而与立法权、行政权和司

[1] 方立新. 从权力制衡角度探索监督理性——质疑现行检察监督兼及权力监督系统的历史学、比较学思考[J]. 中外法学，2002(3): 368.

法权同日而语的观点也大多以苏联的论述为依据："检察机关和任何行政机关不同，它丝毫没有行政权，对任何问题都没有表决权。检察长有权力和有义务做的只有一件事：注意使整个国家对法制有真正一致的理解，不管任何地方差别，不受任何地方影响。"[1]但实际上，维护法制统一的责任并非由检察机关一力承担，而是由权力机关、行政机关、监察机关和审判机关等共同肩负，是所有国家权力依法行使的逻辑结果，如权力机关对法律法规的备案审查、行政机关发布的决定命令、监察机关对职务违法犯罪的调查和审判机关的依法裁判等。而且，按照这一逻辑，在监察制度改革塑造出新型的监察权之后，监察权就应当成为第五种国家权力，这显然有待论证。最后，《宪法》第 134 条规定检察院是国家的法律监督机关，第 136 条规定其依法独立行使检察权，就文本解释和法律逻辑而言，只能得出，检察院行使检察权能够完成其作为法律监督机关的使命，但这并不排斥其他国家机关通过行使其他法定职权而实现同样的效果。

被《宪法》界定为法律监督机关的检察院所行使的检察权，实质上是一种司法监督权。因为，源于苏联检察理论和实践的法律监督权，既包括一般监督也包括司法监督，在语义涵盖范围上远大于司法监督权。其中，一般监督，主要是指苏联各级检察长对各部、委员会等各级执行和管理机关，企业、集体农庄、合作社、社会团体等组织，以及公职人员和民众等人员执行法律情况的监督，具体工作方式包括检察长向发布违法文件的机关及其上级机关提出"抗议书"，或者向有权消除违法行为的部门、人员发出"提请书"等，目的在于保证准确统一地执行法律和保障国家的法制统一。例如，我国《宪法》第 67 条规定的全国人大常委会对宪法实施和对国务院、中央军委、国家监委、最高法和最高检工作的监督，以及对国务院和省级权力机关制定的同宪法法律相抵触的行政法规、地方性法规、决定、决议和命令的撤

---

[1] 列宁．论"双重"领导和法制［M］//列宁．列宁全集：第 43 卷．北京：人民出版社，1987：195.

销等，均属于一般监督；第 99 条第 1 款和第 2 款规定的地方各级人大在本行政区域内对宪法、法律和行政法规遵守和执行的保证，对经济、文化、公共事业建设计划与国民经济和社会发展计划、预算及执行情况报告的审查、决定、批准，对本级人大常委会不适当决定的改变或撤销等，也属于一般监督。而司法监督，则是指苏联各级检察长有权对调查、侦查机关的违法行为采取措施直接加以纠正、代表国家提起诉讼和出庭支持公诉；有权对审判机关的不合法或无根据的判决裁定依上诉程序和监督程序，向法院提出控诉；有权对拘留、羁押、剥夺人身自由等依法强制执行情形中的违法行为作出补救措施，并向有关部门和人员提出抗议。[1] 例如，我国《宪法》第 37 条规定的检察院对逮捕的批准或决定，就属于司法监督。

因此，不应笼统地将检察权界定为法律监督权，而应当从监督的内容、对象和手段等方面对法律监督权作进一步的限缩性解读，原因在于就理论和逻辑而言，检察机关显然无法监督作为其权力来源的人大及其常委会。对法律监督权的具体限缩，在规范层面上生动地体现在《检察院组织法》第 20 条等相关条款的规定，检察院的法律监督权。首先，就监督内容而言，主要集中于刑事案件办理、诉讼活动和执行、执法活动，仅涉及法律实施的部分环节，无法涵盖立法、执法、司法和守法等全部内容，如并不包括立法环节和部分守法环节等。其次，就监督对象而言，主要集中于公安机关、审判机关、监狱和看守所，仅涉及部分国家公权力机关，无法涵盖所有的法律关系主体，如并不包括立法机关、普通民众、社会组织和部分行政机关等。最后，就监督手段而言，主要集中于行使侦查权、审查刑事案件、提起诉讼、监督执行执法、调查核实和提出抗诉、纠正意见、检察建议，仅涉及程序性和诉讼性手段，原则上并不包括实体处分手段，如发现严重违法犯罪情形只能提交享有最终裁决权的审判机关作出实体层面上的判断。也就是说，《检

[1] 石少侠．论我国检察权的性质——定位于法律监督权的检察权［J］．法制与社会发展，2005（3）：83–93.

察院组织法》实际上对《宪法》所界定的法律监督机关的职权和内容做了具体压缩和限制，检察机关行使的法律监督权不再是一般意义上的在监督内容、对象和手段等方面涵盖较为广泛的法律监督权，而是一种相对狭窄但更为专业的司法监督权。

（三）检察权的权能划分

《检察院组织法》第 20 条将《宪法》所界定的法律监督机关进行了职权和内容上的限缩。职权和内容被限缩后的检察机关，行使的不再是一般意义上的在监督职权、监督内容、监督对象等事项上涵盖相对广泛的法律监督权，而在实质上属于相对狭窄和更加专业的司法监督权。根据《检察院组织法》第 20 条，检察机关司法监督权的具体内容包括 8 个方面，分别为：依照法律规定对有关刑事案件行使侦查权；对刑事案件进行审查，批准或决定是否逮捕犯罪嫌疑人；对刑事案件进行审查，决定是否提起公诉，对决定提起公诉的案件支持公诉；依照法律规定提起公益诉讼；对诉讼活动实行法律监督；对判决、裁定等生效法律文书的执行工作实行法律监督；对监狱、看守所的执法活动实行法律监督；法律规定的其他职权。这 8 个方面的具体司法监督职权，大致可以归结为侦查权能、诉讼权能、监督权能。

1. 侦查权能

侦查权能，是指检察机关依法对特定刑事案件展开刑事侦查的职权。监察制度改革使得检察机关原有的贪污贿赂、失职渎职等职务犯罪侦查权被整体转移至监察机关，仅保留了有限的侦查权能，即《刑事诉讼法》第 19 条第 2 款规定的两种情形：对诉讼活动实行法律监督中发现的司法工作人员利用职权实施的非法拘禁、刑讯逼供、非法搜查等侵犯公民权利、损害司法公正的犯罪，以及对需由检察院直接受理且经省级以上检察院决定的原本由公安机关管辖的国家机关工作人员利用职权实施的重大犯罪。此外，基于监察机关和检察机关在调查和审查起诉阶段对证据是否“确实、充分”的理解并不相同，《刑事诉讼法》第 170 条第 1 款还确立了检察机关特殊情形下的刑事侦查权，即对监察机关移送起诉的案件，检察院审查后认为需要补充核实的应当退回补充调查，但在必要时也可自行补充侦查。尽管该款将退回监察机关补充调查置于检察机关自行补充侦查之前，反映出立法者对前一种操作的倾向性，但不容置疑的是，检察机关仍然具有补充侦查的可能性，尤其是在各级监察机关组建不久、办案人员紧缺和办案经验匮乏的整体形势下。

值得注意的是，检察机关的侦查权能与公安机关办理涉嫌一般犯罪案件时的侦查权能，以及和监察机关处置涉嫌职务犯罪案件时的调查权能，在权能的来源和性质上是不同的。公安机关是行政机关的组成部分，其行使的侦查权能在性质上仍然属于典型的行政权力。监察机关则是依法独立行使监察权的专门国家机构，其调查权能是同时具有国家法律监督和党内纪律检查性质的新型监察权力。而检察机关办理特定刑事案件时的侦查权，目的在于获取相应的事实和证据，以支撑检察机关顺利履行审查起诉、抗诉、提起公益诉讼、提出纠正意见或检察建议等法定职责，在性质上属于司法监督权。

《检察院组织法》第 21 条第 1 款还规定，检察机关行使监督职权时可以调查核实，在实质意义上也可以算作检察机关侦查权能的组成部分。因为，调查核实与其他侦查手段的目的均在于针对特定问题进一步获取相应的事实和证据，以支撑检察机关后续的监督手段。此外，《中华人民共和国民事诉讼法》（以下简称《民事诉讼法》）第 210 条规定，检察机关因履行监督职责提出检察建议或抗诉的需要，可以向当事人或案外人调查核实有关情况；《中华人民共和国行政诉讼法》（以下简称《行政诉讼法》）第 101 条原则上规定，检察机关对行政案件受理、审理、裁判和执行的监督在没有相关规定时可以直接适用《民事诉讼法》，因而同样可以采取调查核实的手段。2018 年《最高人民法院、最高人民检察院关于检察公益诉讼案件适用法律若干问题的解释》（法释〔2018〕6 号，以下简称《关于检察公益诉讼案件适用法律若干问题的解释》）第 6 条则更为具体和直接地规定，检察机关办理公益诉讼案件，可以调查收集证据材料，也可以依据民事和行政诉讼法律相关规定采取证据保全措施。

2. 诉讼权能

诉讼权能，是检察权的核心组成部分，指检察机关依法审查刑事案件，批准或决定是否逮捕，以及决定是否提起公诉或抗诉，以解决被追诉人的刑事责任的职权。基于控审分离的理念，检察权从法院同时主导侦查和审判的纠问式诉讼模式中脱胎而出，代表国家和社会基本垄断了对犯罪的诉讼权能。诉讼权能的行使，一般不具有最终裁决的效力，而更多的是保障刑事程序的顺利进行，但不容忽视的是，其在特定情形下不仅关涉程序事项，还直接决定着实体责任的实现与否。例如，检察院根据《刑事诉讼法》第 175 条第 4 款对补充侦查案件作出的存疑不起诉，第 177 条第 2 款对犯罪情节轻微案件作出的酌定不起诉，第 182 条第 1 款对有重大立功或涉及国家重大利益案件作出的核准不起诉，以及《刑法》第 87 条第 4 项对超过 20 年追诉时效案件的核准不起诉等。

监察制度改革后，检察机关的诉讼权能，与监察机关的调查和处置权能，仍然存在继续改进以更好地实现衔接协调的空间。例如，《刑事诉讼法》第 170 条第 2 款规定，检察院应当对监察机关已采取留置措施的移送起诉案件犯罪嫌疑人先行拘留，以解除留置措施，并在拘留后 10 日内，特殊情况下还以延长 1 日至 4 日，作出是否逮捕、取保候审或监视居住的决定。也就是说，监察机关采取留置措施的被调查人在移送检察机关审查起诉后，必然要承受拘留强制措施并且最长可以达到 14 日。一方面，涉及检察机关的拘留标准是否与监察机关的留置标准无缝衔接，拘留的采取是否必要和符合比例原则，以及是否违背当下刑事司法改革中推行的"少羁押""慎羁押"精神；另一方面，案件被最终认定为错案时，应当由启动调查程序的监察机关还是启动审查起诉程序的检察机关对被错误羁押的当事人给予国家赔偿，也存有疑问。基于此，适当提前检察机关对部分监察案件的审查介入时间，裁减冗余的拘留环节，实现监察机关移送起诉后检察机关即时作出逮捕、取保候审、监视居住或立即释放等决定，避免监察机关移送起诉后、检察机关决定刑事强制措施前对被调查人或犯罪嫌疑人的无谓羁押以强化其权利保障。

此外，提起公益诉讼与提起公诉不同，它是检察机关在刑事程序中的典型诉讼权能在民事和行政程序中的拓展与体现。《关于检察公益诉讼案件适用法律若干问题的解释》用27个条文对检察机关行使民事公益诉讼和行政公益诉讼进行了详细规定，极大地丰富了检察机关的诉讼权能。而与提起公诉的相同之处在于，提起公益诉讼仍然更多地表现为推进诉讼程序，并不具有实体上的裁判性。

3. 监督权能

监督权能，是检察权的重要组成部分，指检察机关依法对侦查、审判等诉讼活动和判决、裁定等生效法律文书的执行等实施法律监督的职权。如前所述，尽管被宪法规定为法律监督机关，但检察机关行使的并非宽泛意义上的法律监督权，而在实质上是一种司法监督权。也有文章称其为“诉讼监督”，是指对立案侦查、审判和执行活动行使诉讼监督权，以及督促纠正专门机关的违法行为。[1]也就是说，检察机关监督权能的作用对象主要是自身以外的其他专门机关，包括公安机关、监察机关、审判机关和执行机关等，如最高人民检察院对最高人民法院死刑复核活动的监督。至于对检察机关内部“负责刑事检察工作的专门部门”的监督，则始终无法摆脱自我监督的弊病。

《检察院组织法》第21条规定，监督权能实施的重要途径是在调查核实之后依法提出抗诉、纠正意见或检察建议。其中，检察机关有权在刑事、民事和行政诉讼中提出抗诉，并且必然引起二审或再审的程序性后果。而对于检察机关提出的纠正意见或者检察建议，有关单位则应予以配合并及时书面回复采纳情况，具有确定的强制力。例如，1986年《检察院组织法》第19条曾规定，检察院发现刑事判决、裁定执行违法时应通知执行机关纠正，发现监狱、看守所和劳动改造机关活动违法时应通知主管机关纠正，这在实质上已经涉及事实合法与否的判断，带有一定的终局性和裁决性特征。

---

[1] 朱孝清．国家监察体制改革后检察制度的巩固与发展［J］．法学研究，2018（4）：3–19.

（四）检察权能新的增长点

国家监察制度改革所形成的“一府一委两院”的权力组织框架，并没有改变《宪法》所确立的检察机关作为专门的法律监督机关的定位。一方面，监察机关以公职人员为中心，致力于维护其自身道德操守、清正廉洁和处置其违法犯罪行为。检察机关则更多地关注“事”，主要监督诉讼活动中特定机关工作人员行使权力的合法性问题，以保证法律的正确执行和维护法制的统一。因此，监察机关的监督无法完全取代检察机关的监督。另一方面，“让一个承担刑事追诉甚至刑事侦查职能的国家机构，去监督和保证国家法律的统一实施，并在其他国家机构违反法律时予以纠正，这的的确确带有一定的‘乌托邦’的意味，构成了一种制度上的神话”[1]，检察机关长期的“重诉讼、轻监督”传统，可能因为监察机关剥离了其职务犯罪侦查权而有所改观，从而回到法律监督机关的本位上来。在国家监察制度改革的时代背景下，检察机关要捍卫自身的宪法地位，要调整好职务犯罪侦查权的剥离这一“减权”与检察权能新的增长点这一“增权”之间的关系。

1. 诉讼权能的新探索

检察机关曾长期承担对贪污贿赂、失职渎职等职务犯罪的立案、侦查、起诉及司法监督等诸多跨度较大的诉讼环节，造成了人力物力较为分散和工作重心难以突出等一系列体制问题。2014 年《中共中央关于全面推进依法治国若干重大问题的决定》提出“推进以审判为中心的诉讼制度改革”，强力推动检察机关从侦查、起诉和监督多项职能齐头并进逐渐转向以起诉职能为核心。其中，检察机关被赋予针对侵害国家、社会公共利益的行为提起公益诉讼的权力，是其诉讼权能扩充和增长的新探索。

公共利益，主要表现为社会安全和秩序、个人利益、社会经济利益、道德利益与可持续发展利益。[2]公益诉讼源起于罗马法的公共信托理论，由国

---

[1] 陈瑞华．问题与主义之间［M］．北京：中国人民大学出版社，2000：32.

[2] 樊崇义，白秀峰．关于检察机关提起公益诉讼的几点思考［J］．法学杂志，2017（5）：78–86.

家设置特定机关作为公共利益代理人来制止侵害行为，在法制层面最早出现于19世纪初期法国和德国的民事诉讼。中国的公益诉讼起步较晚，最初主要由律师和社会组织等参与，2015年《检察机关提起公益诉讼改革试点方案》正式开启了检察机关提起民事、行政公益诉讼的实践探索。随后，《民事诉讼法》第55条第2款规定，检察机关可以对履职时发现的破坏生态环境、资源保护，以及在食品药品安全领域侵害众多消费者合法权益等损害社会公共利益的行为，在没有法定机关和组织或者它们不起诉时向法院提起诉讼，在它们起诉时则可以支持起诉。《行政诉讼法》第25条第4款规定，检察机关应当对履职时发现的生态环境和资源保护、食品药品安全、国有财产保护与国有土地使用权出让等领域的行政违法、不作为且致使国家或社会公共利益受到侵害的情形向行政机关提出检察建议，督促其依法履行职责，否则，应向法院提起诉讼。《检察院组织法》第20条第4项则明确赋予检察机关提起公益诉讼的权力，《关于检察公益诉讼案件适用法律若干问题的解释》进一步予以详细规定。此外，为了巩固和落实检察机关公益诉讼权能，《检察院组织法》第21条和《民事诉讼法》第210条还规定，检察机关为行使法定的监督职权，可以向当事人或案外人调查核实有关情况，实质上赋予了检察机关对公益诉讼案件的调查核实权力。

值得注意的是，在司法实践中，检察机关公益诉讼权的顺利行使，仍然存在一些困难和阻碍。例如，根据《民事诉讼法》第55条，检察机关民事公益诉讼的范围被严格限制在履行职责中发现的破坏生态环境和资源保护、食品药品安全领域侵害众多消费者合法权益等损害社会公共利益的两类行为。此外，检察机关的诉讼权力处于一个后位的保障作用，只能在没有法定的机关和组织或者它们不提起诉讼时才可以向人民法院提起诉讼，在法定的机关、组织提起诉讼时则可以支持起诉。再例如，尽管《行政诉讼法》第25条第4款相对于《民事诉讼法》第55条的规定，扩大了检察机关对国有财产保护、国有土地使用权出让等领域行政违法或行政不作为的公益诉讼权力，但是却附加了提起诉讼前应当向行政机关提出检察建议以督促其依法履行职责，并且只能在对方不履行职责时才能提起行政公益诉讼的限制。这样的诉前附加程序设计，虽然意在及时纠正行政违法行为或行政不作为和节约司法资源，但在检察机关职务犯罪侦查权已经剥离而由新组建的监察机关享有的情形下，监察机关的检察建议能够在多大程度上发挥作用，颇值得怀疑。[1]

整体而言，职务犯罪侦查权的剥离和公益诉讼权的赋予，对检察机关来说，既是挑战，也是机遇。检察机关应当转变职能，高度重视新获得的公益诉讼权能，招揽和培养专门人才，在受案范围、诉前程序和举证责任等方面深耕细作，充分发挥其诉讼权能。

2. 监督权能的再强化

中国的检察机关自设立之初就拥有相对全面的诉讼权能。事实上，检察机关诉讼权能的一再强化，使得人们产生了检察机关的监督权能只能通过诉讼权能的行使来实现的印象，从而忘却其作为《宪法》确定的法律监督机关。因此，检察机关在积极探索诉讼权能的同时，也不应忽视其监督权能的强化。

一方面，强化检察机关的建议权。检察机关的建议权，是实现检察机关监督权能的一个重要手段，但无论在理论上还是在实践中，均未受到足够的重视。例如，有学者认为，检察机关的建议实质上是一种“非强制性措施”，与一般意义上的“建议”并无太大差别。[2]2012 年《民事诉讼法》正式赋予检察机关建议权，但在实践中的运行效果并不理想，其中既有检察机关自身对建议权的重视不够、跟踪落实不到位等原因，还与被建议对象对检察建议的不以为然有关，最重要的一点在于，检察建议的后续保障措施要么付之阙

❶ 最高人民检察院曾公布一起公益诉讼诉前附加程序的典型案例：吉林伊通满族自治县生活垃圾处理厂已经违规运行 7 年，严重污染环境且未能得到治理。2015 年 11 月 11 日，在检察建议发出后，吉林伊通满族自治县人民政府立刻召开专门会议研究垃圾处理厂的治理问题，同年 11 月 14 日，县住房和城乡建设承诺立即停止垃圾处理厂的使用，同时保证同年 12 月 30 日前设备能够正常运转。参见徐日丹，贾阳．检察机关提起公益诉讼试点工作诉前程序典型案例［N］．检察日报，2016-01-07（2）．

❷ 吕涛．检察建议的法理分析［J］．法学论坛，2010（2）：108-114.

如，要么不具有可执行性。基于此，有的学者、专家建议，应当增强检察建议的刚性，在立法上明确其性质，并在检察建议的作出情形、运作程序、不作为、异议等方面进行全方位的完善。[1]在被建议机关不接受或者怠于履行检察建议时，在制度层面上，可以仿照《行政诉讼法》第25条第4款的规定，赋予检察机关对此提起诉讼的权力，由法院进行居中裁决。退一步讲，赋予检察机关向被建议对象所在单位或者其上一级单位提起行政问责的权力，由后者在调查核实的基础上作出是否应当问责以及继续履行的结论，并在法定期限内将问责情况书面回复给检察机关。值得注意的是，检察建议的制度刚性受到了最高司法机关的重视。例如，最高人民法院和最高人民检察院联合印发的《关于对民事审判活动与行政诉讼实行法律监督的若干意见（试行）》（高检会〔2011〕1号）第7条第2款规定，人民法院收到再审检察建议后，应当在3个月内进行审查并将审查结果书面回复人民检察院；第10条第1款规定，人民检察院提出检察建议的，人民法院应当在1个月内作出处理并将处理情况书面回复人民检察院。

另一方面，加强检察机关对监察机关的监督。以审判为中心的司法体制改革，要求一切证据都需要在法庭审判中公开对质，这是检察机关对监察机关调查活动引导和监督的契机。监察机关在调查活动中涉及的收集、固定、审查、运用证据等事项，与《刑事诉讼法》关于审判阶段的证据标准相一致，而检察机关在贪污贿赂犯罪、渎职犯罪等职务犯罪侦查过程中积累的实践经验，能够切实有效地对监察机关的证据收集、固定及法律的正确适用等问题进行相应的引导、补充和审查。当然，在目前的制度安排下，《监察法》和新修正的《刑事诉讼法》在一定程度上有意规避了检察机关对监察机关的监督。例如，监察机关的调查过程基本是封闭的，律师没有介入的机会；监察机关对实质上相当于逮捕的留置措施的运用，也无须检察机关的批准，检

---

[1] 廖中洪．关于完善《中华人民共和国民事诉讼法修正案（草案）》有关“检察建议”规定的若干问题［J］．西南政法大学学报，2012（3）：100-104.

察机关对留置程序的监督和制约基本是缺失的。从防止权力滥用和保障公民合法权益的角度出发，由作为法律监督机关的检察机关适当介入监察机关的留置程序，有着正当性和必要性。

无论是西方国家的“三权分立”体制，还是中国的人民代表大会体制，核心要义在于对权力的监督和制约。2014 年《中共中央关于全面推进依法治国若干重大问题的决定》指出，要完善检察机关行使监督权的法律制度，加强对刑事诉讼、民事诉讼、行政诉讼的法律监督；督促纠正行政违法或行政不作为，探索建立检察机关公益诉讼，以形成“严密的法治监督体系”。虽然监察制度改革调整了职务犯罪侦查权能的配置，使得检察机关因被剥离绝大部分的侦查权能而缺少了落实法律监督的重要手段[1]，但新形成的“一府一委两院”的权力架构，并没有改变检察机关作为宪法确立的专门法律监督机关的定位。宪法及宪法性文件对检察权规定的沿革演变，是规范解读检察权的有力依据，检察权应当被界定为一种司法监督权，包含侦查、诉讼和监督等具体权能。监察制度改革对检察权的司法监督职责提出了更高要求，公益诉讼和检察建议应当成为检察机关诉讼权能和监督权能新的探索和发展方向。

---

[1] 秦前红. 全面深化改革背景下检察机关的宪法定位［J］. 中国法律评论，2017（5）：62-67.

第六章 ◀ 留置权的实质分析与制度完善

国家监察制度的改革推动了《监察法》的颁布和《刑事诉讼法》的修正，使得监察权成为一种新型的复合型权力。作为司法监督权的检察权则被剥离出极具分量的职务犯罪侦查权能，整个刑事诉讼的实践发生了翻天覆地的变化。作为监察权的调查权能的重要组成部分，留置权被配置给监察委员会，在理论界和实务界中引起激烈的讨论。留置权的性质与实质、留置对象的权利保障、留置权与辩护权的关系等一系列相互交错的问题，值得监察法领域、刑事诉讼法领域，甚至是宪法学领域的学者们认真观察和深入研究。从《监察法》和《刑事诉讼法》的规定来看，留置在现行法律体系中的定位并非刑事强制措施，但是，从留置可以剥夺留置对象的人身自由、可以合法羁押留置对象长达6个月、可以设置专门的羁押场所、可以折抵刑期等方面的规定来看，留置在实质上与拘留、逮捕等最为严厉的刑事诉讼强制措施相差无几。留置程序中彻底排除律师及其辩护权的参与，也与刑事诉讼实践的发展趋势背道而驰，中共中央纪委的相应说明和接下来留置权的运行实践，并没有完全消弭人们在这一问题上的认识分歧。留置对象的权利保护存在的问题，是辩护权介入留置程序的实践基础；正当程序、人权保护、权力制约、域外实践则是辩护权介入留置程序的理论基础；《宪法》和《刑事诉讼法》的限制，是辩护权介入留置程序的现行法基础。在未来的监察实践过程中，留置权的运行需要进一步规范，需要特别关注辩护权的适度介入。

第一节　留置权的“前世”与“今生”

国家监察制度改革，目的在于实现国家监察全面覆盖，深入开展反腐败工作和推进国家治理体系、治理能力现代化。留置权的设计，同样有着深刻的社会现实和政治需求等因素的考量。因此，立足于与留置权的“前世”“今生”紧密相关的国家法律和党内法规，以国家法律、行政法规和政策性文件等为依据，系统地梳理“两指”“两规”和留置权的产生、发展、更替的历史脉络，能够更加准确地理解留置权的设计初衷，更好地把握留置权与社会现实、政治需求的内在联系，从而有助于厘清其实质内容、发现其制度漏缺和完善其实践运作。

一、“两指”与“两规”：留置权的“前世”

留置权的实质，实际上可以追溯至具有国家法律性质的“两指”措施和具有党内法规性质的“两规”措施，是“两指”与“两规”措施在构建集中统一、权威高效的国家监察体制背景下改造升级而成。

（一）“两指”的产生

“两指”，是学界学者们对 1997 年原《行政监察法》第 20 条第 3 项赋予行政监察机关的具体监督职权的简称。在调查违反行政纪律行为时，行政监察机关可以根据实际情况和需要“责令有违反行政纪律嫌疑的人员在指定的时间、地点就调查事项涉及的问题作出解释和说明，但是不得对其实行拘禁或者变相拘禁”。因此，“两指”实质上是县级及以上行政监察机关的一种强制调查措施，能够以限制人身自由的方式，要求涉嫌违反行政纪律案件的公职人员在“指定的时间、地点”协助调查。

实际上，“两指”措施，最早可以追溯至1990年《行政监察条例》第21条第5项的规定：行政监察机关在检查、调查中，有权“责令有关人员在规定的时间、地点就监察事项涉及的问题作出解释和说明”，两者存在明显的继承和沿革关系。“两指”措施在文字表述上从“规定的时间、地点”到“指定的时间、地点”的转变，与具有党内法规性质的“两规”措施有关，后文会有具体论述。

1990年《行政监察条例》的制定及其“两指”措施的设计，主要目的在于规制当时社会中激增的腐败现象，以“加强行政监察，改善行政管理，提高行政效能，促进国家行政机关及其工作人员廉洁奉公，遵纪守法”。20世纪80年代末至90年代初，随着改革开放政策的持续推进，促使计划经济向市场经济全面转型，经济体制的巨变和经济模式的更新催生了干部经商、机关办厂等所有权混乱的市场经营行为，直接诱发了行政审批、招投标等新兴经济领域腐败现象的大量滋生。基于此，1985年11月26日，中共中央办公厅和国务院办公厅联合下发《关于解决当前机关作风中几个严重问题的通知》(中办发〔1985〕57号)，要求各级党政机关严肃自查和坚决刹住一些机关滥用外汇购买和更换进口小轿车、滥派人员出国旅游、私自筹款经商、请客送礼、乱收费乱摊派和一些领导干部及其配偶子女经商牟利6股不正之风。与此相呼应，针对涉嫌犯罪的严重腐败情形，最高人民检察院和最高人民法院于1989年8月15日联合发布《关于贪污、受贿、投机倒把等犯罪分子必须在限期内自首坦白的通告》，在第1条明确规定，国家工作人员犯贪污罪、受贿罪、投机倒把罪的，企业事业单位、机关、团体犯投机倒把罪、受贿罪的直接负责的主管人员和其他直接责任人员，应当投案自首，坦白交代犯罪事实。紧接着，原监察部于8月19日发布《关于有贪污贿赂行为的国家行政机关工作人员必须在限期内主动交代问题的通告》，在第1条明确规定，国家行政机关工作人员、国家行政机关任命的企业事业单位的领导人员凡有贪污、受贿行贿行为的，国家行政机关受贿行贿的负有直接责任的主管人员和其他人员，应当主动交代贪污、受贿行贿事实。这两项规范性文件，在当时极大地震慑了腐败分子。据统计，《关于有贪污贿赂行为的国家行政机关工作人员必须在限期内主动交代问题的通告》实施期间，向检察机关投案自首的贪污贿赂犯罪分子达到了 25 544 人，全国共有 17 600 多名国家行政机关工作人员到各级监察机关主动交代贪污贿赂等违法违纪问题。[1]

但是，这两项规范性文件也突出地存在着效力位阶低、规制事项少的严重弊端，无法有效地满足当时治理腐败的社会需求，于是 1990 年《行政监察条例》应运而生。《行政监察条例》赋予行政监察机关对国家行政机关及其工作人员和国家行政机关任命的其他人员执行国家法律、法规、政策和决定、命令的情况以及违法违纪行为进行监察的职权，并配置有强有力的“两指”措施以调查腐败案件，在一定程度上遏制了大量的腐败现象，缓解了腐败给政治局势和社会秩序带来的严重冲击和不良影响。

（二）“两指”与“两规”的并行

无论是两项规范性文件还是 1990 年《行政监察条例》，都没有彻底改变当时中国的腐败治理体制和机制存在的严重缺陷。原监察部作为国务院下属的一个部委，其职权范围有限，实际上也无法有力地承担起集中统一、权威有效地治理腐败的历史使命。自 1993 年开始，中共中央纪委和原监察部合署办公。一方面，由于中共中央纪委的级别高于原监察部，且纪委的纪律检查范围要明显大于监察机关的行政监察范围。所以，纪委在合署办公的体制下实际上发挥着主导作用。另一方面，鉴于当时党内法规制度体系的不健全，纪委反腐败的手段和措施较为匮乏，1990 年《行政监察条例》规定的“责令有关人员在规定的时间、地点就监察事项涉及的问题作出解释和说明”措施遂为纪委所借鉴和吸收。

“两规”，是学界学者们对 1994 年 3 月 25 日中共中央纪委印发的《纪律

[1] 窦效民，王良启. 中国共产党反腐倡廉历程［M］. 郑州：郑州大学出版社，2006：236-238.

检查机关案件检查工作条例》第28条第3项赋予纪委调查组的具体调查取证权限的简称。凡是知道案件情况的组织和个人都有提供证据的义务，调查组有权按照规定程序，要求有关人员在规定的时间、地点就案件所涉及的问题作出说明，有关组织和个人必须如实提供证据，不得拒绝和阻挠。[1]也就是说，“两规”实质上是党的纪律检查机关的一种强制性的调查取证措施，能够以限制人身自由的方式，要求涉嫌违反党纪案件的党员在“规定的时间、地点”接受隔离并协助调查。至此，“两规”措施在党内纪律检查工作中的运用有了党内法规上的明确依据，它是先于司法程序的一个党纪审查程序，主要目的在于通过“规定的时间、地点”，将涉嫌违反党纪人员与外界隔离，以防止其逃避纪律检查、转移、毁灭证据或者串供等行为，提高案件调查效率。“两规”措施的运用，使得反腐败的成效得到了极大的提升。据纪检监察部门统计，1994年因腐败问题而受到处分的人数为7万余人，1995年为88 125人，1996年则超过了12万人。[2]

尽管1990年《行政监察条例》最先采用“规定的时间、地点”的表述，但并没有被行政监察机关在行政监察实践中普遍性地予以适用，而是在很大程度上被纪委的“两规”措施所取代。并且，两者之间的界限也随着纪检机关和监察机关的合署办公而趋于模糊，这是行政监察机关的“两指”措施在实践中并没有为学者或者社会公众所高度关注的重要原因。另外，为避免共同使用“规定的时间、地点”所带来的混淆和难以区分，1997年《行政监察法》在表述上使用“指定的时间、地点”替代了1990年《行政监察条例》所采用的“规定的时间、地点”，以区别于纪委的“两规”措施。从此，“两指”措施就成为行政监察机关独有的调查手段，而“两规”措施则是纪委特有的党内调查取证手段，“两指”和“两规”同时并存于中国反腐败斗争的时代正式形成。

---

[1] 值得说明的是，在日常生活和媒体报道中，“两规”又常常被称为“双规”，但“双规”的说法并未被党的纪律检查机关的相关文件和工作实践所采纳。

[2] 佚名.九十年代我国腐败现象特点［J］.中共石家庄市委党校学报，2000（9）：26.

“两指”和“两规”是既有联系又有区别的一对概念。一方面，“两指”和“两规”存有诸多联系，具有较高程度的相似性，易为普通民众所混淆。例如，两者在文字表述上极为相似，强调属于在“指定”或者“规定”的时间、地点所采取的调查和取证措施，且均不属于司法程序。基于党纪检查机关和行政监察机关实践中往往全面合署办公，“两指”和“两规”的执行流程往往涉及相同的办公地点和隔离调查场所；“两指”和“两规”的目的均在于规制腐败，其发挥作用的机制均在于通过时间、地点的限制使得被调查对象与外界隔离以避免干扰调查情形的出现，提高调查效率。另一方面，“两指”和“两规”也存有许多不同之处，不容忽视。例如，两者的性质不同，“两指”源于权力机关的授权，是国家法律层面的范畴，而“两规”则源于政党机关的授权，是党内法规层面的概念；两者的依据不同，“两指”的依据是原《行政监察法》，而“两规”的依据则是《纪律检查机关案件检查工作条例》；两者的适用对象不同，“两指”的适用对象是原《行政监察法》第 2 条规定的“国家行政机关、国家公务员和国家行政机关任命的其他人员”，而“两规”的适用对象则是中国共产党党员。

关于“两指”和“两规”措施的性质，中共中央纪委和原监察部专门联合发布《关于纪检监察机关依法采用“两指”“两规”措施若干问题的通知》（中纪发〔1998〕7 号），将“两指”“两规”措施定性为国家法律和党内法规规定的纪检监察机关查处政纪、党纪案件的必要措施，并明确要求纪检监察机关在采用“两指”和“两规”措施时，不准使用司法手段，不准使用司法机关的办公、羁押场所和行政部门的收容遣送场所；不准修建用于采用“两指”“两规”措施的专门场所；严禁搞逼供、诱供，严禁体罚或者变相体罚，严禁打骂、侮辱人格和使用械具。正是基于这一点，“两指”“两规”措施在学界饱受批评，充满争议，尤其是“两规”措施，并非源于法律授权，却可以限制人身自由。例如，《纪律检查机关案件检查工作条例》第 39 条规定，案件调查的时限为 3 个月，必要时可延长 1 个月；案情重大或复杂的案件，在延长期内仍不能查结的，可报经立案机关批准后延长调查时间。从理论上来说，“两规”措施对人身自由的限制可以与案件调查时限保持一致。但是，根据《立法法》第 8 条和第 9 条的规定，限制人身自由的强制措施属于涉及司法制度的事项，必须由全国人大及其常委会制定法律予以规定，并为行为人设置相应的司法救济措施。

二、塑造与内容：留置权的“今生”

针对“两指”“两规”合法性的质疑，中共中央办公厅印发了《中央纪委关于完善查办案件协调机制 进一步改进和规范“两规”措施的意见》（中办发〔2005〕28 号）予以回应，在学界学者中也有观点援引行政法学领域中的“特别权力关系理论”为之进行辩护。但事实上，在全面推进依法治国的当下，“两指”和“两规”的合法性只能由国家法律而非党内法规来解决。例如，《宪法》“序言”部分所确认的“党的领导”即为两者的立法提供了宪法性依据。在“两指”和“两规”实践经验的基础上发展而来的留置权，在承继“两指”和“两规”的限制人身自由、强制性强等特点的同时，还获得了作为基本法律的《监察法》的加持，从根本上解决了其权力来源和行使的合法化问题。

（一）留置权的塑造历程

反腐败斗争的实践遭遇到一些问题，如为调查的顺利进行而对中国共产党党员适用“两规”措施长时间地限制其人身自由，显然并不符合《宪法》第 37 条和《立法法》第 8 条等宪法法律的相关规定；再如对非中国共产党党员，则无法适用具有党内法规性质的“两指”措施等等，这些问题亟须通过改革国家监察制度和创制新的调查权力予以彻底解决。

《关于在北京市、山西省、浙江省开展国家监察体制改革试点工作的决定》赋予监察委员会诸多具体调查措施以支撑其充分地履行调查职能，其中，就包括涉及人身自由的留置措施。

2017 年 10 月 18 日，习近平同志在中国共产党第十九次全国代表大会上作题为《决胜全面建成小康社会 夺取新时代中国特色社会主义伟大胜利》的报告，报告明确指出，要“深化国家监察体制改革，将试点工作在全国推开，组建国家、省、市、县监察委员会，同党的纪律检查机关合署办公，实现对所有行使公权力的公职人员监察全覆盖。制定国家监察法，依法赋予监察委员会职责权限和调查手段，用留置取代‘两规’措施”。

2017 年 11 月 4 日，第十二届全国人大常委会第三十次会议审议通过了《关于在全国各地推开国家监察体制改革试点工作的决定》，再次将涉及人身自由的留置措施赋予监察委员会，作为其履行调查职能的重要支撑。

2018 年 3 月 20 日，在监察体制改革试点实践的基础上，第十三届全国人大第一次全体会议在审议通过《宪法修正案》之后，表决通过了《监察法》，运用第 22 条、第 29 条、第 41 条、第 43 条、第 44 条和第 60 条等 6 个条文分别规定了留置措施的适用对象、适用条件、撤销及错误留置的补救措施等问题，标志着留置措施在立法层面得到确认，这是运用法治思维、法治方式惩治腐败的一大创新，“实现了反腐工作的制度化和法治化”。[1]《监察法》对留置权的规定，既能够在形式上使留置权获得了合法性，还能够在实质上以留置权替代“两指”和“两规”措施，是国家治理法治化的进步。留置措施在各地监察机关的办案过程中作用突出。例如，内蒙古自治区监察委员会在 2018 年上半年，全区共采取留置措施 109 人，较 2017 年同期“两规”人数增长 738%，解除留置措施 62 人，平均使用措施时间 32 天；规范建设留置场所，12 个盟市统一规划建设 37 个留置场所；全区统一着手组建 1000 人的看护队伍，实行全区统筹、盟市调度、综合使用。[2]

2018 年 10 月 26 日，第十三届全国人大常委会第六次会议通过的《全国

---

[1] 马怀德.《国家监察法》的立法思路与立法重点［J］. 环球法律评论，2017（2）：5–16.

[2] 佚名 . 半年回眸，看我区监察体制改革试点工作成果丰硕［EB/OL］.（2018–08–06）［2021–12–21］.http：//www.nmgjjjc.gov.cn/single/2018/08/06/18080618571841936122–18050210073909710005.html.

人民代表大会常务委员会关于修改〈中华人民共和国刑事诉讼法〉的决定》，还特意在留置措施和刑事强制措施的转化与衔接方面作出相应规定，进一步推动了留置权运行的规范化和制度化。

（二）留置权的内容设计

"留置"一词，最早出现和应用于私法领域，更多地体现为维护权利主体自身权益的具体保障和对抗措施，并最终形成一种关于留置的权利（Lien）。例如，有法律辞典认为，留置权源自罗马法中的恶意抗辩权，在德国、意大利等国家的民事法律制度中被当作一种债权性权利，在瑞士、日本等国家则被定性为物权，在中国民事法律制度中则往往被视为担保物权。[1]

"留置"一词，在公法领域中较为罕见。例如，2018年修正之前的《刑事诉讼法》和原《行政监察法》中均未采用"留置"的表述。但值得注意的是，1995年2月28日第八届全国人大常委会第十二次会议审议通过的《中华人民共和国人民警察法》（以下简称《警察法》）第9条第2款出现"留置"的使用："对被盘问人的留置时间自带至公安机关之时起不超过二十四小时，在特殊情况下，经县级以上公安机关批准，可以延长至四十八小时，并应当留有盘问记录。对于批准继续盘问的，应当立即通知其家属或者其所在单位。对于不批准继续盘问的，应当立即释放被盘问人。"并且，这一规定在2012年10月26日第十一届全国人大常委会第二十九次会议审议通过《警察法》的修正案时，予以全面保留、未作丝毫变动。而对于"留置"的含义，《警察法》第9条第1款有所说明：为维护社会治安秩序，人民警察对有违法犯罪嫌疑的人员，经出示相应证件，可以当场盘问、检查；经盘问、检查，有被指控有犯罪行为，有现场作案嫌疑，有作案嫌疑身份不明或者携带的物品有可能是赃物等情形时，可以将其带至公安机关，经批准后继续盘问。对于"留置"的后果，《警察法》第9条第3款规定，公安机关继

[1] 中国社会科学院法学研究所《法律辞典》编委会．法律辞典［M］．北京：法律出版社，2003：910.

续盘问后认为被盘问人需要依法采取拘留或者其他强制措施的，应当在规定期间内作出决定，否则应当立即释放被盘问人。可见，《警察法》中的“留置”措施，目的在于保障公安机关盘问工作的顺利进行，实质上是公安机关维护社会治安秩序的一种临时性的行政强制措施。

而《监察法》中的留置则是一个全新的意义上和语境中使用的，既不同于私法领域中的留置权利，也不同于《警察法》中的留置盘问。《监察法》赋予监察机关留置权，目的在于为监察机关调查职能的顺利履行提供强有力的保障措施，以保证其能够权威高效地应对腐败。《监察法》对留置措施的适用对象、适用条件、撤销以及错误留置的补救措施等一系列问题，作出了前后呼应的体系性规定，依据其第 22 条、第 29 条、第 41 条、第 43 条、第 44 条、第 60 条和《监察法实施条例》“第四章 监察权限”“第六节 留置”的规定，留置权主要涉及以下 6 个方面的内容。

1. 留置的主体

留置的主体是监察机关。监察机关采取留置措施，应当由领导人员集体研究决定，设区的市级以下监察机关采取留置措施时，还应当报上一级监察机关批准；省级监察机关采取留置措施，则应当报国家监察委员会备案。此外，监察机关在采取留置措施时，还可以根据工作需要提请公安机关配合，公安机关应当依法予以协助。

2. 留置的对象

留置的对象大体包括两类主体，均与贪污贿赂、失职渎职等严重职务违法或者职务犯罪有关。首先，涉嫌贪污贿赂、失职渎职等严重职务违法或者职务犯罪的被调查人，可能成为留置的适用对象，同时也是留置最主要的适用对象。这一类群体都具有行使公权力的公职人员身份，本身即是监察机关的监察对象。值得注意的是，这类人员的行为只有在涉嫌严重的职务违法或者职务犯罪时，才有可能成为被留置的对象。其次，涉嫌行贿犯罪或者共同职务犯罪的涉案人员，也可能成为留置的适用对象，同时也是留置适用对象的重要组成部分。这一类群体并不具有行使公权力的公职人员身份，原本不是监察机关的监察对象，但基于刑事法领域的共同犯罪原理而可以成为留置的适用对象。值得注意的是，与前一类群体不同，这些不具有公职人员身份的涉案人员，只有在行为的社会危害性超过单纯的违法阶段而达到涉嫌犯罪的程度时，才有可能成为留置的对象。此外，《监察法实施条例》第96条还规定了相对不得采取留置措施的人群，主要包括患有严重疾病、生活不能自理，怀孕或者正在哺乳自己婴儿的妇女，系生活不能自理的人的唯一扶养人等情形，但在情形消除后可以根据调查需要恢复采取留置措施。

3. 留置的理由

留置的理由包括留置对象涉嫌贪污贿赂、失职渎职等严重职务违法或者职务犯罪，或者留置对象涉嫌行贿犯罪或者共同职务犯罪，监察机关已经掌握其部分违法犯罪事实及证据但仍有重要问题需要进一步调查，并且留置对象具有涉及案情重大、复杂，可能逃跑、自杀，可能串供或者伪造、隐匿、毁灭证据，或者可能有其他妨碍调查行为等情形之一。不构成任何职务犯罪或严重职务违法的情形，不涉及贪污贿赂、失职渎职的职务犯罪或严重职务违法，虽涉及贪污贿赂、失职渎职但职务违法程度没有达到严重的程度，或者监察机关没能掌握部分违法犯罪事实及证据或没有重要问题需要进一步调查时，均无法构成留置适用的充分依据。

4. 留置的期限

留置的期限是监察机关在有充分理由的情形下，可以隔离留置对象的时间长短问题。《监察法》第43条第2款规定，留置时间不得超过3个月，在特殊情况下可以延长一次且延长时间不得超过3个月；省级以下监察机关采取留置措施的，延长留置时间应当报上一级监察机关批准。《纪律检查机关案件检查工作条例》只在第39条规定了一般案件的调查时限为3个月，必要时可延长1个月；但对案情重大或复杂的案件，只规定了在报经立案机关批准后可以再次延长，而没有具体时间的限制。原《行政监察法》只在第32条规定了案件的结案时限，并没有明确“两指”措施是否可以自动适用于6个月到1年的结案时限。这就从根源上消除了“两规”措施的可能没有期限和“两指”措施的期限不明确的弊端，符合《宪法》加强人权保障的精神与要求。

5. 留置的程序

由于留置是涉及被调查人人身自由的严厉调查措施，《监察法》对其程序的规定也十分严格。首先，留置场所的设置、管理和监督依照国家有关规定执行。其次，留置措施的采取，应当由监察机关领导人员集体研究决定，且报上一级监察机关批准，并可以根据工作需要提请公安机关配合；省级以下监察机留置时间的延长，应当报上一级监察机关批准。再次，依法应当留置的被调查人在逃时，监察机关可以决定在本行政区域内通缉，由公安机关发布通缉令，追捕归案；通缉范围超出本行政区域的，应当报请有权决定的上级监察机关决定。复次，调查人员采取留置措施时，应当依照规定出示证件，出具书面通知，由二人以上进行，形成笔录、报告等书面材料，并由相关人员签名、盖章。最后，留置措施采取后，监察机关应当在 24 小时以内通知被留置人员所在单位和家属，存在可能毁灭、伪造证据，干扰证人作证或串供等有碍调查情形的除外；应当保障被留置人员的饮食、休息和安全，提供医疗服务；应当合理安排讯问时间和时长，讯问笔录由被讯问人阅看后签名。

6. 留置的救济

留置的补救是指在留置措施的执行的过程出现不当、违法或者犯罪等情形时，监察机关或者被调查人及其近亲属所作出的弥补措施。首先，监察机关发现采取留置措施不当的，应当及时解除。其次，监察机关及其工作人员在留置法定期限届满，不予以解除时，被调查人及其近亲属有权向该机关申诉，对申诉处理决定不服的，还可以向上一级监察机关申请复查。最后，被留置人员涉嫌犯罪移送司法机关后，被依法判处管制、拘役和有期徒刑的，留置 1 日折抵管制 2 日，折抵拘役、有期徒刑 1 日。

由此不难发现，与“两指”和“两规”措施相比，留置措施在继承和保留两者最为关键和核心的限制人身自由实质的同时，也作出了较大幅度的突破和改进。

第一，解决了留置措施的合法性问题。无论是“两指”和“两规”措施，还是留置措施，均涉及对适用对象人身自由的限制，而依据《宪法》和《立法法》的相关规定，有关犯罪和刑罚、对公民政治权利的剥夺和限制人身自由的强制措施和处罚、司法制度等事项，是法律的绝对保留事项。“两规”措施则源于《纪律检查机关案件检查工作条例》，属于党内法规，尚未上升到国家法律的层面；“两指”措施源于原《行政监察法》的授权，原《行政监察法》由第八届全国人大常委会第二十五次会议通过，在法律位阶上属于一般法律；而留置措施源于《监察法》的授权，《监察法》由第十三届全国人民代表大会第一次会议表决通过，在法律位阶上属于基本法律。因此，留置措施的合法性和正当性问题都在法制的框架内得到了相对完善的解决。

第二，达成了留置措施的全覆盖。与“两规”措施只能适用于中国共产党党员及“两指”措施只能适用于国家行政机关及其公务员和国家行政机关任命的其他人员不同，留置措施可以适用于所有行使公权力的公职人员，全面覆盖了《监察法》第15条列举的6类人员。

第三，实现了留置措施的科学立法。《监察法》中共计6个条文涉及留置措施，分别从留置主体、对象、理由、期限、程序和补救等方面作出了相对科学和合理的规定。例如，在留置理由方面，仿照《刑事诉讼法》作出“监察机关已经掌握其部分违法犯罪事实及证据”的规定；在留置期限方面，消除了“两规”措施的可能没有期限和“两指”措施的期限不明确的弊端，作出留置时间最长为6个月的具体规定。

第四，落实了留置措施的体系衔接。“两指”和“两规”措施曾被官方明确界定为非司法手段[1]，是司法程序之外的调查程序，在证据认定标准

[1] 中共中央纪委和原监察部联合发布《关于纪检监察机关依法采用“两指”“两规”措施若干问题的通知》(中纪发〔1998〕7号)，该规范性文件明确将“两指”“两规”措施与司法手段区分开来。

和“两指”“两规”期间的折抵刑期等方面，并没有实现与刑事法律制度的有机衔接。而《监察法》第33条肯定了监察机关收集的证据材料可以在刑事诉讼中作为证据使用，第44条则明确规定了留置期间与管制、拘役、有期徒刑等刑罚种类的折抵办法等，大致实现了留置措施与司法程序的体系性衔接。

第二节 留置权的性质界定与留置对象的权利保护

如前所述，留置权虽然源起于原《行政监察法》中的“两指”措施和《纪律检查机关案件检查工作条例》中的“两规”措施，在中国法律制度体系中早已有迹可循。但是，作为监察权中调查权能的重要组成内容，留置权又是响应党的十九大报告中“依法赋予监察委员会职责权限和调查手段，用留置取代‘两规’措施”的具体要求，并依据《监察法》而诞生的一项全新的具有监察性质的权力。因此，尽管留置权实质上是一种法治反腐新形势下对旧有腐败规制手段的替代措施，但不应当武断地将留置权视为国家法律层面上的“两指”措施和党内法规体系中的“两规”措施的相融与叠加，有必要立足于中国法律制度体系的整体框架，对留置权进行一个大致的体系分析和准确的性质界定。

一、留置权的性质界定

与《监察法》的监察全覆盖定位有关，《监察法》第22条第1款和第2款规定，留置权既可以适用于被调查人涉嫌贪污贿赂、失职渎职等职务犯罪的情形，又可以适用于被调查人涉嫌贪污贿赂、失职渎职等严重职务违法的情形，还可以适用于涉案人员涉嫌行贿犯罪或者共同职务犯罪的情形，适用范围极为广泛。而此前，对职务违法行为的调查属于行政法制领域，其涉及人身自由的行政措施是行政拘留；对职务犯罪及行贿犯罪的侦查属于刑事法制领域，其涉及人身自由的司法措施是刑事拘留和逮捕；人民法院对严重影响正常审判、妨害诉讼活动或者拒不履行发生法律效力的判决、裁定、调解书造成恶劣社会影响等情形的人，也可以作出涉及人身自由的司法拘留措施。基于留置权与行政拘留、司法拘留、刑事拘留和逮捕之间在严重职务违法、职务犯罪、行贿犯罪、共同职务犯罪情境时的前后替代关系，在中国法律制度体系的整体框架中对它们进行体系性的比较和分析，对于正确地理解留置权的适用、特征以及在此基础上作出准确的性质界定，都不无裨益。

（一）留置权的体系性分析

从《监察法》与《中华人民共和国治安管理处罚法》（以下简称《治安管理处罚法》）《警察法》《民事诉讼法》《行政诉讼法》《刑事诉讼法》等法律的相关规定来看，留置权与行政拘留、司法拘留、刑事拘留和逮捕之间有着密切联系。

首先，上述5种措施均会涉及其适用对象人身自由的合法限制或者剥夺。并且，这种合法的限制或剥夺均是在程序进行的意义上发挥作用，与法院判决所作出的有期徒刑、无期徒刑等具有实体结果和终局意义的剥夺人身自由并不相同。

其次，从程序演进的角度观察，留置权所涉及的调查程序，实质上可以视为对行政拘留的行政程序、司法拘留的司法程序、刑事拘留和逮捕的刑事诉讼程序的一种替代。也就是说，在涉嫌贪污贿赂、失职渎职等严重职务违法、职务犯罪或者存在涉嫌行贿犯罪、共同职务犯罪的涉案人员等情形下，监察程序中留置权的适用排除了行政程序、司法程序和刑事诉讼程序适用的可能性。例如，《监察法》第45条第1款规定，监察机关有权处理构成职务违法但情节较轻的行为、职务违法行为和职务犯罪行为，并根据监督、调查结果依法作出直接或委托处置的决定，对涉嫌职务犯罪案件调查后认为犯罪事实清楚且证据确实、充分的，应当依法制作起诉意见书并连同案卷材料、证据一并移送人民检察院依法审查、提起公诉。在程序设计上，监察程序垄断了管辖范围内案件从立案到移送起诉的整个过程，而仅在《监察法》第47条第3款规定了特殊情形下的例外，即检察机关审查移送起诉的案件后认为需要补充核实事实或证据的，在必要时可以自行补充侦查。

再次，在证据制度方面，合法行使留置权所取得的证据具有最高的证据标准，能够普遍地适用于行政程序、司法程序中。例如，《监察法》第33条规定，监察机关收集的物证、书证、证人证言、被调查人供述和辩解、视听资料、电子数据等证据材料，在刑事诉讼中可以作为证据使用；监察机关在收集、固定、审查、运用证据时，应当与刑事审判关于证据的要求和标准相一致；以非法方法收集的证据应当依法予以排除，不得作为案件处置的依据。而除此之外的其他行政程序、司法程序中所获取的证据材料，均需经过审判程序的转换过程，才能作为定案根据。例如，《行政诉讼法》第33条第2款规定，第1款规定的书证、物证等8类证据经过法庭审查属实，才能作为认定案件事实的根据。

最后，在刑期折抵方面，留置权与刑事诉讼程序中的刑事拘留和逮捕一样，都是《刑法》中提及的“先行羁押”措施，在适用对象被判刑后可以视情况羁押1日折抵管制刑期2日，折抵拘役、有期徒刑1日。在这方面，《监察法》第44条第3款明确规定：“被留置人员涉嫌犯罪移送司法机关后，被依法判处管制、拘役和有期徒刑的，留置一日折抵管制二日，折抵拘役、有期徒刑一日。”《中华人民共和国行政处罚法》第35条第1款原则性地规定：“违法行为构成犯罪，人民法院判处拘役或者有期徒刑时，行政机关已经给予当事人行政拘留的，应当依法折抵相应刑期。”

当然，留置权与行政拘留、司法拘留、刑事拘留和逮捕，在中国法律制度体系中有着较为密切联系的同时，还存在法律依据不同等诸多显著而重要的差别。

1. 适用主体不同

《宪法》和《监察法》规定，监察机关依法独立行使监察权；《监察法》第 43 条第 1 款规定，留置的主体是监察机关。监察机关采取留置措施，应当由领导人员集体研究决定，设区的市级以下监察机关采取留置措施时，应当报上一级监察机关批准；省级监察机关采取留置措施，应当报国家监察委员会备案。而《治安管理处罚法》第 7 条等规定，行政拘留权由政府的公安机关行使，由县级以上人民政府公安机关决定。《民事诉讼法》第 119 条第 1 款以及《行政诉讼法》第 59 条第 3 款规定，司法拘留的决定权属于人民法院，由法院院长决定。《刑事诉讼法》第 3 条、第 165 条等规定，刑事拘留的决定权由公安机关、检察机关和审判机关享有，分别由公安局局长、检察长和法院院长决定；逮捕的决定权属于人民检察院和人民法院。可以看出，除留置之外的其他行政拘留、司法拘留、刑事拘留和逮捕措施的决定，均未提及需要"领导人员集体研究决定"，留置措施的批准和备案，需要上一级监察机关作出。总的来说，留置措施的作出更为慎重和严格。但是，对于如何界定"领导人员集体研究决定"，监察委员会的监察委员是否属于领导人员，集体决定是否适用民主集中制及具体比例如何确定等问题，《监察法》并未予以明确，实践中则由监察机关自由裁量。

2. 适用对象不同

《监察法》第 22 条第 1 款和第 2 款规定，涉嫌贪污贿赂、失职渎职等严重职务违法或者职务犯罪的被调查人，以及涉嫌行贿犯罪或者共同职务犯罪的涉案人员，在监察机关已经掌握部分违法犯罪事实及证据，仍有重要问题需要进一步调查，并且涉及案情重大、复杂的，可能逃跑、自杀的，可能串供或者伪造、隐匿、毁灭证据的，可能有其他妨碍调查行为等情形的，能够成为留置的适用对象。而根据相关法律规定，行政拘留主要针对违反《治安管理处罚法》的行政违法人员；司法拘留针对妨碍诉讼活动的顺利进行及拒不执行生效的判决、裁定、调解书等情形的人员；刑事拘留针对现行犯或重大嫌疑分子及监察机关移送起诉的已采取留置措施案件的犯罪嫌疑人；逮捕针对有证据证明有犯罪事实，可能判处徒刑以上刑罚，采取取保候审尚不足以防止可能实施新的犯罪等 5 种情形下的犯罪嫌疑人、被告人。

3. 适用期限不同

《监察法》第 43 条第 2 款规定，留置时间不得超过 3 个月，在特殊情况下可以延长一次且延长时间不得超过 3 个月。[1] 而根据相关法律规定，行政拘留和司法拘留的期限为 15 日以下；刑事拘留一般为 8 到 10 日，特殊情形下可以延长至 14 日，最长可以达到 37 日；逮捕后的羁押期限一般不得超过 2 个月，案情复杂、期限届满不能终结的案件可以经上一级人民检察院批准延长 1 个月，特殊情形下还可以由最高人民检察院报全国人大常委会批准延期审理，在交通十分不便的边远地区的重大复杂案件等其他情形下，还可以再延长 2 个月。由此可见，对刑事诉讼程序中的逮捕措施，理论上根据案件侦破的难易程度等具体因素，在有必要的情形下羁押期间可以没有上限，而包括留置在内的其他措施，均有羁押期间的相应上限。

4. 适用程序不同

与其他法律相比，《监察法》对留置的适用程序规定得相当严格、细密。首先，《监察法》第 22 条第 3 款规定，留置的执行场所，在设置、管理和监督方面要依照国家有关规定执行，这为留置场所的专门规定提供了法律上的依据，既有利于留置措施的规范执行，也有利于留置对象的权利保护。从留置实践来看，留置场所的确定多是在考虑当地经济发展水平的基础上，选择专门地点进行设置。例外的情形是，选择刑事诉讼强制措施的执行场所，进行改造以与其他措施适用对象保持相对隔离，并借助武警力量或者公安力量进行实际操作和具体管理，有的使用或暂时借用纪委查办案件时的“两规”

---

[1] 在“北京监察委留置第一案”中，李某因涉嫌犯挪用公款罪于 2017 年 4 月 7 日被北京市通州区监察委员会决定和执行留置，同年 5 月 5 日由北京市通州区人民检察院决定对其执行逮捕并由北京市公安局通州分局执行，李某从被决定留置到被批准逮捕历经了 29 日，已经超出一般情形下刑事拘留的最高期限。具体参见李某挪用公款一审刑事判决书，北京市通州区人民法院刑事判决书（2017）京 0112 刑初 416 号。

场所进行羁押。而行政拘留、司法拘留的执行场所一般是拘留所，刑事拘留、逮捕的执行场所则多为看守所。其次，适用对象在逃或脱逃时，监察机关可以决定在本行政区域内通缉依法应当留置的被调查人，由公安机关发布通缉令，追捕归案；通缉范围超出本行政区域的，应当报请有权决定的上级监察机关决定。而对于逮捕时逃跑或者拘留、逮捕后脱逃的犯罪嫌疑人，检察机关也有权作出通缉决定，交由公安机关发布。再次，"通知程序"不同。在通知时间方面，监察机关应当在采取留置措施后的24小时内通知，对犯罪嫌疑人采取监视居住、拘留、逮捕时也应当在24小时内通知，但行政机关在决定行政拘留时只规定了应当及时通知。在通知对象方面，监察机关在采取留置措施后应当通知被留置人员所在单位和家属，其他行政拘留、司法拘留、刑事拘留和逮捕则需要通知适用对象的家属。在通知的例外情形方面，监察机关只有在通知"有可能毁灭、伪造证据，干扰证人作证或者串供等有碍调查情形"时，才可以免除通知的义务，并且在有碍调查的情形消失后，应当立即通知；逮捕的情形下，则只有"无法通知"一种情形才能免除逮捕执行机关的通知义务，比留置措施适用时的通知例外情形明显要狭窄很多。最后，关于留置措施的适用，特别明确规定了应当保障被留置人员的饮食、休息和安全，并提供医疗服务。

5. 适用救济不同

《监察法》第60条对留置措施的救济方式作出了详细和明确的规定：监察机关及其工作人员在留置法定期限届满，不予以解除时，被调查人及其近亲属有权向该机关申诉，受理申诉的监察机关应当在受理申诉之日起1个月内作出处理决定。申诉人对处理决定不服的，可以在收到处理决定之日起1个月内向上一级监察机关申请复查，上一级监察机关应当在收到复查申请之日起2个月内作出处理决定，情况属实的，及时予以纠正。而不服行政拘留则只能提起行政复议或者行政诉讼，不服司法拘留只能向上一级法院申请复议一次；不服刑事拘留则可以在刑事拘留决定行为被确认违法时申请国家赔偿；不服逮捕决定则可以向批准逮捕的检察院或上一级检察院进行申诉。

综上所述，中国法律制度体系中的留置措施，与行政拘留、司法拘留、刑事拘留和逮捕等措施相比较，具有多方面的紧密联系，但同时也存在着多方面的区别。对它们之间联系和区别的比较与分析，能够极大地裨益于对留置权性质的分析与界定。

（二）留置权的性质界定

在国家监察制度改革过程中，一个颇具争议的话题是，留置措施在性质上是属于党内法规领域的党纪检查手段，还是行政法领域的行政强制措施，抑或属于刑事法领域的刑事强制措施。

在“监察权的性质界定与检察权的规范解读”一章中，笔者将监察权界定为一种新型的、复合的、独立的、超然的国家权力，留置权作为监察权中调查权能的重要组成部分，理所当然地同样具有这些特质。但是，留置权作为监察机关调查措施中唯一直接关系留置对象人身自由的措施，还旗帜鲜明地具有自身独有的特质。梳理留置权的这些特质，厘定留置权的性质和属性，对准确认识留置权和留置程序，正确区分监察程序中的留置与刑事诉讼程序中的拘留、逮捕，以及正确认识是否应当在留置程序中引入辩护权等问题，具有重要意义。

在国家监察制度改革的试点时期，对留置措施的性质，官方并没有一个明确的界定。2017 年 3 月，时任中纪委书记的王岐山同志在参加十二届全国人大第四次会议北京代表团的审议工作时，就留置措施的含义提出了参考公安机关常用的留置执法的观点。[1] 单从语义表述上理解，这一表述可以解读出两层含义：留置的行使程序、场所、期限等问题，应当像公安机关的留置执法那样有法律的明确规定；留置在性质上属于与公安机关的留置执法相同的行政法性质。

如果说在国家监察制度改革的试点时期，对留置措施的性质界定尚处

[1] 佚名．王岐山两会上说的这三句话值得细思量［EB/OL］.（2017-03-07）［2021-12-21］. http：//www.china.com.cn/lianghui/news/2017-03/07/content_40421382_2.htm.

于语焉不详的状态，那么，在《监察法》出台前夕，官方对留置措施不是刑事强制措施的立场开始逐渐地明晰。例如，《中国纪检监察报》认为，从立法目的看，《监察法》属于反腐败的国家立法，与《刑事诉讼法》并不相同；从机关属性看，监察委员会由国家权力机关设立，是在中国共产党统一领导下的反腐败工作机构和监督机关，与作为刑事司法机关的侦查机关、检察机关和审判机关并不相同；从调查属性看，《监察法》所针对的职务犯罪与刑事法律所规制的一般刑事犯罪不同，监察机关的留置调查权“不同于也不能视同于公安、检察机关的刑事侦查权，不能简单套用或视同于执法和司法机关的强制措施”。因此，留置调查措施不是刑事强制措施，监察机关依据《监察法》的规定适用留置措施以调查职务违法和职务犯罪，在监察机关调查终结并将案件移送至检察机关审查起诉时才应当适用《刑事诉讼法》，律师才可以合法介入。❶

但这一观点并没有彻底平息关于留置权性质的争论。《宪法》的修正和《监察法》的出台，使中国的国家机构形成了“一府一委两院”架构。其中，出于集中统一、权威高效地规制腐败的需要，监察机关被同时赋予监督、调查和处置 3 项职能极为广泛的权力，既不同于此前主导反腐败的党的纪律检查机关，也不同于此前的行政监察机关和专门的司法机关，而是表现出极强的独立性和超然性。作为监察机关调查权能的重要组成部分，留置权可以将部分涉嫌贪污贿赂、失职渎职等严重职务违法或者职务犯罪的留置对象在长达 6 个月的时间里留置在特定场所，既不同于党的纪律检查机关的“两规”措施和行政监察机关的“两指”措施，也不同于行政机关的行政拘留措施和司法机关的司法拘留、逮捕措施，而是在国家监察制度改革的新形势下具有自身鲜明的特征。

❶ 李玉长. 留置调查措施不是刑事强制措施［EB/OL］.（2018-03-15）［2021-12-21］.http://www.ccdi.gov.cn/yaowen/201803/t20180315_166408.html.

1. 强制性

留置的适用对象是部分涉嫌贪污贿赂、失职渎职等严重职务违法或者职务犯罪的被调查人，以及部分涉嫌行贿犯罪或者共同职务犯罪的涉案人员，为了保障调查活动的顺利进行和后续处置权能的有效落实，留置必须具有相应的法律强制效力。

首先，留置权的强制性主要表现为直接限制和剥夺被调查人的人身自由。《监察法》第 43 条第 2 款规定，留置时间不得超过 3 个月，在特殊情况下，可以延长 1 次，延长时间不得超过 3 个月。这就意味着，监察机关对被调查人可以实施长达 6 个月的留置。而且，这种留置根据《监察法》第 44 条的规定在存在可能毁灭、伪造证据，干扰证人作证或者串供等有碍调查的情形时，可以不必遵守 24 小时以内通知被留置人员所在单位和家属的义务。

其次，留置权的强制性可以表现为具有暴力执行的可能性。《监察法》第 43 条第 3 款规定，监察机关采取留置措施，可以根据工作需要提请公安机关配合，后者应当依法予以协助。因此，在监察机关对特定的被调查人员实施留置措施时，被调查人员必须积极配合，不得以暴力或者非暴力的行为实施对抗，这是一种法定的义务；否则，就可能出现监察机关要求公安机关协助的情形，而公安机关则可以依据法律法规的授权采取械具等暴力手段予以执行。

最后，留置权的强制性还表现为通缉追捕的保障性。《监察法》第 29 条规定，在依法应当留置的被调查人在逃时，监察机关可以决定在本行政区域内通缉，由公安机关发布通缉令，追捕归案；在通缉范围超出本行政区域时，监察机关可以报请有权决定的上级监察机关决定通缉。

留置权的强制性，主要目的在于排除具有公职人员身份和影响力的被调查人逃跑、自杀而无法到场或者串供、伪造、隐匿、毁灭证据等妨碍调查行为，以及在案情重大、复杂时既能保证案件进展信息涉及国家秘密、国家安全和国家利益时的保密工作，又能避免案件调查涉及政治性强、高度敏感等外部不当因素的干扰，从而保障监察机关的调查权能的顺利实现。

2. 行政性

留置权的行政性，最初源于中纪委原书记王岐山同志表达的留置措施要“参考公安机关常用的留置执法”的观点，被有的文章解读为“带有公安机关留置执法权的一些特性”。[1]

事实上，从本章第一节的论述可知，留置权源于党的纪律检查机关的“两规”措施和行政监察机关的“两指”措施。在国家监察制度改革后，原本属于行政监察机关的职务违法行为处理职责被划归监察机关。因而，从留置权力来源的角度来看，监察机关的留置权实际来源于行政监察机关所有职权的转隶，其行使和运用也天然地带有行政性。

另外，虽然监察机关既不是行政机关，也不是司法机关，而是《宪法》所确定的“国家的监察机关”，但从留置权力的运行实践来看，监察机关对涉嫌严重职务违法和职务犯罪的被调查人执行留置措施时，更多地体现出行政属性。例如，对于留置的批准，《监察法》第43条规定，留置措施的采取应当由监察机关领导人员集体研究决定。设区的市级以下监察机关采取留置措施，应当报上一级监察机关批准；省级监察机关采取留置措施，应当报国家监察委员会备案。这种制度设计，实际上属于完全的内部审批和核准程序，发挥的是存档功能而非审查功能，具有典型的属于行政机关的高效率、快节奏等特点，符合监察制度改革集中统一、权威高效的立法初衷。再如，对于留置的救济，《监察法》第60条规定，监察机关及其工作人员在留置法定期限届满而不予解除时，被调查人及其近亲属有权向该机关申诉，申诉人对处理决定不服的，可以向上一级监察机关申请复查，实质上也属于完全的内部审核程序，而基本没有考虑到外部监督、司法监督的问题。

---

[1] 王晓. 监察委员会的留置措施论要［J］. 北京联合大学学报（人文社会科学版），2017（2）：25.

3. 司法性

留置权是监察机关开展反腐败工作的有力工具，虽然以追求集中统一、权威高效为目标，但基于其自身与被调查人人身自由的密切相关，而不可避免地在制度设计上具有明显的司法性。

首先，从留置权力来源的角度看，监察制度改革将原来属于检察机关的贪污贿赂、失职渎职等职务犯罪侦查权整合转隶至监察机关，因而，留置权的行使和运用，当然的同时具有刑事司法性质。事实上，《监察法》第11条第3项也明确赋予监察机关对涉嫌职务犯罪案件的移送审查起诉职责，具有典型的刑事追责的司法属性。

其次，留置权是调查权能的一个重要组成部分，而综观《监察法》第4章对监察机关调查权能的设计，调查权能所包括的谈话、讯问、询问、查询、冻结、调取、查封、扣押、搜查、勘验检查、鉴定、技术调查措施、留置、通缉、限制出境等具体调查权力，与之前检察机关享有的侦查权力，具有内容上的同质性；[1]除谈话和限制出境之外，其余的调查权力均可以在《刑事诉讼法》中找到对应的类似的侦查手段。[2]此外，《监察法实施条例》第4条在表述监察机关依法履行监督、调查和处置职责时，致力于实现“政治效果、法律效果和社会效果相统一”，而法律效果和社会效果相统一的目标，往往是作为一项基本司法政策[3]，是自20世纪末以来对人民法院审判工作提出的相应要求。

再次，被调查人的留置期间，可以折抵定罪后的刑期，与《刑事诉讼法》中对犯罪嫌疑人拘留、逮捕的折抵刑期规则一致，体现出鲜明的司法属性。《监察法》第44条第3款规定，被留置人员涉嫌犯罪移送司法机关后，被依法判处管制、拘役和有期徒刑的，留置1日折抵管制2日，折抵拘役、

---

[1] 汪海燕．监察制度与《刑事诉讼法》的衔接［J］．政法论坛，2017（6）：84–95.

[2] 魏晓娜．职务犯罪调查与刑事诉讼法的适用［J］．中国人民大学学报，2018（4）：21–31.

[3] 孔祥俊．论法律效果与社会效果的统一：一项基本司法政策的法理分析［J］．法律适用，2005（1）：26–31.

有期徒刑1日。按照中国司法体制的安排，是否有罪、罪轻罪重及刑罚的确定等事项，都是具有司法权性质的审判权的专有权力，而监察机关作为独立于司法机关的国家监察机关，其留置期间却可以折抵审判机关所判处的刑罚，留置程序在一定程度上与刑事诉讼程序具有了同质性。

最后，留置权的运行实践，表现出强烈的司法属性。《监察法》第22条规定，留置可以运用于被调查人涉嫌贪污贿赂、失职渎职等职务犯罪的情形；第29条规定的决定通缉、第41条第1款规定的留置的实施程序、第44条第1款规定的留置后通知义务和第2款规定的保障义务，都与刑事诉讼程序中的拘留、逮捕等强制措施具有极大的相似性。

二、留置对象的权利保护

留置对象权利保护存在的问题是辩护权介入留置程序的实践基础。基于此，对留置对象权利保护现状的梳理和存在问题的厘清，是针对性地从制度层面完善其权利保护的切实路径。[1]

（一）留置对象的权利保护现状

《监察法》对留置对象权利保护的具体规定，主要集中于第4章“监察权限”、第5章“监察程序”、第7章“对监察机关和监察人员的监督”和第8章“法律责任”。按照条文规定的先后顺序进行梳理，留置对象主要享有以下权利。

1. 要求规范留置

留置对象在被留置时有权要求监察机关严格遵循规范的留置程序，以充分发挥制度的稳定性、持续性和可预期性等功能，最大限度地维护其自身权益。具体而言，《监察法》第39条要求，监察机关应当按照规定的权限和程

[1] 该部分内容业已修订发表，参见郭世杰．留置对象权利保护的现状分析与制度完善［J］．山东警察学院学报，2020（6）：42-49.

序办理立案手续，并随后召开专题会议、确定调查方案和决定需要采取的调查措施。第 40 条规定，监察机关调查职务违法、犯罪案件时，应同时收集被调查人无违法犯罪以及情节较轻的证据，并且严禁以威胁、引诱、欺骗等非法方式收集证据，严禁侮辱、打骂、虐待、体罚或变相体罚留置对象。第 41 条进一步具体规定，留置措施的执行应当由 2 名以上调查人员进行并出示证件、出具书面通知和形成笔录、报告等书面材料且签名、盖章，对留置对象进行讯问及执行搜查、查封、扣押等重要取证工作时应全过程录音录像以留存备查。例如，有的地方在留置实践中严格执行“全程留痕”：自留置的第 1 分钟开始直至解除的最后 1 分钟，留置对象均处于 24 小时的监控之下，所有事情包括对其进行的谈话，均会保留录音录像。[1] 实际上，《监察法》对留置操作的规定，在严格程度方面已经远远超过《刑事诉讼法》第 123 条第 1 款的规定。因为，刑事诉讼中侦查人员对犯罪嫌疑人的讯问过程，只有在可能判处无期徒刑、死刑的案件或者其他重大犯罪案件时才强制录音或者录像，其他案件则由侦查人员自由选择。无论是强制还是自由选择，侦查人员均可以在录音和录像之间选择一种。此外，《监察法》第 42 条明确规定，调查人员应当严格执行调查方案，不得随意扩大调查范围、变更调查对象和事项，应当集体研究和请示报告调查过程中的重要事项。

2. 获得相关信息

留置对象在被留置时有权获得相关信息，或者监察机关有义务将相关信息告知留置对象所在单位和家属，这是留置对象及其所在单位和家属的知情权以及因维护留置对象权利的重要保障。《监察法》第 39 条第 3 款作出原则性规定，应当向被调查人宣布立案调查决定并通报相关组织，涉嫌严重职务违法或职务犯罪的情形还应当通知被调查人家属并向社会公开发布。第 44 条第 1 款和第 2 款则明确要求，一般情形下，应在留置措施采取后 24 小时

---

[1] 这是监察制度改革的试点过程中，浙江省纪委书记、监察委主任刘建超在接受采访时的介绍，参见程姝雯．留置第 1 分钟开始 24 小时监控留痕［N］．南方都市报，2018-03-15（A10）．

内通知留置对象的所在单位和家属，存在可能毁灭、伪造证据或者干扰证人作证、串供等有碍调查的情形除外，但在上述情形消失后仍应立即通知；留置对象在被讯问时，有权阅看讯问笔录并签名。此外，第45条第2款还规定，经调查确无证据证明被调查人存在违法犯罪行为的，监察机关应当撤销案件并通知被调查人所在单位。

3. 拒绝超期留置

留置对象有权拒绝监察机关超出监察法律规定的羁押期限的留置措施，这是其直接对抗监察机关以维护自身权益的重要权利。根据《监察法》第43条第2款，一般情形下留置时间不得超过3个月，特殊情况下可以延长一次共计不得超过6个月；省级以下监察机关采取留置措施的，延长留置时间应当报上一级监察机关批准。在监察法律规范层面，拒绝超期留置的实现主要有以下3种途径。首先，监察机关的自我纠正。监察机关在发现采取留置措施不当时，应当及时予以解除，这是其法定义务，否则可能涉嫌非法拘禁等职务违法、犯罪。其次，留置期间的折抵刑期。《监察法》第44条第3款规定，留置对象被依法判处管制、拘役和有期徒刑后，其先前执行的留置1日可以折抵管制2日或者折抵拘役、有期徒刑1日，即留置期限将被排除在既判刑期之外。最后，留置对象及其近亲属的申诉与复核。根据《监察法》第60条，被调查人及其近亲属可以对监察机关及其工作人员在留置法定期限届满仍不予以解除的行为，向该监察机关申诉，对处理决定不服的还可以向上一级监察机关申请复查。

4. 接受人文关怀

人文关怀，是指留置对象在被留置过程中，有权要求监察机关对其的羁押体现人文关怀，以维持其作为人的固有尊严和基本权利。《监察法》第44条第2款规定，监察机关应当保障留置对象的饮食、休息和安全，提供医疗服务，讯问留置对象时应当合理安排讯问时间和时长。一般而言，合理安排讯问时间和时长，是指在讯问留置对象时尽量选择正常的办公时间段，并且避免持续时间过长，而避免选择夜间或者休息时间讯问，避免超过合理时长演变为疲劳审讯。这鲜明地体现了尽管国家监察制度改革追求集中统一、权威高效地反腐，但仍然关注到了留置对象从饮食、休息、安全到医疗服务等多方面的人文关怀，有效地平衡了维护留置对象的人格尊严、强化留置对象的人权保障与实现监察职能之间的价值取舍和位次先后关系。因此，对留置对象要更注重加强思想政治工作，通过开启心灵，教育、感化、挽救调查对象，促其真诚悔过。[1]

5. 请求澄清赔偿

澄清，是指留置对象在经过调查核实后确无职务违法或者犯罪嫌疑时，监察机关应当在一定范围内为其澄清名声，以尽快恢复其正常的工作、生活。对此，《监察法》第 45 条第 2 款规定，监察机关在调查后认为没有证据证明被调查人存在违法犯罪行为时，应当撤销案件，并通知被调查人所在单位。

赔偿，是指留置对象在被错误留置并且其合法权益因而遭受损害时，有权要求监察机关进行赔偿。留置对象请求赔偿的权利包括两个层面：首先，请求追究责任。根据《监察法》第 61 条和第 66 条，调查工作结束后发现立案依据不充分、失实，案件处置出现重大失误，或者监察人员严重违法的，应当对负有责任的领导人员和直接责任人员追究责任；监察机关及其工作人员违反监察法律规定并构成犯罪的，依法追究其刑事责任。其次，请求予以赔偿。《监察法》第 67 条规定，监察机关及其工作人员行使职权，对侵犯公民、法人和其他组织的合法权益并造成损害的，应当依法给予国家赔偿。

6. 申请复审复核

复审复核，是指留置对象在不服监察机关的相关处理决定时，有权向该机关或者上一级监察机关申请复审或者复核，以维护自身权益的行为。《监察法》第 49 条规定，监察对象对监察机关作出的涉及本人的处理决定不服

---

[1] 本书编写组 .《中华人民共和国监察法》案例解读［M］. 北京：中国方正出版社，2018：197；李玉长 . 留置调查措施不是刑事强制措施［EB/OL］.（2018-03-15）［2021-12-21］.http：//www.ccdi.gov.cn/yaowen/201803/t20180315_166408.html.

时可以向该机关申请复审，对复审决定仍不服时还可以向上一级监察机关申请复核。但是，复审、复核期间不停止原处理决定的执行，复核机关审查后认定处理决定有错误的，应当由原处理机关及时予以纠正。

7. 要求回避

回避，是指在出现特定情形时，留置对象有权要求监察机关工作人员退出留置程序，以避免“担任自己案件的法官”等违反正当法律程序的情形出现。根据《监察法》第 58 条规定，如果办理监察事项的监察人员是监察对象或检举人的近亲属，担任过本案的证人，本人或其近亲属与办理的监察事项有利害关系，或者存在可能影响监察事项公正处理的其他情形，除应当自行回避外，监察对象、检举人和其他有关人员有权利要求其予以回避。

（二）留置对象的权利保护问题

监察制度改革作为国家的重大战略决策部署，同时涉及党内法规制度和国家法律制度，直接影响党的纪律检查、行政监察和刑事司法等方面的具体工作。而从 2016 年 11 月 7 日中共中央办公厅酝酿出台《关于在北京市、山西省、浙江省开展国家监察体制改革试点方案》，到 2018 年 3 月 20 日第十三届全国人大第一次会议闭幕会表决通过《监察法》，一部关系治国理政全局的基本法律从开始试点到正式通过仅用了约 16 个月。时间仓促，且内容涵盖广泛但篇幅却仅为 69 条，事实上无法对所涉事项作出具体翔实的规定。其中，对留置权的规定远未臻完善，严重制约了留置对象的权利保护，主要体现以下 5 个方面。

1. 留置适用的标准不一

在留置措施的决定和适用方面，《监察法》并没有明确规定具体、统一的标准，而是大量使用了需要由监察机关自由裁量的词语，这必然会导致留置措施在各地监察委员会的实践过程中暴露出适用标准不一、具体做法各异的尴尬局面。

例如，《监察法》第 22 条第 1 款和第 2 款规定，监察机关已经掌握被调查人涉嫌贪污贿赂、失职渎职等严重职务违法或职务犯罪的部分事实、证据，仍有重要问题需要进一步调查，并且具有涉及案情重大、复杂，可能逃跑、自杀，可能串供或伪造、隐匿、毁灭证据，以及可能有其他妨碍调查行为等情形之一的，可以经监察机关依法审批后将其留置在特定场所。这一规定同样适用于涉嫌行贿犯罪或共同职务犯罪的涉案人员。但对于怎样界定“部分”事实和证据，如何解释“重要”问题，何谓案情“重大、复杂”，以及哪些情形属于“其他”妨碍调查行为，并没有翔实、明确的细化规定或操作规则，很容易导致监察工作的地方实践呈现标准不清、适用不一等乱象。实际上，考察监察制度改革试点期间的各地做法，《北京市纪检监察机关监督执纪工作规则（试行）》《调查措施使用规范》等相关规章制度、《山西省纪委监委机关执纪监督监察工作制度》《山西省纪委监察委机关审查措施使用规范》《司法行政机关支持配合监察委员会查办案件工作办法（试行）》等相关规章制度、《浙江省监察留置措施操作指南》等相关规章制度，执行标准和具体做法并不统一。因而，在《监察法》实施后全国各地陆续出现留置适用“第一案”并先后制定更为具体的地方适用规则的情形下，留置适用标准不一、相同案情而是否适用留置的决定并不相同的状况并未得到有效改观。

再如，根据《监察法》第43条第1款规定，留置措施的适用应当由监察机关的领导人员集体研究决定，这同样会带来大量的适用难题。首先，如何界定监察机关的“领导人员”的范围，完全按照行政级别确定是否合理，以及在实践中应当具体划定到科级、处级干部还是厅局级、省部级或国家级干部？其次，“集体研究决定”的具体工作机制并不清楚，是绝对按照少数服从多数的规则，还是实行民主基础上的集中，抑或是以行政级别的高低即“一把手负责制”作为最终决定的依据？《监察法实施条例》第6条明确了监察机关实行“民主集中制”，由“集体”研究线索处置、立案调查、案件审理、处置执行和复审复核中的重要事项，并严格按照权限履行请示报告程序。最后，在“民主集中制”或者“集体研究”决定的情形下，如果事后证明留置决定的采取是错误的，那么责任的追究如何落实，追究全部抑或部分领导人员的责任，追究何种程度的责任？

又如，《监察法》第44条第2款后段还规定，讯问留置对象应当合理安排讯问的时间、时长并且讯问笔录应当在被讯问人阅看后签名。但是，如何界定讯问的时间、时长安排是否“合理”，以及被讯问人在阅看讯问笔录后拒绝签名的情形如何处理等问题，尚缺乏如同刑事诉讼法律及其司法解释那样的详细执行标准和操作规则。

此外，对涉嫌贪污贿赂、失职渎职等严重职务违法或者职务犯罪并且符合特定情形的被调查人采取留置措施，还存在是否符合比例原则的质疑。因为，在社会危害性程度、证据认定标准、法律性质和相应后果等方面严重的职务违法与职务犯罪均有明显差异，同时适用留置措施，与比例原则的精神要求并不契合。例如，公职人员被认定构成严重的职务违法行为时，依据2020年《公职人员政务处分法》第7条的规定，受到的最严厉的惩罚是“开除”公职；而在构成职务犯罪时，则要承担相应的更为严厉的刑罚制裁并且往往同时承担“前科报告”义务。[1]

2. 留置延长的操作欠缺

根据《监察法》第43条第2款，留置的时间不得超过3个月，在特殊情况下可以延长1次，并且延长的时间也不得超过3个月。但如何界定“特殊情况”，它是仅指案件的事实、证据未调查清楚，还是指《监察法》第22条第1款所规定的涉及案情重大、复杂，可能逃跑、自杀，可能串供或伪造、隐匿、毁灭证据，以及其他可能妨碍调查行为等情形？这在法律中并没有明确的规定，实践中也缺乏一个可具操作性的规则或指导意见，使得是否延长留置期限实质上完全由监察机关自由裁量决定。该决定还涉及留置措施的延长期间并且最高可以延长3个月，直接攸关留置对象的权利保护程度和保护水平。

---

[1] 《刑法》第100条第1款规定：“依法受过刑事处罚的人，在入伍、就业的时候，应当如实向有关单位报告自己曾受过刑事处罚，不得隐瞒。”

3. 留置场所的规范空白

在监察制度改革试点期间，各地多将留置场所设置于公安机关管理的看守所、党的纪律检查机关管理的“两规”场所、行政监察机关管理的“两指”场所和检察机关职务犯罪的办案场所等。例如，浙江省制定出台《监察留置场所暂行规定》等相关规定，宁波、衢州等地区在当地看守所中设置了监察留置的专门区域，山西省运城市则将纪委的办案基地作为留置场所，内蒙古自治区呼和浩特市将留置场所设置于市检察院的职务犯罪办案场所。

《监察法》第22条第3款规定，对留置场所的设置、管理和监督，应当依照国家有关规定执行。该条款一方面属于限制性规定，即必须依照“国家的有关规定”来设置、管理和监督留置场所；另一方面也属于授权性规定，即授权相关部门对留置场所的设置、管理和监督工作继续出台国家层面的具体规定，以进一步细化《监察法》的原则性规定。2019年7月15日，中国共产党中央纪律检查委员会、国家监察委员会印发的《监察机关监督执法工作规定》中并没有为留置场所的设置、管理和监督制定统一的标准。留置场所设置的国家规定欠缺，直接影响其后续的管理及监督问题，进而影响留置对象的饮食、休息、安全、医疗服务和讯问时间、时长的“合理安排”等人文关怀。

在《监察法》的实施过程中，部分地区也在探索由公安机关主导负责的留置场所设置、管理和监督工作。例如，上海市公安局虹口分局报上海市虹口区发展和改革委员会的《关于申报设置虹口区监察留置场所建设项目实施方案的批复的请示》（沪公虹〔2018〕41号）于2018年5月4日被批复，位于粤秀路355-1号的虹口区监察留置场所建设项目实施方案原则上得到了同意，所需资金由区级建设财力列支。[1]贵州省黔西南州纪委、州监委则一方面使用其在兴义市公安局北门看守所设置的留置场所，共计4间留置室、1

---

[1] 上海市虹口区发展和改革委员会.关于虹口区监察留置场所建设项目实施方案的批复（虹发改投〔2018〕13号）[EB/OL].（2018-10-19）[2021-12-21].http://xxgk.shhk.gov.cn/hkxxgk/Depart/ showinfo.aspx?InfoID=926a2d37-40ee-45fa-9405-33ec3f8d59be&CategoryNum=002001003002&DeptCode=001002.

间讯问室和1间监控室等；另一方面，执行《贵州省监察机关留置场所设置及管理工作方案》的要求，将州纪律审查服务中心改造为州级留置场所，共计10间留置房、1间讯问室、4间教育谈话室、1间总监控室和7间办案监控室[1]，并且分级组建了11支170人的留置看护勤务专业队伍。[2]此外，也有学者认为，在《监察法》以留置取代"两规"措施后，留置场所并没有随之发生根本的改变，除了少部分地区的监察机关将被调查人留置在看守所以外，大部分地区的监察机关仍然沿用之前的"两规"做法，将被调查人羁押在秘密的"两规场所"。[3]

4. 留置监督的力度不足

基于各级监察委员会在性质上属于政治机关的定位，留置措施几近在一个完全封闭的空间里运行，监督力度明显不足。

就留置的程序进度而言，从留置措施的决定、审批，到对留置的复审、复核，均由监察机关负责，实质上是一种自我监督，严重缺乏第三方外部监督所具有的制度刚性，也违背了"自己不得担任自己案件的法官"的自然法和程序正义理念。例如，《监察法》第22条第1款和第43条第1款规定，留置措施的采取由监察机关领导人员集体研究决定和依法审批，采取留置措施时，设区的市级以下监察机关应当报上一级监察机关批准，省级监察机关则应当报国家监察委员会备案。根据《监察法》第49条和第60条，留置对象不服监察机关作出的涉及本人的处理决定时可以向该监察机关申请复审，对复审决定仍不服时可以向上一级监察机关申请复核；留置对象及其近亲属有权对监察机关及其工作人员在留置法定期限届满仍不解除的行为向该监察机关申诉，对处理决定仍不服时可以向上一级监察机关申请复查。

---

❶ 佚名．州监委在公安机关设置留置场所正式投入使用！[EB/OL]．(2018-07-29)[2021-12-21].https：//page.om.qq.com/page/OqGjk0xUsJfqibHYY8EwSydQ0.

❷ 佚名．黔西南：组建11支留置看护队伍 确保审查调查安全[EB/OL]．(2018-07-09)[2021-12-21].http：//www.qxnlz.gov.cn/lianzhengyaowen/lianzhengyaowen/2018-07-09/8534.html.

❸ 陈瑞华．论监察委员会的调查权[J]．中国人民大学学报，2018(4)：10-20.

就留置的运行环境而言，留置程序是一个基本封闭的过程，由监察机关全面负责程序的进度，是唯一的控制和主导力量，从而排除了宪法界定为法律监督机关的检察机关的外部监督，导致整个留置制度的外部监督力量严重匮乏乃至消失。检察机关对监察机关留置措施适用的监督，根据《监察法》第11条第3项，只有在监察机关将涉嫌职务犯罪案件的调查结果移送检察机关依法审查、提起公诉之后，才能发挥作用，属于典型的事后监督而非事前监督和过程监督。这种事后监督，突出地表现在检察机关对案件需要补充核实时的退回监察机关补充调查或者必要时的自行补充侦查及对符合刑事诉讼法不起诉情形案件的不起诉决定。一个有争议的问题是，根据《刑事诉讼法》第19条第2款，检察院可以立案侦查在诉讼活动监督时发现的司法工作人员利用职权实施的非法拘禁、刑讯逼供、非法搜查等侵犯公民权利、损害司法公正的犯罪，但监察委员会的工作人员是否属于司法工作人员仍有争议，检察院通过立案侦查所发挥的法律监督能否适用于监察机关也不无疑问。

5. 留置制约的机制匮乏

在监察制度改革试点期间，不乏官员和学者认为，监察机关属于政治机关而非司法机关，其调查活动不具有刑事侦查性质，因而不受刑事诉讼法律的制约，律师也不能依据《刑事诉讼法》的相关规定介入留置程序之中并为留置对象提供法律帮助。例如，在山西省试点时的第一起监察委员会留置案件中，律师无法介入留置程序，并且在案件移送起诉至检察机关后，律师的介入仍然需要经过监察委员会的批准。同时，新出台的《监察法》对律师能否介入留置程序并没有作出任何规定，新修正的《刑事诉讼法》则删去了律师在特别重大的贿赂犯罪侦查过程中经过检察机关批准可以会见当事人的规定，并且基于贪污贿赂犯罪的刑事侦查权转隶至监察机关的事实，检察机关也因而彻底失去了在此类案件中批准律师会见的权力。

综上所述，《监察法》设计的对留置措施的制约机制，主要是指监察机关的自我纠正，这一方面包括第43条第2款后段规定的监察机关在发现采取留置措施不当时应当及时解除；另一方面包括第49条规定的留置对象的申请复审、复核和第60条规定的留置对象及其近亲属的申诉、申请复查，而对复审、复核和申诉、申请复查的最终决定权又归属于监察机关。问题在于，仅依靠监察机关的自我纠正和留置对象及其近亲属的相应制约，显然无法构成对留置程序健全、完善的制约机制。律师作为专业法律人士，能够为留置对象提供专门的、有针对性的法律帮助，从而大大增加留置对象及其近亲属对监察机关的制约力量。不难想象，在可以长达6个月的留置期间里，如果彻底排除律师的适度介入，在出现非法采集证据等侵害留置对象合法权益的场合，人身自由被剥夺的留置对象和基本被隔绝无法获得相关信息的留置对象的近亲属，实际上根本无法有效地制约监察机关及其工作人员。

（三）留置对象权利保护的制度完善

囿于69条的篇幅,《监察法》显然不可能对留置制度作出面面俱到的规定，但留置适用的标准不一、留置延长的操作欠缺、留置场所的规范空白、留置监督的力度不足、留置制约的机制匮乏等与留置对象权利保护息息相关的问题，亟待我们从制度层面上予以解决，以避免监察机关可能的权力滥用和留置对象可能的权利损害。

1. 统一留置措施的适用标准

留置措施适用标准的统一，并非要求所有事项均事无巨细地采用法律的形式予以详尽规定，而是可以对留置措施的适用情形、留置决定的作出和留置期间的讯问时间、时长等直接关系留置对象权利保障和监察法治水平的事项，通过《监察法》修正案、全国人大及其常委会的立法解释等形式予以解决，其他诸如拒绝在讯问笔录上签名等细枝末节的问题则可以采取司法解释、发布公报或者指导性案例等形式予以解决。

首先，留置措施适用标准的统一需要在立法层面予以解决。根据《宪法》和《立法法》，限制公民人身自由的措施应当遵循法律保留原则，并且必须由权力机关制定的法律予以规定。例如，拘传、取保候审、监视居住、拘留和逮捕等刑事强制措施，均规定于作为基本法律的《刑事诉讼法》之中。

其次，基于留置涉及严重限制和剥夺留置对象人身自由的基本权利，留置措施的适用应当符合比例原则，即仅适用于那些行为极其严重的情形，并且对这些情形的规定要采取穷尽列举的方式尽可能地予以具体、明确规定，原则上排除“其他妨碍调查行为”等类似的兜底性条款设置。例如，《刑事诉讼法》第 81 条第 1 款至第 3 款极其详细地明确规定了“应当逮捕”的条件及需要考虑的因素，第 4 款则简明扼要地规定了“可以逮捕”的条件；第 82 条也采取明确、穷尽列举的形式规定了公安机关可以对现行犯或者重大嫌疑分子先行拘留的 7 项具体情形；第 67 条和第 74 条也同样详尽地列举了可以对犯罪嫌疑人、被告人适用取保候审或者监视居住的具体情形和执行机关。比例原则实质上要求留置措施的适用要具有正当性、必要性和谦抑性，即应当是监察机关为完成其保护法益和维护秩序的任务而采取的最后手段[1]，在能够通过其他替代措施而实现上述目的时就不应当优先采取留置措施。

再次，对于留置措施的采取，应当区别一般情形和案情重大复杂情形，分别由监察委员会主任和监察机关领导人员集体研究决定，以保证留置适用错误时责任追究的可能性和有效性。例如，《刑事诉讼法》第 89 条规定，对犯罪嫌疑人的审查批准逮捕由检察长决定，重大案件则应当提交检察委员会讨论决定。现行留置措施的采取一律由监察机关领导人员集体研究决定的规定，在责任追究的实践中往往出现“集体负责等于集体不负责”的现象。

最后，细化规定留置对象的讯问时间和时长。例如，《刑事诉讼法》第 79 条第 2 款规定，在取保候审、监视居住期间，不得中断对案件的侦查、起诉和审理；第 86 条规定，公安机关对被拘留的人，应当在拘留后的 24 小时以内进行讯问；第 94 条规定，人民法院、人民检察院对于各自决定逮捕的

[1] 王晓．监察委员会的留置措施论要［J］．北京联合大学学报（人文社会科学版），2017（2）：25.

人，公安机关对于经人民检察院批准逮捕的人，都必须在逮捕后的24小时以内进行讯问；第119条第3款规定，不得以连续传唤、拘传的形式变相拘禁犯罪嫌疑人。对于被讯问人阅看讯问笔录后拒绝签名的问题，则可以借鉴《刑事诉讼法》的相关规定：第122条规定，讯问笔录应当交犯罪嫌疑人核对，对于没有阅读能力的，应当向他宣读；如果记载有遗漏或者差错，犯罪嫌疑人可以提出补充或者改正，犯罪嫌疑人承认笔录没有错误后，应当签名或者盖章，侦查人员也应当在笔录上签名；犯罪嫌疑人请求自行书写供述的，应当准许，必要的时候，侦查人员也可以要犯罪嫌疑人亲笔书写供词。

2. 细化留置的延长条件

留置是监察机关调查手段中最为严厉的措施，在一般情形下可以合法羁押留置对象3个月，在特殊情形下还可以再延长3个月。整体来看，《监察法》对留置措施适用一般情形的规定无可厚非，但对特殊情形下的延长条件，则规定得语焉不详，有待进一步细化完善。

值得注意的是，《刑事诉讼法》对逮捕后侦查羁押期限的延长，规定得十分细致，堪当《监察法》留置措施延长条件的借鉴范本。其中，第156条、第158条和第159条确立了一般情形下的逮捕后侦查羁押期限的延长：对犯罪嫌疑人逮捕后的侦查羁押期限不得超过2个月；案情复杂、期限届满不能终结的案件，可以经上一级人民检察院批准延长1个月；如果期限届满不能侦查终结，属于交通十分不便的边远地区的重大复杂案件，重大的犯罪集团案件，流窜作案的重大复杂案件，或者犯罪涉及面广且取证困难的重大复杂案件，经省、自治区、直辖市人民检察院批准或者决定，可以延长2个月；如果延长期限届满后仍不能侦查终结的，在对犯罪嫌疑人可能判处10年有期徒刑以上刑罚时，经省、自治区、直辖市人民检察院批准或者决定，可以再延长2个月。第157条和第160条规定了特殊情形下的逮捕后侦查羁押期限的延长：因为特殊原因，在较长时间内不宜交付审判的特别重大复杂的案件，由最高人民检察院报请全国人民代表大会常务委员会批准延期审理；在侦查期间，发现犯罪嫌疑人另有重要罪行的，自发现之日起依法重新计算侦查羁押期限；犯罪嫌疑人不讲真实姓名、住址，身份不明的，应当对其身份进行调查，侦查羁押期限自查清其身份之日起计算，但是不得停止对其犯罪行为的侦查取证。

3. 完善留置的场所规范

对留置场所在制度和规范层面的完善，应当重点关注以下 3 个方面。

首先，尽快出台关于留置场所的设置、管理和监督方面的国家规定，以大体形成留置场所的统一规范和标准要求。

其次，在确定留置场所的设置时，优先选择在已有的看守所中划出专门区域的做法，能够最大程度地节约社会和司法资源，在地方经济水平和财政能力足以支撑的情形下，也可以选择建设新的专门的留置场所。但是，要尽量避免以党的纪律检查机关的“两规”场所充当留置场所的做法。至于留置场所的管理，最优选择是交由相对独立的第三方机构进行管理，如长期管理看守所的公安机关，避免由监察机关主导和全权负责留置场所的管理，以达到最大可能地保障留置对象权益的目的。留置场所的监督，可以注意内部监督和外部监督的有机结合，由公安机关看守所的内部自我监督、作为法律监督机关的检察机关的监督、监察机关的职务违法和职务犯罪监督共同组成。

最后，对留置场所的设置、管理和监督，也应当特别注意总结地方监察机关的有益探索和实践经验。例如，内蒙古自治区在《监察法》出台之前就制定有《关于推进全区留置场所建设的初步意见》《关于推进全区留置场所管理的初步意见》，还制定有《监督执纪监察工作办法（试行）》《审查（调查）措施使用规范》等相关规章制度，主要采取了统一规划建设新的留置场所的做法，12 个盟市统一规划建设 37 个留置场所。加强看护队伍建设，全区统一着手组建 1000 人的看护队伍，全区统筹、盟市调度、综合使用。[1] 事实上，在《监察法》出台后，全国各地的监察机关都在以各种形式推进留置

[1] 佚名．半年回眸，看我区监察体制改革试点工作成果丰硕［EB/OL］.（2018-08-06）［2021-12-21］.http：//www.nmgjjjc.gov.cn/single/2018/08/06/18080618571841936122 -18050210073909710005.html.

场所的建设工作，如上海市普陀区、湖北省武汉市等，这些关于留置场所的鲜活的实践经验，值得我们从中吸取成功的经验和失败的教训。

4. 增强留置措施的监督力度

对留置措施监督力度的增强，离不开居于中立地位的、具有第三方身份的专门监督机关。例如，《刑事诉讼法》第 80 条规定，逮捕犯罪嫌疑人、被告人，必须经过人民检察院批准或者人民法院决定，由公安机关执行，恰当地处理了作为执行机关的公安机关与作为批准或决定机关的人民检察院或人民法院之间的分离和制约关系，即公安机关侦查的案件，须由同级人民检察院的侦查监督部门进行审查批捕。理想模式下对留置措施的监督设计，应当由监察机关作为执行机关，作为审判中心的人民法院作为决定机关，但这种制度设计，显然与我国目前“一府一委两院”的权力架构并不契合。

那么，增强留置措施监督力度的一个可行的路径就是，接受现行体制下对权力架构的安排，仿照此前检察机关专门设置侦查监督部门来审查自侦案件的批准逮捕程序，在监察机关内部按照调查和对调查的监督两个维度进行职能分工，划分相对独立的调查部门和调查监督部门。但这种制度设计，仍然属于监察机关的内部监督机制，无法避免自我监督的批评。

引入作为法律监督机关的检察机关，提前介入监察机关的调查尤其是留置程序，尽管在目前的权力架构中并不现实，但却是一个值得努力的方向。在刑事诉讼法律制度中，检察机关可以对侦查机关的立案、侦查活动进行法律监督。例如，《刑事诉讼法》第 100 条规定，人民检察院在审查批准逮捕工作中，如果发现公安机关的侦查活动有违法情况，应当通知公安机关予以纠正，公安机关应当将纠正情况通知人民检察院。此外，检察机关对侦查机关的监督，还可以表现为责令说明应当立案而不立案或者不应当立案而立案的理由、责令纠正违法取证行为、审查侦查活动中是否存在刑讯逼供等非法取证行为等，基本实现了对侦查机关的同步监督。

此外，国际公约的相关规定和英美法系国家的令状制度，提示法院、法庭和审判权才是终极权威的监督力量。中国已签署但尚未批准加入的《联合国公民权利和政治权利国际公约》第9条第3款和第4款规定，任何因刑事指控被逮捕或拘禁的人，应被迅速带见法官或其他经法律授权行使司法权的官员；任何因逮捕或拘禁被剥夺自由的人，有资格向法庭提起诉讼，以便法庭能不拖延地决定拘禁他是否合法，以及如果拘禁不合法时命令予以释放。但这与中国的司法制度安排并不兼容，引入人民法院来增强留置的监督力量，在短期内似乎也是一个不切实际的奢望。

5. 健全留置措施的制约机制

对留置措施的制约机制，除了监察机关自身和留置对象及其近亲属的制约之外，还应当特别关注能够为留置对象提供专业帮助的律师的适度介入。

在刑事诉讼法律制度中，律师能够较早地、较广泛地参与到刑事侦查程序之中，为犯罪嫌疑人提供多方面的法律帮助。例如，《刑事诉讼法》第88条第2款规定，人民检察院审查批准逮捕，可以听取辩护律师的意见；辩护律师提出要求的，应当听取辩护律师的意见。第117条第1款规定，辩护人、诉讼代理人对于司法机关及其工作人员在强制措施法定期限届满却不予以释放、解除或者变更的，有权向该机关申诉或者控告。第161条规定，在案件侦查终结前，辩护律师提出要求的，侦查机关应当听取辩护律师的意见，并记录在案；辩护律师提出书面意见的，应当附卷。第162条第1款规定，公安机关应当将侦查终结后的案件移送情况告知犯罪嫌疑人及其辩护律师。

考察到监察机关办理案件的特殊性质和留置对象的公职人员身份，基于目前《监察法》和《刑事诉讼法》的规定，将律师以辩护人的角色介入监察机关的留置程序显然无法成立，但律师能否以法律帮助者的身份介入留置程序中，却是值得思考的问题，这在下一节中会有详细论述。

第三节　律师介入留置程序的正当性及其制度设计

根据2012年《刑事诉讼法》第37条及2012年《人民检察院刑事诉讼规则（试行）》（高检发释字〔2012〕2号，现已被2019年《人民检察院刑事诉讼规则》废止）第45条和第46条的规定，律师可以在侦查阶段经检察机关批准后会见特别重大贿赂犯罪案件中在押的犯罪嫌疑人，并且检察机关应当在侦查终结前许可律师会见。[1]《监察法》的出台，并没有回答律师能否介入留置程序的问题。事实上，在整部《监察法》中，无论是"辩护人""律师"还是"辩护权""法律帮助"等词语，均杳无影踪。学界并不认为这是留置程序中一概排斥律师介入的充分根据，但是，官方却坚持监察机关的性质是政治机关[2]，其调查活动与刑事诉讼中的侦查活动并不相同，律师只有在案件移送起诉至检察机关时才能介入。就大量留置案例的实践操作而言，律师根本无法介入监察机关的留置程序乃至整个调查程序，甚至在极端情形下，即便案件移送起诉到检察机关后，律师依据《刑事诉讼法》介入案件和行使辩护权利也需要报请监察机关同意。基于留置程序能够直接限制或者剥夺留置对象长达6个月的人身自由，根据正当程序、人权保障、权力制约等的理论要求和《宪法》《刑事诉讼法》等的法律约束，律师适度介入留置程序并为留置对象提供法律帮助，具有正当性、必要性和合理性，应当在立法和制度层面予以精细设计和具体落实。

---

[1] 该部分内容业已修订发表，参见郭世杰．律师介入留置程序的正当性分析与制度设计［J］．河南财经政法大学学报，2020（6）：127-136.

[2] 新华社记者．积极探索实践 形成宝贵经验 国家监察体制改革试点取得实效——国家监察体制改革试点工作综述［J］．新华月报，2017（24）：78-86.

一、律师介入留置程序的正当性

党的十九大报告中提到了要“深化国家监察体制改革”，将监察机关与党的纪律检查机关合署办公，“实现对所有行使公权力的公职人员监察全覆盖”；要“制定国家监察法，依法赋予监察委员会职责权限和调查手段，用留置取代‘两规’措施”，但并未提及是否允许律师介入留置程序。因此，无法想当然地依据具有党内法规性质的“两规”措施中不允许律师介入而得出具有国家法律性质的留置程序同样不允许律师介入的论断。《监察法》的出台，同样没有明确回答律师能否介入留置程序的问题。对此，从立法权限上来说，监察体制改革是事关全局的重大战略部署，《监察法》也是一部全新的基本法律。因此，无论是否允许律师介入留置程序，均不违背《立法法》的要求。但是，一方面，从法治的基本原理和中国的法律制度体系来说，对于公权力要坚持“法无授权不得为”，对于私权利要坚持“法无禁止即自由”。在《监察法》没有明确规定律师能否介入留置程序时，可以根据“法无禁止即自由”而得出留置对象有权聘请律师和律师能够介入留置程序的结论。另一方面，《中华人民共和国律师法》（以下简称《律师法》）是全国人大常委会通过的法律，在全国范围内普遍适用，该法第1条和第2条规定，律师应当维护当事人合法权益，维护法律正确实施，维护社会公平和正义，在社会主义法制建设中发挥作用。在《监察法》没有明确排除《律师法》的适用时，《律师法》应当能够适用于监察领域的留置程序，律师也应当能够介入留置程序。

（一）律师介入留置程序具备正当性根基

虽然《监察法》没有明确律师能否介入留置程序，但是基于公权力“法无授权不得为”和私权利“法无禁止即自由”的赋权规则，应当得出留置对象有权聘请律师及律师能够介入留置程序的结论。更为重要的是，律师介入留置程序还有着正当程序、人权保障和权力制约等坚实的正当性根基。

1. 正当程序的内在要求

正当程序，源于自然正义法则，在法律层面最早体现为1215年《英国自由大宪章》第39条的规定："在未经同级贵族的依法裁判或者国法的判决，不得对自由民加以逮捕、监禁、剥夺法律保护权等任何损害。"正当程序在世界各国宪法和法律中得到了广泛践行，典型代表是1791年《美国宪法》第5条修正案规定的"无论何人……不经正当法律程序，不得被剥夺生命、自由和财产"，以及1868年《美国宪法》第14条修正案规定的"不经正当法律程序，不得剥夺任何人的生命、自由或财产"。一般而言，正当程序要求程序的主持者保持中立，不得担任自己案件的法官；要求程序的参与者有平等参与的机会，有权获得信息和表达意见；要求程序本身要公开透明，不得暗箱操作，要明确具体不得含混模糊，要及时终结不得拖沓冗余，要文明人道不得野蛮残酷等。

中国法制传统中"重实体轻程序"的问题近年来逐步得到改善，程序性事项成为法律制定中的重要内容。例如，《监察法》中同样包含大量的程序性规定。作为反腐败斗争的重要手段，监察机关的调查权，与刑事诉讼中的侦查权极其相似，均具有强制性、主动性、单方性、扩张性、侵犯性和秘密性等特点，其运行必须受到正当程序的制约。[1]而且，在调查程序中，监察机关实际上无法确定调查对象必然存在严重的职务违法或者职务犯罪行为。可以说，在审判机关作出终局性的有罪判决之前，监察机关的调查对象在法律上仍然被假定是无罪的。因此，在监察程序及后续的刑事诉讼程序中，终极目的并不是对调查对象、犯罪嫌疑人或被告人定罪处罚，而应当是查清事实和发现真相，正当程序则是实现这一目的的坚实保障。

正当程序理论在留置环节的贯彻与落实，同样要求留置程序的主持者中立、参与者平等及程序本身科学合理，这就需要包括但不限于回避制度和

[1] 李奋飞. 检察再造论——以职务犯罪侦查权的转隶为基点 [J]. 政法论坛，2018 (1): 29-44.

律师参与等在内的一系列保障机制。其中，具有法律专业知识和经历法律专业实践的律师的适度介入，能够在会见、阅卷、非法证据排除等关键环节最大限度地维护被调查人的合法权益，制约滥用职权、徇私枉法等公权力的违法犯罪现象，从而监督程序的主持者中立、保证参与者之间力量对比上的均衡，最终维护正当程序的实现、避免冤假错案的发生并促进实体公正的达成。对此，美国联邦最高法院前大法官乔治·萨瑟兰认为，“没有律师代理，被告人就算完全无辜，也有定罪之险，因为他不了解证据规则，无法判断指控成立与否，也不懂得如何作无罪辩护。”[1]

刑事诉讼过程中对正当程序的确立和强化，将律师介入作为法律程序设计中重要一环的做法，值得留置程序加以借鉴。《刑事诉讼法》一方面将犯罪嫌疑人有权委托律师作为辩护人的时间提前至被侦查机关第一次讯问或者采取强制措施之日起，并且要求侦查机关、检察机关、审判机关必须告知被告人有权委托辩护人；另一方面作为巩固与强化，还在第36条另行确立了值班律师制度：法律援助机构可以在人民法院、看守所等场所派驻值班律师，补充性地为犯罪嫌疑人、被告人提供法律咨询、程序选择建议、申请变更强制措施、对案件处理提出意见等法律帮助，并且审判机关、检察机关、看守所应当告知犯罪嫌疑人、被告人有权约见值班律师和提供便利。

在目前的司法实践中，律师介入在刑事诉讼程序中的落实情形并不乐观。例如，北京某区检察机关对170余名在押人员调查后发现，具有告知聘请律师或约见值班律师义务的公权力机关工作人员不愿或者不及时告知的现象大量存在，导致被讯问对象自羁押之日起的较长时间内都不知道自己有聘请律师的权利，更遑论保障和实现其要求律师在场并提供法律帮助的权利了。[2]尽管目前的《监察法》并没有明确排斥律师介入留置程序，但实践中的操作惯例表明，律师一律不被允许介入留置程序。这一点，或许与中国法

[1] 李奋飞．律师为什么要为“坏人”辩护？[J]．司法，2014（9）：133−145.

[2] 秦文峰．国家监察体制改革背景下律师帮助权研究[J]．吉林大学社会科学报，2017（6）：55−62.

律制度体系中增加律师参与的整体趋势不相契合，也不利于程序法治的进步，有待在未来的立法或法律解释工作中加以修订或者完善。

2. 人权保障的实质需要

人权，在应然层面是指作为人所应当享有的理想状态下的基本权利。例如，1966 年第二十一届联合国大会通过的《公民权利和政治权利国际公约》规定了个人应当享有不受任意逮捕、公正公开审讯和无罪推定等一系列基本权利和自由。在实然层面，人权则是指一国的法律制度体系所确立的具有强制约束力的保障国民生存和发展的基本权利和自由。在中国，"尊重和保障人权"先后被写入《宪法》和《刑事诉讼法》，处于同一法律制度体系之中的《监察法》及监察机关的反腐败实践，同样应当满足尊重和保障人权的实质需要。

《监察法》意在建立集中统一和权威高效的国家监察体制，因而赋予监察机关监督、调查和处置等内涵丰富、种类多样的职责权限。其中，作为调查权能的重要组成部分，留置措施直接限制和剥夺了适用对象的人身自由。[1]根据《监察法》第 43 条，留置措施的采取与延长均由监察机关批准和决定，这属于缺少外部监督制约的内部批准程序；留置措施的期限，在特殊情况下甚至可以持续 6 个月。但是，《监察法》并没有像《宪法》和《刑事诉讼法》那样明确将"尊重和保障人权"作为自身的法定任务以保护公民的人身、财产、民主和其他基本权利，也没有像《刑事诉讼法》那样赋予留置对象在调查阶段聘请律师代理申诉控告、申请变更强制措施、了解罪名和案件情况及提出意见等法律帮助权利。

《监察法》在人权保障方面的规定现状，使得立场和视角有所不同的实务界与理论界之间出现了大相径庭的解释结论。实务界立足国家监察体制改革集中统一、权威高效的反腐需要，坚持监察机关与审判机关、公诉机关和

[1] 例如，有文章认为，留置措施对人身自由的严格限制强度，接近于监禁刑罚。参见陈光中，邵俊. 我国监察体制改革若干问题思考［J］. 中国法学，2017（4）：23-36.

侦查机关不同，在性质上属于政治性机关，因而可以基于留置对象行使公权力的行为涉嫌严重的职务违法或职务犯罪而对其基本权利、诉讼权利等进行特殊的限制或削减。理论界则着眼于监察法制是统一的中国法律制度体系的组成部分，留置能够在实质上如同刑事拘留和逮捕那样严格限制和剥夺人身自由，应当秉持涉嫌严重职务违法或职务犯罪的公职人员在成为调查和留置对象的同时，也仍然是《宪法》和《刑事诉讼法》保护之下的普通民众，从而在基本权利、诉讼权利等人权保障方面受到一体无差别的对待。

在全面依法治国的背景下，基于正当程序的内在要求，应当加大留置对象基本人权的救济和保护力度，使“尊重和保障人权”成为监察法制实践过程中的核心原则和基本遵循。首先，对私权利而言，法无禁止即自由。《监察法》并未明确禁止律师参与监察实践，因而应当参照《刑事诉讼法》的相关规定，允许律师介入直接关涉人身自由限制和剥夺的留置程序，并为留置对象提供各项法律帮助。其次，根据权利义务相一致原理，留置对象在负有如实提供、陈述或供述相关情况、证据的义务，以及接受搜查、查封、扣押、留置等调查措施等积极配合调查义务的同时，还应当享有包括聘请律师提供法律帮助在内的一系列保护性和防御性权利，以避免自身权益受到可能的非法侵害。最后，基于权力监督和制衡原理，在以典型的内部批准、期限长达 6 个月为特征的留置程序中，留置对象的力量与监察机关相比显然过于薄弱，非常容易陷入持续孤立无援的境地从而遭受刑讯逼供等违法或犯罪侵害。律师的适度介入则有助于监督和牵制监察机关合法合理地行使职权，从而维持留置对象和监察机关之间大致平等的对抗格局，并最终有利于查清事实和发现真相。

3. 权力制约的制度保障

监察权的运行追求集中统一和权威高效，权力的集中程度较高。在党内法规层面，监察机关借鉴了党的纪律检查机关的党纪监督、调查、处理等所有权力；在国家法律层面，监察机关吸收了行政机关监察部门的行政监督、调查、处分等所有权力，整合了行政机关预防腐败部门的监督、教育、国际合作等所有权力，兼并了司法机关检察部门的贪污贿赂犯罪、失职渎职犯罪的刑事侦查、预防等绝大部分权力，构建了监察权力高度集中统一的格局，基本实现了对所有公职人员监督和监察的全覆盖，基本法律地位巩固而崇高。为了保证职务违法和职务犯罪案件处置的权威与效率，监察制度还在多处具体工作机制方面特别设计了由监察机关自行决定程序进展的做法，如留置的决定权、批准权和执行权都由监察机关享有。

而权力的本能趋向于滥用，以权力制约权力则是一条被实践证明的最有效的经验，要防止监察权力的滥用，就必须规划相应的监督和制约机制。现行法律制度体系中，《宪法》第127条第2款明确了监察机关在办理职务违法、犯罪案件时应与审判机关、检察机关和执法部门互相制约，这一规定在《监察法》第4条第2款被再次确认，大致建构了监察机关与审判机关、检察机关和执法部门之间的权力监督制约机制。在宏观的国家机构安排方面，人大及其常委会基于权力机关的宪法定位，有权监督同级监察机关；基于“一切权力属于人民”的宪法规定，监察机关有义务依法公开监察工作信息并接受民主监督、社会监督和舆论监督。在微观的权力运行层面，检察权、申诉权等权力和权利对监察权力的监督制约也得到了具体规定。例如，《监察法》第47条第3款和第4款规定，检察机关可以将监察机关移送起诉的案件退回补充调查、自行补充侦查或者依法作出不起诉决定，确立了检察机关在案件审查起诉环节对监察机关的制约；第65条、第66条和第67条还规定了监察机关及其工作人员的不当行为所可能涉及的行政责任、刑事责任和国家赔偿责任。

但是，现有的监督和制约监察机关的制度安排仍然不够充分和完整，在留置程序中允许律师适度介入能够有效地避免监察权力的滥用。《刑事诉讼法》在侦查、审查逮捕、审查起诉和审判等环节多处规定了侦查机关、检察机关和审判机关应当或者可以听取辩护律师意见，生动地体现了律师、辩护人全程参与刑事诉讼和全面制约公权行使的制度安排。例如，律师在案件侦查终结前提出要求的，侦查机关应当听取意见和记录在案，并将书面意见附卷；在审查逮捕时，检察机关可以听取律师意见并且律师提出要求时应当听取；在审查起诉时，检察机关应当听取辩护人或值班律师意见和记录在案并将书面意见附卷；在审判时，审判人员应当听取辩护人意见。就《监察法》对留置程序规定的实质而言，律师的适度介入是在制度保障层面完善对监察权监督制约的重要举措。首先，留置程序的决定、审批和执行，均取决于监察机关的内部行政批准程序，严重缺乏有效的外部监督制约。其次，在可能存在毁灭、伪造证据和干扰证人作证或串供等有碍调查的特殊情形下，监察机关有权不通知被留置人员的所在单位和家属，不仅对特殊情形的解释权归监察机关享有，而且这种不通知的状态理论上可以持续长达 6 个月。最后，留置程序要求对讯问的全过程录音录像，但在缺乏律师介入的情形下，实际上无法绝对排除监察机关工作人员刑讯逼供和运用技术性手段删减、修改相关录音录像等现象。

允许律师适度介入留置程序会影响证据固定、证人作证、被调查人供述和财产收缴等监察工作，并导致严重职务违法和犯罪的嫌疑人逃脱制裁的观点，无论在理论上还是在实务上都无法立足。因为，类似问题同样存在于其他种类的违法、犯罪之中，如毒品犯罪。但中国的刑事诉讼制度显然没有在所有犯罪类型中一概排斥律师介入侦查阶段，那必然会导致侦查权的肆意扩张和权力制约理念的落空。联合国大会 1988 年第 43/173 号决议通过的《保护所有遭受任何形式拘留或监禁的人的原则》第 11 条原则第 1 款规定，“任何人如未及时得到司法当局或其他当局审问的有效机会，不应予以拘留。被拘留人应有权为自己辩护或依法由律师协助辩护”。其中，“被拘留人”是指除因定罪以外被剥夺人身自由的任何人。[1] 中国香港地区《廉政公署条例》第 10A 条规定了逮捕后的两种情形：带至警署时由警方告知被指控罪行、交付起诉书副本和羁留人士通知书，通知书应列明有权获得律师名单、要求会

[1] 参见联合国大会．保护所有遭受任何形式拘留或监禁的人的原则［EB/OL］.（1988-12-09）［2021-12-21］.https：//www.un.org/zh/documents/treaty/files/A-RES-43-173.shtml.

见律师并在律师出现前拒绝回答任何问题等事项；带至廉政公署办事处且进一步查问很可能引发扣留措施时，《廉政公署（被扣留者的处理）令》第4条第1款规定，“被扣留者须获给予合理机会，以便与法律顾问通讯，并在一名廉署人员在场但听不见的情况下与其法律顾问商议，除非此项通信或商议对有关的涉嫌罪行的调查或执法会构成不合理的阻碍或延迟”。[1] 并且，载有该具体内容的“致被扣留者的告示”必须公示在每一个扣留场所的显眼位置。

（二）律师介入留置程序符合现行法精神

律师适度介入留置程序，不仅拥有坚实的正当性根基，而且还符合《宪法》《刑事诉讼法》等现行法精神。例如，作为根本法的《宪法》，在基本理念、基本原则和具体规定等诸多方面严格制约着《监察法》，而作为基本法的《刑事诉讼法》也同样在案件侦查程序和人权保障等方面直接或间接地约束着《监察法》。作为中国法律制度体系重要组成部分的《监察法》，不得违背《宪法》的相关规定，不得抵触《刑事诉讼法》的基本原则和重要制度，同时也没有明确排除《律师法》的条款适用，因而应当允许律师适度参与和介入留置程序，这不仅符合现行法精神，而且还是由法制统一原理所决定的。

1.《宪法》的控制

不乏实务界和理论界学者认为，制定《监察法》的目的在于构建集中统一和权威高效的国家监察体制，因而监察机关被赋予了制约较少的监察权力和种类较多的调查手段，律师则相应地被排斥在最为严格的留置权行使程序之外。但是，作为国家根本法的《宪法》显然具有最高的法律地位和法律效力，全国各族人民、一切国家机关和武装力量、各政党和各社会团体与各企业事业组织的行为和活动均应接受《宪法》的控制、规范和约束，并且负有

[1] 《廉政公署（被扣留者的处理）令》于2003年从1976年《总督特派廉政专员公署（被扣留者的处理）令》修订而来。

维护《宪法》尊严和保证《宪法》实施的职责。基于此，《监察法》及其确立的留置程序，与其他基本法律法规一样，在不得违背《宪法》及其相关规定的同时还应当接受其控制。

首先，《宪法》第33条第3款明确规定了国家尊重和保障人权，间接地在价值和理念层面引领《监察法》的适用及其留置实践。与国家、政府和组织相比，民众往往处于绝对劣势，在缺乏相应的制度来确认和保障民众基本权利时，国家、政府和组织的权力运用就会趋向于肆无忌惮。国家监察制度改革不能也不应将腐败治理排除在法治和公平正义的范围之外，而更应当运用法治思维和法治方式予以治理，在加大反腐力度的同时也应当尽量避免冤假错案，以维护国家法制统一、尊严、权威与加强人权法治保障。

其次，《宪法》第130条后段明确规定了被告人有权获得辩护，与前段规定的法院审理案件时除“法律规定的特别情况”外才一律公开进行不同，辩护权是没有设置任何例外情形的绝对意义上的强行性规范。如前所述，留置程序具有高度的封闭性，且最长能够限制和剥夺留置对象长达6个月的人身自由。实践中，律师不仅无权介入留置程序乃至监察机关的整个调查程序，甚至在案件移送起诉到检察机关后，律师的介入仍需报请监察机关同意。这就意味着，留置对象在一个相当长的时间和高度封闭的空间里，只能独自对抗无论是在人力、物力等资源还是在搜查、鉴定等手段方面都远胜于自身的监察机关的集中调查。很难想象，若没有律师提供专门的帮助，其辩护权如何有效行使并得到充分保障。

最后，基于同样具有剥夺适用对象人身自由的本质，《监察法》规定的“留置”应当与《宪法》规定的“逮捕”一样设置相同或者相似的人权保障措施。《宪法》第37条第2款明确规定，除非检察院批准或决定或者法院决定并由公安机关执行，任何公民都不受逮捕。以此对照《监察法》第43条，可以得出留置程序对人权保障的力度明显弱于逮捕程序的结论。因为，一方面，《宪法》规定的逮捕程序由检察院或者法院批准或决定，这意味着逮捕程序已经构建起具备监督和制约功能的司法审查机制，而《监察法》规定的留置程序则由监察机关领导人员集体研究决定并报上一级监察机关批准或报国家监察委员会备案即可，这意味着留置程序仍然是一个缺乏检察院或法院等外部监督和制约的典型行政程序。另一方面，《宪法》明确规定了公安机关是逮捕的唯一执行机关，而《监察法》则规定，留置措施的采取由监察机关决定，并且可以根据工作需要提请公安机关配合。至于什么是“工作需要”同样由监察机关自由裁量，这实际上意味着监察机关完全可以自行执行留置措施，从而摆脱了《宪法》第127条第2款的控制，并排除了外部机关执行所具有的互相配合和互相制约的可能性。

2.《刑事诉讼法》的限制

《刑事诉讼法》第2编“立案、侦查和提起公诉”确立了刑事案件的诉讼程序当然地包括立案和侦查两个环节。因而，在原属于检察机关的贪污贿赂犯罪和渎职犯罪的立案、侦查等权力转隶至监察机关之后，监察机关对职务犯罪的调查活动实质上是检察机关对职务犯罪立案和侦查活动的完全替代，具有刑事司法属性。事实上，仅有69个条文的《监察法》对监察权限、监察程序和证据标准等诸多事项的规定，与《刑事诉讼法》及其庞大的司法解释体系相比，不可避免地凸显出原则性和抽象性等弊病，因而作出了“借用”《刑事诉讼法》相关规定的制度安排。也正是基于此，被学者们誉为“实践中的宪法”或者“小宪法”的《刑事诉讼法》同样发挥着对留置程序的严格限制作用。

一方面，《刑事诉讼法》将律师介入时间大幅提前至侦查阶段，彰显了律师介入刑事诉讼程序中侦查阶段的必要性和重要性，应当为留置程序的适用所吸收与借鉴。2012年的《刑事诉讼法》修正，在将“尊重和保障人权”写入《刑事诉讼法》的同时，还将犯罪嫌疑人有权自案件移送审查起诉之日起委托律师作为辩护人的时间，大幅提前至自被侦查机关第一次讯问或者采取强制措施之日起，并且向侦查机关、检察机关和审判机关施加了应当告知这一权利的法定义务。此外，还从侦查阶段委托律师的时间和方式，辩护人的身份、职责、权利和会见条件，以及非法证据排除等方面作出相应规定，以更为全面地保护在侦查阶段处于弱势地位的犯罪嫌疑人。

另一方面，《刑事诉讼法》关于特别重大贿赂犯罪条款的修正，只是表明律师的会见权受到相应限制而非完全剥夺，并不意味着否定了律师在此类案件的监察留置程序中的会见权。2012年修正后的《刑事诉讼法》，要求律师在侦查阶段会见特别重大贿赂犯罪案件的犯罪嫌疑人时必须经过公安机关或者检察机关的批准；与之配套的2012年《人民检察院刑事诉讼规则（试行）》（现已失效）第46条第3款对此作出详细解释，检察院在侦查终结前应当许可辩护律师会见特别重大贿赂犯罪案件的犯罪嫌疑人；2012年修正的《公安机关办理刑事案件程序规定》（公安部令第127号，已于2020年经公安部令第159号予以修正）第44条进一步明确规定，律师提出会见犯罪嫌疑人的，公安机关应当在48小时内安排，其中贪污贿赂犯罪等重大复杂的共同犯罪案件应当在5日内安排。2018年《刑事诉讼法》修正基于“完善与监察法的衔接机制，调整人民检察院侦查职权”的考虑而删除了“特别重大贿赂犯罪”的表述[1]，但在国家安全机关或者公安机关许可的前提下，继续保留了辩护律师在重要性、复杂性程度等方面绝不亚于特别重大贿赂犯罪的危害国家安全犯罪和恐怖活动犯罪案件的侦查期间会见在押犯罪嫌疑人的规定；2020年修正的《公安机关办理刑事案件程序规定》运用第42条至第58条共计17个条文的篇幅详细规定了辩护律师在公安机关办理刑事案件阶段会见在押犯罪嫌疑人的相应条件。事实上，监察机关对特别重大贿赂犯罪案件的调查程序，只是该案件进入公诉和审判阶段的前置程序，并不具有终局性，若以反腐为由而在调查阶段绝对排除律师的介入，与法律制度体系的统一性原理相违背。针对同一起刑事案件，监察机关在立案调查阶段不适用《刑事诉讼法》，而在审查起诉和审判阶段却又依据《刑事诉讼法》评价此前的调查行为，容易引起逻辑混乱和法律适用困难。

---

[1] 全国人大常委会法制工作委员会主任沈春耀在2018年4月25日召开的第十三届全国人民代表大会常务委员会第二次会议上所作的《关于〈中华人民共和国刑事诉讼法（修正草案）〉的说明》。

考虑到留置措施对人身自由的严格限制在强度上接近于监禁，但在人权保障事项上的周密程度远逊于逮捕措施，因为逮捕措施采取后须在专门的看守所执行。基于“第三方监控”机制的存在而大幅度地减少了刑讯逼供或者威胁、引诱、欺骗等非法取证的存在空间，更应当在留置程序中吸收律师的适度介入，以构建相应的权力制约和人权保障机制。此时，从实质解释和内涵分析的角度理解，将监察机关的“调查权”解读为“侦查权”，并将“被调查人”界定为《刑事诉讼法》第 34 条规定的“犯罪嫌疑人”，从而能够适用《刑事诉讼法》的相关规定予以律师介入和辩护的保障，具有维护法律制度体系统一的合理性和正当性。

二、律师介入留置程序的制度设计

中国香港地区设立廉政公署的核心目的同样在于反腐败，但即便在腐败高发频发的 20 世纪七八十年代，廉政公署依然在反腐的高压态势中保留了律师的会见权和犯罪嫌疑人的“米兰达权利”（Miranda Rights），在打击犯罪和保障人权之间取得了较好的平衡，最终被公认为“香港社会发展的基石”。因此，对律师素质的顾虑及对律师介入留置程序可能影响案件顺利、高效进行的担忧，应当通过加强律师执业道德建设和设置留置程序中律师的准入门槛等“疏”的方式解决，而非采用一概拒绝律师介入的“堵”的方式。其中，律师执业道德的建设，主要由相应的律师协会及其司法主管部门通过宣传和鼓励律师规范执业与严厉惩罚和制裁不规范执业等手段予以推进；对于留置程序中律师介入的门槛，则应当在《监察法》未来的修正中进行体系性的建构和具体化的设置。

（一）律师介入留置程序的情形与例外

监察机关享有监督、调查和处置权能，在对之前已经存在的诸多权力进行重新组合的基础上，监察机关的调查权能涵盖了从谈话、讯问、询问、查询、冻结、调取、查封、扣押、搜查、勘验检查、鉴定到留置等内容丰富的具体措施。但就必要性而言，参照《刑事诉讼法》的相关规定，律师介入的情形应当存在于直接限制和剥夺调查对象人身自由的留置程序中。

1. 律师介入涉嫌犯罪的留置程序

《监察法》第 22 条第 1 款和第 2 款规定，调查对象涉嫌贿赂和渎职等严重职务违法犯罪或者涉案人员涉嫌行贿犯罪、共同职务犯罪的，监察机关只有在已经掌握部分违法犯罪事实、证据但仍有重要问题需要调查，并且涉及案情重大复杂或者可能出现逃跑、自杀、串供或伪造、隐匿、毁灭证据等妨碍调查情形时，才能经依法审批后将其留置在特定场所。但对于律师能否介入留置程序及在哪些情形下可以介入，《监察法》则并未提及。由此可见，留置程序可以针对涉嫌贪污贿赂和失职渎职等严重的职务违法或者职务犯罪，以及涉嫌行贿犯罪和共同职务犯罪等情形启动，那么律师是否有必要介入上述所有情形？

根据国家监察制度改革之前中国共产党的纪律检查机关的办案实践及改革之后的全新制度安排，放弃在所有留置情形中一律允许律师介入的理想主义观点，选择接受律师在特定情形下无法介入留置程序的妥协方案，或许会大为减少《监察法》在未来的修正阻力。原因有二：一方面，政府原行政监察机关和现在的监察机关都曾与中国共产党的纪律检查机关或全面或部分合署办公，党纪检查手段与国家的违法或犯罪调查手段在实践操作中常常无法区分清楚，或者作出区分的必要性并不明显。例如，具有党内法规性质的“两规”纪律检查手段与具有国家法律性质的“两指”违法或犯罪调查手段，不仅在渊源上具有先后的承继关系，而且在实质上对适用对象的影响也基本相同。另一方面，在中国现行的法律制度体系中，仍然明显地存在着许行政机关可以合法地限制或剥夺行政相对人的人身自由等情形。例如，《治安管理处罚法》规定的行政拘留措施在涉及处罚合并执行时最长可以达到 20 日。基于此，在《监察法》未来的修正过程中，先允许律师介入留置对象涉嫌贪污贿赂和失职渎职等严重的职务犯罪或者涉案人员涉嫌行贿犯罪、共同职务犯罪等情形，是相对可具操作性的过渡手段和权宜措施。

此外，在犯罪嫌疑人没有委托辩护律师并且法律援助机构没有指派律师为其提供辩护时，仿照《刑事诉讼法》第36条的规定，应当设置值班律师为其提供法律咨询、程序选择建议、申请变更强制措施、对案件处理提出意见等法律帮助。同时，应当给人民检察院、人民法院、看守所、监察机关施加告知犯罪嫌疑人、被告人、被调查人有权约见值班律师，并为其约见值班律师提供便利的法定义务。

2. 留置程序中涉嫌违法与涉嫌犯罪的区分机制

在确定律师只能介入留置对象涉嫌贪污贿赂、失职渎职等严重的职务犯罪或者涉案人员涉嫌行贿犯罪、共同职务犯罪等情形之后，还面临着如何区分留置的适用是针对涉嫌违法行为还是涉嫌犯罪行为的问题。因为，监察机关在启动调查程序和决定适用留置措施时，基于案件事实和证据等情况的掌握尚不够清楚、充分，很难准确地区分案件属于严重的职务违法还是职务犯罪。此时，如果将留置程序中涉嫌违法与涉嫌犯罪的区分权力完全交由监察机关行使，则会赋予监察机关过大的自由裁量空间，诱使其追求案件的快速处理和顺利进行而滥用权力，如一律作出涉嫌违法的认定，从而彻底堵塞律师介入的可能性。

该问题的解决大致有两条可行的制度进路。第一条制度进路是，借鉴监察制度改革之前检察机关在办理贪污贿赂犯罪和渎职犯罪时内部划分出侦查部门与审查起诉部门的做法，在监察机关内部建立相应的案件初查部门与案件审查部门，两部门之间相对隔离、相互独立，由案件初查部门具体负责收集相应的事实和证据，并提交案件审查部门以区分是涉嫌违法还是涉嫌犯罪，从而决定是否允许律师介入。但该种解决路径无法避免的批评是，即便在监察机关内部划分出案件初查部门与案件审查部门，两者在性质上同样属于监察机关，在程序上仍然属于内部机制，因而缺乏外部力量的有效监督和制约，难免落入“自己担任自己案件的法官”的窘境。第二条相对完善的制度进路是，充分把握检察机关是国家的法律监督机关的宪法定位，由监察机关将初步收集的事实和证据移交给检察机关综合判断案件是涉嫌违法抑或涉嫌犯罪，并据此作出是否允许律师介入的决定；在监察机关对检察机关的认定结果不认可时，作为救济措施，可以申请同级检察机关复议或上一级检察机关复核。

3. 律师介入留置程序的例外

原则而言，在监察机关对案件调查程序终结之前，律师介入涉嫌犯罪的留置程序的基本规则是，律师至少有权利会见被留置对象一次。但基于监察机关办理的案件往往疑难、复杂且政治性、敏感性强，还应当同时明确例外情形，在例外情形下，即便留置程序的启动原因是案件涉嫌犯罪，律师也不得介入。

根据《监察法》第 11 条第 2 项，监察机关调查的职务犯罪，必定牵涉贪污贿赂或失职渎职等情形。其中，贿赂犯罪与其他职务犯罪相比更具特殊性，从而使得案件的侦破难度大为提高。首先，贿赂犯罪是典型的对合性或对向性犯罪，行贿方和受贿方在大多情形下都是一对一交易，获取有力证据的难度较大。其次，贿赂犯罪侵害的法益是职务廉洁性，缺少具体受害人，被举报的可能性较低。最后，在均为既得利益者时，如果案件侦破，行贿方和受贿方都会受到法律制裁而更倾向于形成“攻守同盟”。如果此时再允许律师的无限制介入，就会严重影响对特别重大贿赂犯罪案件事实的查清和证据的固定等正常工作。例如，2012 年的《刑事诉讼法》修正就明确限制了律师在特别重大贿赂犯罪案件中的会见权，要求侦查期间会见此类案件的在押犯罪嫌疑人应当经侦查机关许可并事先通知看守所执行。可以借鉴这一规定，监察机关在办理特别重大贿赂犯罪案件时，应当有权视情况决定是否允许律师会见，以免影响案件的正常调查工作，但同时应当严格解释“特别重大”，避免解释的过于宽泛而在实质上排除了律师介入的可能性。

（二）律师介入留置程序的权利义务配置

律师在留置程序中的权利与义务，是指律师在监察机关决定和批准的留置程序中，能够为留置对象提供的专业法律帮助的内容，以及应当遵守的行为规范。

《刑事诉讼法》第 37 条宏观性地规定，辩护人的责任在于，根据事实和法律，提出无罪、罪轻或者减轻、免除刑事责任的材料和意见，以维护犯罪嫌疑人、被告人的诉讼权利和其他合法权益。第 38 条则详细规定了辩护律师在侦查期间的具体权利事项：可以为犯罪嫌疑人提供法律帮助，代理申诉、控告，申请变更强制措施，向侦查机关了解犯罪嫌疑人涉嫌的罪名、案件有关情况，提出意见。第 39 条还特别规定，辩护律师有权同在押的犯罪嫌疑人、被告人会见和通信，会见时可以了解案件有关情况、提供法律咨询等并且不被监听，在履行特定手续时看守所应当及时安排会见，特殊情形下需要经过侦查机关许可。第 41 条和第 43 条规定，在满足特定的条件时，辩护人有权申请人民检察院、人民法院收集、调取证据，或者申请人民法院通知证人出庭作证，或者向有关单位及个人、被害人或其近亲属、被害人提供的证人收集与本案有关的材料。第 161 条规定，在案件侦查终结前，辩护律师提出要求的，侦查机关应当听取辩护律师的意见并记录在案，辩护律师提出书面意见的应当附卷。同时，《刑事诉讼法》第 42 条和第 44 条规定了辩护人的法定义务：收集的有关犯罪嫌疑人不在犯罪现场、未达到刑事责任年龄、属于依法不负刑事责任的精神病人的证据，应当及时告知公安机关、人民检察院；不得帮助犯罪嫌疑人、被告人隐匿、毁灭、伪造证据或者串供，不得威胁、引诱证人作伪证及进行其他干扰司法机关诉讼活动的行为。

仿照《刑事诉讼法》的上述规定，可以在留置程序中赋予律师相应的权利和义务，律师在留置程序中应当有权根据事实和法律，提出留置对象无罪、罪轻或者减轻、免除刑事责任的材料和意见。具体而言，有以下 4 项权利：①提供必要的法律帮助的权利。主要包括告知被调查人相关法律知识、享有的权利义务，代为向监察机关了解涉嫌罪名、案件有关情况并提出意见，就其中出现的留置措施不当、通缉措施不当、刑讯逼供等侵害留置对象合法权益行为代为提出申诉、控告，就留置期限届满向监察机关申请变更或解除强制措施。②会见和通信且不被监听的权利。该权利一方面能够使律师直接向留置对象了解案件情况、提供法律咨询等，另一方面也能够保障留置对象与外界的联系并最大限度地避免其合法权益受损。但是，在特别重大的贿赂案件中律师的会见和通信权利应当经过监察机关的许可。③调查取证的权利。主要是指，律师认为在留置期间监察机关收集了证明留置对象无罪或者罪轻的证据材料未提交的，有权申请有关机关调取；经证人或者其他有关单位和个人同意，可以向他们收集与本案有关的材料，也可以申请有关机关收集、调取证据；经有关机关许可，并且经被害人或者其近亲属、被害人提供的证人同意，可以向他们收集与本案有关的材料。④要求听取意见的权利。主要是指，在调查程序终结前如果律师提出要求，监察机关应当听取其意见并记录在案，在律师提出书面意见时应当附卷并在调查终结移送审查起诉时随案移送至检察机关。

律师介入留置程序，在享有权利的同时，也应当担负相应的义务。①不得干扰调查活动的义务。主要包括不得帮助留置对象隐匿、毁灭、伪造证据或者串供，不得威胁、引诱证人作伪证及进行其他干扰留置活动正常进行的行为。违反此项规定义务者，要承担相应的法律责任。例如，《刑法》第306条第1款规定了辩护人、诉讼代理人毁灭证据、伪造证据、妨害作证罪，对辩护人、诉讼代理人在刑事诉讼中毁灭、伪造证据，帮助当事人毁灭、伪造证据，威胁、引诱证人违背事实改变证言或者作伪证的，运用刑罚手段予以制裁。②及时告知的义务。主要是指，律师在留置程序中如果收集到留置对象不在犯罪现场、不构成犯罪、未达到刑事责任年龄、属于依法不负刑事责任的精神病人等能够终结调查活动的证据，应当及时告知监察机关，必要时还可以告知检察机关。③保密的义务。主要是指，律师在留置程序中通过行使会见和通信权利而获得的有关国家秘密、商业秘密、个人隐私，以及委托人和其他人不愿泄露的有关情况和信息，有义务予以严格保密。但如果律师知悉委托人或者其他人准备或者正在实施危害国家安全、公共安全及严重危害他人人身安全的犯罪的，应当及时告知监察机关、国家安全机关、公安机关或者其他国家机关。此外，《律师法》中还一般性地规定了律师的权利和义务，同样适用于介入留置程序的律师。[1]

（三）律师介入留置程序的时间选择

在确立了律师介入留置程序的情形及其权利义务之后，还应当明确规定律师介入留置程序的时间。《刑事诉讼法》第 34 条第 1 款和第 2 款规定，犯罪嫌疑人自被侦查机关第一次讯问或者采取强制措施之日起，有权委托辩护人，在侦查期间只能委托律师作为辩护人；侦查机关在第一次讯问犯罪嫌疑人或者对犯罪嫌疑人采取强制措施的时候，应当告知犯罪嫌疑人有权委托辩护人。

在留置程序中，仿照《刑事诉讼法》在侦查阶段对犯罪嫌疑人辩护权的保障机制，律师介入的时间可以设计为自被监察机关批准决定采取留置措施之日起，以维护留置对象的合法权益。更具体地说，律师介入的时间，可以设计为对留置对象宣读留置决定书之时。当然，基于特别重大的贿赂犯罪案件的特殊性，监察机关有权力根据案件调查需要，在完成必要的审讯和证据收集固定工作及冻结相关财产之后再允许律师介入，或者不允许律师介入。

追求集中统一、权威高效的国家监察制度，并不意味着在留置程序中一律排斥律师的适度介入。相反，通过对律师介入的情形、权利义务和时间点的制度设计与完善，可以在充分实现留置对象的权利保障和救济的同时，扎实地落实国家法治反腐的既定战略方针。

---

[1] 例如，《律师法》第 40 条规定："律师在执业活动中不得有下列行为：（一）私自接受委托、收取费用，接受委托人的财物或者其他利益；（二）利用提供法律服务的便利牟取当事人争议的权益；（三）接受对方当事人的财物或者其他利益，与对方当事人或者第三人恶意串通，侵害委托人的权益；（四）违反规定会见法官、检察官、仲裁员以及其他有关工作人员；（五）向法官、检察官、仲裁员以及其他有关工作人员行贿，介绍贿赂或者指使、诱导当事人行贿，或者以其他不正当方式影响法官、检察官、仲裁员以及其他有关工作人员依法办理案件；（六）故意提供虚假证据或者威胁、利诱他人提供虚假证据，妨碍对方当事人合法取得证据；（七）煽动、教唆当事人采取扰乱公共秩序、危害公共安全等非法手段解决争议；（八）扰乱法庭、仲裁庭秩序，干扰诉讼、仲裁活动的正常进行。"

第七章 ◀

比较法视野下的域外监察模式及其镜鉴

中国的监察制度，自中华人民共和国成立以来，先后经历了设立、降格、撤销、恢复组建、与党的纪律检查机关合署办公和新时代国家监察等阶段，道路曲折又充满艰辛。[1]1986年，第六届全国人大常委会第十八次会议决定恢复重建监察制度，中国开始重新重视监察制度的建设，并在坚持社会主义根本制度和中国共产党领导的前提下，积极考察、调研、学习、借鉴域外先进的监察制度建设，以更好地监督国家机关及其公职人员。其中，官方机构以原监察部为代表，多次组织团队前往世界上监察制度较为发达的国家和地区进行考察，并在20多年间与多个国家和地区的监察机构建立了友好合作关系。世界上不少国家和地区已经基本形成较为成熟和相对发达的监察制度。例如，瑞典在世界近代史上较早地建立了相对完备和先进的监察专员（Ombudsman）制度，在随后的200多年里，芬兰、丹麦、挪威、英国、新西兰等约60个国家均建立了监察专员制度。[2]在实行三权分立的国家里，除立法、行政、司法的权力分立和制衡外，一般还在议会之下专设相应的监督机构，典型的如美国的监察长制度。[3]此外，中国香港地区的廉政公署、新加坡的监察制度、韩国的监察院、日本的总务省行政评价局等，也值得给予关注。

---

❶ 本章部分内容业已修订发表，参见郭世杰. 独立而专业：中国监察制度的改革与完善方向（一）[J]. 人大研究，2021（8）：43–50；郭世杰. 权力制约与公众参与：中国监察制度的改革与完善方向（二）[J]. 人大研究，2021（9）：42–49.

❷ 维斯兰德尔. 瑞典的议会监察专员[M]. 程洁，译. 北京：清华大学出版社，2001：3.

❸ 唐晓，王为，王春英. 当代西方国家政治制度：修订版[M]. 北京：世界知识出版社，2005：213.

第一节　国际性与区域性的监察组织

综观世界近现代史，监察专员制度的诞生，与民众权利意识的觉醒须臾不可分离，对国家公权力的监督和对民众私权利的保障，是监察专员制度的直接目标。事实上，源起于中世纪瑞典语中的“umboosmaor”，本身就包含有“代表他人行为的人”“为他人而行动的人”“中间调解人”等意思，而且，瑞典的监察专员制度，也正是议会监督和制约王权的结果。在这一过程中，世界各国也逐渐加强合作，共同研究制约权力、监督官员的有效途径，并先后成立了国际监察专员协会（International Ombudsman Institute）、亚洲监察专员协会（Asian Ombudsman Association）等国际性和区域性组织。考察与比较上述国际性和区域性监察组织的设立背景、制度宗旨、发展历程、基本架构、工作模式、职能权限等方面的内容，能够为中国的监察制度改革提供可资借鉴之处，有利于新时代下中国监察制度的深入改革和继续完善，从而为中国参与区域性、国际性监察组织奠定坚实基础。

一、国际监察专员协会

“福利国家”（Welfare State）追求所有公民均可共享（universality）社会福利以抵御风险，管理社会福利的机构具有统一性（unity），公民根据其需要而非收入状况均一地（uniformity）享有社会福利。[1] 随着在英国的实现，福利国家自 20 世纪下半叶开始成为欧洲社会的时代精神和基本制度。

（一）设立背景与宗旨目标

与福利国家相适应的是，国家和政府承担的职责和功能越来越多，享有

[1] 这即是福利国家的“3U”思想，具体参见贝弗里奇．贝弗里奇报告——社会保险和相关服务［M］．劳动和社会保障部社会保障研究所，译．北京：中国劳动社会保障出版社，2004.

的权力也越来越大；带来的问题是，急速扩张的公权力在缺乏行之有效的监督机制的背景下导致了贪污、受贿等权力腐败、滥用现象的高发、频发。一方面严重干扰了福利国家所需要的政务的正常、高效运转，另一方面还直接损害了公民的福利水平。就权力的监督制约机制而言，行政权力的内部监督始终无法摆脱自我监督的弊端，司法权力的监督则永远存在相应的滞后性问题。因此，设立专门的监察专员制度来代行对公权力的监督制约，就成为福利国家的最优选择。例如，以宪法或者法律为根据，由议会或者立法者任命议会监察专员，独立行使职权，接受公民对政府违法行政或不当行政的投诉，开展调查并根据调查结果向政府提出建议或批评，最后将结果向议会和公众报告。❶

受到国体、政体、法律体系、文化传统等因素的影响，监察专员制度在世界范围内具体呈现出议会监察专员、监察专员公署或者行政性监察机构等各种形式，这就使得各个国家和地区在监察专员制度的沟通、交流和借鉴等方面存在诸多障碍，无法形成畅通的合作机制，从而极大地影响和制约了监察专员制度的健康发展。在这一时代背景下，建立一个监察专员的国际性组织以推进相互交流和共同合作的呼声得到了越来越多国家和地区的响应，国际监察专员协会应运而生。

国际监察专员协会于 1978 年在加拿大成立，总部设立于埃德蒙顿埃布尔达大学，是世界范围内监察专员等监察机构领域唯一的国际性组织，至少每 4 年组织一次世界大会，第 11 届会议于 2016 年 11 月在泰国曼谷召开。随着国际监察专员协会影响力的扩大，目前有 100 多个国家和地区的约 200 个监察机构和个人加入该组织，如中国香港地区的监察专员、中国澳门地区的反腐败

❶ 王傲寒，李红勃．“护民官”的联合体：国际监察专员协会（IOI）研究［J］．信访与社会矛盾问题研究，2015（6）：75.

委员会和中国台湾地区的“监察院”等。[1] 国际监察专员协会，以英语、法语、西班牙语及其他合适的语言作为工作语言，主要致力于帮助所有建立了监察制度的国家和地区形成一个相互交流和合作的机制，通过不断地召开会议、组织培训、发布报告、开展研究活动、提供资金等方式促进会员之间的信息交流和相互协作，推进和深化对监察专员制度的研究，实现不断进步和完善，从而提高所在国家和地区的监察质量、治理水平和权利保护程度。

2012 年 11 月 13 日，国际监察专员协会在新西兰惠灵顿召开第 10 届世界大会，全体成员投票并最终以 96.3% 的高票通过了新的《国际监察专员协会章程》（以下简称《协会章程》），明确了监察专员的调查行政不当行为和处理公民申诉等职能，重申了监督行政权力和提高行政水平、能力的根本目标，是协会管理、运行的根本依据。《协会章程》的“序言”部分指出，国际监察专员协会的核心宗旨在于维持其独立（independence）、客观（objectivity）、公平（fairness）的价值观，为了实现其自身定位，国际监察专员协会要努力维持其必需的包容性与一直所追求的独立、客观、公平之间的平衡。[2]《协会章程》第 2 条第 1 款明确规定了国际监察专员协会的目标：“通过在世界范围内推进监察专员的理念、制度和鼓励其发展，来助力于尊重人权和基本自由，遵守法治，有效实施民主，推进公共组织的行政正义和程序公平，改善公共服务，建立开放和负责任的政府，以及为所有人提供实现正义的途径。”

为实现上述目标，《协会章程》第 2 条第 2 款对监察机构规定了 10 个必须遵守的基本标准：①应由国家、政权、地区或地方的宪法、立法或国际条约予以规定；②功能在于保护任何个人或团体免受公共当局及类似机构所造成的行政不当、侵权、不公平、权力滥用、腐败或任何不公正行为；③应在

---

❶ 值得注意的是，监察专员制度包括但并不局限于政府及其部门。实际上，国际性组织（如联合国及其世界银行、国际货币基金组织、世界卫生组织等）建立了监察专员制度，区域性组织（如欧盟）也建立了欧盟监察专员制度，甚至非营利性组织和传统意义上的私人部门（如非政府组织、大学和公司、银行等）也建立了监察专员制度。

❷ Preamble，By-Laws of International Ombudsman Institute［EB/OL］.［2021-12-21］.https://www.theioi.org/the-i-o-i.

立法规定的范围内保密、公正地运行，然而应鼓励旨在推进开放政府的自由的交流；④不接受任何有碍其独立性的公共机构的命令，独立运作于拥有管辖权的任何公权力机关；⑤拥有必要的权力和手段，去调查个人或团体对其管辖范围内的任何公权力机关的作为或不作为、决定、建议、推荐所造成的行政不当、侵权、不公平、权力滥用、腐败或任何不公正行为的投诉；⑥有权力提出建议以救济或预防上述行为的出现，并适时提出行政的或立法的改革以改善治理；⑦有责任向立法机构或其他民选机构公开报告，公开年度报告或其他定期报告；⑧其雇员应由立法机构或其他民选机构选举或任命，或者在规定的时间内根据相关法律或宪法予以批准；⑨其雇员只能由立法机构或其他民选机构开除，或者根据相关法律或宪法规定的理由开除；⑩有充足的资助来履行职能。在此基础上，国际监察专员协会将监察机构界定为："根据宪法或法律而设置，由一名独立的高级管理人员领导，受理民众对政府机关、政府官员的不正当或失职行政行为的相关投诉；监察人员有权独立展开调查、进行批评和提出纠正不当公职行为的建议等；监察通常有较高的威望和影响力，能够客观、公正、有效地开展监察工作"。为了进一步扩大影响力、增强权威性并成为全球范围内监察专员事务的权威性机构，国际监察专员协会特别重视会员标准所发挥的重要作用，一方面鼓励尚未建立监察机构的国家和地区尽快建立和发展此类机构，另一方面鼓励已经建立监察机构但尚未达到上述标准的国家和地区尽快满足这些基本标准，并且明确表示希望其会员由完全符合上述标准和暂时不符合但却以此为目标的机构组成。

（二）制度架构与工作机制

国际监察专员协会的总部是奥地利监察专员委员会（Austrian Ombudsman Board），位于奥地利维也纳[1]，区域性分支机构位于非洲、亚洲、澳大利亚—太

[1] 国际监察专员协会的总秘书处于 2009 年 6 月 26 日从加拿大迁至奥地利维也纳。2009 年 9 月 17 日，根据《关于向非政府国际组织授予特权的联邦法》（Federal Law on the Granting of Privileges to Non-governmental International Organizations，NGO-Gesetz），该协会的法律地位得到明确肯定，其主管当局是联邦欧洲和国际事务部。

平洋地区、欧洲、加勒比—拉丁美洲和北美洲以及董事会因事而设的其他区域。协会实行会员制，《协会章程》第 6 条到第 10 条分别规定了会员的种类、申请程序、基本权利义务、会费和资格丧失等事项。

任何支持《协会章程》第 2 条规定的目标和标准的机构、组织或个人均有资格成为国际监察专员协会的会员。其中，享有投票权的会员（Voting Member）是指任何具有国际、国别、区域及地方管辖权的公共机构，只要其能够在其法律制度体系内实质性地接受协会的目标和标准，接受和调查个人针对公权力机关的投诉并且独立运作于拥有管辖权的任何公权力机关。荣誉终身会员（Honorary Life Membership）是指董事会授予的为国际监察专员协会作出杰出贡献或者提供突出服务的个人，只要其在目标和标准方面与协会具有共同或兼容的利益。文库会员（Library Member）则是指对国际监察专员协会及其会员的出版物感兴趣的图书馆或科学机构。

国际监察专员协会会员申请的程序及相应的救济措施也得以详细规定，并且考虑到了申请者的地域特征。申请任何种类的会员，或者申请从会员转为享有投票权的会员，应按照执行委员会规定的形式提交秘书长。秘书长应咨询申请来源地的区域主席，然后将其建议与申请一起移交执行委员会，由执行委员会将此事连同是否应批准该申请的建议一并移交董事会，并在作出不批准申请的建议时应当给予申请人向董事会提出书面意见的机会。申请人对董事会的决定不满意时，可以向享有投票权的会员提出书面意见，并在下一届大会上作出最终决定。

在权利和义务方面，《协会章程》第 8 条规定，任何会员均有权参加协会资助的活动；只有信誉良好的享有投票权的会员，才有权利在协会的任何会议上或者相应的区域性会议上投票和当选；除非相关的东道主邀请，文库会员不能参加国际性或区域性的会议；享有投票权的会员，即便由数名成员组成，但只有一个投票权；国际性或区域性会议的东道主决定其会员机构的任何参会费用，费用可以根据会员类别的不同而有所不同，但必须事先获得董事会或者区域一级的批准；所有会员均有权查阅协会的出版物；所有会员均应遵守协会的章程，整体接受关于监察专员制度的职业道德规范，不偏不倚，也应当开展基于会员资格的任何活动并且不会因而产生不合理的费用或管理费用。《协会章程》第 9 条则规定了会员有义务按照规定缴纳会费，在违反此项义务时可能丧失投票权利。

《协会章程》第 10 条规定，在有关会员通过书面或电子形式通知秘书长撤回会员资格，会员因未支付会费而被董事会取消资格，会员未保持其特定会员类别的要求，或者不遵守第 8 条的规定或直接、间接阻止其他会员行使第 8 条规定的权利时，会员资格终止。除撤回会员资格外，其他情形下的会员资格终止都必须有原因，董事会有权就撤销会员资格作出最终决定，会员在不接受董事会的决定时还有权向特设的仲裁庭求助。

国际监察专员协会设有董事会（Board of Directors）、执行委员会（The Executive Committee）、成员大会（the General Assembly）、其他委员会（Other Committees）和协会工作人员（Officers）等部门。其中，董事会代表会员管理协会的资产和业务，其成员组成与权力、职责分别由《协会章程》第 11 条和第 12 条规定。董事会由主席、秘书长、各区域当选董事等组成，原则上可以行使除《奥地利结社法》（*Austrian Act on Associations*）和《协会章程》要求由成员大会行使之外的所有协会权力，如授权支出、建议修改《协会章程》、确定成员大会的时间和地点、与类似组织签订合作协议等共计 13 项具体权力。此外，董事会还可以在特定前提下通过电子形式召开会议，接受捐赠和利益，以协会名义从事贷款、发行债券或其他有价证券、抵押担保等活动。

执行委员会由主席、第一副主席和第二副主席、秘书长及财务主管（the Treasurer）组成，与秘书处一起负责协会的日常运作并酌情规范其程序。根据《协会章程》第 13 条的规定，在董事会闭会期间，执行委员会可以行使董事会的权力。但是，不得修改、通过或废止《协会章程》，不得填补其成员空缺，不得修改或废除董事会的任何决议，不得修改或废除董事会不时通过决议对其施加的任何限制。执行委员会代行规定于《协会章程》第 12 条的董事会的部分权力，还受到金额不超过 1 万欧元的限制，并且其所有行动应每季度向董事会报告一次。此外，执行委员会有权应特定地区会员的请求而基于政治、文化、语言或特定地理因素等考虑将其划分到合理的区域，也有权在特定情形下临时豁免或者全部、部分豁免其会员的会费。

成员大会相当于国际监察专员协会的权力机构，应当与世界监察专员大会同期，至少每 4 年举行一次，成员大会主要总结年度工作、规划未来工作和决议相关重大事项。《协会章程》第 14 条规定了成员大会的召集、参与、表决等事项和具体流程，第 15 条则规定了成员大会的预通知程序。此外，第 16 条和第 17 条分别规定了要求通过会议作出决议和可以不通过会议作出决议的相应程序。例如，对于享有投票权的会员的推荐或决定，一般应当通过会议的形式作出。

其他委员会，主要是指董事会可随时设立由董事会选举或由主席任命的其他常设委员会和 / 或特别委员会，以履行董事会决议确定的职责并展开调查和报告。这些委员会应当至少有 1 名董事会成员，由其向董事会报告工作和自行决定程序。此外，主席也可设立委员会以协助秘书长确定资金来源。

《协会章程》第 19 条至第 21 条规定了协会工作人员，包括总秘书长的任职资格、条件及相应的具体职责；第 22 条则规定了协会的区域分支机构及其工作人员。

《协会章程》第 23 条还规定了支票、汇款、付款单、合同等文书的认证，第 24 条规定了协会的账户和财政年度，第 25 条规定了协会账户的审计，第 26 条规定了争端解决，第 27 条规定了协会的工作人员、雇员等在因履行职责而导致损失时的补偿，第 28 条规定了章程的制定、废除或修订，第 29 条规定了协会的解散事宜。

国际监察专员协会开展工作的主要方式有提供培训活动、展开调查研究、提供财力资助、与其他国际组织和利益相关者进行持续对话、促进信息交流和分享学习等。[1] 例如，国际监察专员协会定期将相关的研究项目、工作成果、调查研究、资助情况、战略计划和与监察专员有关的新闻资讯等内容，以协会的时事通讯（Newsletter）、年度报告、不定期报告、成员信息目录等形式进行概括总结并公布出来，有力地推动了世界范围内监察制度的交流、研讨，对于各个国家和地区监察制度的建立、完善及国际监察专员协会自身的进步都提供了极为重要的智力支持。

整体而言，国际监察专员协会基于其特定的宗旨和目标，建立起了相对完善的制度架构和相对规范的工作机制，不仅有利于其高效运转，还兼顾了程序的公开透明及对权力的监督制约。国际监察专员协会是一个独立、中立、专业的国际性组织，其在监察制度领域的影响力日渐提升，必将对全球范围内监察制度的发展带来深远的影响。

二、亚洲监察专员协会

（一）设立背景与宗旨目标

作为监察领域唯一的国际性组织，国际监察专员协会致力于推进和深化对监察专员制度的研究，在建立监察制度的国家和地区之间形成畅通的交流协作机制，以提高所在国家和地区的监察水平和实现治理的现代化。按照国际监察专员协会的规划，相应的区域性分支机构也有条不紊地陆续成立，目前已建成 6 个区域性分支机构，并且按照《协会章程》的规定，国家监察专员协会的董事会还可以因事设立相应的区域性机构。

在瑞典等国家和地区监察专员制度的影响和国际监察专员协会的推动下，专门性的“监察专员公署”和行政性质的监察机构也迅速出现于 20 世纪七八十年代的亚洲国家和地区。尽管不同国家和地区的监察机构并不相同，但也存在着独立性、中立性、专业性、规范性和廉洁性等共同特质，并

---

[1] Preamble，By–Laws of International Ombudsman Institute［EB/OL］.［2021–12–21］.https：//www.theioi.org/the–i–o–i.

且在实际运作过程中不同程度地表现出获得该国和地区的宪法和法律的确认、相对独立于其他公权力机关且以公权力机关及其工作人员为主要监察对象、享有与职责和义务相适应的调查权力、以保护公民权益和促进善政（good governance）为直接目标等一系列特点。因此，亚洲各国和地区的监察机构之间互不联系、一盘散沙的现状和交流机制不畅的情形亟待扭转。

继 1988 年欧洲监察专员协会成立和 1992 年伊比利亚美洲监察专员协会成立之后，在巴基斯坦、中国和伊朗等 16 个亚洲国家和地区的倡议和响应下，亚洲监察专员协会于 1996 年在巴基斯坦的伊斯兰堡成立，负责协会日常事务及工作的秘书处也设在伊斯兰堡。亚洲监察专员协会目前约有来自 20 个国家和地区的 30 多个会员，中国原监察部、中国香港地区申诉专员公署、中国澳门地区廉政公署均加入了该协会。

值得注意的是，与其他区域性监察专员协会不同，亚洲监察专员协会的会员基本都是亚洲各国和地区从事行政监察工作的机构，因而实质上是一个行政性质的监察机构之间的协会，主要目的在于追求行政监察职能的优化。例如，2002 年 5 月在北京举行的亚洲监察专员协会第 7 次会议的主题是“实施有效监督，促进廉政勤政”，并以行政监察与反腐倡廉、改善公共行政、公民监督、国际交流合作 4 个方面作为具体议题。作为中国原监察部第一次主办的区域性国际会议，出于向亚洲乃至世界展示中国现代化建设伟大成就和反腐倡廉重要成果的目的，时任中央纪委副书记、原监察部部长的何勇同志所作的主旨发言是《全面履行行政监察职能，推进政府廉政勤政建设》。[1]至于“亚洲监察专员协会”的名称，则主要是基于国际社会的普遍称呼和惯常用法而确定的。

---

[1] 对会议情况的介绍，参见曹轩宁．监察工作的一次国际盛会——亚洲监察专员协会第七次会议侧记［J］．中国监察，2002（12）：11–13. 何勇同志的发言全文，参见何勇．全面履行行政监察职能，推进政府廉政勤政建设［EB/OL］．(2004–06–08)［2021–12–21］．http：//www.qinfeng.gov.cn/info/1571/49650.htm. 其他参会国家、地区的发言及中国各省级监察机构代表的发言全文，也参见秦风网。

1998年5月，在中国澳门地区举行的亚洲监察专员协会第3次会议审议通过了《亚洲监察专员协会章程》(*Bylaws of the Asian Ombudsman Association*)。该章程明确规定，亚洲监察专员协会的宗旨主要在于加强亚洲各国、地区行政监察机构之间的交流合作，促进其行政监察机构工作的开展，努力增强监察机构的权威性和影响力，从而推动亚洲地区监察制度的进一步发展。

亚洲监察专员协会主要有以下具体目标：宣传监察专员制度并鼓励其在亚洲的发展；推进监察专员职能履行的专业化；鼓励和支持有关监察机构的研究；赞助地区监察机构的培训和教育项目；向研究监察机构的个人提供奖学金、助学金和其他类型的经济支持；收集、存储、传播有关监察机构的信息和研究数据；促进地区间监察专员之间的信息和经验交流；计划、安排和监督亚洲国家或地区监察专员的定期会议；承担其他必要的事务以促进协会的上述目标。❶

（二）制度架构与工作机制

亚洲监察专员协会特别重视协会的规范运作，积极推进相关规章制度的建设。例如，亚洲监察专员协会第3次会议审议通过了《亚洲监察专员协会章程》。2000年7月在菲律宾马尼拉举行的第5次会议，除选举了新一届理事会之外，还就鼓励亚洲其他国家和地区建立监察专员机构、吸收新会员、建立信息中心和调研小组、资助监察专家和业务人员、选任工作人员和缴纳会费等问题形成决议。整体而言，亚洲监察专员协会在机构设置、会员资格、理事会、会议程序等事项均作了明确规定。除规章制度之外，亚洲监察专员协会还在许多重大事项上达成了共识和惯例。例如，1997年3月，在韩国汉城召开的第2次会议，就不接纳中国台湾地区的独立会员身份、亚洲监察专员协会和国际监察专员协会的关系形成了共识。

---

❶ OBJECTIVES OF ASIAN OMBUDSMAN ASSOCIATION [EB/OL]. [2021-12-21]. http://203.99.61.173/demos/wordpress/about-the-aoa/.

《亚洲监察专员协会章程》规定，在性质上，亚洲监察专员协会是一个独立的、非政治性的、民主的和专业性的区域性学术组织，与国际监察专员协会等国际性或者其他区域性的监察专员协会之间是一种平行的关系，各自独立开展工作，并不存在等级上的隶属关系或上下级关系。亚洲监察专员协会的会员，也并不一定当然是国际监察专员协会的会员。

但是，亚洲监察专员协会在制度宗旨、基本架构、职能权限、工作模式等方面，与国际监察专员协会具有很大程度的相似性。例如，亚洲监察专员协会同样定期召开会员大会，由各会员国轮流主办，以讨论相应的监察领域主题和决议协会的重大事项；实行会员制，分别设置不同种类的会员其相应会员资格；设置理事会，主持和领导协会闭会期间的重要工作，由主席、副主席、秘书长、财务主管和若干理事构成，理事会成员需由会员大会选举产生并有固定任期；设置董事会来负责协会工作的具体实施、执行委员会来负责日常工作等。[1]

当然，亚洲监察专员协会也有不同于国际监察专员协会之处。例如，根据《亚洲监察专员协会章程》第5条的规定，会员种类有正式会员、准会员、荣誉会员和个人会员，但没有文库会员的设置。其中，准会员种类的设计，使得致力于监察专员制度研究或发展的国家和地区能够掌握协会的最新动态、明确方向，而且还利于协会的推广和宣传工作。再如，观察员制度的设计，意在邀请其他国家和地区参加亚洲监察专员协会的会员大会或者其他会议，一方面有利于扩大协会的影响力和宣传范围，另一方面还可以引进新的研究视角和思维进路，从而助力于监察专员制度的纵深发展。事实上，在1996年巴基斯坦伊斯兰堡召开的亚洲监察专员协会的第1次会议上，澳大利亚和苏丹派出的代表就是以观察员的身份参与会议。

区域性监察专员协会的建立，主要基于同一地区在政治、经济、文化、

[1] 实际上，亚洲监察专员协会在制度层面的设计，在很大程度上参照了国际监察专员协会，具体参见《亚洲监察专员协会章程》(2009年11月5日修订)，本书不再赘述。

风俗、习惯、地理、历史等因素上存在的共同或者交叉之处，能够在不同国家和地区之间迅速达成共识和谅解，吸取其他国家和地区监察制度发展的经验教训，积极参与国际、区际监察事项合作，建立适合自己国情的监察专员制度，从而更有助于沟通的顺畅和交流的平稳，最终卓有成效地促进监察专员制度的研究和发展，为亚洲地区各国、地区的经济发展和社会稳定作出积极贡献。

第二节　国别与地区的监察制度

一般认为，世界范围内近现代意义上的监察专员制度最早源起于1809年的瑞典王国；接着，芬兰在1919年建立了监察专员制度；其后，丹麦在20世纪50年代、挪威在20世纪60年代也分别建立监察专员制度，并最终扩展至整个斯堪的纳维亚半岛。其中，瑞典的监察专员制度是较为先进的，有相对完备的制度样本，在实践过程中也引起了欧洲国家的借鉴和仿效，值得我们予以相应关注。芬兰尽管在地理和地缘意义上并不属于斯堪的纳维亚半岛，但在政治、文化、历史等方面却常常与瑞典不分轩轾，并且芬兰是继瑞典之后世界范围内第二个建立起监察专员制度的国家，同样值得我们重视。监察专员制度在瑞典、芬兰、丹麦、挪威等北欧国家的建立和运转良好，引起了其他国家和地区的重视，其他国家和地区纷纷结合自身的政治制度和社会状况，探索建立同样或者类似的监察专员制度。1962年，在法律体系上属于普通法系国家的新西兰，第一次在北欧地区以外正式建立起监察专员制度，有力地推动了监察专员制度在世界范围内的迅速发展。英国在1967年建立议会行政监察专员制度，法国在1973年建立起类似监察专员制度的“调解专员”制度。考虑到普通法系的样本，本书选择中国香港地区的监察制度进行介绍；考虑到同样位于亚洲并且在政治、文化、历史和习俗等诸多方面所具有的相似性和趋同性，本书还关注到了新加坡的监察制度。

一、瑞典的议会监察专员制度

瑞典在世界范围内最早建立了监察专员制度，并在长期的立法、执法等实践磨合过程中渐趋健全和完备，从而为其他国家和地区所效仿，监察专员制度成为一种较为流行的监察制度模式。瑞典的监察专员制度，与其君主立宪政体有机结合，强调议会对国王权力的监督和制约，形成了颇具特色的议会监察专员制度。瑞典议会监察专员制度的实践，促成了公职人员极低的腐败比率，瑞典也因而常居“透明国际”（Transparency International）组织的“腐败印象指数”（Corruption Perceptions Index）[1]排行榜前列，被誉为世界上最清廉的国家之一。

（一）形成与发展

瑞典的“监察专员”起源于中世纪瑞典语中的“umboosmaor”，随后演变为“ombudsman”，其中，“ombuds”具有代言人（spokesman）、代表人（representative）等含义。起初，“ombudsman”用于指代瑞典国王查理十二世于1713年任命的一名专门代表，其职责在于监督税务官、法官及其他以国王名义执行公务的执法官员。[2]

瑞典的议会监察专员制度，产生于19世纪初政治动荡的历史时期。瑞典国王为巩固其君主地位和夺取在北欧的霸权地位，穷兵黩武，先后与法国、俄国发起战争，但均以失败告终。在与俄国的战争失败后，瑞典国王被迫流亡，王权被削减、权威被削弱，为继续维持王权，便命令在瑞典设置“大法官官署”一职，以监督较高级别的政府工作人员履行职责，保障法律和政令得到执行。议会趁机与国王争夺权力，于1809年制定通过了《瑞

---

[1] 有的也翻译成“全球清廉指数”。

[2] Walter Gellhorn. The Swedish Justitieombudsman［J］. Yale Law Journal，1965，75（1）：1.

典政府组织法》，旨在确立议会与国王之间的分权原则，并在此基础上形成了瑞典的君主立宪制度，设立了监察专员办公室，标志着议会监察专员制度的正式产生。瑞典议会设置监察专员的核心宗旨在于监察公共行政和司法领域，以确保处于相对弱势的公民个人的基本权利和自由不受行政和司法权力滥用等情形的侵害。

1809 年《瑞典政府组织法》开创了瑞典五大监督监察机关并存的局面，议会监察专员、高等弹劾法院、弹劾委员会、宪法委员会和新闻自由特派委员会在特定领域均具有相应的监察权力。在这种格局之下，国王任命的大法官与议会根据《瑞典政府组织法》选举出来的监察专员[1]，就存在着监察领域和监察职责权限的划分问题。制度实践伊始，大法官主要负责监督较高级别的官员，以保证国王命令的有效执行；监察专员的职责则是代表议会，监督中下层的行政和司法领域的政府公务人员，并受理公民对他们的投诉。

此后，瑞典的议会监察专员在数量上有所增加，并且还开创性地设立了专业性的监察专员。与之相适应，监察专员的权力也呈现逐步扩张的趋势。例如，议会监察专员在 1957 年被授予监督地方行政机构的权力，在 1974 年《瑞典宪法》修订之后，其独立行使职权的地位被再次明确，并进一步获得监督中央、地方行政机构和审判机构的权力。1975 年《瑞典政府组织法》实施后，监察专员开始行使原本归属于检察机构的部分起诉权力，有权力向法院起诉政府的失职行为。

（二）制度与机制

《瑞典宪法》中设置了有关监察专员制度的专门条款，大体规定了监察专员的职责权限和工作机制。例如，在瑞典的监察实践中，监察专员的一项重要职责就是监督行政机关是否遵守宪法中的人权保护规定。

根据《瑞典宪法》第 12 章第 6 条的规定，议会有权选举 1 名或者数名

---

[1] 张庆彬，郭云忠．瑞典议会行政监察专员制度介评［J］．河北法学，2000（1）：124-126.

监察专员，监察专员在议会的领导和指示下，监督公共行政过程中法律和其他法规的执行情况。与此相适应，在履行职责的过程中，监察专员可以根据具体情况发起性质和轻重程度不同的责任追究程序，可以出席任何法院或者行政机关的审议会，并有权查阅它们的会议记录和相关文件。为保证监察专员顺利地履行职责，任何法院、行政机构及州、地方政府的公务人员都有义务提供监察专员所需要的情况或报告，任何检察机构的公务人员都有义务按照监察专员的要求提供相应协助，任何在监察专员监督范围之内的人同样也有义务履行上述要求。此外，监察专员的细则性规范应当在《瑞典议会法》中予以规定。例如，《瑞典议会法》规定，议会认为监察专员不再适合继续担任该职位时，在宪法委员会讨论决定之后，可以取消任命；监察专员在任职期间只对议会负责，并由议会选举和罢免，其他任何主体或者个人均无此权利。[1]

1975 年《瑞典政府组织法》中包含有更为具体的关于监察专员制度的规定。根据该法，监察专员必须由“精通法律且为人正直、堪为楷模”的公民担任；监察专员由议会选举产生，宪法委员会负责筹备具体选举工作并在议会全体会议上投票表决，当选的监察专员应当为各党派接受；监察专员每届任期 4 年，最多连任 2 届。

议会通常任命 4 名监察专员，在各自的职责范围内履行监察义务。而根据《瑞典政府组织法》第 8 章第 10 条规定，其中 1 人是首席监察专员，是监察专员公署的行政首长，统筹负责监察专员公署的日常工作，管理和决定监察的主要活动；其余 3 人作为普通监察专员，依据指令开展监察工作，1 人主要负责监察行政机构，1 人主要负责监察司法领域事项，1 人主要负责监察武装部队和其他民政方面的事项，分别受理民众对瑞典中央政府、地方政府及其任命公务人员的不良行政行为的投诉。监察专员公署的秘书处由行政负责人、部门负责人和其他工作人员构成，具体人员数量同样由议会决定。

---

[1] 胡建淼．比较行政法：20 国行政法评述［M］．北京：法律出版社，1998：473.

除上述4名议会任命的监察专员之外，政府机关也任命了消费者监察专员、公平机会监察专员、反族裔歧视监察专员、反性倾向歧视监察专员、儿童监察专员和身心障碍办公室监察专员6名专业监察专员，在各自负责的事务领域内履行监察职责，并享有一定的起诉权。近年来，一些非政府的媒体组织也开始在其组织机构中设置1名媒体监察专员。

监察专员的监察对象范围极为广泛，可以受理民众关于武装警察、卫生医疗、宗教文化、安全事务和国防外交等方面的投诉。监察专员制度刚刚在瑞典建立时，1810年《瑞典监察专员法》就将法官、检察官、公立学校教师、公立医院医生和护士及受委托从事公务的人员全部囊括在监察范围之内。根据1986年《瑞典议会监察专员指令法》（*The Act with Instruction for the Parliamentary Ombudsmen*）规定，监察专员的监察职责涉及国家和地方机关的所有机构，具体监察对象包括行政机构、司法机构、执法机构、军警机构、公益事业、国有企业、接受政府委托行使一定的行政职责或公共权力的公司、社团或个人甚至部分神职人员。例如，《瑞典议会监察专员指令法》第6条第3款将政府授权的私人从业领域也纳入监察专员的监察范围："如具备医疗界、牙医、药剂品零售、兽医等职业的专业资格，但其明显的不够专业或不适任，监察专员可向相关有权决定撤销其资格之单位提交报告。"[1]与之相应，监察专员在履行公务时拥有着较为广泛的监察权力，主要包括调查权、批评权、建议权、公开（调查结果）权等。并且，监察专员有权就监察对象具有玩忽职守等不当行为并涉嫌构成犯罪时向法院起诉。

值得注意的是，尽管瑞典监察专员的监察范围和监察权力都较为广泛，但并没有影响法院从事司法审判工作所应当具备和维持的独立、中立地位。《瑞典政府组织法》第2章第11条明确规定："无论是公共权力机关还是议会，都不得决定法院如何对某一特定案件进行审判，或在其他方面如何适用一项法律原则。"

---

[1] 潘若喆．瑞典议会监察专员制度运行机制及其借鉴［J］．广东开放大学学报，2018（5）：64.

二、芬兰的议会监察专员制度

在监督权力和预防腐败方面，芬兰也紧随瑞典建立了世界上第二个议会监察专员制度，该制度在实践过程中表现出来的独立性、专业性、公正性等特质，极大地助推了廉政和善政在芬兰的实现，芬兰同样被誉为世界上最清廉的国家之一。事实上，无论在地理位置、文化传统上，还是在政治制度、法律体系上，芬兰都与瑞典保持着紧密的关系。两国的议会监察专员制度，在宗旨目标、制度架构和工作机制等方面，都具有较大的相似性和同质性。因此，为避免重复冗余，本书重点介绍芬兰议会监察专员制度的宪制背景和职责权限。

（一）宪制背景

自 12 世纪中叶至 19 世纪初期，芬兰在长达 6 个多世纪的时间里被瑞典王国统治，在政治体制、社会制度、法律体系、文化传统和习惯风俗等方面全面承受了瑞典的影响。其后，瑞典在与俄国的战争中丧师失地，于 1809 年将芬兰割让出去成为俄国的自治大公国，直到 1917 年俄国十月革命爆发，芬兰才有机会反抗俄国的统治并宣告独立，其官方语言为芬兰语和瑞典语。

芬兰的议会监察专员制度，在很大程度上参照了瑞典的做法，但与芬兰宪法具有更为紧密的联系，宪制背景鲜明。芬兰独立伊始，《芬兰政府组织法》于 1919 年 7 月 17 日生效，该法正式设置芬兰议会监察专员一职，而且是芬兰宪法的重要组成部分。根据《芬兰宪法》第 3 条规定，议会拥有立法权，共和国总统及政府拥有行政权，法院拥有司法权，芬兰政体大致遵守了三权分立的制度理念。在这一制度安排下，芬兰议会监察专员制度隶属于议会，芬兰议会监察专员则是议会的代表人，在议会授权的范围内监察行政权力和司法权力，以保障民众权益不受行政权力和司法权力滥用的侵害。尽管监察专员制度在权力架构上隶属于议会，但监察专员的选任标准中明确包含有“政治中立”的基本要求，其选举也并不接受议会的直接控制，并且芬兰议会监察专员必须具有法律专业背景。因此，除了必须向议会报告工作以外，芬兰议会监察专员的权力行使基本是独立的、中立的。此外，芬兰议会监察专员行使职权的行为被议会充分信任和尊重，相应的经费开支直接由议会预算通过和加以保障，不受政府在财政方面的制约，这是其监察工作顺利开展和监察效果公平公正的重要保障。

20世纪末，芬兰实施宪制改革，新《芬兰宪法》自2000年3月1日起正式生效。《芬兰宪法》第38条、第48条、第109条至第117条全面而具体地规定了议会监察专员制度，包括其任职资格、任命程序、人员数量、任期、职责权限、义务和对政府公职人员的监察、起诉程序等事项，并在制度层面厘定了监察专员制度与大法官公署之间的权限划分，增加了监察专员对总统的监察权限。例如，《芬兰宪法》规定，议会有权任命1名监察专员和2名副监察专员，由议会的全体大会在宪法委员会筛选评估之后通过不记名投票选举且票数过半的方式产生，每届任期4年并可连选连任；监察专员的任期与议会议员的任期并不相同，以最大限度地避免议会所可能施加的限制；特殊情形下，监察专员可以在副监察专员无法正常履职时任命替代专员，议会也可以通过2/3议员投票表决的方式在监察专员任期届满之前解除其职务，但均须征求宪法委员会的意见。在实际的监察过程中，监察专员和副监察专员之间的具体监察分工有所不同，并且会随着监察形势的发展会出现相应变动。例如，监察专员在2003年的监察事项包括重要的原则问题和健康医疗、社会福利、社会保险、儿童权利等事项，而在2010年其监察事项变动为监察最高国家机关和处置重要的原则性问题，重点在于法院、监狱、判决执行、医疗保健、法定监护人和语言立法等事项。二位副监察专员的具体监察事项，也有相应调整。

在修改宪法关于监察专员相关规定的同时，《芬兰议会监察专员法》于2002年4月1日正式生效，对监察专员的合法性监察、向议会报告工作、利益申报等相关事项及监察专员办公室的日常运作等相关问题作出了具体规定，与宪法的规定形成呼应，更具操作性和可执行性。

此外，除议会监察专员外，芬兰还存在着诸多具体专业领域的监察专员，也可以受理并处置民众的投诉，如消费者监察专员、少数民族监察专员、平等机会监察专员、破产监察专员、资料保护监察专员等，在性质上属于行政机构的工作人员。

（二）职责权限

芬兰议会监察专员的监察对象范围比较广泛，保证了与公权力行使有关的各个部门的公职人员都被囊括在内。根据《芬兰宪法》第 109 条、第 112 条和第 113 条及《芬兰议会监察专员法》第 1 条的规定，议会监察专员的监督对象包括法院、其他机关、官员或者公共机构雇员及其他履行公共职能的人，并应当监督政府、部长及芬兰共和国总统的决定和行为的合法性；《芬兰议会监察专员法》中与被监督对象有关的规定，在适当时也适用于政府、部长和共和国总统。[1]在监察实践中，除上述列明的监察对象外，军方和行使部分公共权力的教会的神职人员，同样也在芬兰议会监察专员的监察对象范围内。但是，基于权力来源的原理，芬兰议会监察专员无权监察议会及议员。

与监察对象的范围广泛相适应，议会监察专员的职责权限也内容丰富、种类多样，以保证有效地监督监察对象遵守宪法法律、保护基本人权和正确履行职责。具体而言，芬兰议会监察专员的职责权限大致包括以下 4 个类别。

1. 受理和调查投诉的权力

受理和调查投诉案件，是芬兰议会监察专员最重要的职责。与司法机构被动接受案件不同，芬兰议会监察专员可以在其职权范围内积极主动地寻找、发现和处置案件。例如，《芬兰议会监察专员法》第 5 条规定，芬兰议

[1] 赵晨光．芬兰合作监察专员法、政府行为公开法案、预防和消除洗钱嫌疑法［M］．北京：中国方正出版社，2015：53.

会监察专员享有巡视权，可以通过进入监察对象办公场所、信息系统及与监察对象秘密会谈等方式对进行巡视。在实践中，芬兰议会监察专员还可以深入监狱、军营、国防部队或维和分队等部门巡视，以便了解、掌握士兵等军事人员的待遇和服刑人员的状况，并根据所发现的问题展开相应调查，尤其重视与宪法实施和人权保护相关的问题。

监察专员在受理投诉或者主动巡视过程中发现监察对象存在滥用职权、玩忽职守等违法行为时，如果在其职责权限范围内，则有权要求相应机构或者人员协助调查，必要时还可以要求警方等专门机关协助协调。《芬兰宪法》第111条第1项规定，芬兰议会监察专员有权向公共机关或履行公职的其他人员获取法制监督所需要的信息；《芬兰议会监察专员法》第6条规定，监察专员在必要时有权从权力机关获得免费的行政协助，也有权获得所需要的复印或打印文件及权力机关或者其他被监督对象的档案。但是，除特殊情况外，监察专员不再调查超过5年的投诉案件。

2. 提供建议和意见的权力

在监察对象存在不当行为时，芬兰议会监察专员有权予以劝告、告知并给予建议，要求其遵守法律规定、立即纠正，否则可以启动调查程序并直接提出纠正措施。芬兰议会监察专员可以通过适当的形式提出对法律的诠释建议，表达具有指导性、批判性意义的恰当观点。在议会、内阁等部门提出请求时，芬兰议会监察专员还可以就宪法权力、人权保障等重大问题提出书面意见，作为立法草案的参考。此外，芬兰议会监察专员在参加议会会议或者政府会议时，也可以提出相应的意见。

3. 惩戒、起诉和建议弹劾的权力

芬兰议会监察专员有权自行惩戒存在失职违法行为的监察对象，也可以建议其所属机关给予相应惩戒。作为最严厉的处置措施，监察专员有权直接向法院起诉涉嫌滥用职权、玩忽职守等渎职行为的公职人员，并在监察对象涉嫌严重犯罪时有权命令检察官对其提起刑事诉讼。根据《芬兰宪法》第110条、第113条至第116条的规定，芬兰议会监察专员无权起诉芬兰共和国总统和政府部长，但是，在其存在失职或者违法行为时，可以通告议会并由议会决定是否提起弹劾诉讼；对于总统的弹劾诉讼，需要超过 3/4 的议员投票支持，议会才能作出决定；对于政府部长的弹劾诉讼，议会需在获取宪法委员会的意见之后作出决定，并且在作出决定前应当允许政府部长解释，议会作出起诉决定后，须提请检察长向弹劾法院起诉。

4. 出席会议的权力

根据《芬兰宪法》第 48 条第 2 项和第 111 条第 2 项规定，芬兰议会监察专员有权参加议会、内阁等相关部门的会议，有权查阅议会和其他行政会议的会议记录；在芬兰议会监察专员提交的报告或者提议的事项被议会讨论时，芬兰议会监察专员还可以参加会议并参与辩论。在必要时，芬兰议会监察专员可以应邀参加议会及其各委员会的法律草案听证会，并就相关专业问题发表意见，提出相关立法建议。

除享有上述 4 类权力外，芬兰议会监察专员还相应地负有提交报告和申报利益的义务。芬兰议会监察专员应当每年向议会提交一次年度报告，对于特别重要的事项还可以向议会提交特别报告，以便议会了解其工作进展和成果。年度报告的内容主要涉及监察专员自身的工作、监察对象的履职情况、相关立法问题及基本权利的保障等事项，可以同时提供相应的建议。芬兰议会监察专员的年度报告往往会安排媒体说明会，便利民众实施监督。芬兰议会监察专员在当选后应当向议会进行利益申报和说明情况，内容主要涉及可能影响其履职评价的商业活动、资产、义务和其他利益情况，这些信息在监察专员任职期间发生变化时也应当向议会作出声明。利益申报是预防芬兰议会监察专员腐败和保证其能够正常履职、公平公正地实施监察的重要手段。

三、中国香港地区的廉政公署制度

自 1974 年成立以来，中国香港特别行政区廉政公署（Independent Commission Against Corruption，以下简称“廉政公署”）在 40 多年的时间里致力于反腐败斗争，形成了一套相对健全、成熟和体系化的反腐制度，并在香港市民、政府的支持下，将香港打造成了全球最清廉的地区之一。尽管中国香港地区大体属于英美法系，但中国香港地区与中国内地同族同源，在民族、历史、文化、习俗等方面具有根深蒂固的相近、趋同和一致。在“一个国家，两种制度”的基本方针之下，两地在政治、经济、民生等诸多方面的联系更为紧密和一体。因此，香港廉政公署制度构建起来的权力监督和制约模式及其在反腐败斗争中的重要功能，对于新形势下中国内地监察制度改革与完善具有不容忽视的借鉴意义。

（一）制度动因与权力依据

廉政公署成立之前，20 世纪六七十年代的香港也饱尝腐败之苦，彼时的香港公共服务机构中腐败现象肆虐，甚至连作为执法机构的警队也不例外，这是廉政公署成立的制度动因。1973 年，香港九龙总警司葛柏因腐败东窗事发而在调查期间潜逃出境的事件，是香港那一段贪污受贿等腐败历史的一个缩影，同时也是廉政公署成立的一个重要契机。时任香港总督的麦理浩委派高级副按察司百里渠爵士成立专门的委员会调查葛柏一案，随后形成的“百里渠报告”认为，只有将设在警队内部的反贪污部与警方彻底脱离，才能使民众相信政府扑灭贪污的决心。1974 年，香港通过《香港总督特派廉政专员公署条例》，成立了一个与任何政府部门包括警务处都没有关系的独立的反贪机构，这就是“总督特派廉政专员公署”，即后来的廉政公署。廉政公署成立以来，打出了严厉执法、制度预防、反腐倡廉教育的组合牌，使得香港的腐败现状迅速改观，并常年跃居腐败印象指数排行榜前列。

1990 年 4 月 4 日第七届全国人大第三次会议审议通过并于 1997 年 7 月 1 日起施行的《中华人民共和国香港特别行政区基本法》（以下简称《香港基本法》）第 57 条确立了廉政公署的基本法地位：香港设立廉政公署；廉政公署独立工作，只对香港的最高行政长官负责。

《廉政公署条例》《防止贿赂条例》《选举（舞弊及非法行为）条例》这

3 部专门性法律文件，具体而全面地规定了廉政公署制度，是廉政公署行使广泛的调查权力的直接依据。其中，《廉政公署条例》由 1974 年《香港总督特派廉政专员公署条例》修订而成，在香港反腐法规体系中处于核心地位，是廉政公署据以建立的基础法律文件。《廉政公署条例》规定了廉政公署的职责权限和工作机制，赋予廉政公署逮捕、扣留、批准保释和搜查、收取样本、检取证物等一系列的调查权力，明确被调查对象的处理程序和涉案财产的处置程序，处理与贪污案件相关联的其他罪行，要求向行政长官提交报告等事项。《防止贿赂条例》由 1948 年《防止贪污条例》修订而成，授予廉政公署查阅银行账目，扣留和审查旅行证件、私人文件，要求被调查对象提供资产、收支等资料和限制其处置财产，将调查资料保密等一系列权力，主要目的在于防止和惩治公职人员和公共机构、私营机构雇员的贿赂、贪污等腐败行为。《选举（舞弊及非法行为）条例》最初制定于 1955 年，规定了与选举有关的收取捐赠、支出款项等事项，意在防止公共选举的事前、事中、事后等整个过程中可能出现的舞弊及非法行为，保证其能够公平、公开、诚实地进行。

（二）机构设置与职责权限

分工明确、配合优良的机构设置，是保证廉政公署能够独立、高效、透明地运作的制度架构，也是廉政公署能够实现肃贪倡廉、标本兼治的有力保障。廉政公署的最高行政首长是廉政专员（Commissioner）和副廉政专员（Deputy Commissioner）；设置行政总部，主要负责为具体业务部门组织、协调、分配廉政公署的人力、物力和技术等各种资源，下设执行处（Operations Department）、防止贪污处（Corruption Prevention Department）和社区关系处（Community Relations Department）具体开展工作。

其中，廉政专员由香港行政长官提名并报请中央人民政府任命，只对行政长官负责，不接受其他任何人的指示和命令。廉政专员的职责主要在于处理廉政公署的行政事务工作。例如，通过制定相关部门规章的形式来规范其工作人员的职责、纪律、等级、晋升、培训等内容，目的在于防止滥用职权、玩忽职守等渎职行为。此外，廉政专员还可以受理对贪污贿赂等腐败行为的投诉并展开相应调查，发出搜查令。执行处首长由副廉政专员兼任，下设政府机构反贪调查、私营机构反贪调查、技术支援和情报研究等具体部门，主要职责在于执法和肃清贪污腐败，具体包括受理和审查民众对贪污贿赂等腐败行为的举报，调查任何被指控或涉嫌触犯《廉政公署条例》《防止贿赂条例》《选举（舞弊及非法行为）条例》的罪行及相关罪行，移交提起检控和出庭陈述案件调查情况等。执行处是廉政公署规模最大同时也是最重要、最核心的业务部门。防止贪污处的主要职责在于预防和减少贪腐机会，具体包括审查各政府部门和公共机构的工作及其程序以预防贪污的滋生，接受私营机构、个人的请求提供防贪建议、顾问服务或者预防方案，定期向防止贪污咨询委员会汇报工作等。社区关系处的主要职责在于教育和增强清廉意识，具体包括宣传职务犯罪预防以教育民众认清贪腐的危害，争取民众的参与、支持并引导其举报贪腐行为。例如，廉政公署通过新闻发布会、公益广告、制作廉政电影电视剧等方式进行反腐倡廉宣传和教育，使得香港民众形成了“廉政公署是香港社会发展的基石”这一共识，并且产生了“香港优势，胜在有你和ICAC”等脍炙人口、影响深远的宣传口号。此外，廉政公署组织的志愿者队伍能够现身说法，更有利于争取民众对反腐工作的理解和支持，在宣传廉政公署方面也功不可没。

根据《廉政公署条例》第2条和第12条规定，廉政公署的调查对象主要是违反《廉政公署条例》《防止贿赂条例》《选举（舞弊及非法行为）条例》的任何人，如担任政府辖下的受薪职位的人员与委任的政府主要官员、金融管理专员及其委任人员、公务员叙用委员会主席、廉政公署的任何职员和司法机构的任何职员等；调查行为则主要包括贪污行为，违反《廉政公署条例》罪行的行为，违反《防止贿赂条例》第201章罪行和《选举（舞弊及非法行为）条例》第554章罪行的行为，以及不当使用职权而犯的勒索罪。

与其职责相适应，廉政公署享有的调查权限也较为广泛，主要有逮捕、拘留、批准保释、扣留旅行证件等剥夺和限制人身自由类权力，搜查、收取样本、检取证物、限制财产处置等涉及财产类权力，查阅银行等账目、要求提供资产和收支情况等涉及文书类权力，截取通讯及检查的权力和调查资料的保密权力等。此外，廉政公署还配备了先进的武器装备，设置了对证人的特殊保护机制，以高效地打击犯罪。

（三）权力监督与制度制衡

如前所述，廉政公署具有极为广泛的调查权力，为防止其权力滥用，香港的法律制度体系从廉政公署内部的权力监督和外部的制度制衡两个层面，作出了相应规定。

1. 廉政公署内部的权力监督

廉政公署内部的权力监督，是指《廉政公署条例》《防止贿赂条例》《选举（舞弊及非法行为）条例》已经建立起来的存在于廉政公署内部的自我监督机制。例如，在廉政公署逮捕权的监督方面，根据《廉政公署条例》第 10 条规定，逮捕之前，应向廉政专员申请相应的授权证书；逮捕之时，须向被逮捕人亮明身份和进入场所或地方的目的，并在被逮捕人要求时出示授权证书；逮捕之后，须立即将被逮捕的人带往廉政公署的办事处。再如，在廉政公署保密权的监督方面，《防止贿赂条例》第 10F 条、第 13 条和第 15 条规定，在调查中获得的受保密责任限制的资料，除基于检控或用于其他法律程序的目的而必须向律政司司长披露外，原则上不得对外披露；律政司司长在决定将受保密责任限制的资料用于检控证据之前，应尽快书面告知当事人有关事宜，并最终由法庭作出是否禁止或限制的决定。

廉政公署内部还专门成立了“内部调查及监察组”，实践中常被简称为“L 组”，主要负责调查廉政公署内部工作人员的违纪、贪腐行为，并接受其他对于廉政公署具体工作的举报。在举报的情形涉嫌刑事犯罪时，内部调查及监察组直接向执行处首长汇报，并向律政司递交调查报告。在调查工作结束后还需向审查贪污举报咨询委员会递交内部调查报告。在举报的情形不涉嫌刑事犯罪时，则只需直接向执行处首长或投诉相关的私营机构汇报调查情况即可，但在涉及对廉政公署工作投诉时，还需向廉政公署事宜投诉委员会提交调查报告。

此外，廉政公署的内部报告制度也可视为权力的监督措施，主要包括常规的工作报告和具体个案情况的报告。《廉政公署条例》第 17 条规定，廉政专员要在规定或允许的时间内向行政长官提交上一年度的事务报告，行政长官须安排将该报告在立法会会议席上省览。

2. 廉政公署外部的制度制衡

廉政公署外部的制度制衡，是指存在于廉政公署外部的第三方监督机制，能够避免廉政公署内部权力监督机制所固有的“自己监督自己”的弊病。

其中，香港行政长官任命的专司监督廉政公署的咨询委员会，是一种具备独立性、专业性的外部制衡机制。例如，贪污问题咨询委员会可以监督廉政公署的全面工作，审查贪污举报咨询委员会可以监督执法处的工作，防止贪污咨询委员会可以监督防止贪污处的工作，社区关系市民咨询委员会可以监督社区关系处的工作。

尽管不是监督廉政公署的专门机构，但是，立法会却可以审议廉政公署的年度工作报告，也在对行政机关的问责过程中审查廉政公署，还可以通过民主代议的形式向廉政公署提出质询，同样能够起到外部的制衡作用。此外，立法会还可以针对特定事件成立具体的办事委员会，起到制衡廉政专署的作用。

基于司法机关的被动性、中立性等特质，法院并不能积极主动地监督廉政公署的执法权，但却可以在诉讼程序中附带审查廉政公署权力行使的合法性问题，主要表现为法院根据相关法律的规定，从程序的角度审查廉政公署的执法行为。例如，在廉政公署参与调查的刑事诉讼中，法院可以审查廉政公署是否涉及非法证据事宜。

香港法规制度赋予犯罪嫌疑人的相关诉讼权利，也可以形成对廉政公署权力行使的制衡机制。例如，基于犯罪嫌疑人在诉讼过程中享有获得律师帮助权、与亲友通话权和沉默权等权利。《廉政公署（被扣留者的处理）令》第4条规定，廉政公署人员应给予被扣留者合理机会与其法律顾问商议，尽量不延迟地发出其写给法律顾问和亲友的书信，在不构成调查或执法阻碍的前提下允许其打电话，允许其在律师的陪同下接受问话，并且问话应当提醒其有沉默权。再如，基于申请保释权，犯罪嫌疑人可以采取向廉政公署存放一定数额的金钱或者提供担保人的方式获得保释，但须在指定的时间前往廉政公署办事处报到或在裁判官席前应讯，否则廉政公署可以申请裁判官没收其保释金。

四、新加坡的监察制度

与中国香港地区的反腐历程相似，新加坡也曾经历过20世纪50年代腐败盛行的黑暗历史阶段。以李光耀为首的人民行动党在1959年执政后严格、持续地铁腕反腐，严惩腐败官员，使新加坡在短短几十年里迅速跻身世界上最廉洁的国家行列，并长期在腐败印象排行榜上名列前茅，创造了世界瞩目的“亚洲奇迹”。新加坡与中国具有很多相似之处，如在政治制度上均实行权力高度集中的一个政党执政，在文化传统等方面也具有较多相似之处，其颇具特色的监察制度和规制腐败的成功经验，应当值得我们借鉴。

（一）制度框架

新加坡反腐成功的经验，一方面在于坚定不移地走法治反腐的道路，另一方面在于根据法律法规建立了完善、严密的监察制度框架，并大致形成了分工协作、互为支撑和辅佐的体系性框架。

新加坡与监察紧密相关的法律法规，既有实体法和程序法，又有综合法和专门法，形成一套完备的法律体系，主要包括《新加坡公务员法》《新加坡公务员纪律条律》《新加坡反贪污法》《新加坡财产申报法》等。例如，在监察程序法方面，于1989年通过《新加坡没收贪污所得利益法》，在内容上以刑事特别程序为主，重点在于完善和加强调查程序。

新加坡的监察制度体现出分散化、细密化的特征。例如，议会、中央投诉局、审判机关、检察机关、审计机关、公共服务委员会等众多机构都在工作过程中实际发挥着反腐的监察职能，但又能在人民行动党的领导下相对独立地行使相应职权，并且相互协调、前后呼应，从而形成同向监察合力，取得了较好的监察效果。

其中，行政性质的监察制度占据主要地位，发挥着反腐的基石和中流砥柱作用。整体而言，行政性质的监察制度可以大致划分为专门性监察和一般性监察两类。专门性监察，主要是指内阁廉政署、反贪污调查局和商业事务局作为专门监察机构，在腐败案件中发挥着调查和规制职能；一般性监察，主要是指旨在履行其他职能的机构可以基于其管理、监督职能而附带地发挥一定监察功能的情形。例如，政府各部设立的在地位上仅次于部长、高级政务部长、高级政务次长的常任秘书有权监督和管理本部门公务员，预算署有权监督政府各部门的会计工作，审计署则有权监督审计工作并且其行政首长直接向总理负责，能够独立于其他政府部门行使职权。

除行政性质的监察外，新加坡的政治运作过程中还存在着议会监督、司法监督、反对党监督、舆论监督等形式，在各自的领域内也发挥着相应的监察功能。例如，被誉为立法权、行政权和司法权之外的“第四权力”的舆论监督，在新加坡则更多地看重其“新闻责任”，有权批评政府的不当行为并且能够获得法律赦免，强调其对监察工作的正面建设和积极推动作用。

（二）惩防结合

新加坡的监察制度在规制腐败时强调惩罚和预防相结合。例如，商业事务局是专门针对商业、金融业的经济犯罪而设置的调查机构，功能主要在于惩罚。

反贪污调查局的主要职责在于调查核实可能存在的腐败行为并寻求给予相应的惩罚。反贪污调查局于 1952 年成立之初，囿于配套法律制度的缺乏，先后隶属于4个不同的政府部门，反腐效果并不理想。1960年出台的《新加坡反贪污法》授予反贪污调查局极为广泛的调查权力，使其在履行反腐职责时不必再求助于警察或其他政府部门，能够自行查办案件，从而成为反腐败斗争的主力军。根据《新加坡反贪污法》的规定，反贪污调查局是新加坡最高的专门反腐机构，其行政首长直接向总理负责，整体独立于警察系统，主要负责监察政府相关机构和公共服务部门。反贪污调查局下设4个具体工作部门，行动组负责最为核心和重要的腐败调查工作，特别支援组可以进一步细化为情报组、谎言鉴定组和电脑鉴证组，行政组负责自身的行政、财政、档案和人事等方面的工作，参谋组负责制定自身的策略性计划和职员培训。反贪污调查局享有《新加坡刑事诉讼法》赋予的一系列广泛的调查权力。例如，入室搜查，进入特定部门和机构并要求任何人提供所需资料，调查和逮捕涉嫌贪污受贿的行为人，要求说明财产来源，移送检控，没收赃款赃物，等等。此外，反贪污调查局可以在相关部门和民众的配合下主动或者在收到举报后对所有公务员暗中派人跟踪，以及明察暗访其日常行为；还有权参与公务员的考察工作，防止具有不良记录的人员被任命到重要工作岗位。

新加坡还建立有完善的关于公务员的选拔任用、财产申报、考核培训和福利保障等制度，重在预防这些行使公权力的人员因不受监察而走上腐败的道路。

在选拔任用方面，新加坡政府不仅看重应聘人员的学历、学习成绩，还特别关注其综合素质、发展潜力，以及与他人合作、为社会服务等方面的态度，对其进行面试和心理测验。应聘人员在被录用后，还要经过为期2年的试用期考察，以保证进入公务员队伍的人员质量。此外，新加坡政府还在学校设立奖学金，资助优秀学生并要求其毕业后从事公务员工作。

在财产申报方面，新加坡法律规定，所有通过考核、审查程序被正式录用的公务员，均须在任职前进行个人财产申报，申报情况交由反贪污调查局审查核实，以确保申报属实并杜绝漏报瞒报。公务员在任职后出现财产状况变动情形的，应当主动填写财产申报清单并写明变动原因以替换原财产申报清单，同样由反贪污调查局进行审查核实，并在发现可疑之处时展开调查，对于涉嫌腐败犯罪的调查取证后移交法院审理。

在考核培训方面，新加坡政府对公务员的行为规范和相应的监督机制作出了具体明确的规定，作为考核培训的直接依据；为公务员配备记录本并要求主管官员定期检查，发现可疑之处交由反贪污调查局审查核实，没有可疑之处则签名后返还，检查官员知情不报时要承担相应的管理责任；建立专门的公务员学院和相关培训机构，开展反腐倡廉教育和培训工作。

在福利保障方面，新加坡政府赞成高薪养廉，采用各种措施保证公务员每年的工资福利待遇水平与企业工作人员大体相当，使绝大多数普通公务员的生活水平处于社会整体的中上游，给予高层公务员高薪厚禄但予以公开，以吸引优秀人才加入公务员队伍。推行中央公积金制度，公积金的数额会随着公务员的职务升高、工龄增长而增大，还为公务员提供丰厚的退休金，但在公务员涉嫌贪污受贿等腐败情形并被定罪时，除开除公职和接受刑事惩罚外，所有的公积金也都会被没收和上缴国库。[1]

第三节　域外监察模式的镜鉴与启迪

他山之石，可以攻玉。中国自1986年恢复重建监察制度以来，就特别注重对域外先进的监察制度的考察、调研和借鉴，并于1996年作为发起国全程参与了亚洲监察专员协会的筹备、建立及后续运作。《监察法》出台后，全新的各级监察机关在全国范围内陆续组建成立，目的在于真正落实与党的纪律检查机关的合署办公，全面优化组合行政监察、预防腐败、侦查、检察等具体国家机构职能，组建集中统一、权威高效的反腐败专门机构，实现

---

[1] 郭世杰．反腐败的刑事法规制论［J］．深圳大学学报（人文社会科学版），2013（2）：77-82.

对所有行使公权力的公职人员的监察全面覆盖。因此，在简单介绍国际监察专员协会、亚洲监察专员协会和瑞典、芬兰、中国香港地区、新加坡等国际性、区域性与国别、地区的监察制度之后，有必要在结合中国当下监察制度的现状与特点的基础上，从不同角度探索监察制度继续改革和深化完善的可能方向。特别值得注意的是，域外监察制度通常是“一人机构”（one-man institution）[1]，监察专员往往由议会或者政府选拔具有法律专业背景的人士担任，并为其配备数量不等的辅助人员在其领导下开展具体工作，与中国的监察制度存在着很大差异。例如，《瑞典宪法》和《瑞典政府组织法》规定，议会有权选举 1 名或者数名监察专员，实际上则通常任命 4 名监察专员，包括 1 名首席监察专员和 3 名普通监察专员；《芬兰宪法》规定，议会有权任命 1 名监察专员和 2 名副监察专员；丹麦有 1 名监察专员，辅助团队由 10 人构成，其中包括 5 名法学专家；英国议会设置 1 名议会行政监察专员，配备 200 多名辅助人员协其工作，其中约半数来自公务员系统，主要承担调查工作。[2]

一、增强监察机构的独立性

腐败问题，尤其是公职人员腐败，为世界各国所高度重视，作为应对策略，各国纷纷建立起专门机构、配备专职人员并赋予它们相对独立的法律地位和财政保障地位，以期能够高效率、针对性地预防和惩治腐败。

[1] DAVIS K C. Ombudsmen in America: Officers to Criticize Administrative Action [J]. University Of Pennsylvania Law Review, 1961 (109): 1060. 需要说明的是，域外监察制度的“一人机构”模式，即便实践中在建制上有所突破，但也往往不超过 5 人，如新西兰有 3 名监察专员、比利时有 2 名监察专员等。

[2] 彼得·莱兰，戈登·安东尼. 英国行政法教科书 [M]. 杨卫东，译. 北京：北京大学出版社，2007：151.

（一）法律地位独立

国际性、区域性监察组织通常以组织章程为依据，国别、区域监察制度则往往通过宪法及宪法性法律、政府组织法或者专门法律等形式明确肯定监察机构的独立地位。

以瑞典和芬兰为代表的议会监察专员制度，虽然在制度上隶属于议会，但并不受议会的绝对控制，而是在产生后具有较高程度的独立自主性。例如，《瑞典宪法》一再确认，监察专员独立行使职权，有权根据情况发起相应的责任追究程序，有权出席司法机关、行政机关的审议会并查阅相关文件，有权要求司法机关、行政机关等所有在监察范围内机构的公务人员提供所需情况或报告；《瑞典议会法》还规定，监察专员在履职期间只对议会负责，并由议会选举和罢免，并且对监察专员的罢免必须在宪法委员会讨论决定之后进行。此外，芬兰的议会监察专员还有权对与监察工作相关的立法发表建议，有权对特定情形下的起诉和弹劾发表建议。

以美国为代表的监察长制度，虽设置在相应的行政体制内部，但仍然保证了监察机构及其行政首长只对其选举机构和国家最高领导人负责，使得监察制度在体制机制上高度独立于行政机关。例如，1978 年《美国监察长法》规定，所有联邦机构和部门中均得设立监察长办公室，享有相对充分的权力以支持其调查工作，以受理举报、调查贪污和欺诈等违法活动，监督各行政机关的日常工作及与之相关的审计，并有权对其认为不合格的行政管理活动提出政策建议；每一个监察长办公室由 1 名监察长负责，在进行审计或调查活动时不受作为其监察对象的机关负责人或其他官员的阻碍，不受行政机关干涉，独立行使职权，只对总统和国会负责。[1] 实际上，美国联邦层面的财政部、国防部、内政部、商业部、环保局、邮政总局、新闻总署、联邦交易委员会、联邦证券交易委员会等均建立了监察长办公室，如财政部的监察长办公室和税务管理局监察长办公

[1] 此前，为应对严重的腐败问题，美国国会于 1976 年在卫生、教育和福利部，1977 年在能源部，分别建立了监察长办公室。

室。不少州和地方政府也通过专门法律或者行政授权设立了相应的监察机构，如佛罗里达州建立有45个综合监察官办公室。

韩国的审计与监察委员会（Board of Audit and Inspection）发挥着预算、会计等审计和职务监察两类职能。其中，审计与监察委员会的作用、地位和组织等相关规定存在于1962年《韩国宪法》第97条至第100条；1963年《韩国审计与监察委员会法》则发挥着组织法的功能，具体规定了审计与监察委员会的建立、组织机构、职责功能等事项。韩国审计与监察委员会的首长经国会同意后由总统任命，直接受总统领导，独立于政府部门和立法机关，监察对象包括中央、地方政府及其投资机构和自治团体等，甚至总统本身也不例外。[1]宪法和法律赋予的独立地位，是韩国审计与监察委员会正确履行监察职责的根本保障。

中国曾经实行了较长一段时间的行政监察制度，监察机关在履行监察职能时需向同级政府汇报工作、对同级政府负责，并不具有独立性。但多年来的行政监察实践证明，不具有独立性的行政监察机关难以有效遏制腐败，因而启动的国家监察制度改革，谋求将党内法规与国家法律相结合、党纪监督与行政监察、违法犯罪责任追究相结合，实现国家监察机关在组织体系、职责功能、权力手段等方面的统一和集中，从而极大地增强和巩固其独立地位，能够不受牵制地履行自身的法定职责，真正实现监察全覆盖。监察权的独立是其公正、有效行使的基础和前提。对此，《监察法》第4条第1款规定，监察委员会依照法律规定独立行使监察权，不受行政机关、社会团体和个人的干涉，使得监察机关与行政机关、审判机关、检察机关并列而行，实现了中国监察体制从“一府两院”到“一府一委两院”的跨越，监察权在权

[1] 自20世纪80年代末以来，历任韩国总统都在任期内或卸任后因腐败而被调查、弹劾，甚至被定罪。例如，韩国第11、12届总统全斗焕被判终身监禁后予以特赦，第13届总统卢泰愚被判17年有期徒刑后予以特赦，第14届总统金泳三、第15届总统金大中和第17届总统李明博都涉及亲属腐败，第16届总统卢武铉涉嫌受贿被调查后跳崖自杀，第18届总统朴槿惠因亲信干政和受贿案而被调查并定罪。这在一定程度上反映出韩国腐败的严重性，同时也反映了韩国反腐卓有成效。

力体系中取得了相对独立的地位。

当然，基于权力必须受制约的原理，监察机关的独立地位同时受到相应的制约。例如，《监察法》第 4 条第 2 款规定，监察机关办理职务违法和职务犯罪案件，应当与审判机关、检察机关、执法部门互相配合，互相制约；第 8 条和第 9 条规定了国家和地方各级监察机关由人大产生，其主任由人大选举，副主任、委员由主任提请人大常委会任免，监察机关对人大及其常委会负责并接受监督；第 10 条规定，上级监察机关领导下级监察机关工作，下级监察机关对上级监察机关负责并接受其监督。

（二）机构设置独立

法律地位独立，是指监察机关作为一个整体，与权力机关、行政机关、审判机关和检察机关等之间的区分。机构设置独立，则是指监察机关的地位独立，在监察实践中，必然通过内部机构的设置、细化和相对分离、独立来具体落实。

监察机关的内部设置状况，直接影响监察机关的整体运转秩序和效率。机构设置的独立和分工明确，能够使监察权的行使和监察工作的开展趋于程序化、制式化、体系化和法制化，同时也是监察权独立行使的有力保障。因此，不断地优化和完善监察机关的内部机构设置，并保持它们之间的相对独立性，同样为域外监察制度所重视。在《监察法》出台后，中国国家监察体制开始向纵深发展。例如，国家监察委员会和中共中央纪律检查委员会全面落实合署办公并进行内设机构改革，划分出内设职能部门、直属单位、派驻纪检监察组三大类组织机构。这种相对独立的机构设置，从国家监察委员会一直贯彻到县级监察委员会，并根据各级监察机关的实际情况而有所调整，为新时期监察机关全方位、无死角地监察所有行使公权力的公职人员，提供了坚实的组织框架基础。

从追求监察制度法制化的角度来讲，还应当在适当的时候仿照 1982 年《中华人民共和国国务院组织法》《人民法院组织法》《人民检察院组织法》

制定“监察机关组织法”或者“监察委员会组织法”，主要规定中央和地方监察机关及其公职人员之间，以及地方监察机关及其内部机构设置与公职人员之间的职责权限、相互关系，实现监察机构及其公职人员职能、编制等事项的法定化，并确保其按照法定权限和程序行使监察权力，避免出现越位、错位和缺位现象。

（三）财政保障独立

财政保障独立，包括两个方面：一方面，是指监察机关作为独立的国家机关，应当在财政上独立于其他国家机关。监察机关在财政上实现独立，能够为工作人员提供良好的工作条件、具有针对性的培训项目和进行机构管理，预防和避免腐败滋生。例如，《国际监察专员协会章程》第 9 条和第 10 条规定，协会会员有义务按照规定缴纳会费，如果违反此项义务则可能丧失投票权利或者被董事会取消会员资格；第 24 条和第 25 条规定了协会的账户、财政年度及协会账户的审计，初步实现了协会的财政独立。

专门机构需要多少经费才能够实现财政独立，各个国家有着不同的判断标准，但增加相应机构的财政独立性却是一个不争的普遍趋势。例如，在保障审判机关的财政独立方面，有的国家规定，审判机关的经费预算应当以政府预算为基准，再乘以固定的比率，这种方法由于割裂了审判机关的具体工作和实际需求而导致年度经费分配往往出现不足或过剩的现象。有的国家则由司法部或者其他行政机构确定预算数额并向议会提案，这种方法使得审判机关的经费取决于其他部门，会严重损害审判机关的独立性和权威。还有的国家由审判机关自主提出经费预算并向议会提案且一般会被采纳，这种方法重视了司法机关的自主性，但是应当审核预算是否基于审判机关的具体工作和实际需求而提出，应当增加审判机关经费使用过程中的公开性、透明性以保证其经费的分配、使用合法且合理。

财政保障独立的另一方面，是指监察机关工作人员应当有完备的薪资待遇，以保证其能够无后顾之忧地独立行使职权。工作人员是监察机关实现独立性、专业性和廉洁性的关键因素，对于监察工作人员，应当保障其职务的稳定性，非经法定程序和依据法定理由不得被解雇；提供良好的薪资、晋升机制等待遇；分配合理的人员数量、工作数量；提供办公设施等必要的工作条件。例如，新加坡政府通过设置高薪厚禄、推行中央公积金制度等各种措施，保证其公职人员的工资福利待遇处于社会整体的中上游水平，以吸引优秀人才加入并实现高薪养廉的目的。此外，芬兰、韩国等国家和地区的监察机构，也将预算项目等方面的财政独立作为重要一环，采用法律形式予以明确规定。

中国监察机关能否在财政上实现独立，是监察制度改革的一个重要和疑难课题。当然，这一问题，正像我们一直在追求审判机关、检察机关的财政独立，从而真正地脱离其对于行政机构的经济依赖那样，道阻且长。监察机关在人、财、物等方面如果受制于同级党委和政府，会出现作为被领导者的监察机关监督作为领导者的同级党委和政府的尴尬局面，难免会使《监察法》第 15 条监察机关监察中国共产党机关、人民政府公务员的规定落空。

二、保障监察人员的专业性

监察人员的专业性，如选拔标准、职级设置、任期时间、考核培训等，会通过影响监察人员的具体工作，从而影响监察制度的平稳、高效、透明运转。监察人员的专业性是保障监察权独立、公正行使的重要因素，也是监察制度改革的重要内容。域外监察制度在监察人员专业性方面作出的努力，值得关注。

（一）建立监察官管理制度

一般来说，监察人员的选任标准、程序等事项应当接受民众和媒体的监督，以保持最大限度的透明性并避免在选人用人方面受到不正当干涉。其中，保障监察人员的专业性，最重要的一点是设置相应的标准对符合资格的候选人进行审核和选拔。例如，英国于1700年颁布《吏治澄清法》、美国于1883年颁布《彭德尔顿法》，为文官选拔建立了公平、统一的标准，大大减少了政党分赃、官职恩赐等用人腐败问题。

如前所述，国际监察专员协会和亚洲监察专员协会都实行会员制，设置了相应的会员种类及资格条件；《瑞典政府组织法》规定，监察专员必须由“精通法律且为人正直、堪为楷模”的公民担任；《芬兰宪法》规定了议会监察专员的任职资格、任命程序、人员数量、任期等事项，选任标准中包含政治中立和必须具有法律专业背景的基本要求；中国香港地区的廉政专员由香港行政长官依据《宪法》和《香港基本法》提名，廉政公署现有的1400多名以合约形式受聘的在职人员，也均需遵守《专业守则》，以保持高水平的专业操守与肃贪的决心热忱。[1]新加坡在选拔任用方面，不仅看重应聘人员的学历、在校学习成绩，还特别关注其综合素质、发展潜力及与他人合作、为社会服务等方面的态度，对其进行面试和心理测验，确定录用后还要进行2年的试用期考察；在考核培训方面，明确了行为规范和监督机制，建立专门的培训学院和机构开展反腐倡廉教育和培训工作。《美国监察长法》第3条也详细规定了监察长及其审计助理、调查助理的选任条件等事项，要求监察长的任命不受任何党派的影响，且只依据候选人的品行、才能、是否廉洁公正作为任命标准。

中国监察制度的改革已经关注到监察工作人员的专业性问题，并初步作出了原则性的规定。《监察法》第14条规定，国家实行监察官制度，依法确定监察官的等级设置、任免、考评和晋升等制度；第55条要求监察机关要建设忠诚、干净、担当的监察队伍；第56条规定，监察人员必须模范遵守宪法和法律，忠于职守、秉公执法，清正廉洁、保守秘密；必须具有良好的政治素质，熟悉监察业务，具备运用法律、法规、政策和调查取证等能力，

---

[1] 架构［EB/OL］.［2021-12-21］.https：//www.icac.org.hk/tc/about/struct/index.html；关于简明扼要的9条廉政守则，参见使命与承诺［EB/OL］.［2021-12-21］.https：//www.icac.org.hk/tc/about/mission/index.html.

自觉接受监督。

但是，在《监察法》通过的四年多里，对监察工作人员的选拔、管理等事项，是暂且依据《公务员法》进行的，无法充分体现新时期下国家监察工作的特点。因此，以《监察法》的相关规定为基础，借鉴《法官法》和《检察官法》的立法体例，吸收中国传统监察制度铨选、考课、奖惩和监督监察官等有益做法，通过制定《监察官法》来详细规定监察官的选任标准、任职回避、职级设置、考核培训、奖惩措施、福利待遇、辞职退休和申诉控告等事项，就势在必行。值得注意的是，《监察官法》旋即被列入第十三届全国人大立法规划，属于“需要抓紧工作、条件成熟时提请审议的法律草案”立法类别，由国家监察委员会牵头起草和提请审议，并最终于 2021 年 8 月 20 日由第十三届全国人民代表大会常务委员会第三十次会议审议通过。其中，特别值得关注的问题主要有：①基于监察官的政治素质、专业素质要求，不应将监察官纳入公务员管理体系，而应当像法官、检察官那样单列，建立起满足监察权独立运行要求的监察官制度。②根据监察机关的监督、调查、处置权能而划分和设置内部机构，监督、调查、处置分别成立相对独立的工作部门，并规定在执纪审查、违法犯罪调查部门的工作人员，应当像法官、检察官一样具备法律资格证书，因为《监察法》和《刑事诉讼法》对于案卷材料、证据标准等方面规定了相同的标准。③构建适当的任期制度，在任期过短或者过长的情形下，均不利于保持监察官的中立性和独立性。

（二）完善防止利益冲突制度

防止利益冲突制度是反腐败法律体系的重要支撑，应当在监察制度改革中予以相应的重视。例如，中国台湾地区明确规定，监察委员不得兼任其他公职或执行业务，以避免产生利益挂钩或牵扯。[1]早在汉朝初期，中国就制定有“考功课吏法”，设置官员任职回避制度，禁止在本地为官，禁止姻

---

[1] 王英津．台湾地区政治体制分析［M］．北京：九州出版社，2010：251.

戚关系在同一地区或系统为官，禁止相互监临，这在当时有力地促进了吏治清廉。

目前，在国家法律制度层面，初步形成了以任职回避、公务回避和地区回避为内容的回避制度；在党内法规层面，大致建构了禁止以党员领导干部及其配偶子女从事商业和限制国有企业领导人员兼职的从业限制制度，但尚需根据社会形势的发展和监察工作的具体情况进一步予以健全和完善。

在监察制度改革过程中完善防止利益冲突制度，应当关注以下问题：①解决统一性、体系性问题，实现国家法律和党内法规在防止利益冲突事项上的有机衔接和协调，解决涵盖人员范围过窄、规定内容不全面等问题。②注重防止利益冲突制度的可操作性，具体规定在涉及经商、投资、兼职、辞职、辞退、退休、收受和送出礼品礼金等情形时，如何准确地认定行为的性质及判断正确与错误、合法与非法之间的界限。③探索建立和完善违反利益冲突规范的监督机制和责任追究机制，其中，严密有效的监督机制能够最大限度地促进利益冲突规范的具体落实，政纪、违法和犯罪责任的追究则是其强有力的惩罚性保障。

值得注意的是，国际监察专员协会的具体工作，依据《国家监察专员协会章程》第 7 条规定，在涉及相关事宜时，应在咨询请教地区秘书长的意见之后再作出决议，接受特定地区的历史传统、风俗习惯、文化背景等因素的影响。区域性监察专员协会的建立，也主要基于同一地区在政治、经济、文化、风俗、习惯、地理、历史等因素上存在的共同或者交叉之处，能够迅速达成共识和谅解，从而更有助于沟通的顺畅和交流的平稳。在这种情形下，我国是否有必要考虑民族区域自治制度和现实存在的各地区经济发展差距较大等因素，在执行监察人员的地区回避时区别对待，或者在选任特定地区的监察人员时，明确规定应当招录适当比例的当地人员，如西藏、新疆等地区，但同时对本地人员的比例、职务等作出严格限定，以避免危及利益冲突制度。

（三）引入特定领域专家制度

基于新的社会发展形势下职务违法犯罪情形呈现出来的多样化、复杂化、智能化等趋势，监察工作，尤其是对违法犯罪的调查工作，遭遇到极大的挑战，迫切需要在建立一支专业化的监察人员队伍之外，另行引入特定领域专家制度，以适应查办和预防职务违法犯罪的需要。在实际监察过程中，除法律专业知识外，监察工作还大量地需要审计、经济、会计、计算机等特定领域的专业知识，监察人员则同时需要具备特定的讯问、勘查与发现和提取证据等侦查技能。

域外监察制度在引入特定领域专家制度方面，已经作出相应的探索。例如，《国际监察专员协会章程》第6条规定，国际监察专员协会的会员种类包括个人会员，个人会员即是从事监察事业或者致力于监察主题研究的专门人员。瑞典除议会任命的监察专员之外，还设置了消费者监察专员、公平机会监察专员、反族裔歧视监察专员、反性倾向歧视监察专员、儿童监察专员、身心障碍办公室监察专员6名专业监察专员。此外，一些非政府的媒体组织也开始设置媒体监察专员。芬兰也设置有诸多具体专业领域的监察专员以受理和处置民众投诉，如消费者监察专员、少数民族监察专员、平等机会监察专员、破产监察专员、资料保护监察专员等。中国香港地区的廉政公署则招录财务、金融、工程等专业人员，视工作需要分配到各侦查组。韩国的审计和监察委员会制度，更是主要依赖经济领域专家对年度收入、支出决算、账目等审计会计事项的审查，以发现腐败问题线索。

在遭遇疑难、复杂问题时，中国监察机关的通行做法是，与司法、行政等部门沟通，或者召开相应的专家座谈会进行商讨，并没有形成一个稳定、常态的制度或机制，容易引发实际操作的不透明和自由裁量权过大等问题。在监察制度的深化改革过程中，除通过吸收优秀人才、专门人才和开展针对性培训、考核等手段来加强监察人员专业化建设之外，还可以考虑引入特定领域专家制度或机制，大致规定专家的筛选标准、参与案件的范围、程序、专家库的建立和更新等问题，有效地解决监察实践中的难题，实现理论与实践的有机互动和密切结合。例如，监察机关的调查工作中往往涉及审讯、检验等技术含量较高的具体工作事项，需要监察机关公务员或者特定专家具备与此相关的专业背景和专业技术能力。

三、确立监察权力的有限性

只有权力才能制约权力的滥用。在“监察专员制度狂热症”席卷全球的时代里，监察权力的集成化、扩大化和权威、高效等倾向体现得淋漓尽致，需要世界各国的监察制度予以积极应对。

（一）监察权力的扩张趋势

腐败，在国家治理的语境中，指代一种公共权力行使的异化现象，原本应当用于谋求公共利益的公共权力被用于谋求私人利益。腐败在全球范围内普遍存在，与之相关，监察制度也在世界范围内普遍得到了采纳和践行，监察权力的内涵也较之以往更为丰富多样，演变为一种集监察权、侦查权、起诉权、审计权、批评权、建议权等于一身的综合性权力。

例如，瑞典议会监察专员在权力种类方面呈现出逐步扩张的趋势，1957年获得监督地方行政机构的权力，1974年《瑞典宪法》赋予其监督中央、地方行政机构和审判机构的权力；监察专员的监察对象则涵盖了行政机构、司法机构、执法机构、公益事业、国有企业及接受政府委托行使一定的行政职责或公共权力的公司、社团或个人。21世纪施行的《芬兰宪法》增加了监察专员对共和国总统的监察权限，监察对象的范围除了传统意义上的公共权力机构，甚至还包括军方和行使部分公共权力的教会的神职人员。此外，监察权力还逐渐囊括了原本属于检察机关的起诉权。例如，1975年《瑞典政府组织法》赋予议会监察专员向法院起诉政府失职行为的权力。

值得注意的是，监察对象的范围也出现了明显的扩张趋势，从传统的公共权力机构及其工作人员扩展到私营机构。例如，中国香港地区的《防止贿赂条例》，旨在于防止和惩治公职人员和公共机构、私营机构雇员的贿赂、贪污等腐败行为；廉政公署执行处的主要职责在于执法和肃清贪污腐败，其下设部门中不仅有政府机构反贪调查、技术支援和情报研究等具体部门，还包括私营机构反贪调查部门；廉政公署的防止贪污处主要职责在于预防和减少贪腐机会，也接受私营机构和个人的请求提供防贪建议、顾问服务或者预防方案。中国澳门地区的廉政公署于1999年依据《中华人民共和国澳门特别行政区基本法》成立，不仅履行公共权力部门的反贪、行政监察及保护人权等多项职责，还根据第19 /2009号法律《预防及遏止私营部门贿赂》负责查处私营机构雇员的贪污及与贪污相关联的欺诈等腐败犯罪行为，并于2011年3月拘捕了第一位涉嫌贪腐的私营机构职员。

（二）监察权力的制约机制

基于监察权力的扩张趋势，各个国家和地区的监察制度中都包含对监察权力的制约机制。根据监察模式的不同，监察权力的制约机制也表现出不同的设计思路。例如，欧盟监察专员制度在《欧洲联盟运行条约》第228条第1款明确规定了监察专员调查权的启动事由和严格的启动程序，欧盟监察专员可以自行决定对其受理的申诉启动调查，对欧洲议会议员转交的案件审查后，认为应当调查的则启动调查，在没有接到申诉或者转交申诉时也可以自行启动调查。此外，欧盟监察专员的调查权行使方式及对不同调查结果的针对性程序处理，也均有严格的相应规定。[1]

实行议会监察专员制度的瑞典和芬兰分别在《瑞典议会法》和《芬兰宪法》规定，监察专员由议会选举和罢免，议会认为监察专员不再适合继续担任该职位时，在宪法委员会讨论决定之后，可以在任期届满之前取消任命或者解除其职务。而采取行政监察长制度的美国在《美国监察长法》第3条第

---

[1] 袁钢．欧盟监察专员制度研究［M］．北京：中国政法大学出版社，2013：97-102.

2款规定，总统享有罢免监察长的权力，但应提前30日向国会的参议院、众议院作出说明。此外，瑞典和芬兰的议会监察专员制度往往还包括议会监察专员的年度工作报告和利益申报制度，便于民众监督和预防腐败。其中，芬兰不仅要求议会监察专员对其年度工作报告安排媒体说明会，还要求裁决的大部分案件都概括为裁判要点并公布在议会网站和报纸等媒体上。

中国香港地区的廉政公署则从内部的权力监督和外部的制度制衡两个层面，对自身权力的监督作出了相对完善的体系性规定，有力地支撑了其规范运行，也取得了为人称道的实际效果。澳门廉政公署设立有纪律监察委员会，主要负责调查廉政公署工作人员的个人操守、检查其内部调查的公正性等监督事宜。

权力天然地具有扩张的秉性，因而需要监督和制约，监察权也不例外。回溯中国古代的监察制度沿革，在监察权独立于行政权并且不断扩大以后，带来的往往是巨大的体制和制度风险。例如，秦汉时期的中央御史机关，主要有典正法度、制订修正律令，监察百官、举劾不法，考核百官、察举人才，掌管司法、鞫谳疑案，讨捕“盗贼”、督军征战五大类职权，范围极为广泛。汉武帝时制定并颁布了《六条问事》这一单行监察法规，进一步赋予刺史等监察官员定期监察各郡国的权力，导致刺史在机构和权力上肆意扩张，甚至一度代行行政权和领兵权，客观上促成了三国、两晋、南北朝长达数百年的分裂与混乱。

新时期下，中国监察制度改革的重要成果之一，就是建立了集中统一、权威高效的监察机关。通过《监察法》赋予监察委员会包括监督、调查和处置在内的广泛权力，尤其在特定情形下可以自行决定采取留置措施，并且明确确立了监察委员会不受行政机关、社会团体和个人干涉而独立行使监察权的地位。整体来看，监察机关的监察权力，是在之前行政监察机关、检察机关、党的纪律检查机关等全部或部分职权的基础上集合而成，这是基于其反腐败的历史使命而作出的制度抉择，是监察制度改革和时代发展的需要。为保证监察权的规范有序运行，应当建立对监察权的监督制约机制，以减少和消除制度上的风险。

然而，对监察权的监督和制约，如果力度过大，则会影响监察权的高效运行，无法实现监察制度改革的初衷；如果力度过小，则又无法有效规避监察权滥用的风险。因此，如何实现对监察权的合理监督和制约，是监察制度在未来改革过程中所面临的重大问题。目前而言，对监察委员会的监督制约机制，如同中国香港地区的廉政公署体制那样，大致可以划分为内部监督和外部制衡两大方面。其中，内部监督主要是指监察委员会上下级之间的报告、审批等领导与被领导关系。例如《监察法》第 10 条规定，国家监察委员会领导地方各级监察委员会的工作，上级监察委员会领导下级监察委员会的工作；第 16 条第 2 款规定，上级监察机关可以办理下一级监察机关和所辖各级监察机关管辖范围内的监察事项；第 17 条第 1 款规定，上级监察机关可以将其所管辖的监察事项指定下级监察机关管辖，也可以将下级监察机关有管辖权的监察事项指定给其他监察机关管辖；第 57 条第 1 款规定，对于监察人员打听案情、过问案件、说情干预的，应当及时报告并登记备案。外部制衡主要是指监察机关与其他机关、团体和个人之间的第三方监督关系，主要包括《监察法》第 2 条规定的中国共产党的领导和监督、《监察法》第 53 条规定的各级人大及其常委会的监督、《监察法》第 66 条规定的法院、检察院的监督、《监察法》第 54 条规定的民主监督、社会监督、舆论监督，以及《监察法》第 58 条、第 60 条规定的被调查人及其近亲属的监督等。

值得注意的是，对监察权力的监督制约机制，一方面，要注重事前监督和过程监督的及时性和预防功能，探索建立和完善包括新闻媒体、社会公众参与的民主监督、社会监督和舆论监督机制；另一方面，还要特别重视事后监督的有效性和惩罚功能，尝试健全和强化以检察机关的法律监督权为主要支撑的责任追究机制。《刑事诉讼法》第 3 条第 1 款规定，人民检察院负责检察、批准逮捕和检察机关直接受理的案件的侦查、提起公诉；第 19 条第 2 款规定，人民检察院在对诉讼活动实行法律监督过程中发现的司法工作人员利用职权实施的非法拘禁、刑讯逼供、非法搜查等侵犯公民权利、损害司法公正的犯罪，可以由人民检察院立案侦查。对于公安机关管辖的国家机关工作人员利用职权实施的重大犯罪案件，需要由人民检察院直接受理的时候，经省级以上人民检察院决定，可以由人民检察院立案侦查。能否在未来的监察制度和刑事诉讼制度改革过程中，将监察机关界定为司法机关，从而将监察工作人员利用职权实施的非法拘禁、刑讯逼供、非法搜查等侵犯公民权利、损害司法公正的犯罪同样纳入检察院的立案管辖范围，形成对监察机关权力行使的强有力制约，值得进一步研究。

此外，尽管中国对监察权力的监督和制约主体比较广泛，但它们之间并未实现协调统一、有机配合，需要在体系结构上进行针对性调整和进一步完善。

（三）监察权力的监察难题

《监察法》第 3 条规定，各级监察委员会是行使国家监察职能的专责机关，依法监察“所有行使公权力的公职人员”。而各级监察委员会深深地镶嵌在中国的国家权力体系架构之中，与其他国家权力机关发生着密切的互动关系。一方面，应当受到作为中国根本政治制度的人民代表大会制度的约束；另一方面，还要在人、财、物等方面接受作为中国唯一执政党的中国共产党和作为中国最高行政事务处理机关的人民政府的领导。因此，监察权力能否有效地监督人民代表大会及其常务委员会、中国共产党和人民政府，就成为亟待解决的制度性难题。

1. 监察权力能否有效地监督权力机关

人民代表大会制度是监察制度改革的基本依据和出发点，监察制度的改革，在核心原则、重要制度和基本原则方面不允许与之相违背。

根据《宪法》第 2 条第 1 款和第 2 款规定，国家的一切权力属于人民，人民行使国家权力的机关是全国人大和地方各级人大；第 3 条第 1 款和第 3 款规定，国家机构实行民主集中制的原则，国家监察机关由人大产生并对其负责、受其监督。这就意味着，作为国家机构的组织原则，民主集中制直接限定了监察机关与权力机关之间的关系：监察机关由行使一切国家权力的权力机关选举产生，并且对权力机关负责、受权力机关监督。监察机关与权力机关之间的关系，更为生动具体地体现在《宪法》对全国人大及其常委会与国家监委之间的关系界定：第57条规定，全国人大是最高国家权力机关，其常设机关是全国人大常委会；第62条第7项和第63条第4项规定，全国人大有权选举和罢免国家监委主任；第67条第6项和第11项规定，全国人大常委会有权监督国家监委的工作，有权根据国家监委主任的提请任免其副主任和委员。《监察法》第8条第1款和第4款也再次确认，国家监察委员会由全国人大产生，对全国人大及其常委会负责并接受其监督。

地方各级监察机关与地方各级权力机关之间的关系，同样遵守了《宪法》对国家机构的关系设定。例如，《监察法》第9条第1款和第4款明确规定，地方各级监察委员会由本级人大产生，对本级人大及其常委会负责并接受其监督；第53条进一步规定，各级监察委员会应当接受本级人大及其常委会的监督，各级人大常委会听取和审议本级监察委员会的专项工作报告和组织执法检查，县级以上各级人大代表及其常委会组成人员可以在举行会议时依照法定程序就监察工作中的有关问题提出询问或者质询。

然而，基于“深化国家监察体制改革，加强对所有行使公权力的公职人员的监督，实现国家监察全面覆盖，深入开展反腐败工作，推进国家治理体系和治理能力现代化”的目标，《监察法》实际建构了由各级监察委员会监察各级人大及其常委会的公职人员的制度模式。例如，《监察法》第3条规定，各级监察委员会是行使国家监察职能的专责机关，依法对所有公职人员进行监察，调查职务违法和职务犯罪，开展廉政建设和反腐败工作，维护宪法和法律的尊严；第12条和第13条还规定，各级监察委员会可以向本级国家机关派驻或者派出监察机构、监察专员，后者根据授权对公职人员进行监督、提出监察建议和依法调查、处置公职人员，并且只对派驻或者派出它的监察委员会负责。

这样一来，各级监察委员会与各级人大及其常委会之间的关系，基于

《宪法》规定的各级人大及其常委会有权监督各级监察委员会，和《监察法》规定的各级监察委员会有权监察同级人大及其常委会的现状，实际上就处在一个错综复杂和矛盾尴尬的境地。权力设置上的相互覆盖，使得监察机关与权力机关之间的关系存在着无法摆脱的逻辑悖论，即“你有权监督我的同时，我有权监察你”的尴尬关系。这一互相对彼此负责的权力设置状况，在一定程度上违背了监督、监察主体在地位上高于被监督、监察对象的一般原理，是中国监察制度改革向纵深推进的过程中需要认真考虑的重要问题。这个问题的妥当解决，不仅有利于监察机关和权力机关正常运转和具体工作的顺利执行，还有利于推进和促成我国一般监督机制的体系化进程。如果解决不当，在监察机关和权力机关的具体实践过程中，监督和监察权责不明的症结，会成为中国监察制度改革的绊脚石。

2. 监察权力能否有效地监督领导机关

无论是作为国家根本大法的《宪法》，还是作为中国共产党的基本章程的《党章》，都明确肯定了中国共产党的领导。例如，《宪法》“序言”部分第 7 段规定，“中国新民主主义革命的胜利和社会主义事业的成就，是中国共产党领导中国各族人民……战胜许多艰难险阻而取得的……中国各族人民将继续在中国共产党领导下……把我国建设成为富强民主文明和谐美丽的社会主义现代化强国，实现中华民族伟大复兴”；“总纲”部分第 1 条第 2 款中段规定“中国共产党领导是中国特色社会主义最本质的特征”。《党章》“总纲”部分最后一段写道：“中国共产党的领导是中国特色社会主义最本质的特征，是中国特色社会主义制度的最大优势。党政军民学，东西南北中，党是领导一切的。”

考察中国的政治实践、党风廉政建设和反腐败与监察工作，中国共产党一直实际发挥着全面的领导作用。对此，习近平同志在题为《决胜全面建成小康社会 夺取新时代中国特色社会主义伟大胜利》的中国共产党第十九次全国代表大会上的报告的第三部分“新时代中国特色社会主义思想和基本方略”再次重申，要“坚持党对一切工作的领导。党政军民学，东西南北中，党是领导一切的”，要“把党的领导贯彻落实到依法治国全过程和各方面”；在第六部分“健全人民当家作主制度体系，发展社会主义民主政治”指出，党的领导是人民当家作主和依法治国的根本保证，人民代表大会制度是坚持党的领导、人民当家作主、依法治国有机统一的根本政治制度安排，协商民主是实现党的领导的重要方式，统一战线是党的事业取得胜利的重要法宝。

值得注意的是，《监察法》第 15 条第 1 项规定，监察机关对中国共产党机关的公务员进行监察。中国共产党是中国宪制下唯一的、长期的执政党，拥有 9000 多万名党员，中国约 80% 的公务员和 95% 以上的领导干部都是中国共产党党员，并且所有监察工作也要受中国共产党的领导。在这样的情形下，监察机关如何能够切实有效地监察中国共产党机关的公职人员，是中国监察制度改革向纵深推进需要解释的难题。

在中国的政治实践中，基于国家机构和行政体制的设置，党政部门实际上在人、财、物等方面起着“双重领导”的作用，党的十九大报告中还将“在省市县对职能相近的党政机关探索合并设立或合署办公”作为“深化机构和行政体制改革”的一个努力方向。在这种情形下，《监察法》第 15 条第 1 项规定的监察机关对人民政府的公务员进行监察，能否落到实处，也需要在未来的监察制度实践中重点关注。

此外，对腐败的高效打击固然重要，预防与教育作为“治未病”的策略也应当予以充分关注，融惩戒和预防、教育为一体的监察体制，是建成清廉政府和法治政府的重要基础。《监察法》第 5 条也明确要求国家监察工作应当实行“惩戒与教育相结合，宽严相济”。因此，国家监察体制改革同样需要重视宣传和教育的预防作用，以营造清正廉洁的社会氛围。

四、提高社会公众的参与性

国家治理体系和治理能力现代化的一个重要衡量指标是参与治理主体的多元化程度，这就要求社会公众的广泛参与，使得国家和社会中的公众和组织能够通过多种渠道提出控告检举、发表批评建议和通过媒体舆论监督，实现国家治理的多元推进。域外监察制度的考察带来的启迪是，在推进监察制度改革深入和细化发展的阶段，同样应当重视社会公众的参与并予以积极回应，在保障其对国家治理事项的监督权利和参与权利的同时，实现国家机关与社会公众的有机互动，共同助力于监察制度的改革与完善。

（一）完善控告检举机制

控告检举是域外监察制度中比较传统和最为稳定的组成部分，一直以来受到世界各国的普遍重视。例如，国际监察专员协会在界定监察机构时，将受理民众对政府机关、政府官员的不正当或失职行政行为的相关投诉作为监察机构的一项必要的构成因素予以描述。瑞典的议会监察专员制度，在最初运转时就明确规定，监察专员的职责是代表议会监督行政、司法领域的公务人员和受理公民对他们的投诉；后来的《瑞典政府组织法》第 10 条规定，3 名普通监察专员中有 1 名负责受理民众对瑞典中央政府、地方政府及其任命公务人员的不良行政行为的投诉。芬兰同样规定由监察专员受理民众的投诉，而且芬兰还存在消费者监察专员、少数民族监察专员、平等机会监察专员、破产监察专员、资料保护监察专员等监察专员，也可以受理和处置民众投诉。2005 年生效的《联合国反腐败公约》第 13 条“社会参与”第 2 款规定，各缔约国均应当采取适当的措施，确保公众知悉本公约提到的相关的反腐败机构，并应当酌情提供途径，以便以包括匿名举报在内的方式向这些机构举报可能被视为构成根据本公约确立的犯罪的事件。[1]

中国古代、近现代的监察制度也一直重视民众的控告检举。例如，在人类社会发展的初期，就已经出现“告善之旌”“谏鼓”“总街之庭”“灵台之复”等更多地表现为一种采纳谏言的稳定机制；在中国共产党“土地革命时期”，设置有控告局等专门的监察组织机构。

---

[1] 联合国反腐败公约［EB/OL］.［2021−12−21］.https：//www.un.org/zh/issues/anti−corruption/uncac_text.shtml.

目前，一方面，我国在宪法和法律法规方面零散地规定有控告检举的相关事项，但大多只是原则性地规定民众享有这种权利。例如，《宪法》第41条第1款规定，公民对于任何国家机关和国家工作人员的违法失职行为，有向有关国家机关提出申诉、控告或者检举的权利，但是不得捏造或者歪曲事实进行诬告陷害。此外，在效力等级较低的层面上，还有1991年《监察机关举报工作办法》和2014年《人民检察院举报工作规定》等部门规章、条例和办法。另一方面，在党内法规层面也先后出台了一系列有关于控告检举事项的规定，如1987年《中共中央纪律检查委员会关于处理检举、控告和申诉的若干规定》、1993年《中国共产党纪律检查机关控告申诉工作条例》和1996年《中共中央纪律检查委员会、中华人民共和国监察部关于保护检举、控告人的规定》等。

新时期下，中国的监察制度改革也同样关注到民众的控告检举的重要作用，并在《监察法》中进行了原则性且大多是责任追究方面的规定。例如，《监察法》第63条第4项规定，有关人员违反《监察法》规定，阻止他人揭发检举、提供证据的，由其所在单位、主管部门、上级机关或者监察机关责令改正，依法给予处理；第64条规定，监察对象对控告人、检举人、证人进行报复陷害的，依法给予处理；第65条第3项规定，监察机关及其工作人员违法泄露举报事项、举报受理情况及举报人信息的，对负有责任的领导人员和直接责任人员依法给予处理。

综上可以看出，在民众对监察对象的控告检举方面，仅依据《监察法》的相关规定是远远不够的，因为《监察法》只是规定了在侵害民众的控告检举权利时的责任追究机制，而并没有涉及民众如何参与控告检举的相应途径。中央纪委和国家监委在全面合署办公和改革内设机构后设置了内设职能部门、直属单位、派驻纪检监察组三大类组织机构。内设职能部门是其核心组成单位，其中单独设置有党风政风监督室、信访室两个与控告检举工作直接相关的机构。此外，还在其官方网站、报纸、杂志等各种渠道公布有相应的控告检举网络平台、电话、邮箱等渠道，接受民众对监察对象的监督。能否在综合国家法律和党内法规关于控告检举工作的相关规定的基础上，制定出一部专门的控告检举办法，全面规定有关控告检举的主体、权利义务、程序、救济等事项，以适应党的纪律检查机关、国家监察机关全面合署办公的工作需要，积极回应民众对纪检监察工作的参与，值得斟酌。

（二）畅通批评建议渠道

一般来说，批评建议在所涉事项的严重性、紧迫性等方面，相对于控告检举较为轻缓，并且在利益相关性上也往往比控告检举更为松散，因此更需要民众真正关心国家治理和政治参与。

在反腐败事项上，批评建议渠道的畅通历来为国际性组织及世界各国所重视。例如，《联合国反腐败公约》第 13 条第 1 款规定，各缔约国均应当根据本国法律的基本原则在其力所能及的范围内采取适当措施，推动公共部门以外的个人和团体（如民间团体、非政府组织和社区组织等）积极参与预防和打击腐败，并提高公众对腐败的存在、根源、严重性及其所构成的威胁的认识。[1]类似的规定，也同样体现在《非洲联盟防止和打击腐败公约》的第 9 条中。瑞典的议会监察专员制度特别重视社会各行业和全体民众的监督，许多案件都源于公民提起的陈情案，充分发挥了社会大众比监察专员更接近基层公职人员的优势。20 世纪 90 年代初，韩国军人威权政府统治结束，民主制度确立，韩国开始重视民众对反腐败工作的参与。韩国公民权益委员会由国家清廉委员会、国民苦情处理委员会、国务总理行政审判委员会于 2008 年共同组成，直接受国务总理领导，主要处理人民的冤情与不满，改进不合理的行政制度，防止和控制腐败，以保护人民的基本权益，确保行政正当性和创建一个透明的公共服务和社会。韩国首席监察专员李运亨博士认为，“由公民的积极参与及批评的方式而形成的社会监督，同监察专员制度相结合，对政府部门的行政行为进行监督和平衡，不仅行之有效，而且具有十分

[1] 联合国反腐败公约［EB/OL］.［2021-12-21］.https：//www.un.org/zh/issues/anti-corruption/uncac_text.shtml.

重要的意义。”[1] 泰国监察专员办公室还实施了一项“监察专员会见各地人民”的计划，即每个季度举办一次活动，向人民介绍如何向监察专员提出指控，以及如何提出自己的其他要求。[2]

中国古代也特别重视畅通民众的批评建议渠道，“明台”和“衢室”即是部落联盟时期首领倾听民声、知悉民意的地方。奴隶社会还设置专门官吏来收集言论呈报送最高统治者。例如，西周设置采诗官、遒人以掌握国情、民情，设置小司寇、乡大夫等官职以询问民意。

中国现行法律制度体系中也有关于批评建议的相关规定。例如，《宪法》第 41 条规定，公民对于任何国家机关和国家工作人员，有提出批评和建议的权利。

但中国法律制度体系中的批评建议渠道，与控告检举相比，同样存在原则性强、操作性差的弊病。中国未来的监察制度改革可以着重考虑从以下两个维度来拓展民众的批评建议途径。其一，与相关的官方机构、民间组织合作，广开言路。例如，在预防腐败及行政不作为方面，韩国除设立有“监察审计委员会”外，还建立了“公民权益委员会”“反腐败独立委员会”“监察使”“韩国透明国际”等政府性或民间性组织，相对全面地实现了韩国民众对腐败和政府不作为的监督与制约。中国的监察机关也可以选择与国家信访部门、司法部门及律师协会、群团组织、科研机构等政府部门和民间组织通力合作，并特别重视包括互联网在内的各种现代科技手段，扩大受众面，增加批评建议的来源渠道，实现与民众的积极互动和同向合力，共同推进监察制度改革和国家治理体系、治理能力的现代化。其二，采用实地走访、问卷调查等实证方法，考察效果。主要是针对批评建议的提出者，定期采用面对面访问、发放调查问卷等方式来获得他们对现行批评建议渠道的使用印象、

[1] 李运亨.监察专员和公民监督［EB/OL］.（2004-06-08）［2021-12-21］.http：//www.qinfeng.gov.cn/info/1571/49630.htm.

[2] 皮歇特·顺托恩皮皮特.监察专员如何改进公共管理体系［EB/OL］.（2004-06-08）［2021-12-21］.http：//www.qinfeng.gov.cn/info/1571/49664.htm.

体验和评价，咨询和记录他们的改进建议和意见，以求针对性地持续完善批评建议机制。

（三）强化媒体舆论监督

在现代社会，卓有成效地开展反腐败斗争，应当重视发挥新闻媒体和社会舆论的监督作用。例如，中国香港地区廉政公署下设的社区关系处，主要职责就在于宣传职务犯罪的预防以教育民众认清贪腐的危害，争取民众的参与、支持并引导其举报贪腐行为。在实践中，廉政公署通过新闻发布会、公益广告、制作廉政电影电视剧和组织志愿者队伍现身说法等方式，进行反腐倡廉宣传和教育，取得了突出的效果。新加坡也特别重视媒体舆论的重要监督作用，并且特别强调相应的"新闻责任"，在法律层面上赦免其批评政府不当行为的责任，积极引导其对监察工作的正面建设作用。

中国法律中不乏对媒体舆论监督的相关规定。例如，《宪法》第35条规定，公民有言论、出版、集会、结社、游行、示威的自由；《监察法》第54条规定，监察机关应当接受民主监督、社会监督、舆论监督。在党内法规层面，同样肯定了舆论监督的重要地位，但同时也特别重视其正确的导向作用。例如，《中国共产党党内监督条例》第39条规定："各级党组织和党的领导干部应当认真对待、自觉接受社会监督，利用互联网技术和信息化手段，推动党务公开、拓宽监督渠道，虚心接受群众批评。新闻媒体应当坚持党性和人民性相统一，坚持正确导向，加强舆论监督，对典型案例进行剖析，发挥警示作用。"

在现行法律和党内法规对媒体舆论作出规定的基础上，未来的监察制度改革可以尝试在条件成熟时制定一部《舆论监督法》，规定舆论监督的主体、行为、内容、程序、新闻媒体和记者的权利义务、新闻纪律、职业道德、法律责任等事项，使媒体舆论的监督走上法治化道路，充分发挥媒体舆论监督在权力监督制约和反腐败斗争中不可替代的作用。

代结语 ◀ 建立健全中国监察法律制度体系

世界范围内对贪污贿赂犯罪这一腐败的最严重情形进行专门立法的国家和地区有 30 多个，涉及的反腐败相关法案也超过了 100 部。例如，英国颁布有 1889 年《公共机构腐败行为法》（*Public Bodies Corrupt Practices Act*）、1906 年《预防腐败法》（*Prevention of Corruption Act*）和 2010 年《贿赂法》，在腐败规制中发挥了重要作用。中国香港地区也尤其重视反腐败的专门立法，陆续颁布有《廉政公署条例》《防止贿赂条例》《选举（舞弊及非法行为）条例》。综览各个国家和地区的反腐败立法例，主要涉及打击腐败犯罪的刑事类法律、明确反腐败专门机构职责类法律、政务公开类法律、财产申报类法律、从政道德类法律、公职人员的纪律和处分类法律、问责类法律等。其中，依法惩治和预防腐败，是它们的共同选择；注重基础性、支柱性的综合立法与重点领域、重点人员的专门立法相结合，兼顾其他具体的、操作性强的法律的配套和辅佐，是它们的共同特征。

反腐败的法治化，关键在于形成层次分明、有机配合、互相衔接且标本兼治、注重预防的规范化的反腐败法律制度体系。党的十九大报告指出，反腐败斗争压倒性态势已经形成并巩固发展，但形势依然严峻复杂，有必要继续推进反腐败的国家立法。目前，采用集中立法和系统立法的方式制定出台的《监察法》，初步解决了作为国家反腐败的基本法律、综合法律的问题，是中国反腐败走向法制化和法治化的一个重要标志。在此基础上，一方面，需要处理好现有制度和规则的配合工作，做好国家法律与党内法规、国家法律与地方法律、专门法律与配套规定之间的衔接协调，以解决现有制度缺乏统一性、系统性的问题；另一方面，除已经制定的《重大行政决策程序暂行条例》和《中华人民共和国政府信息公开条例》（以下简称《政府信息公开条例》）等法规条例之外，仍然亟须在法律层面上建立起与《监察法》相配套的一系列“躲不开、绕不过”的单行法律，包括但不限于举报人保护法、信息公开法、财产申报法、从政道德法等，这些法律对于建立健全中国的监察法律制度体系及形成中国特色的反腐败法律制度体系，具有不可或缺的重要意义。

一、制定举报人保护法

基于腐败问题线索的难以获得，尤其在行贿受贿等对合犯的情形下，腐败案件的立案、侦破等工作就显得异常艰难。因此，世界各国均在其法律制度体系中特别重视对控告检举腐败情形的人员的特殊保护。例如，在2014年“透明国际”组织发布的《G20成员国举报人保护法制调查报告》中排名第一的美国，拥有联邦法、州法和判例法组成的庞大的举报人法律制度保护体系。其中，联邦法律的数量达到了近百部，各州议会基本都拥有自己的举报人保护法。与法制发达国家的立法模式不同，法制发展中国家多采取集中立法的方式制定举报人保护法，如2010年《马来西亚举报人保护法》和2011年《印度举报人保护法》。此外，国际性组织也特别关注对举报人的保护工作，如《联合国反腐败公约》第33条单列一条专门规定保护举报人：“各缔约国均应当考虑在本国法律制度中纳入适当措施，以便对出于合理理由善意向主管机关举报涉及根据本公约确立的犯罪的任何事实的任何人员提供保护，使其不致受到任何不公正的待遇”。《G20国家反腐行动计划书》也号召成员国加大对举报人的保护力度，加快对举报人保护的法制发展。

中国现有关于举报人保护的规定散见于《宪法》《刑法》《刑事诉讼法》和原《行政监察法》等宪法法律及其司法解释，最高人民检察院、公安部、财政部联合发布的《关于保护、奖励职务犯罪举报人的若干规定》等部门规章，以《中国共产党纪律检查机关控告申诉工作条例》等党内法规之中。整体而言，在举报人的保护方面，中国的相关规定仍然存在着以下问题：规定分散，欠缺体系化的专门法律；保护范围过窄；缺乏专门的保护机构，分工不明；保护措施不周密，事前预防措施不足，事后惩罚措施软弱，无法规制隐性报复；举报人的奖励金额偏低，奖励方式单一；举报人的经济损失补偿规定欠缺。有文章指出，“我国举报人的处境比较尴尬，一些基本的权利得不到保障，严重影响了举报人的生存状态”。[1]

制定科学的举报人保护法，应当特别关注以下问题。

首先，结合举报人保护实践过程中出现的情况和问题，制定一部综合性、基础性的举报人保护法，全面细致地规定举报的程序、举报的受理机关、举报人的权利义务、对举报人的安全保护措施、对举报人的补偿救济机制、对举报人的奖励制度、打击报复举报人的法律责任等事项，并且要坚决避免法律的原则性过强和操作性不足等问题。或者，从调整和保护对象在性质上的近似性出发，将举报人和证人、鉴定人、被害人综合在一起，制定一部统一的举报人、证人、鉴定人和被害人保护法。例如，《联合国反腐败公约》第 32 条“保护证人、鉴定人和被害人”将证人、鉴定人和被害人列为一类，号召各缔约国对上述人员提供包括但不限于人身保护、作证时的保护、移管协定或安排及被害人的意见得到表达和考虑等方面的保护；并酌情为其亲属和关系密切者提供上述保护。

其次，着眼于举报的流程和各个环节，全面完善举报人信息的保密机制。举报人信息的保密，尤其是实名举报人信息的安全，是支撑举报人保护法的基石性制度，也是免除举报人后顾之忧的关键措施。应当以举报流程和举报环节为切入，在个人或单位举报的受理、存放、报送移转、调查核实和答复等所有环节规定严格的保密措施。例如，严禁被举报对象接触举报材料，尽量减少举报材料的流转环节；采用先进的保密技术，严格管控举报材

[1] 吴丹红．举报人法律保护的实证研究——从检察机关与举报人的关系切入［J］．法治论坛，2007（2）：29−53.

料的接触人员范围，严禁泄露举报内容和举报人的姓名、住址、电话、工作单位等个人性信息；在举报人以证人身份参与案件程序时，注意采取不披露或者限制披露真实的个人性信息或者以化名替代的针对性保护措施，涉及出庭作证的还可以视情况采取不暴露外貌特征、将声音作技术处理或者允许视听类通信技术或其他适当手段等保护性措施；在举报线索查证属实应当予以相应精神或物质奖励时，仍应注意对被举报人信息的严格保护；建立健全保密信息泄露时的责任追究机制，规定因泄密、失密而导致举报人遭受打击报复的责任人员，应当承担民事、行政甚至刑事性质的责任。

最后，建立专门的举报人保护机构，明确举报人保护工作的分工。根据《宪法》对检察院的法律监督机关的定位，将检察院确定为举报人的专门保护机构是适当的，但同时应当明确在举报人向公安机关、法院、政府等其他国家机关寻求保护时，必须在采取了充分有效的保护措施之后才能将举报人移交检察院。举报人保护机构的保护对象不仅限于举报人，还应当包括举报人的亲属，以及在特定情形下与举报人关系密切的人。保护的事项不仅涉及上述人员的人身和财产安全，还包括住宅安全，以及在上述人员因举报而遭受被举报人或者其所在单位不公正对待、打击报复时的救济措施。保护的措施，在更广泛的意义上，还应当包括对举报人因举报而遭受物质损失的补偿救济机制，举报线索查证属实或者协助侦破案件方面有功的举报人的精神和物质奖励，以及在举报人保护工作中失职渎职人员的纪律责任和民事、行政、刑事性质的责任追究机制。此外，对举报人采取迁居、更换身份信息等安全保护措施，也是进一步的强化保护措施。

二、出台信息公开法

阳光是最好的防腐剂，信息公开在实质上是媒体舆论监督和社会公众监督的延展，在借助互联网、自媒体等现代化的科技手段后，信息公开在反腐败中的重要作用，已经为世界各国所高度重视。反腐败卓有成效的国家，往往规定有政府公开或者情报自由方面的规定，如瑞典、韩国、美国、加拿大、新西兰、爱尔兰、澳大利亚等国。此外，《联合国反腐败公约》第10条规定，各缔约国均应采取施行各种程序或者条例，使公众了解公共行政部门的组织结构、运作和决策过程，以及在考虑隐私保护和个人资料的情况下使公众了解与其有关的决定和法规；酌情简化行政程序，以便于公众与主管决策机关联系；公布包括公共行政部门腐败风险问题定期报告在内的资料等必要措施，提高公共行政部门的透明度。

《政府信息公开条例》对政府信息公开的事项、范围、方式、程序、监督和保障等问题作出了规定，但仍然存在着诸多问题。例如，《政府信息公开条例》以条例的形式出现，属于国务院颁布的行政法规而非法律，效力位阶较低；仅限于政府这一行政机关，而不包括立法机关、司法机关、监察机关等国家机关和党的机关，信息公开的适用面较窄；仅限于公开组织机构等一般性的信息，并不包括行政权力的运作、决定和决策过程等相关信息，信息公开的事项较少。此外，信息公开的申请程序有待完善，信息公开的形式过于单一，信息公开的社会公众参与度不高等问题，也值得进一步关注。

因此，在信息公开方面，可以在总结、提炼《政府信息公开条例》实践经验的基础上，重点关注以下问题。

首先，与时俱进地制定出台信息公开法，采取位阶更高的法律形式，以权力运行的全过程公开为原则，确立决策公开、办事公开、公务公开等一系列具体制度，规定信息公开的主体及其职责范围、公开事项及其范围、申请人的权利义务、公开的形式程序、对公开的监督追责机制，以及鼓励和引导社会公众参与等内容，并注意与《中华人民共和国档案法》《中华人民共和国保守国家秘密法》等法律相互衔接和协调。

其次，扩大信息公开的范围。原则上来说，信息公开的主体不仅包括政府行政部门，还应当涵盖所有经费来源为财政拨款的单位、机构，以及那些虽然未接受拨款但却涉及公共利益的单位，如立法机关、司法机关、监察机关等国家机关和党的机关、政治协商会议、共青团、妇联等。信息公开的事项，不仅包括组织机构、办事流程等一般性信息，原则上公共权力的运行过程及所有涉及公民、法人或者其他组织合法权益的事项，都应当在相应的范围内将决策过程、决策参考信息连同处理结果一起公开。例如，在财政预算信息，尤其是“三公”经费方面，需要加大公开力度，推行年度公开制度。当然，在信息公开影响国家利益、公共利益或第三方的合法权益时，应当予以公开义务的豁免，但同时应当以具体列举的方式规定相应情形。

最后，完善信息公开的形式和程序。在信息公开的形式方面，明确以主动公开为原则，被动公开为例外。在具体落实公共权力机关主动公开的同时，还要特别关注应民众申请的被动公开形式的落实，并且注重对社会公众参与信息公开的教育和引导。在信息公开的程序方面，要尤其重视不主动公开情形的界定和适用，以及拒绝公开申请时的复审、复议、投诉、信访及提起诉讼等救济途径。

具体到监察工作领域的信息公开，《监察法》第54条原则性地规定，监察机关应当依法公开监察工作信息，接受民主监督、社会监督、舆论监督。在监察制度未来的实践过程中，监察机关应当注意监察工作的公开性和透明性，确立监察工作信息以公开为原则、以不公开为例外的宗旨，除涉密事项外，一律向社会公开，以便公众了解情况和接受公众监督。在反腐败形势依然严峻复杂的当下，监察机关信息公开的努力方向应当确定为强化主动公开，通过召开新闻发布会、搭建与媒体舆论监督的常规沟通交流平台、建立典型案件的及时通报制度等机制，利用电子监察、网络问政、热线电话等形式多样、机动灵活的方式，畅通媒体的宣传报道渠道，拓展与公众的信息交流途径，让公众在了解相关信息的过程中增进对监察机关的信赖。

三、颁布财产申报法

国际社会普遍重视财产申报制度在预防腐败中的重要功能，要求不同范围的公职人员在任职期间，依法向社会公布其个人收入和家庭财产，接受媒体舆论和社会公众的监督。例如，芬兰的法律规定，议会监察专员须进行利益申报；新加坡的法律规定，所有公务员在任职前均须进行个人财产申报，在任职后财产状况变动时还应当主动填写财产申报清单并写明变动原因以替换原财产申报清单，并交由反贪污调查局审查核实。整个欧洲的国家基本都建立有财产申报制度，尤其是北欧普遍推行政府官员财产申报、财产信息公开以及金融实名存款制度，形成了名副其实的“阳光政府”和“透明官员”，仅有法国等个别国家虽然也有官员财产申报制度但并不将官员财产信息在社会范围内公示。俄罗斯、泰国、尼日利亚、巴基斯坦等国，也要求公职人员一律申报财产；美国、韩国、埃及、墨西哥等国家，也区分官员的不同级别要求其进行相应的财产申报。据世界银行在2012年对全球176个国家的调查报告显示，137个国家和地区已经建立起官员财产申报制度，其中，93%的国家要求内阁成员申报财产和收入，91%的国家要求国会成员报备财产状况，43%的国家将上述官员的财产信息公布于众。[1]《联合国反腐败公约》第8条“公职人员行为守则”第5款规定：“各缔约国均应当根据本国法律的基本原则，酌情努力制订措施和建立制度，要求公职人员特别就可能与其公职人员的职能发生利益冲突的职务外活动、任职、投资、资产以及贵重馈赠或者重大利益向有关机关申报。”1996年联合国大会第51/59号决议通过的《公职人员国际行为守则》第3节“公布资产”第8条规定：“公职人员应视本人的职务并根据法律和行政政策的许可或要求，按要求公布或披露，并在可能的情况下，公布或披露其配偶和/或其他受赡养者的私人资产和债务。”[2]

中国法律在财产申报方面的制度性、体系性规定尚付之阙如，《关于党政机关县（处）级以上领导干部收入申报的规定》《关于领导干部报告个人重大事项的规定》《关于领导干部报告个人有关事项的规定》《领导干部报告个人有关事项规定》和《领导干部个人有关事项报告查核结果处理办法》等

---

[1] 张慧．世界银行：全球137个国家已建立官员财产申报系统［N］．青年参考，2013-05-29(7).

[2] 该规范性文件于1996年12月12日第51届联合国大会第59号决议通过，对联合国的成员国并不具有强制约束力，但却具有道义上的拘束力，联合国鼓励各成员国予以落实。

一系列前后替代的党内法规在政治实践中实际上发挥着财产公示的试验和探索作用，为未来国家相关法律的制定积累宝贵的实践经验和教训。[1]整体而言，目前的财产申报制度，存在着诸多问题。在国家法律层面出现制度性空白，仅仅在党内法规层面有所涉及，尚无法名正言顺地在整个国家范围内适用；报告的主体范围过于狭窄，原则上仅适用于县处级副职以上的领导干部（含非领导职务干部）及央企领导班子成员和中层管理人员、省市管理的国企领导班子成员，而不是所有行使公权力的公职人员；报告的内容不全面，在官员配偶和子女的收入[2]、继承或接受大额馈赠、土地使用权和机动车（船）等事项上的要求欠缺；核查机制的不健全导致报告的真实性难以核实，没有厘清组织（人事）部门与纪律检查机关（机构）的日常监管性职责，给虚报、瞒报行为以可乘之机；不遵守财产申报规定的责任追究机制和惩戒措施过于笼统、原则，缺乏可操作性。

在财产申报法的制定过程中，应当特别关注以下问题。

首先，以目前正在实施的党内法规层面的领导干部报告个人有关事项制度为基础，借鉴域外相关实践经验，循序渐进、审慎稳妥地制定一部符合我国国情的财产申报法。财产申报法主要规定财产申报的主体范围、申报的财产范围、申报的形式程序、对申报情况的调查核实及申报不实的责任追究等内容。以是否与公共利益密切相关为判断标准，合理地界定财产所要求的报告信息与申报主体的隐私权之间的关系，出于维护公共利益的目的而要求财产申报主体报告其个人及家庭成员的相关财产信息时，不得视为侵犯申报人的隐私权。

---

❶ 郭世杰．党内法规与国家法律的衔接和协调［M］．北京：中国民主法制出版社，2021：162－165.

❷ 2000 年，十五届中央纪委第五次全会要求建立领导干部家庭财产报告制度，并首先在省（部）级现职领导干部中实行。2001 年，中共中央纪委、中共中央组织部联合印发《关于省部级现职领导干部报告家庭财产的规定（试行）》（中纪发〔2001〕9 号），要求省部级现职领导干部每两年书面报告本人及其配偶、抚养子女的财产情况，并于当年 7 月在全国范围内开展了第一次家庭财产报告工作。遗憾的是，这项制度并没有随后继续贯彻。

其次，具体落实财产申报后的财产状况公开以及核查工作，避免仅有财产申报的形式而无财产申报的实质，申报与公开、核查相脱节等现象。申报人出具的书面授权，能够解决有关部门核查其申报财产事项真实性的合法性问题。在财产信息的公开方面，要建立严格、规范的财产申报材料的保密、查阅及使用程序，具体落实申报信息公开的场所、时间和方式等事项，使得相关单位或权利人在履行相关程序后能够查阅，并依照登记的期限、用途进行使用。在财产信息的核查方面，不再沿袭现行由组织（人事）部门对党员领导干部的财产申报材料进行抽查的方法，而是原则上实行普遍核查机制，由监察机关组织内设机构和人员负责此项工作，并在核查出相应问题时转入监察程序并追究申报主体的纪律或民事、行政和刑事责任，从而与《监察法》的规定和监察机关的职能相契合。

最后，财产申报制度的具体落实，应当注意不动产登记制度、个人信息管理制度、金融管理制度等一系列具体制度的支撑和辅助。这主要包括：针对性地完善全国性的不动产登记制度，建立有关不动产的信息化、网络化的登记机构和登记主体、程序、责任等事项；以中国人民银行征信中心的个人信用信息服务平台和中国人民银行、中华人民共和国公安部共建的公民身份信息的联网核查系统为基础，完善个人的信息管理系统，构建公民信用信息统一平台；完善金融监管制度，落实银行存款、证券、股票、期货、信托基金、保险等金融行业的账户实名制度，落实大额现金流动的登记报告制度，并尝试与银行、税务、工商等部门的经常性合作机制等。例如，中国自 2000 年开始，先后推行《个人存款账户实名制规定》和单位银行账户实名制，2006 年又颁布《中华人民共和国反洗钱法》，并不断开展金融账户实名制的专项治理行动，以应对开设匿名、假名账户和买卖、出租、出借账户（银行卡）等违规违法行为。

四、订立公职人员行为守则

自20世纪初，不少国家开始着手在公职人员的道德体系建设领域推行立法，将柔性的道德约束转变为硬性的法律制约，实现自律与他律的有机融合，以强化公职人员的职业行为准则和培育其道德操守。例如，美国在“水门事件”后制定有《政府道德法》《政府道德改革法》《美国政府官员及雇员的行政伦理行为准则》《美国行政部门工作人员伦理行为准则》等法律法规，内容涉及酬金、职务外收入、礼品、旅游等各个方面，形成较为全面系统的公职人员道德法律体系。《英国公务员荣誉法典》和《法国政治家生活资金透明度法》也对公职人员的兼职、经商、参与政治活动等从政道德事项作出了相应规定。《联合国反腐败公约》第8条“公职人员行为守则”第1款至第3款规定，为了打击腐败，各缔约国均应当根据本国法律制度的基本原则，在本国公职人员中特别提倡廉正、诚实和尽责，努力适用正确、诚实和妥善履行公务的行为守则或者标准，酌情考虑区域、区域间或者多边组织的有关举措。

比较而言，中国在公职人员守则方面，除一部综合性的《公务员法》和特定领域的《法官法》《检察官法》《监察官法》之外，尚未通过制定专门法律的形式予以推行，而是特别倚重以《中国共产党廉洁自律准则》为代表的党内法规。《中国共产党廉洁自律准则》虽然名义上仅仅是对党员领导干部和全体党员的行为规范和道德约束，但实质上却调整和规范了包括党组织、党员与其他非党组织、非党员的整个社会的行为。例如，《党政机关厉行节约反对浪费条例》《关于厉行节约、反对食品浪费的意见》《中央政治局关于改进工作作风、密切联系群众的八项规定》及其实施细则的践行和落实，在整个国家范围内掀起了一场厉行节约、反对浪费的浪潮，同时也极为有力地带动了公职人员的行为走向规范化、文明化。但是，与前述财产申报的情况相似，中国关于公职人员守则的规定主要集中于党内法规层面，欠缺国家法律的规定；规定的内容比较分散、原则，欠缺系统性、操作性。

在制定出台公职人员行为守则的过程中，应当特别关注以下问题。

首先，结合《公务员法》《法官法》《检察官法》《监察官法》的贯彻实施，在国家法律和党内法规层面初步形成的回避、交流轮岗、领导干部及其配偶子女从业限制、廉洁自律、兼职离职等制度的基础上，提炼出一些重要的理念、原则、制度和规则，并通过法律的形式区分公职人员的教育管理、日常监督、行为规范、法律责任等内容予以全面、集中、系统地加以规定。例如，《监察法实施条例》第14条确立了监察机关对公职人员的政治品行、行使公权力、道德操守情况监督检查的权力；并在第257条进一步明确，监察人员的准入应严把政治关、品行关、能力关、作风关和廉洁关，监察人员应具有忠诚坚定、担当尽责、遵纪守法和清正廉洁等条件。

其次，重视将公职人员行为守则内化于心、外化于行，通过提高公职人员的从政道德水平来带动和引领整个社会自觉践行遵纪守法、诚实守信和以廉为荣、以腐为耻的良好的社会风气和积极的道德氛围。这就要求在坚持“零容忍”惩治腐败政策和践行抓早、抓小理念严厉打击腐败的同时，还应当加强对社会公众，尤其是公职人员的职业守则规划、廉政教育和道德熏陶，从作为第一位的人的思想根源层面预防腐败。例如，可以加强对公职人员的初任培训、定期培训，为面临职业道德问题的公职人员提供疏导和指引机制，建立健全公职人员违反职业道德行为的责任追究、执行机制和复审、复议、申诉等救济渠道，完善对遵守职业道德行为的激励和奖励机制。

最后，具体到监察工作人员的资格和行为守则，《监察法》第56条规定：“监察人员必须模范遵守宪法和法律，忠于职守、秉公执法，清正廉洁、保守秘密；必须具有良好的政治素质，熟悉监察业务，具备运用法律、法规、政策和调查取证等能力，自觉接受监督。”可以效仿和借鉴司法领域公职人员的相关规定，对监察工作人员的任职资格和职业道德、职业操守、职业荣誉等进行统一规定，促使其形成身份和职业认同，提供其职业归属感和荣誉感。例如，2002年《美国班加洛尔司法行为准则》规定了司法人员的职业行为规范，由毒品和犯罪问题办公室发起并由最高法院大法官和其他资深法官组成的美国司法廉洁小组于 2007 年开始起草对该准则的细化和注释，以便更好地指导司法人员的司法行为准则。

值得注意的是，《中华人民共和国法官职业道德基本准则》也是基于“加强法官职业道德建设，保证法官正确履行法律赋予的职责”的目标，由最高人民法院于 2001 年发布、2010 年修订实施，该准则将法官职业道德的核心界定为“公正、廉洁、为民”，基本要求是“忠诚司法事业、保证司法公正、确保司法廉洁、坚持司法为民、维护司法形象”。最高人民检察院也分别于 2009 年和 2016 年先后印发了《中华人民共和国检察官职业道德基本准则（试行）》和《中华人民共和国检察官职业道德基本准则》，将检察官职业道德准则概括为“坚持忠诚品格，永葆政治本色；坚持为民宗旨，保障人民权益；坚持担当精神，强化法律监督；坚持公正理念，维护法制统一；坚持廉洁操守，自觉接受监督”。在此之前，作为行业性规定，中华全国律师协会还于 1996 年通过、2001 年修订了《律师职业道德和执业纪律规范》，中华全国专利代理师协会于 1998 年通过了《专利代理人职业道德和执业纪律规范》等。

五、建立私营部门反腐机制

建立健全中国监察法律制度体系，还应当特别关注私营部门的反腐机制的构建及其与国内法和国际或区域性条约之间的衔接机制。

《联合国反腐败公约》第 12 条“私营部门”第 1 款规定，各缔约国均应当根据本国法律的基本原则采取措施，防止涉及私营部门的腐败，加强私营部门的会计和审计标准，并酌情对不遵守措施的行为规定有效、适度而且具有警戒性的民事、行政或者刑事处罚；第 2 款规定了促进执法机构与有关私营实体之间的合作，促进制订各种旨在维护有关私营实体操守的标准和程序，增进私营实体透明度，防止滥用对私营实体的管理程序，特定情形下出于避免利益冲突的目的适当限制原公职人员的职业活动或者辞职或退休后在私营部门的任职，确保私营企业实行有助于预防和发现腐败的充分内部审计控制等6项可以采取的措施。《联合国反腐败公约》第21条规定了应当规定为犯罪的“私营部门内的贿赂”情形，第22条规定了应当规定为犯罪的“私营部门内的侵吞财产”情形，分别相当于中国刑事法律中的商业贿赂犯罪和职务侵占罪。

此外，国际或区域性条约中关于反腐败的管辖权规定、资产追回、跨境合作、预防措施等规定，也是各缔约国修订和完善相应国内立法的有益参考和绝佳借鉴。例如，加拿大在加入《联合国反腐败公约》后，修改了1999年《加拿大海外反贿赂法案指导意见》并将其提升为法律，还在其刑事法典中增设相应的腐败贿赂犯罪；英国在与经济合作与发展组织签订《关于公共官员受贿的协议》后，将相关内容吸收到2003年《英国反腐败法》中。

腐败与人类社会公共权力的出现相伴而生，并延续至今，是人类社会的一大痼疾，各国国情的差异和政治制度的不同也使得应对腐败的监察制度各具特色。许多新兴的经济发展中国家，在创造了世界瞩目的经济成就的同时，也面临着国家治理能力和治理体系尚未实现现代化的困境，以及随之而来的以政府权力为代表的公共权力扩张所导致的权力滥用和贪污腐败等问题。中国目前正处于改革开放和中华民族伟大复兴的重要历史阶段，在政治、经济、文化、社会等各个方面都在经历着破旧规、立新制的重大变革，公有制经济体制下的政府拥有更强的调控社会公共资源的能力和更大的行政权力，更容易引发腐败的滋生和蔓延。中国共产党向来高度重视反腐败斗争，并将坚决惩治和预防腐败上升到关系党的人心向背和生死存亡的高度，当下正在进行的国家监察制度改革和监察机构科学规范运行即是探索集中统一、权威高效地反腐败的努力，对加强反腐倡廉、构建廉洁社会和推进全面依法治国具有重要意义。但要客观认识与正确把握反腐败斗争的长期性、复杂性和艰巨性，与此相适应，反腐败的相关立法从来也不是一蹴而就、一劳永逸的，而是一个长期、动态的过程，随着时代的变化和实践的深入而不断发展完善。例如，英国早在1889年就制定了世界上第一部反腐败专门法律——《英国公共机构腐败行为法》，该法在此后的120多年里经过多次修订完善，并于2010年成为《英国反贿赂法》；瑞典100多年前制定的《瑞典反行贿受贿法》，也分别在1919年、1962年和1978年经过多次修正。因此，中国监察制度的改革与完善也是一个永远在路上的工程，要注意从自身的历史文化传统、政治权力架构、社会制度安排和现实政治需求等各方面的具体情况出发，与时俱进地及时调整其存在的不足与缺陷，保证改革始终走在法制与法治的道路上。

参考文献

一、著作

[1] 钱端升，萨师炯，等．民国政制史：上册［M］．北京：商务印书馆，1945.

[2] 中共中央马克思恩格斯列宁斯大林著作编译局．马克思恩格斯全集：第21卷［M］．北京：人民出版社，1965.

[3] 孙中山．孙中山选集［M］．北京：人民出版社，1981.

[4] 邓小平．邓小平文选：第2卷［M］．北京：人民出版社，1983.

[5] 中共中央马克思恩格斯列宁斯大林著作编译局．列宁全集：第43卷［M］．北京：人民出版社，1987.

[6] 林代昭．中国监察制度［M］．北京：中华书局，1988.

[7] 李士英．当代中国的检察制度［M］．北京：中国社会科学出版社，1988.

[8] 大明会典［M］．扬州：江苏广陵古籍刻印社，1989.

[9] 毛泽东．毛泽东选集：第2卷，第3卷［M］．北京：人民出版社，1991.

[10] 皮纯协，潘祜周，王英昌，等．中外监察制度简史［M］．郑州：中州古籍出版社，1991.

[11] 中央档案馆．中共中央文件选集：第1卷［M］．北京：中共中央党校出版社，1992.

[12] 邱永明．中国监察制度史［M］．上海：华东师范大学出版社，1992.

[13] 陈哲夫．监察与监督［M］．北京：北京大学出版社，1994.

[14] 周其华．中国检察学［M］．北京：中国法制出版社，1998.

[15] 胡建淼．比较行政法：20国行政法评述［M］．北京：法律出版社，1998.
[16] 李强．自由主义［M］．北京：中国社会科学出版社，1998.
[17] 邱永明．中国封建监察制度运作研究［M］．上海：上海社会科学院出版社，1998.
[18] 刘政等．人民代表大会工作全书：1949—1998［M］．北京：中国法制出版社，1999.
[19] 张晋藩．中国法制通史［M］．北京：法律出版社，1999.
[20] 张晋藩．中华法制文明的演进［M］．北京：中国政法大学出版社，1999.
[21] 陈瑞华．问题与主义之间［M］．北京：中国人民大学出版社，2000.
[22] 熊武一，周家法．军事大辞海：上［M］．北京：长城出版社，2000.
[23] 童之伟．法权与宪政［M］．济南：山东人民出版社，2001.
[24] 洪浩．检察权论［M］．武汉：武汉大学出版社，2001.
[25] 朱学勤．道德理想国的覆灭——从卢梭到罗伯斯庇尔［M］．上海：上海三联书店，2003.
[26] 中国社会科学院法学研究所《法律辞典》编委会．法律辞典［M］．北京：法律出版社，2003.
[27] 贾玉英．中国古代监察制度发展史［M］．北京：人民出版社，2004.
[28] 杨鸿年，欧阳鑫．中国政制史［M］．武汉：武汉大学出版社，2005.
[29] 林钰雄．刑事诉讼法：上册［M］．北京：中国人民大学出版社，2005.
[30] 唐晓，王为，王春英．当代西方国家政治制度：修订版［M］．北京：世界知识出版社，2005.
[31] 赵荣耀．走向国际——“监察院”之国际参与、交流与扎根［M］．台北：秀威信息科技股份有限公司，2005.
[32] 邱永明．中国古代监察制度史［M］．上海：上海人民出版社，2006.
[33] 黄彦．孙文选集：下册［M］．广州：广东人民出版社，2006.

[34] 窦效民，王良启．中国共产党反腐倡廉历程 [M]．郑州：郑州大学出版社，2006.
[35] 苏力．制度是如何形成的：增订版 [M]．北京：北京大学出版社，2007.
[36] 张智辉．检察权研究 [M]．北京：中国检察出版社，2007.
[37] 吴庚．政法理论与法学方法 [M]．北京：中国人民大学出版社，2007.
[38] 中华人民共和国监察部．中国监察年鉴：1992—1997 年卷，上册 [M]．北京：中国方正出版社，2007.
[39] 王桂五．王桂五论检察 [M]．北京：中国检察出版社，2008.
[40] 林钰雄．检察官论 [M]．北京：法律出版社，2008.
[41] 原晓红．廉鉴咀华 [M]．北京：中国方正出版社，2008.
[42] 龙宗智．证据法的理念、制度和方法 [M]．北京：法律出版社，2008.
[43] 杜兴洋．行政监察学 [M]．武汉：武汉大学出版社，2008.
[44] 林钰雄．刑法与刑诉法交错适用 [M]．北京：中国人民大学出版社，2009.
[45] 孙谦．中国特色社会主义检察制度 [M]．北京：中国检察出版社，2009.
[46] 朱孝清，张智辉．检察学 [M]．北京：中国检察出版社，2010.
[47] 刘国栋．纪检监察原理与方法精要 [M]．北京：中国方正出版社，2010.
[48] 赵贵龙．中国历代监察制度 [M]．北京：法律出版社，2010.
[49] 杨天欣．推进惩治和预防腐败体系机制建设 [M]．上海：上海教育出版社，2010.
[50] 王英津．台湾地区政治体制分析 [M]．北京：九州出版社，2010.
[51] 张明楷．刑法学 [M]．4 版．北京：法律出版社，2011.
[52] 王正．监察史话 [M]．北京：社会科学文献出版社，2011.
[53] 胡沧泽．中国监察史论 [M]．北京：中国书籍出版社，2012.

[54] 袁钢．欧盟监察专员制度研究 [M]．北京：中国政法大学出版社，2013.
[55] 傅杰．纪检监察工作研究 [M]．北京：中国方正出版社，2013.
[56] 王玄玮．中国检察权转型问题研究 [M]．北京：法律出版社，2013.
[57] 何家弘，刘品新．证据法学 [M]．5 版．北京：法律出版社，2013.
[58] 中央纪委监察部外事局．海外监督制度与实践 [M]．北京：中国方正出版社，2013.
[59] 钱穆．中国历代政治得失 [M]．北京：九州出版社，2014.
[60] 余蔚．中国古代地方监察体系运作机制研究 [M]．上海：上海古籍出版社，2014.
[61] 徐式圭．中国监察史略 [M]．上海：上海三联书店，2014.
[62] 石毅．监察论 [M]．北京：光明日报出版社，2014.
[63] 沈跃东．宪法上的监察专员研究 [M]．北京：法律出版社，2014.
[64] 胡勇．复合型态的检察权能：中国检察改革再思考 [M]．北京：法律出版社，2014.
[65] 宋文瑄，展西亮．中国巡察制度概览 [M]．北京：红旗出版社，2014.
[66] 过勇，宋伟．中国县级纪检监察机构改革研究 [M]．北京：清华大学出版社，2014.
[67] 杨绪盟，黄宝荣．腐败与制度之“笼”[M]．北京：人民出版社，2014.
[68] 本书编委会．文官之监察 [M]．北京：国家图书馆出版社，2014.
[69] 陈瑞华．刑事证据法的理论问题 [M]．北京：法律出版社，2015.
[70] 於兴中．法治东西 [M]．北京：法律出版社，2015.
[71] 王希．原则与妥协：美国宪法的精神与实践 [M]．北京：北京大学出版社，2015.
[72] 林来梵．宪法学讲义 [M]．北京：法律出版社，2015.
[73] 吴经熊．正义之源泉 [M]．北京：法律出版社，2015.
[74] 苏力．法治及其本土资源 [M]．3 版．北京：北京大学出版社，2015.

[75] 焕力．中国历史廉政监察研究［M］．武汉：武汉大学出版社，2015.
[76] 赵晨光．芬兰合作监察专员法、政府行为公开法案、预防和消除洗钱嫌疑法［M］．北京：中国方正出版社，2015.
[77] 许云昭．纪检监察工作的理论与实践：全3册［M］．长沙：湖南人民出版社，2015.
[78] 赵琳琳．澳门司法制度新论［M］．北京：社会科学文献出版社，2015.
[79] 中共中央纪律检查委员会，中共中央文献研究室．习近平关于党风廉政建设和反腐败斗争论述摘编［M］．中央文献出版社，中国方正出版社，2015.
[80] 本书编写组．纪检监察机关依纪依法办案必备法规手册［M］．北京：中国方正出版社，2015.
[81] 胡锦光，韩大元．中国宪法［M］.3版．北京：法律出版社，2016.
[82] 邓思清．中国检察制度概览［M］．北京：中国检察出版社，2016.
[83] 欧阳庆芳．国家治理视野下的纪检监察研究［M］．武汉：华中师范大学出版社，2016.
[84] 贺清龙．中国监察通鉴：全11册［M］．北京：人民出版社，2016.
[85] 钱晓萍．行政监察法概论［M］．北京：中国政法大学出版社，2016.
[86] 翟继光．纪检监察案件检查、案件审理常用法律法规及典型案例分析［M］．北京：中国民主法制出版社，2016.
[87] 本书编写组．纪检监察机关办案常用法规手册［M］. 北京：法律出版社，2016.
[88] 国家图书馆出版社．民国时期监察史料续编：全24册［M］．北京：国家图书馆出版社，2016.
[89] 本书编委会．纪检监察执纪审查工作图解［M］. 北京：中国方正出版社，2016.
[90] 贺文华．中外廉政制度比较［M］．北京：中国政法大学出版社，2016.
[91] 张晋藩．中国近代监察制度与法制研究［M］．北京：中国法制出版社，

2017.
[92] 张晋藩．中国古代监察法制史［M］．南京：江苏人民出版社，2017.
[93] 本书编写组．纪检监察办案程序规定［M］．北京：中国方正出版社，2017.
[94] 姜明安．监察工作理论与实务［M］．北京：中国法制出版社，2018.
[95] 孙宗一．国民政府监察院分区监察制度的历史考察与当代启示［M］．北京：科学出版社，2018.
[96] 中共中央纪律检查委员会法规室，中华人民共和国国家监察委员会法规室．《中华人民共和国监察法》释义［M］．北京：中国方正出版社，2018.
[97] 本书编写组．《中华人民共和国监察法》案例解读［M］．北京：中国方正出版社，2018.
[98] 杨宇冠．监察法与刑事诉讼法衔接问题研究［M］．北京：中国政法大学出版社，2018.
[99] 郭世杰．党内法规与国家法律的衔接和协调［M］．北京：中国民主法制出版社，2021.
[100] 孟德斯鸠．论法的精神［M］．张雁深，译．北京：商务印书馆，1961.
[101] 洛克．政府论［M］．叶启芳，瞿菊农，译．北京：商务印书馆，1964.
[102] 汉密尔顿，杰伊，麦迪逊．联邦党人文集［M］．程逢如，等译．北京：商务印书馆，1980.
[103] 霍布斯．利维坦［M］．黎思复，黎廷弼，译．北京：商务印书馆，1985.
[104] 边沁．道德与立法原理导论［M］．时殷弘，译．北京：商务印书馆，2000.
[105] 柯武刚，史满飞．制度经济学——社会秩序与公共政策［M］．韩朝华，译，北京：商务印书馆，2000.
[106] 维斯兰德尔．瑞典的议会监察专员［M］．程洁，译．北京：清华大学

出版社，2001.

[107] 杜赞奇．文化、权力与国家：1900—1942 年的华北农村［M］．王福明，译．南京：江苏人民出版社，2003.

[108] 博登海默．法理学——法律哲学与法律方法［M］．邓正来，译．北京：中国政法大学出版社，2004.

[109] 唐纳德·J. 布莱克．法律的运作行为［M］．唐越，苏力，译．北京：中国政法大学出版社，2004.

[110] 理查德·A. 爱波斯坦．简约法律的力量［M］．刘星，译．北京：中国政法大学出版社，2004.

[111] 贝弗里奇．贝弗里奇报告——社会保险和相关服务［M］．劳动和社会保障部社会保障研究所，译．北京：中国劳动社会保障出版社，2004.

[112] 理查德·A. 波斯纳．法律、实用主义与民主［M］．凌斌，李国庆，译．北京：中国政法大学，2005.

[113] 富勒．法律的道德性［M］．郑戈，译．北京：商务印书馆，2005.

[114] 罗伯特·阿克塞尔罗德．合作的进化［M］．吴坚忠，译．上海：上海人民出版社，2007.

[115] 彼得·莱兰，戈登·安东尼．英国行政法教科书［M］．杨卫东，译．北京：北京大学出版社，2007.

[116] 切萨雷·贝卡里亚．论犯罪与刑罚［M］．黄风，译．北京：北京大学出版社，2008.

[117] 理查德·A. 波斯纳．资本主义的失败［M］．沈明，译．北京：北京大学出版社，2009.

[118] 阿克顿．自由与权力［M］．侯健，范亚峰，译．南京：译林出版社，2011.

[119] 理查德·道金斯．自私的基因［M］．卢允中，等译．北京：中信出版社，2012.

[120] 詹姆斯·麦迪逊．辩论：美国制宪会议记录［M］．尹宣，译．南京：

译林出版社，2014.

[121] 本杰明·N. 卡多佐．法律的成长 [M]．李红勃，李璐怡，译．北京：北京大学出版社，2014.

[122] 曼瑟尔·奥尔森．集体行动的逻辑 [M]．陈郁，等译．上海：格致出版社，上海三联书店，上海人民出版社，2014.

[123] 霍恩比，等．牛津高阶英汉双解词典：缩印版，第 9 版 [M]．李旭影，等译．北京：商务印书馆，2018.

[124] PACKER H L. The Limits of the Criminal Sanction[M]. Stanford: Stanford University Press, 1968.

[125] DOBNER P, LOUGHLIN M . The Twilight of Constitutionalism?[M] New York: Oxford University Press, 2010.

二、期刊论文

[1] 庞松，韩钢．党和国家领导体制的历史考察与改革展望 [J]．中国社会科学，1987 (6)：3-22.

[2] 季卫东．法律程序的意义：对中国法制建设的另一种思考 [J]．中国社会科学，1993 (1)：83-103.

[3] 黄列．瑞典的监察员制度 [J]．外国法译评，1994 (4)：58-62.

[4] 宫婷，何增科．九十年代中国腐败的形式和特征：带有连续性的变迁 [J]．马克思主义与现实，1999 (1)：40-46.

[5] 郝银钟．检察权质疑 [J]．中国人民大学学报，1999 (3)：71-76.

[6] 谭世贵．论司法独立与媒体监督 [J]．中国法学，1999 (4)：12-19.

[7] 龙宗智．论检察权的性质与检察机关的改革 [J]. 法学，1999(10)：2-7.

[8] 张庆彬，郭云忠．瑞典议会行政监察专员制度介评 [J]．河北法学，2000 (1)：124-126.

[9] 倪培兴．论司法权的概念与检察机关的定位——兼评侦检一体化模式

（上）[J]．人民检察，2000（3）：44-50.

[10] 佚名．九十年代我国腐败现象特点 [J]．中共石家庄市委党校学报，2000（9）：26.

[11] 陈卫东．我国检察权的反思与重构：以公诉权为核心的分析 [J]．法学研究，2002（2）：3-19.

[12] 方立新．从权力制衡角度探索监督理性——质疑现行检察监督兼及权力监督系统的历史学、比较学思考 [J]．中外法学，2002（3）：368-374.

[13] 彭勃．检察权的性质与“检警一体化”理论试析 [J]．当代法学，2002（8）：142-147.

[14] 曹轩宁．监察工作的一次国际盛会——亚洲监察专员协会第七次会议侧记 [J]．中国监察，2002（12）：11-13.

[15] 阚英．简述孙中山的五权宪法思想 [J]．政法论丛，2003（4）：86-88.

[16] 周永年．关于当前检察改革的若干理性思考 [J]．政治与法律，2003（5）：112-116.

[17] 辛苗．亚洲监察专员协会简介 [J]．廉政大视野，2003（12）：52.

[18] 林雅．中国封建监察制度及其得失评析 [J]．法学评论，2004（4）：127-131.

[19] 石少侠．论司法改革中的检察权 [J]．吉林大学社会科学学报，2004（5）：69-79.

[20] 杨尚勇，江水法．中外行政监察专门机构及其核心制度安排的比较研究 [J]．求实，2004（11）：63-65.

[21] 孔祥俊．论法律效果与社会效果的统一：一项基本司法政策的法理分析 [J]．法律适用，2005（1）：26-31.

[22] 石少侠．论我国检察权的性质——定位于法律监督权的检察权 [J]．法制与社会发展，2005（3）：83-93.

[23] 孙季萍．中国古代监察官的选任 [J]．中国监察，2005（14）：63-64.

[24] 秦前红，叶海波．论立法在人权保障中的地位——基于“法律保留”的

视角 [J]. 法学评论，2006（2）：3-10.
[25] 赵晓耕，刘涛. 论中华人民共和国检察监督职能的形成与发展 [J]. 法学家，2006（3）：39-47.
[26] 吴丹红. 举报人法律保护的实证研究——从检察机关与举报人的关系切入 [J]. 法治论坛，2007（2）：29-53.
[27] 王莉. 社会变迁、行政法的变革与监察专员制度的发展 [J]. 浙江学刊，2007（6）：150-154.
[28] 梁木生，荀红兵. 论我国检察权的定位 [J]. 政治学研究，2008（3）：22-32.
[29] 苏力. 法条主义、民意与难办案件 [J]. 中外法学，2009（1）：93-111.
[30] 张国安. 论中国古代监察制度及其现代借鉴 [J]. 法学评论，2009（2）：149-153.
[31] 罗智敏. 对监察专员（Ombudsman）制度的思考 [J]. 行政法学研究，2009（4）：104-111.
[32] 华关根，邹积超，肖亮. 中国检察制度印象评析 [J]. 政治与法律，2009（8）：141-146.
[33] 汤维建. 论检察机关提起民事公益诉讼 [J]. 中国司法，2010（1）：16-20.
[34] 吕涛. 检察建议的法理分析 [J]. 法学论坛，2010（2）：108-114.
[35] 陈云生. 检察权与法律监督机关"疏离"的宪法安排及其寓意解析 [J]. 法治研究，2010（5）：3-8.
[36] 蒋清华. 检察权性质的"法律监督权说"驳论——从科学划分国家权力的角度 [J]. 人大法律评论，2011（1）：161-174.
[37] 本刊特约记者. 宪法与国家政治体制（三）——王汉斌访谈录 [J]. 百年潮，2011（7）：18-23.
[38] 廖中洪. 关于完善《中华人民共和国民事诉讼法修正案（草案）》有关"检察建议"规定的若干问题 [J]. 西南政法大学学报，2012（3）：100-

104.

[39] 强世功．中国宪政模式？——巴克尔对中国“单一政党宪政国”体制的研究［J］．中外法学，2012（5）：952-972.

[40] 蔡杰，汪容．法律监督权与检察权“重合与分离”考论［J］．甘肃政法学院学报，2012（6）：69-75.

[41] 郭世杰．反腐败的刑事法规制论［J］．深圳大学学报（人文社会科学版），2013（2）：77-82.

[42] 田夫．论“八二宪法”对检察院的“双重界定”及其意义［J］．东方法学，2013（6）：152-158.

[43] 刘忠．读解两规：侦查技术视域内的反贪非正式程序［J］．中外法学，2014（1）：209-233.

[44] 王傲寒，李红勃．“护民官”的联合体：国际监察专员协会（IOI）研究［J］．信访与社会矛盾问题研究，2015（6）：74-87.

[45] 马怀德．国家监察体制改革的重要意义和主要任务［J］．国家行政学院学报，2016（6）：15-21

[46] 童之伟．将监察体制改革全程纳入法治轨道之方略［J］．法学，2016（12）：3-13.

[47] 李建国．关于《全国人民代表大会常务委员会关于在北京市、山西省、浙江省开展国家监察体制改革试点工作的决定（草案）》的说明——2016年12月19日在第十二届全国人民代表大会常务委员会第二十五次会议上［J］．中华人民共和国全国人民代表大会常务委员会公报，2017（1）：51-53.

[48] 秦前红．困境、改革与出路：从“三驾马车”到国家监察——我国监察体系的宪制思考［J］．中国法律评论，2017（1）：176-182.

[49] 吴建雄，刘峰．国家监察体制改革：价值、逻辑与路径［J］．求索，2017（1）：27-36.

[50] 童之伟．对监察委员会自身的监督制约何以强化［J］．法学评论，2017

（1）：1-8.

[51] 熊秋红．监察体制改革中职务犯罪侦查权比较研究［J］．环球法律评论，2017（2）：40-60.

[52] 王晓．监察委员会的留置措施论要［J］．北京联合大学学报（人文社会科学版），2017（2）：23-30.

[53] 张建伟．法律正当程序视野下的新监察体制［J］．环球法律评论，2017（2）：61-82.

[54] 马怀德．《国家监察法》的立法思路与立法重点［J］．环球法律评论，2017（2）：5-16.

[55] 秦前红．监察体制改革的逻辑与方法［J］．环球法律评论，2017（2）：17-27.

[56] 陈越峰．监察措施的合法性研究［J］．环球法律评论，2017（2）：93-104.

[57] 吴建雄．论国家监察体制改革的价值基础与制度构建［J］．中共中央党校学报，2017（2）：53-63.

[58] 焦洪昌，叶远涛．监察委员会的宪法定位［J］．国家行政学院学报，2017（2）：7-9.

[59] 姜明安．国家监察法立法的若干问题探讨［J］．法学杂志，2017（3）：1-10.

[60] 韩大元．论国家监察体制改革中的若干宪法问题［J］．法学评论，2017（3）：11-22.

[61] 李红勃．迈向监察委员会：权力监督中国模式的法治化转型［J］．法学评论，2017（3）：150-158.

[62] 胡勇．监察体制改革背景下检察机关的再定位与职能调整［J］．法治研究，2017（3）：88-94.

[63] 秦前红，李雷．监察体制改革的宪法学思考［J］．江苏行政学院学报，2017（3）：121-129.

[64] 陈光中，邵俊．我国监察体制改革若干问题思考［J］．中国法学，2017（4）：23-36.

[65] 李森．国家监察委员会职权的立法配置与逻辑思考［J］．首都师范大学学报（社会科学版），2017（5）：66-74.

[66] 谭世贵．论对国家监察权的制约与监督［J］．政法论丛，2017（5）：3-12.

[67] 王旭．国家监察机构设置的宪法学思考［J］．中国政法大学学报，2017（5）：132-143.

[68] 秦前红．全面深化改革背景下检察机关的宪法定位［J］．中国法律评论，2017（5）：62-67.

[69] 樊崇义，白秀峰．关于检察机关提起公益诉讼的几点思考［J］．法学杂志，2017（5）：78-86.

[70] 陈光中，姜丹．关于《监察法（草案）》的八点修改意见［J］．比较法研究，2017（6）：164-173.

[71] 刘艳红．监察委员会调查权运作的双重困境及其法治路径［J］．法学论坛，2017（6）：5-15.

[72] 秦前红．国家监察体制改革宪法设计中的若干问题思考［J］．探索，2017（6）：31-39.

[73] 卞建林．监察机关办案程序初探［J］．法律科学（西北政法大学学报），2017（6）：50-59.

[74] 汪海燕．监察制度与《刑事诉讼法》的衔接［J］．政法论坛，2017（6）：84-95.

[75] 秦文峰．国家监察体制改革背景下律师帮助权研究［J］．吉林大学社会科学报，2017（6）：55-62.

[76] 任建明，杨梦婕．国家监察体制改革：总体方案、分析评论与对策建议［J］．河南社会科学，2017（6）：8-15.

[77] 蒋来用．比较视角下的国家监察体制改革［J］．河南社会科学，2017

（6）：1-8.

[78] 秦前红，石泽华．论监察权的独立行使及其外部衔接［J］．法治现代化研究，2017（6）：55-64.

[79] 杨晓楠．国家机构现代化视角下之监察体制改革——以香港廉政公署为借鉴［J］．浙江社会科学，2017（8）：23-32.

[80] 夏金莱．论监察体制改革背景下的监察权与检察权［J］．政治与法律，2017（8）：55-64.

[81] 莫纪宏．国家监察体制改革要注重对监察权性质的研究［J］．中州学刊，2017（10）：43-51.

[82] 叶青，王小光．域外监察制度发展评述［J］．法律科学（西北政法大学学报），2017（11）：69-77.

[83] 王迎龙．监察委员会权利运行机制若干问题之探讨——以《国家监察法（草案）》为分析蓝本［J］．湖北社会科学，2017（12）：126-136.

[84] 新华社记者．积极探索实践 形成宝贵经验 国家监察体制改革试点取得实效——国家监察体制改革试点工作综述［J］．新华月报，2017（24）：78-86.

[85] 徐汉明．国家监察权的属性探究［J］．法学评论，2018（1）：9-25.

[86] 李奋飞．检察再造论——以职务犯罪侦查权的转隶为基点［J］．政法论坛，2018（1）：29-44.

[87] 姚岳绒．监察体制改革中检察院宪法地位之审视［J］．中国政法大学学报，2018（1）：193-205.

[88] 刘艳红，夏伟．法治反腐视域下国家监察体制改革的新路径［J］．武汉大学学报（哲学社会科学版），2018（1）：89-99.

[89] 马怀德．再论国家监察立法的主要问题［J］．行政法学研究，2018（1）：3-15.

[90] 龙宗智．监察与司法协调衔接的法规范分析［J］．政治与法律，2018（1）：2-18.

[91] 陈卫东．职务犯罪监察调查程序若干问题研究［J］．政治与法律，2018（1）：19-27.

[92] 李红勃．香港廉政公署的廉洁社会改造运动［J］．中国政法大学学报，2018（1）：181-192.

[93] 陈瑞华．论检察机关的法律职能［J］．政法论坛，2018（1）：3-17.

[94] 吴建雄．对国家监察立法的认识与思考［J］．武汉科技大学学报（社会科学版），2018（2）：122-127.

[95] 陈辉．监察委员会和检察院之间的关系界定与职权衔接［J］．湖南科技大学学报（社会科学版），2018（2）：100-106.

[96] 赵晓光．监察留置的属性与制约体系研究［J］．中国社会科学院研究生院学报，2018（2）：114-121.

[97] 谭世贵．监察体制改革中的留置措施：由来、性质及完善［J］．甘肃社会科学，2018（2）：168-175.

[98] 魏昌东．《监察法》与中国特色腐败治理体制更新的理论逻辑［J］．华东政法大学学报，2018（3）：28-38.

[99] 叶青．监察机关调查犯罪程序的流转与衔接［J］．华东政法大学学报，2018（3）：18-27.

[100] 纵博．监察委员会调查权运行法治化的若干问题探讨［J］．宁夏社会科学，2018（3）：57-63.

[101] 朱超然，王杰．对香港特区廉政公署制度设计的思考与借鉴［J］．河南社会科学，2018（3）：85-89.

[102] 朱福惠．论检察机关对监察机关职务犯罪调查的制约［J］．法学评论，2018（3）：13-21.

[103] 刘甜甜．检察院审前监督权新论——以监察体制改革为视角的分析［J］．中国石油大学学报（社会科学版），2018（4）：58-63.

[104] 陈瑞华．论监察委员会的调查权［J］．中国人民大学学报，2018（4）：10-20.

[105] 朱孝清．国家监察体制改革后检察制度的巩固与发展［J］．法学研究，2018（4）：3-19.

[106] 魏晓娜．职务犯罪调查与刑事诉讼法的适用［J］．中国人民大学学报，2018（4）：21-31.

[107] 郭世杰．论廉政文化建设的路径选择［J］．创新，2018（4）：68-74.

[108] 陈光中．监察制度改革的重大成就与完善期待［J］．行政法学研究，2018（4）：3-12.

[109] 陈辉，汪进元．论“监、检、审”三机关间的分工、配合与制约关系［J］．南京社会科学，2018（5）：104-109.

[110] 谢超．《监察法》对中国特色反腐败工作的法治影响［J］．法学杂志，2018（5）：42-56.

[111] 艾永明．中国古代监察与司法的关系——兼议对当代监察体制改革的启示［J］．法治研究，2018（5）：14-23.

[112] 潘若喆．瑞典议会监察专员制度运行机制及其借鉴［J］．广东开放大学学报，2018（5）：63-68.

[113] 陈华．宪法原理视域下留置措施正当性探析［J］．山东警察学院学报，2018（5）：40-46.

[114] 刘磊．刑事诉讼法与监察法衔接的政治逻辑［J］．地方立法研究，2018（5）：122-134.

[115] 李勇．《监察法》与《刑事诉讼法》衔接问题研究——“程序二元、证据一体”理论模型之提出［J］．证据科学，2018（5）：563-576.

[116] 孙谦．检察机关贯彻修改后刑事诉讼法的若干问题［J］．国家检察官学院学报，2018（6）：3-12.

[117] 陈邦达．推进监察体制改革应当坚持以审判为中心［J］．法律科学（西北政法大学学报），2018（6）：170-178.

[118] 王一超．论《监察法》与《刑事诉讼法》适用中的程序衔接［J］．法治研究，2018（6）：33-47.

[119] 姜涛. 国家监察法与刑事诉讼法衔接的重大问题研究 [J]. 南京师大学报（社会科学版），2018（6）：97-108.

[120] 李奋飞. “调查—公诉模式” 研究 [J]. 法学杂志，2018（6）：18-31.

[121] 解扬. 中国古代著名监察官 [J]. 中国纪检监察杂志，2018（7）：62-63.

[122] 樊崇义. 全面建构刑诉法与监察法的衔接机制 [J]. 人民法治，2018（11）：34-35.

[123] 卞建林. 配合与制约：监察调查与刑事诉讼的衔接 [J]. 法商研究，2019（1）：15-22.

[124] 张云霄. 《监察法》与《刑事诉讼法》衔接探析 [J]. 法学杂志，2019（1）：36-43.

[125] 范忠信. 监督制约是新监察权超越传统暨法治升华的关键 [J]. 宁夏党校学报，2019（1）：13-26.

[126] 王冠，任建明. 特约（邀）监察员制度研究——基于规范性文件的考察与特邀监察员的实证分析 [J]. 学术界，2019（1）：116-128.

[127] 王秀梅，黄玲林. 监察法与刑事诉讼法衔接若干问题研究 [J]. 法学论坛，2019（2）：135-144.

[128] 郭世杰. 论党内法规向国家法律转化的具体路径 [J]. 中共福建省委党校学报，2019（1）：40-49.

[129] 刘文轩. 监察留置若干问题研究 [J]. 公安学刊（浙江警察学院学报），2019（2）：68-77.

[130] 程衍. 中国特色独立监察程序下非法证据排除规则的制度建构 [J]. 南京大学学报（哲学·人文科学·社会科学），2019（2）：126-135.

[131] 苗生明，张翠松. 职务犯罪案件监检衔接问题研究 [J]. 国家检察官学院学报，2019（3）：84-99.

[132] 王建平，高翼飞. 《关于人民检察院立案侦查司法工作人员相关职务犯罪若干问题的规定》理解与适用 [J]. 人民检察，2019（4）：56-59.

[133] 袁相亭，刘方权．监察与司法的管辖衔接机制研究 [J]．交大法学，2019 (4)：89-103.

[134] 上海市青浦区人民检察院第二检察部课题组．司法工作人员利用职权实施犯罪的侦查机制探究 [J]．犯罪研究，2019 (4)：100-106.

[135] 叶青，王小光．监察委员会案件管辖模式研究 [J]．北方法学，2019 (4)：24-35.

[136] 谢小剑．监察委员会刑事调查管辖制度初探 [J]. 湖湘论坛，2019(5)：53-63.

[137] 徐汉明，李少波．《监察法》与《刑事诉讼法》实施衔接路径探究 [J]．法学杂志，2019 (5)：1-12.

[138] 吴建雄．国家监察体制改革若干问题探析 [J]．新疆师范大学学报，2019 (5)：106-118.

[139] 郭世杰．监察体制改革新形势下检察机关的定位 [J]．人民法治，2020 (3)：45-46.

[140] 郭世杰．监察体制改革的制度逻辑与基本脉络 [J]．贵州省党校学报，2020 (5)：96-102，《人大报刊复印资料·体制改革》2021 年第 3 期全文转载．

[141] 郭世杰．监察制度改革背景下检察权的规范解读 [J]．新疆社会科学，2020 (5)：89-96.

[142] 郭世杰．律师介入留置程序的正当性分析与制度设计 [J]．河南财经政法大学学报，2020 (6)：127-136.

[143] 郭世杰．留置对象权利保护的现状分析与制度完善 [J]．山东警察学院学报，2020 (6)：42-49.

[144] 朱孝清．刑事诉讼法与监察法衔接中的若干争议问题 [J]．中国刑事法杂志，2021 (1)：3-16.

[145] 郭世杰．独立而专业：中国监察制度的改革与完善方向（一）[J]．人大研究，2021 (8)：43-50.

[146] 郭世杰．监察制度改革的基本思路与根本遵循［J］．河南社会科学，2021（8）：12-19.

[147] 郭世杰．权力制约与公众参与：中国监察制度的改革与完善方向（二）［J］．人大研究，2021（9）：42-49.

[148] DAVIS K C. Ombudsmen in America：Officers to Criticize Administrative Action，University Of Pennsylvania Law Review，1961（109）：1060.

[149] GELLHORN W，The Swedish Justitieombudsman，Yale Law Journal，1965，75（1）：1.

三、学位论文

[1] 汪庆红．监察与制衡［D］．北京：中国政法大学，2006.

[2] 吴国斌．新中国成立以来反腐廉政绩效研究［D］．武汉：武汉大学，2014.

[3] 夏祖义．督察专员制度在人权保障中的作用——以芬兰议会督察专员为重点考察对象［D］．北京：中国社会科学院研究生院，2016.

[4] 王美林．南京国民政府时期监察院性质研究［D]．武汉：华中科技大学，2018.

[5] 江政．国家监察体制改革背景下纪委与监委合署办公问题研究［D］．长春．吉林大学，2018.

[6] 汤希．改革开放以来中国共产党纪检制度变迁研究［D］．北京：中共中央党校，2018.

四、报纸

[1] 张慧．世界银行：全球 137 个国家已建立官员财产申报系统［N］．青年

参考，2013-05-29（7）.
[2] 中共中央关于全面推进依法治国若干重大问题的决定 [N]. 人民日报，2014-10-29（1）.
[3] 徐伯黎. 芬兰：公民自律是防止腐败最有效手段 [N]. 检察日报，2015-01-20（8）.
[4] 谢光辉. 正确认识和把握反腐败斗争形势 [N]. 中国纪检监察报，2015-02-17（6）.
[5] 李松锋. 监察体系运作机制的中国经验 [N]. 中国纪检监察报，2015-02-27（7）.
[6] 徐日丹，贾阳. 检察机关提起公益诉讼试点工作诉前程序典型案例 [N]. 检察日报，2016-01-07（2）.
[7] 肖立辉. 加强党对反腐败工作的统一领导 [N]. 中国纪检监察报，2017-06-14（5）.
[8] 十八届中央纪律检查委员会向中国共产党第十九次全国代表大会的工作报告 [N]. 人民日报，2017-10-30（1）.
[9] 程姝雯. 留置第1分钟开始24小时监控留痕 [N]. 南方都市报，2018-03-15（A10）.
[10] 郭世杰. 从"纪法分开"转向"纪法衔接" [N]. 北京日报，2018-04-02（14）.
[11] 刘海涛. 改革开放以来党的纪律检查工作特点 [N]. 中国纪检监察报，2018-12-06（6）.
[12] 钟纪言. 改革开放40年纪检监察工作发展历程、趋势特点和基本经验 [N]. 中国纪检监察报，2018-11-25（3）.

后 记

一

我生性驽钝，从来也不是一个“斜杠青年”[1]，却阴差阳错地在职业生涯中多了一道带有“纪检监察”经历的“杠”。2014年，我顺利地从北京大学法学院毕业，但因当年北京高校对刑法学博士的冰点需求，我暂且投身于纪检监察工作领域。

北京理工大学是我供职的第一家单位。在那里，我接触、学习和掌握了中国共产党的纪律检查工作、国家的行政监察工作和事业单位的纪律处分工作相关的基本理论，全程参与数起高校领导干部和教师的违规违纪案件查办，具体操作“高校纪检监察案件管理系统”并按照每月一次的频率与北京市教育纪工委、中央纪委驻工业和信息化部纪检组对接案件信息，参加中国监察学会工业和信息化分会高校教研组年会的理论与实务研讨，前往山东威海接受纪检监察专项工作培训，奔赴四川成都开展违规违纪案件调查取证……

北京理工大学算得上“最佳雇主”，按月提前预支的薪水让我不致在刚刚参加工作的几年里颠沛流离、食不果腹，甚至在我毅然决然地离开以后还慷慨地给付一笔数额可观的“分手费”。然而，就像包办买卖的婚姻那样，我俩之间一直多多少少都有点貌合神离、同床异梦的感觉。这种感觉，随着

[1] “斜杠青年”源于英文单词Slash，出自The New York Times专栏作家Marci Albonher的“*One Person/multiple careers: A New Model for Work Life Success*”，用以指代不再满足于专一职业的生活方式，而是同时选择多重职业、身份的多元生活方式的人群。

几次被上级纪检监察机关的借调和抽调而进一步强化了。2015年，我被中共中央纪律检查委员会、中华人民共和国监察部[1]发函借调，其间参与了“国家监察体制研究”项目的撰写、修改和汇报工作，参与了党风廉政建设和反腐败等廉政理论研究工作。2016年，我被中央纪委驻工业和信息化部纪检组抽调，参与了违反党纪政纪案件的论证与审理工作。

对基层纪检监察机构业务的熟练掌握与对上级纪检监察机构工作的密切接触，使我在较短的时间内迅速成长为一名合格的，或者不乏吹嘘成分地说，出色的纪检监察工作者。

二

纪检监察的工作经历，使我开始真正关注中国的党风廉政建设与反腐败工作，尤其是中国共产党的纪律检查体制和党内法规制度体系及其与国家法律制度体系的衔接和协调等问题。

如果说这种关注，在我实际投身纪检监察工作的三年多时间里，大多数时候还只是脑海里浮浮沉沉、恍恍惚惚的各种想法，那么，在2017年年底调转至国际关系学院从事教学科研工作之后，我就开始有意识地将它们逐步转化为理论层面的研究。而且，基于研究主题、资料占有、时间安排、精力限制和社会大环境等各方面的考虑，这一从实践到理论的转化过程，被刻意地分成了两条更为具体的研究进路。

其中一条是关于党内法规主题的研究。早在2016年上半年，我就以“党规与法律的协调机制研究”为题，成功申请到北京市社会科学基金一般项目，但直到2018年才克服工作繁忙、单位变更等各种困难，最终以免于鉴定的形式完成了北京市社会科学规划办公室的结项认定手续。随后，鉴于

[1] 即“中央纪委监察部”，后随着《监察法》出台而改称“中央纪委国家监委”。

党的十八大以来党内法规的相应立改废工作变动频仍[1]，我于2019年申请暂停了对该项目研究成果的出版工作，在一年多的针对性修正之后，才恢复和完成了公开出版、发行等事宜。[2]

另外一条则是关于监察制度主题的研究。2017年年底，在完成国际关系学院入职手续后，我立即着手申请了中央高校基本科研业务费专项资金资助项目“中国监察制度的改革与完善”，并于2018年1月成功获得立项，项目编号为3262018T22。

三

对“中国监察制度改革与完善”的研究项目，主要从时间和主题两个维度展开。就时间维度而言，一方面，简要考察中国古代监察制度的沿革与中国近现代监察制度的演变。查古以至今，监察制度的改革与完善应当特别注意，监察制度要追求法制化、监察机构需强调独立性、监察对象须关乎公权力、监察官员应注重专业性。另一方面，仔细研究新时期中国监察制度的改革历程，其制度逻辑是规划兼容的监察制度体系、形成统一的国家监察立法、建立高效的国家监察机构、架构科学的权力制约机制，其经验启示在于，监察制度改革要坚持党的领导、需实现国家监察和党内监督的衔接协调、须立足国情与党情、应追求独立与专业。

就主题维度而言，“中国监察制度的改革与完善”项目选取了4个具体的研究主题予以详细论证：一是《监察法》在中国法律制度体系中的定位，讨论了《宪法》对《监察法》的确认和制约及《刑事诉讼法》对《监察法》

[1] 中共中央仅在十八大以来4年多的时间里，就制定、修正了70余部中央党内法规，占到现行170多部中央党内法规的1/3还多；中共中央于2012年启动的两个阶段的党内法规和规范性文件的集中清理工作，共计废止党内法规和规范性文件322部，宣布失效369部，占到了总数量的58.7%。

[2] 郭世杰.党内法规与国家法律的衔接和协调[M].北京：中国民主法制出版社，2021.

的制约和衔接；二是监察权与检察权的衔接和协调，讨论了监察权的性质界定、检察权的规范解读以及检察权监督监察权的制度安排与实践操作；三是留置权的实质分析与制度完善，讨论了留置权的前世今生、留置权的性质界定、留置对象的权利保护以及律师介入留置程序的制度设计；四是监察模式的比较法研究，在简要介绍国际性、区域性监察组织和国别、地区监察制度之后，认为中国监察制度的改革与完善应当注重增强监察机构的独立性、保障监察人员的专业性、确立监察权力的有限性、提高社会公众的参与性。在中国监察法律制度体系的建立健全方面，还应当制定举报人保护法、出台信息公开法、颁布财产申报法、订立公职人员行为守则以及建立私营部门反腐机制。

2019年年底，“中国监察制度的改革与完善”项目顺利通过国际关系学院科研处验收及外审专家的评审鉴定。在项目研究过程中，《新疆社会科学》《河南社会科学》《人大研究》等数十家期刊发表了相关的阶段性成果，《中国人民大学复印报刊资料》全文转载了相关论文。基于相关研究在该学术领域初步形成的一定影响力，我还受邀担任《吉首大学学报（社会科学版）》[1]的审稿专家，受邀担任《上海政法学院学报（法治论丛）》[2]北京地区的组稿专家。本书是在前期项目研究成果和后期已发表论文的基础上进一步扩充、深化和细化而成，更具全面性与准确性。

四

在监察制度的改革与完善领域接近四年的耕耘和付出，终于可以用本书的出版画上一个相对圆满的句号。按照惯例，我需要声明，书中的错误及不

[1] 《吉首大学学报（社会科学版）》系CSSCI来源期刊（2021—2022）、人文核心期刊（2018年版）和武汉大学中国科学评价研究中心（RCCSE）A类期刊（2020年第6版）。

[2] 《上海政法学院学报（法治论丛）》系人文核心扩展版期刊（2018年版）和武汉大学中国科学评价研究中心（RCCSE）B+类期刊（2020年第6版）。

当之处，敬请读者批评和指点，以待来日修订；我还需要表示，对受到的襄助与大力提携，在此谨表谢忱。

感谢鲁嵩岳先生、王世洲先生、丹尼尔·A. 法伯教授（Prof. Daniel A. Farber）和毕雁英先生等诸位师长！他们的谆谆教诲，让我选择并无悔教学科研之路。

感谢郑州大学法学院！正是在那里，我接受了四年制法学本科、三年制刑法学硕士的培养，奠定了扎实的法学功底。

感谢北京大学法学院、美国加州大学伯克利分校法学院！正是在那里，我接受了四年制刑法学博士的培养和一年多的海外访学历练，拓展了无垠的理论视野。

感谢中央高校基本科研业务费专项资金的科研及出版资助，感谢国际关系学院法学院和科研管理处、计划财务处的关心与帮助！

感谢北京理工大学、中央纪委监察部、中央纪委驻工业和信息化部纪检组、北京市教育纪工委等单位！让我有机会在下至基层、上至国家的不同级别单位中接受历练。

感谢我的父母和家人！父亲是一名老党员，通话中总是一再嘱托：趁着年轻，要把工作干好，多做贡献。母亲是一位老农民，视频时经常反复交代：注意身体，不要总是坐在电脑前，出去走走。愿二老和天下父母均能身体健康、精神愉悦！